Stockholm
Estland
Riga
Lettland
Litauen
tsee
Königsberg
Danzig
Warschau
Polen
Moskau
Weißrussische SSR
Union der sozialistischen Sowjetrepubliken (UdSSR)
(gegr. 1922)
Kasa
SSR
Kiew
Ukrainische SSR
owakei
Budapest
Ungarn
Rumänien
Bukarest
Jugoslawien
Belgrad
Sarajewo
Serbien
Monte-negro
Albanien
Bulgarien
Sofia
Schwarzes Meer
Istanbul
Griechen-land
Athen
Mittelmeer
Zypern
britisch annektiert
Syrien
Jerusalem

Inhalt

1 Die Herrschaft des Sowjetkommunismus

2 Weimarer Republik: Chancen und Belastungen

* …liches Ergänzungsthema des Kerncurriculums

3 Nationalsozialismus: Ideologie und Alltagsleben

4 Zweiter Weltkrieg und Holocaust

* mögliches Ergänzungsthema des Kerncurriculums

5 Deutschland nach 1945

6 Die Welt nach dem Zweiten Weltkrieg

Service-Anhang

Lexikon zur Geschichte

Register

* mögliches Ergänzungsthema des Kerncurriculums

So findet ihr euch im Buch zurecht

Ein neues Geschichtsbuch liegt vor euch auf dem Tisch. *„Das waren Zeiten"* wird euch auch durch dieses Schuljahr begleiten. Es ist ein Arbeits- und Entdeckungsbuch. Ihr könnt mit diesem Buch verschieden umgehen. Man kann es durchblättern, darin schmökern, damit arbeiten, innehalten und Ausschau halten. Man kann erstaunt sein, sich Wissen aneignen, Fragen stellen und Rätsel lösen – all dies geht mit diesem Buch.
Wie auch immer ihr mit diesem Buch arbeiten werdet, eines solltet ihr dabei nicht verlieren: die *Orientierung*. Diese sollen euch die folgenden Erklärungen der verschiedenen Seiten dieses Buches verschaffen.

Der „Einstieg" – damit ihr wisst, worum es geht
Jedes Hauptkapitel beginnt mit einem großen Bild. Zu ihm geben wir kurze Hinweise. Die Leitgedanken dieser Seiten lauten: „Wo kann ich dem Thema des Kapitels heute noch begegnen?" und „Was ist an diesem Thema interessant und bedenkenswert?"
Unten rechts findet ihr einen Vorschlag, wie ihr das Bild selbst befragen könnt.

„Fragen an ..." – euer Informationszentrum
Diese Doppelseite ist euer *Informationszentrum* für das folgende Kapitel. Sie wirft Fragen auf, warum wir uns heute mit diesem Teil der Vergangenheit befassen.
Die *Karte* zeigt, wo die Ereignisse stattfanden, die ihr kennenlernen werdet. Sie enthält alle Orte, die im Kapitel vorkommen. Die *Zeitleiste* hilft dabei, euch den Zeitraum vorzustellen und mit der Zeit der vorigen Kapitel zu vergleichen.
In jedem Kapitel haben wir das Thema übersichtlich in fünf wichtige Bereiche (*Kategorien*) gegliedert und mit einem Zeichen (*Symbol*) gekennzeichnet. Dazu könnt ihr wiederum Fragen stellen. Wichtig ist die *Leitfrage*: Sie soll euch durch das Kapitel begleiten und am Ende beantwortet werden.

Teilkapitel – das Wichtige, übersichtlich geordnet

Auf der linken Seite haben Geschichtslehrerinnen und -lehrer aufgeschrieben, was sie für wichtig halten. Hier erfahrt ihr das Wesentliche zum Thema. Das Symbol oben zeigt, welche Kategorie vor allem behandelt wird. Schlüsselbegriffe sind fett gedruckt und unten wiederholt. Dort zeigt der Druck, welche Begriffe der Bildungsplan als besonders wichtig bezeichnet. Auf der rechten Seite enthält das Buch Materialien, also Texte, Bilder und Zeichnungen. Sie sind mit M gekennzeichnet. Mit ihnen könnt ihr eigenständig arbeiten. Die Zeitleiste enthält wichtige Daten zur Doppelseite. Arbeitsvorschläge stehen unter der Linie. Was mit den Operatoren genau gemeint ist, könnt ihr auf S. 258 f. nachschlagen. Zu kniffligen Fragen geben wir Hilfen.

Methoden: Aufgaben schrittweise lösen

Wer die Geschichte verstehen will, muss die richtigen Fragen stellen und zu ihrer Beantwortung schrittweise vorgehen. Dafür braucht ihr *Methoden*. Wir zeigen euch an Beispielen, wie ihr Material auswertet. Auf den *Methodenseiten* könnt ihr das gleich selbst erproben: M 1 bearbeiten wir mit euch gemeinsam. *Jetzt bist du dran*: Zu M 2 machen wir *keine* Vorschläge. Mit den *Hilfen zur Formulierung* könnt ihr diese und kommende Aufgaben sicher allein lösen!

„Jetzt forschen wir selbst!"

Solche Doppelseiten findet ihr in jedem Großkapitel. Die Materialien, die wir zusammengestellt haben, gehören *zu einem Thema* des Kapitels. Wir machen euch *Vorschläge*, welche Fragen ihr an die Bilder und Texte stellen könnt.

Um mehr über das Leben in der Vergangenheit herauszufinden, geht ihr am besten *schrittweise* vor – unsere Aufgaben helfen euch dabei.

So übt ihr nach und nach, Zeugnisse aus der Vergangenheit zu *beschreiben*, zu *untersuchen*, *einzuordnen* und eure Ergebnisse zu *präsentieren*.

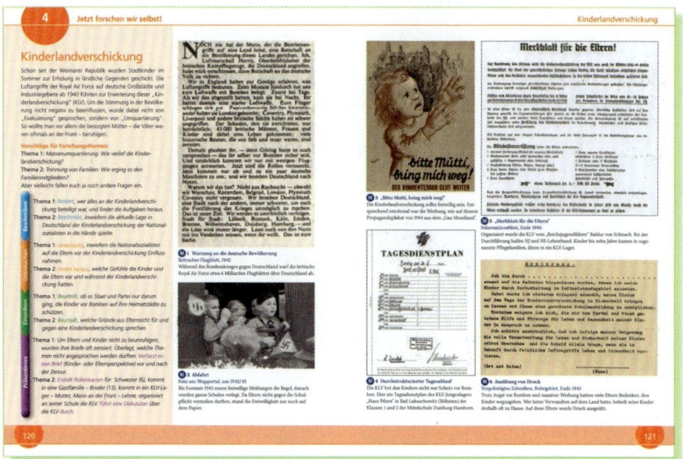

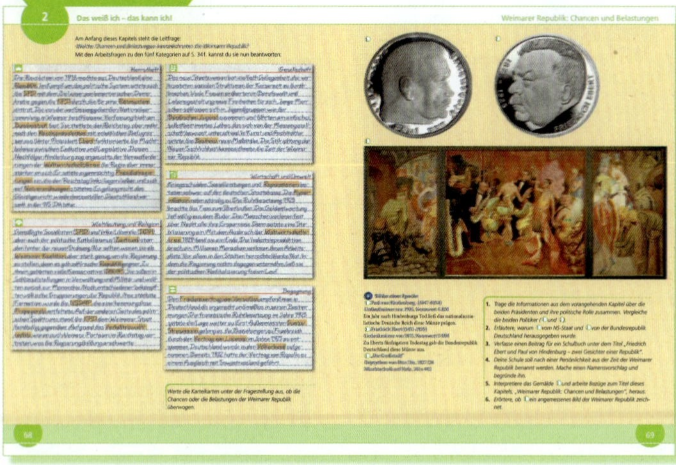

„Das weiß ich, das kann ich!“ – testet euch selbst

Am Ende des Kapitels seid ihr Experten für die behandelte Zeit!

„Das weiß ich – das kann ich!“ kommt auf die *Leitfrage* von der *„Fragen an …“-Seite* zurück:

Links machen wir Vorschläge, wie ihr die Fragen zu den Kategorien beantworten könntet. *Rechts* findet ihr neues Material und passende Aufgaben. Damit könnt ihr prüfen, wie gut ihr euch jetzt auskennt und wie sicher ihr die Methoden anwenden könnt. Noch unsicher? Besucht im Internet die Seite *Kompetenz-Test*! Hier könnt ihr checken, was ihr schon gut erklären könnt und was ihr noch üben solltet.

Internettipps:
Zu Informationen über die Olympischen Spiele 1936 in Text, Bild und Film führt Mediencode 31054-37.

Lust auf mehr? Geht ins Netz!

Vielleicht bekommt ihr ja Lust darauf, zu dem einen oder anderen Thema noch etwas mehr zu erfahren. Dann achtet auf die Internettipps, die wir auf vielen Seiten dieses Buches abgedruckt haben.

Wenn ihr die Links aufrufen wollt, müsst ihr keine langen Internetadressen abtippen. Geht einfach auf unsere Homepage *www.ccbuchner.de*. In das Suchfeld oben rechts müsst ihr nur den Code des Internettipps eingeben, z. B. „31054-07“.

Zu manchen Themen findest du auch Hinweise auf Filme (***Geschichte In Clips***). Du kannst die Clips über unsere Homepage kostenlos herunterladen. Gib dazu den genannten Code in das Suchfeld ein.

1. ● *Überlege, welche Folgen …*
… …

2. ● *Verfasse einen Brief, in dem du …*
… …

Aufgaben-Kennzeichnungen

Zu Aufgaben, die mit dem Symbol ● gekennzeichnet sind, geben wir euch im Service-Anhang eine *Hilfestellung*. Aufgaben mit dem Symbol ● sind etwas *kniffliger* oder brauchen etwas *längere Zeit*.

Unsere Zeitreise endet in der Gegenwart

Liebe Schülerinnen und Schüler,

Das 20. Jh. wurde fast überall in der Welt durch tiefgreifende Umwälzungen geprägt. Herausragende Ereignisse in dieser Zeit waren zwei Weltkriege, Revolutionen in den Riesenstaaten Russland und China, verheerende Wirtschaftskrisen, schließlich eine jahrzehntelange Gegnerschaft zwischen zwei Atommächten, den USA und der Sowjetunion.

In diesem Schulbuch könnt ihr miterleben, welche Ursachen und Auswirkungen die Entwicklungen des 20. Jh.s hatten. Und dies nicht zuletzt für Deutschland, denn bei all diesen Verwerfungen spielte es meist eine wichtige Rolle.

Nicht nur Politik, Wirtschaft und Militär veränderten die Welt. Auch der gesellschaftliche Wandel in den zurückliegenden Jahrzehnten war enorm. Besonders betraf er die Frauen, vor allem in Europa und den USA. Erinnert Ihr Euch an ihre Stellung und ihre Aufgaben im 19. Jh., als sie ganz im Schatten der Männer standen? In den 1920er-Jahren gab es erste Ansätze auf dem langen Weg der Frauen zur Selbstbestimmung. Unser erstes Porträt auf dem Buchtitel symbolisiert die selbstbewusste, modisch gekleidete „Neue Frau". In einigen Großstädten drängten um 1925 moderne Frauen heraus aus den Rollen der Vorkriegszeit. Sie wollten ihre Emanzipation. Was das heißt, wie sie ablief und was Frauen bis heute erreicht haben, sind spannende Themen Eures Geschichtsunterrichts – und nicht nur interessant für Mädchen!

Später in dieser Epoche standen sich zwei gegensätzliche Machtblöcke „bis an die Zähne bewaffnet" gegenüber. Mit unserem Buch könnt ihr lernen, wie es zu diesem Gegensatz kam und wie er überwunden wurde. Das Ende der gespaltenen Welt ist verbunden mit dem sowjetischen Politiker Michail Gorbatschow. Ihn haben wir deshalb auch auf den Titel dieses Buches gesetzt. Von 1985 bis 1991 war er der mächtigste Mann der Weltmacht Sowjetunion. Er beendete den „Kalten Krieg" der Blöcke und ermöglichte 1990 die deutsche Wiedervereinigung. Für seine Politik wird er heute von vielen Menschen verehrt. Manche aber verdammen ihn als „Verräter" an den Idealen einer neuen, vermeintlich gerechteren Gesellschaft des Kommunismus.

Zwischen diesen beiden Zeitpunkten liegen Ereignisse, die besonders uns Deutsche betreffen: Unsere Vorfahren haben eine rassistische Ideologie bejubelt und groß gemacht, die allem Fremden und Unbequemen den Krieg erklärte. Auf Grundlage dieser unmenschlichen Lehre brachten ihre Anhänger schließlich mehrere Millionen Menschen um. Ihre Gier nach Land und Macht entfachte einen zweiten Weltkrieg mit etwa 60 Millionen Toten.

Im Unterricht könnt Ihr mit Hilfe unserer Darstellung und unserer Auswahl von Bild- und Textquellen überprüfen, wie sich die Emanzipation der Frau, die Vernichtungsideologie der Nationalsozialisten und der Untergang des sowjetischen Machtblocks vollzogen haben. Zum Schluss könnt ihr auch beurteilen, ob die Wahl unserer Cover-Figuren berechtigt ist oder ob Ihr bessere Vorschläge hättet.

Viele neue Erkenntnisse und Freude an der eigenständigen Arbeit wünscht Euch stellvertretend für alle, die an diesem Buch mitgewirkt haben.

Harald Focke, Bassum
Herausgeber

1 Die Herrschaft des Sowjetkommunismus

Der Historiker Abraham Ascher urteilt 2007 über das revolutionäre Russland: *„Historikern wird das 20. Jahrhundert als jenes Zeitalter gelten, in dem das revolutionäre Russland eine grundsätzlich neue gesellschaftliche, wirtschaftliche und politische (Welt-)Ordnung zu errichten suchte. Diese war jedoch zu weltfremd und idealistisch, um von den wirtschaftlich entwickelteren Staaten angenommen zu werden, und zu ineffektiv und politisch unattraktiv, um selbst dort, wo sie umgesetzt wurde, lange zu überdauern. Das vielleicht bleibendste Erbe des Kommunismus sind die Verwüstungen, die er in den Volkswirtschaften, im gesellschaftlichen und im politischen System dieser Länder angerichtet hat. Es wird Jahrzehnte dauern, bis diese Verwüstungen überwunden sind."*

M „Der neue Planet"
Gemälde von Konstantin Juon von 1921

Beschreibe das Bild. Erkläre den Titel und bestimme die Absicht des Künstlers.

Fragen an ... den Sowjetkommunismus

Im 20. Jh. erlebte kein anderes Land so starke Veränderungen in Politik, Wirtschaft und Gesellschaft wie Russland. Ausgangspunkt war 1917 – mitten im Ersten Weltkrieg – eine kommunistische Revolution nach den Ideen von Karl Marx. Die russischen Marxisten, darunter Wladimir Iljitsch Lenin, wollten aus dem rückständigen Agrarland mit einem absolutistisch regierenden Monarchen an der Spitze ein Industrieland machen, in der die Arbeiter die Macht haben und nicht mehr Adel und Bürgertum.
Die gewaltsame Machtübernahme gelang den Kommunisten. Aber die tief greifenden wirtschaftlichen Probleme der Menschen in der von ihnen gegründeten Sowjetunion konnten sie nicht lösen. Das neue totalitäre Herrschaftssystem ließ keine Kritik oder gar Opposition zu.
Josef Stalin herrschte als allmächtiger Diktator. Sein Terror prägte das Land, in dem Millionen Menschen in einem ausgedehnten Lagersystem ausgebeutet, gequält und ermordet wurden.

Leitfrage

Wodurch gelang die Machtübernahme der Kommunisten?
Wie veränderten sie Russland zur Sowjetunion?

M Russland von der Oktoberrevolution bis zur Gründung der Sowjetunion (1917 bis 1923)

Zar Nikolaus II. regierte das Russische Reich von 1894 bis 1917 als absoluter Herrscher.

„Wolgatreidler" (1870). Das zaristische Russland nutzte Menschen, nicht Maschinen.

Herrschaft

Der Zar herrschte allein und ließ das Volk nicht mitbestimmen.
Wie wollten die Kommunisten an die Macht kommen? Wie organisierten sie ihre Herrschaft? ...

Wirtschaft und Umwelt

Russland war um 1900 industriell nur schwach entwickelt. Auf dem Land lebten meist Kleinbauern, die von Großgrundbesitzern abhängig waren.
Wie beeinflusste die Wirtschaft die Revolution und Herrschaft der Kommunisten? ...

1894 - 1917 Zar Nikolaus II. | **1917 - 1924 Lenin**

1900 | 1910 | 1920

1721 - 1917 RUSSISCHES KAISERREICH

25. Oktober (russ. Kalender) Oktoberrevolution

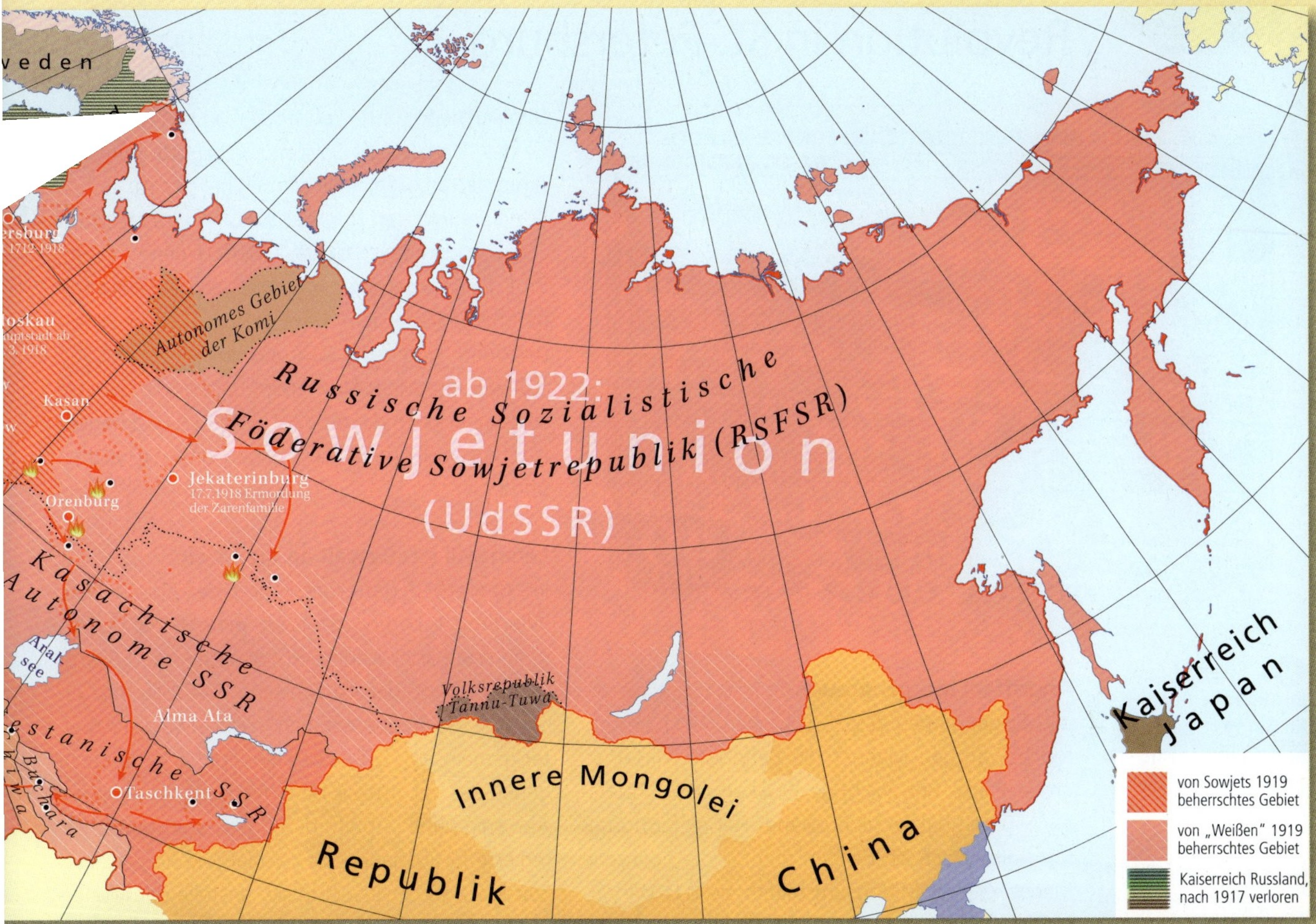

Bauern in Russland – von Hunger bedroht und von Grundbesitzern ausgebeutet.

Die russische Revolution sollte nur der Anfang einer Veränderung der ganzen Welt sein.

Russische Sozialisten beriefen sich vor allem auf Karl Marx und Friedrich Engels.

Gesellschaft

Im vorrevolutionären Russland gab es große soziale Unterschiede. Die meisten Arbeiter und Bauern lebten auf Dauer in Armut ohne Hoffnung auf Besserung.

Wie wirkte sich die Herrschaft der Revolutionäre auf die Gesellschaft aus? ...

Weltdeutung / Religion

Die Revolutionäre versprachen den Arbeitern das Ende der Ausbeutung durch die Unternehmer. Im „Sozialismus" sollten die Fabriken allen gehören.

Welche Ziele hatten die Revolutionäre?

...

Begegnung

Die Revolutionäre in Russland wollten Ideen verwirklichen, die schon in der Mitte des 19. Jh. in der Industriellen Revolution in Westeuropa entwickelt worden waren.

Woher kamen die Ideen? Welche Vorbilder hatten sie? ...

1926 - 1953
Stalin

1940 1950 1960

1922 - 1991

Revolution in St. Petersburg

M1 Sieger: Lenin
Sowjetische Briefmarke von 1954, nach einem Gemälde von Wladimir A. Serow
Die Briefmarke wurde zum 30. Todestag von Lenin herausgegeben. Das Gemälde zeigt, wie Lenin auf dem II. Allrussischen Rätekongress den Sieg der Revolution verkündet.
Beschreibe, wie der Künstler Lenin und seine Gefolgsleute darstellt.

Internettipp:
Videos zur Oktoberrevolution findest du unter 31054-01

[1] Leo Trotzki, eigentl. Lew D. Bronstein (1879-1940), Sohn eines jüdischen Gutsbesitzers, kämpfte unter dem Namen Trotzki für die Bolschewiki. Er gehörte zum engsten Führungskreis um Lenin. 1940 wurde er im Auftrag Stalins in Mexiko ermordet.

Angriff im Morgengrauen

Im Morgengrauen des 25. Oktobers 1917 besetzten bewaffnete Männer die Bahnhöfe, die Post, große Plätze und wichtige Brücken in St. Petersburg. Damit hatten sie Russlands Hauptstadt unter Kontrolle. Doch sie wollten mehr – die politische Macht. Gegen Mittag umstellten sie das Winterpalais, den Sitz der Regierung. Deren Mitglieder verhafteten sie. Wer waren diese Aufständischen? Ihr Schlachtruf lautete: „Alle Macht den **Sowjets**!" Damit waren die aus den Arbeitern und Soldaten bestehenden Räte in den Betrieben und Kasernen gemeint, die politisch alles entscheiden sollten.

M2 Demonstration in St. Petersburg
Foto vom 23. Februar 1917
Textilarbeiterinnen fordern „Brot, Frieden und Freiheit".

Den Aufstand führte Leo Trotzki[1] an, der Vorsitzende des Petersburger Sowjets. Er gehörte den **Bolschewiki** an, dem radikalen Flügel der russischen Sozialdemokraten. Ihr Ziel war der **Sozialismus**: „Den Boden den Bauern, Frieden den Völkern, Brot den Hungernden" versprachen sie. Die Unternehmen sollten dem Staat gehören, nicht Privatpersonen. Güter und Nahrung sollten gerecht verteilt werden, alle sollten Arbeit haben. Die Gesetze sollten nur noch die Arbeiter, Soldaten und Bauern machen, nicht mehr die Adligen und die reichen Bürger.

Lenin will mit Gewalt an die Macht

Im April 1917 hatte der Führer der Bolschewiki, **Wladimir I. Lenin**, gefordert, eine kleine, gut organisierte Partei von Revolutionären – die „Avantgarde (Vorhut) der Arbeiterschaft" – solle mit Gewalt die Macht übernehmen, nicht etwa alle Arbeiter gemeinsam. Ein halbes Jahr später hatte Lenin genau das mit Trotzkis Hilfe geschafft.
Als Lenin seine „Aprilforderungen" veröffentlichte, regierte in Russland eine „Vorläufige Regierung". Seit März 1917 versuchte sie, anstelle der Monarchie eine liberale parlamentarische Demokratie aufzubauen. Zuvor war nach wochenlangen Streiks, Demonstrationen und Straßenkämpfen Zar (Kaiser) Nikolaus II. zurückgetreten. Die Sowjets der Arbeiter und Soldaten wetteiferten mit der Regierung und dem Parlament (Duma) um die Macht. Sie gaben sich nicht damit zufrieden, dass die Monarchie abgeschafft und Russland am 1. September 1917 Republik wurde. Sie wollten alles allein entscheiden.

Land für die Bauern und kein Krieg mehr

Zur selben Zeit rebellierten die Bauern und übernahmen viele Güter von Adligen in ihre Gewalt. Nach der **Oktoberrevolution** ließen sich die Revolutionäre ihre Macht von den Sowjets bestätigen. Sie bildeten den „Rat der Volkskommissare" als neue Regierung mit Lenin an der Spitze und verkündeten die entschädigungslose Enteignung der Großgrundbesitzer. Und sie versprachen, den Krieg zu beenden. Das wünschte sich auch das Volk.

Sowjets Bolschewiki Sozialismus Wladimir I. Lenin Oktoberrevolution

M 3 „Alle Macht den Sowjets!"

Aus Lenins Revolutionsprogramm, formuliert in den „Aprilthesen" vom 4. April 1917:

1. In unserer Stellung zum Krieg [...] auch nicht die geringsten Zugeständnisse an Vaterlandsverteidigung [...].

2. Die Eigenart der gegenwärtigen Lage in Russland besteht im Übergang von der ersten Etappe der Revolution, die [...] der Bourgeoisie[1] die Macht gab, zur zweiten Etappe der Revolution, die die Macht in die Hände des Proletariats und der ärmsten Schichten der Bauernschaft legen muss. [...]

3. Keinerlei Unterstützung der Provisorischen Regierung [...].

5. Keine parlamentarische Republik, [...] sondern eine Republik der Sowjets der Arbeiter-, Landarbeiter- und Bauerndeputierten im ganzen Lande von unten bis oben. Abschaffung der Polizei, der Armee, der Beamtenschaft [...].

6. Beschlagnahmung der gesamten Ländereien der Gutsbesitzer. Nationalisierung des gesamten Bodens im Lande [...].

Nach: Oskar Anweiler, Die Russische Revolution 1905 - 1921, Stuttgart 1971, S. 37f.

M 4 „Warten wäre ein Verbrechen"

Lenin fordert im Oktober 1917 von seinen Parteifreunden:

Werte Genossen! Die Ereignisse schreiben uns so klar unsere Aufgabe vor, dass eine Verzögerung entschieden zum Verbrechen wird. Die Agrarbewegung wächst an. Die Regierung verstärkt ihre wilden Repressalien[2], im Heer wachsen die Sympathien für uns [...]. Unter solchen Umständen zu „warten", wäre ein Verbrechen.

Die Bolschewiki haben nicht das Recht [...] zu warten, sie müssen die Macht sofort ergreifen. Dadurch retten sie sowohl die Weltrevolution (denn andernfalls droht ein Pakt der Imperialisten aller Länder [...], um sich gegen uns zu vereinigen) wie auch die russische Revolution [...]. Wenn man die Macht nicht ohne Aufstand ergreifen kann, so muss man sofort mit dem Aufstand beginnen.

Wladimir I. Lenin, Werke, Bd. 26, Berlin ³1972, S. 125f.

M 5 Lenin getarnt

Foto vom 29. Juli 1917

Auf der Flucht vor der Polizei brauchte Lenin im Juli 1917 einen Pass, um nach Finnland zu entkommen. Dafür änderte er sein Aussehen. Er kleidete sich wie ein Arbeiter, trug eine Perücke und rasierte den Bart ab. Wladimir Iljitsch Uljanow wurde 1870 geboren. Wegen Mitarbeit in der verbotenen marxistischen Partei wurde der junge Anwalt 1897 für drei Jahre nach Sibirien verbannt. Um weiterer Verfolgung zu entgehen, gab er sich den Decknamen Lenin und ging ins westliche Ausland. Während der Revolution von 1905 kehrte er nach Russland zurück und versuchte, eine Untergrundorganisation aufzubauen. Nach deren Scheitern ging er erneut ins Exil und schuf eine kommunistische Theorie auf der Grundlage der Lehre von Marx und Engels. Nach der Februarrevolution kehrte Lenin im April 1917 nach Russland zurück. Die deutsche Regierung hatte ihm das ermöglicht. Sie erhoffte sich eine Schwächung Russlands im Krieg. Lenin erfüllte die Erwartungen. Am 26.10. wurde er Vorsitzender des Rates der Volkskommissare (erste Sowjetregierung). Sein Amt als Parteiführer und Regierungschef konnte er ab Ende 1922 wegen Krankheit nicht mehr ausüben; 1924 starb Lenin.

M 6 Ankunft Lenins in Petrograd
Foto vom 3. April 1917

[1] Bourgeoisie: Großbürgertum
[2] Repressalien: Druckmittel, Vergeltungsmaßnahmen

1. *Arbeite heraus, was sich aus Lenins „Aprilthesen" (M3) über die Zustände in Russland aussagen lässt. Was ist revolutionär an seinen Forderungen?*
2. *Lenin drängt an die Macht (M4). Begründe seine Eile.*
3. *Die Zeit zwischen Februar und Oktober 1917 wird oft als „Phase der Doppelherrschaft" bezeichnet. Begründe diese Benennung.*
4. *Beim Verlassen des Zuges spricht Lenin zu seinen Anhängern (M6). Entwirf eine kurze Rede.*

Februarrevolution | 1.3.: Abdankung des Zaren | 16.4.: Lenin kommt aus dem Exil nach Petrograd; „Aprilthesen" | vorläufige Regierung „Phase der Doppelherrschaft" | **Oktoberrevolution** sozialistische Revolution unter Lenins Führung

Russland unter der Zarenherrschaft

M 1 Arm und Reich
① Arbeitslose in einer Suppenküche in St. Petersburg
Foto, Anfang 1914
② Festball im Palast der Gräfin Schuwalowa in St. Petersburg
Foto, um 1914

Schließt aus den Bildern auf die Lebensverhältnisse in Russland. Findet Erklärungen für die Armut bzw. den Reichtum.

Große soziale Gegensätze

Russland war nach drei Jahren Kampf im Ersten Weltkrieg wirtschaftlich und militärisch erschöpft. Die Unzufriedenheit mit der Zarenherrschaft war groß. Das Riesenreich auf rund einem Sechstel der Erdfläche mit fast 180 Millionen Einwohnern unterschiedlicher Völker war 1913 noch zu 80 Prozent ein Agrarland. Industrie gab es nur in den Großstädten Moskau und St. Petersburg sowie in Teilen der Ukraine. In den Fabriken arbeiteten erst drei Millionen von insgesamt über 20 Millionen Arbeitern. Die Mittelschicht in den Städten (Lehrer, Ärzte, Kaufleute, Beamte) bestand aus 17 Millionen Menschen; das reiche Großbürgertum einschließlich der Gutsbesitzer zählte vier Millionen. In der russischen Gesellschaft gab es riesige Unterschiede im Lebensstandard zwischen dem Adel und der Unterschicht. Die Verdrossenheit der armen Mehrheit hatte schon 1905 zu einem Aufstand gegen den Zaren geführt, der nichts tat, um die sozialen Missstände zu mildern. Streiks und Unruhen ließ er vom Militär unterdrücken. Allerdings rang er sich dazu durch, eine Volksvertretung zuzulassen, die Duma. Doch das gewählte Parlament hatte kaum Rechte, es änderte sich wenig. Grundlegende Reformen blieben aus.

M 2 Industrialisierung pro Kopf 1860-1913
Index: Großbritannien (1900) = 100

	1860	1880	1900	1913
Großbritannien	64	87	100	115
USA	21	38	69	126
Frankreich	20	28	39	59
Deutsche Staaten/Deutsches Reich	15	25	52	85
Italienische Staaten/Italien	10	12	17	26
Österreich-Ungarn	11	15	23	32
Russisches Reich	8	10	15	20

Nach: Paul Kennedy, Aufstieg und Fall der großen Mächte. Ökonomischer Wandel und militärischer Konflikt von 1500 bis 2000, Frankfurt a. M. [5]2005, S. 237 und 309

Krieg und Krisen

Die Zahl der Gegner des selbstherrlich regierenden Zaren wuchs. Sie gründeten verschiedene Parteien, um seine Herrschaft zu beenden. Am weitesten gingen die russischen Sozialdemokraten, die eine „**Diktatur des Proletariats**" anstrebten, eine Alleinherrschaft der Industrie- und Landarbeiter und keiner anderen gesellschaftlichen Gruppe sonst.

Als 1914 der Erste Weltkrieg begann, beteiligte sich der Zar. Er hoffte, seine Macht nach dem erwarteten Sieg wieder zu festigen. Doch das russische Militär erlitt Niederlagen; das Volk bekam nicht genug Lebensmittel, gleichzeitig stiegen die Preise. Die Unzufriedenheit wuchs weiter. Viele nichtrussische Völker im Zarenreich forderten immer lauter ihre Unabhängigkeit. Da war das von den Sowjets im Oktober 1917 angekündigte baldige Kriegsende das lange erhoffte Signal.

M 3 Arbeiter im europäischen Russland

Angaben in Tausend

Arbeiter	1865	1890
... in Fabriken	509	840
... in Bergwerken	165	340
... beim Eisenbahnbau	32	252
... in der Landwirtschaft	700	3500
... in der Waldwirtschaft	–	2000
Bauarbeiter	350	1000
Heimarbeiter	800	2000
Tagelöhner, Gehilfen	800	–

Nach: Gottfried Schramm (Hrsg.), Handbuch der Geschichte Russlands, Bd. 3, Stuttgart 1983, S. 127 (vereinfacht)

M 4 Bitte der Petersburger Arbeiter

135 000 Arbeiterinnen und Arbeiter unterschreiben diese Bittschrift an den Zaren vom 9.1.1905:

Herrscher! Wir, die Arbeiter der Stadt Petersburg, unsere Frauen, Kinder und hilflosen greisen Eltern sind zu Dir, Herrscher, gekommen, Wahrheit und Schutz zu suchen. [...]
Herrscher, wir sind hier mehr als 300 000, und sie alle sind nur dem Aussehen nach, nur ihrem Äußeren nach Menschen, in Wirklichkeit erkennt man uns kein menschliches Recht zu, wir dürfen nicht einmal sprechen, denken, uns versammeln, unsere Nöte besprechen, Maßnahmen zur Verbesserung unserer Lage ergreifen. [...]
Russland ist viel zu groß, seine Nöte sind viel zu mannigfach und zahlreich, als dass die Beamten allein es verwalten könnten. Es ist notwendig, dass das Volk selbst sich helfe – kennt es doch allein seine Nöte. Stoße seine Hilfe nicht von Dir: Nimm sie an, befiehl sofort, gleich, die Vertreter aller Klassen und Stände der russischen Erde einzuberufen. Mögen da der Kapitalist und der Arbeiter und der Geistliche und der Doktor und der Lehrer vertreten sein; mögen alle ihre Vertreter wählen, möge jeder im Recht zu wählen gleich und frei sein, – und zu diesem Zweck sollst Du befehlen, dass die Wahlen zur konstituierenden Versammlung unter der Bedingung der allgemeinen, geheimen und gleichen Stimmabgabe stattfinden. Das ist unsere Hauptbitte.

Nach: Wladimir I. Lenin, Sämtliche Werke, Bd. 7, Moskau 1929, S. 557 ff.

M 5 Blick in die Zukunft

Sergej J. Witte prägt um die Jahrhundertwende die russische Wirtschaftspolitik. Im Oktober 1905 legt er dem Zaren eine Denkschrift vor:

Noch ist kein Jahr verstrichen, da das allgemeine Wahlrecht nur von den radikalsten Elementen der Gesellschaft gefordert wurde. Heute gibt es keinen Verband und keine Zeitung, die es nicht verlangen, es wird nicht einmal mehr darüber gestritten. Als selbstverständlich sind die Gleichberechtigung der Frau, die Nationalisierung des Grundbesitzes und eine soziale Neuordnung des Staates mit inbegriffen. Es erheben sich Stimmen für eine Autonomie der Provinzen, für die Umwandlung Russlands in einen Bundesstaat freier, über sich selbst bestimmender Völker. Wir leben in einer Zeit extremster Ideen. Sogar die konstitutionelle Verfassung erfährt Kritik. Sozialistische Tendenzen bedrohen die individuelle Freiheit, wirtschaftliche Probleme ersticken rechtliche. Entweder wird die bürgerliche Freiheit durch Reformen verwirklicht oder durch eine Revolution. Im zweiten Fall aber wird diese Freiheit erst spät aus dem Aschenhaufen eines zerstörten tausendjährigen geschichtlichen Daseins entstehen. Die russische Revolution, sinnlos und erbarmungslos, wird alles wegfegen, alles in Trümmer schlagen. In welcher Form Russland aus dieser Prüfung hervorgehen wird, übersteigt unser Darstellungsvermögen. Aber die Schrecken der Revolution werden alles übertreffen, wovon die Geschichte berichtet. Man wird versuchen, die Ideale des theoretischen Sozialismus zu verwirklichen; diese Versuche werden die Familie zerstören, das religiöse Leben vernichten, das Eigentum beseitigen und alle Rechtsgrundlagen untergraben.

Nach: Wladimir von Korostowetz, Graf Witte, der Steuermann in der Not, Berlin 1929, S. 229 und 16 (gekürzt)

Internettipp:
Über das Leben im Russland der späten Zarenzeit informiert
31054-02

1. *Vergleiche den Stand der Industrialisierung Russlands mit demjenigen in anderen Staaten.*
2. *Beschreibe, wie sich die Zahl der Industriearbeiter im Verhältnis zur Zahl von Arbeitern in anderen Gewerbeformen entwickelt.*
3. *Arbeite heraus, was die Arbeiter vom Zaren verlangen. Bewerte, ob es sich um gemäßigte oder eher radikale Wünsche handelt.*
4. *Analysiere, welche Gefahr Witte für das Zarenreich sieht.*
5. *Du bist Berater am Zarenhof. Was würdest du dem Zaren empfehlen?*

Frieden nach außen – Krieg im Innern

M 1 Zwei bolschewistische Plakate
① „Genosse Lenin reinigt die Erde von Unrat"
Plakat (68 x 44 cm) von Viktor Deni, 1920
② „Willst Du? Tritt ein"
Plakat von Wladimir W. Majakowski (103 x 77 cm), Januar 1921
Die Inschriften lauten: „Willst die Kälte bezwingen?" - „Willst den Hunger bezwingen?" - „Willst essen?" - „Willst trinken?" - „Schnell in die Stoßtruppe vorbildlicher Arbeiter"

Stelle ein Vermutung auf, an wen sich diese Plakate richten. Wie wirken sie auf den Betrachter?

Die Bolschewiki festigen ihre Macht

Im November 1917 fanden Wahlen zu einer verfassunggebenden Versammlung statt. Zu ihrer großen Enttäuschung erhielten die in der Oktoberrevolution erfolgreichen Bolschewiki nur wenig mehr als ein Fünftel der Stimmen. Gehofft hatten sie auf die Mehrheit. Daraufhin lösten sie die gerade erst gewählte Versammlung im Januar 1918 gewaltsam wieder auf. Ihre Regierung verlegten sie aus dem unruhigen St. Petersburg nach Moskau. Proteste duldeten die Bolschewiki nicht, ihre Gegner verfolgten sie rücksichtlos. Ihre Macht festigten sie im Juli 1918 mit einer neuen Verfassung. Ihren Staat nannten sie Russische Sozialistische Föderative Sowjetrepublik.

Harter Frieden – und ein neuer Krieg

Ihr Versprechen, den Krieg zu beenden, lösten die Bolschewiki erst im März 1918 ein. Russland schloss in Brest-Litowsk Frieden mit Deutschland, Österreich-Ungarn, Bulgarien und dem Osmanischen Reich. Die Bedingungen waren hart: Russland musste auf Polen, Litauen, Lettland, Estland, Finnland, die Ukraine und Teile des Kaukasus verzichten. Es verlor ein Drittel seiner Bevölkerung und rund Dreiviertel seiner Eisen- und Stahlindustrie.

Gegen diesen Friedensvertrag, die Regierung der Sowjets und die angekündigten **Verstaatlichungen** protestierte ein Bündnis aus Monarchisten, hohen Militärs, Großgrundbesitzern und Anhängern der parlamentarischen Demokratie. Sie griffen sogar zu den Waffen: Im Frühjahr 1918 kam es zu einem **Bürgerkrieg**: „Rote" Kommunisten der Sowjets (Bolschewiki) kämpften gegen „Weiße", die Gegner der Oktoberrevolution. Trotz ausländischer Unterstützung der „Weißen" setzten sich die Bolschewiki bis zum November 1920 durch. Ihre Revolution und der Bürgerkrieg kosteten Millionen das Leben.

M 2 Die Rote Armee
Foto aus Moskau, um 1920
Leo Trotzki (Bildmitte) inspiziert seine Truppen auf dem Roten Platz.

Verstaatlichung russischer Bürgerkrieg

M3 Die Spaltung der Sowjets

a) Während der nächtlichen Sitzung des II. Allrussischen Rätekongresses am 25. Oktober (7. November) prallen die Standpunkte von gemäßigten und radikalen Sowjets heftig aufeinander.
Für die Menschewiki spricht Julij Martov[1]:

Wie können wir diese Krisis friedlich überwinden? ... In den Straßen erschießt man unsere Brüder. In diesem Moment, da, noch vor der Eröffnung des Sowjetkongresses, eine der revolutionären Parteien den Versuch macht, die Frage der Macht durch eine militärische Verschwörung zu entscheiden ... [hier wurde seine Stimme einen Moment lang von dem rasenden Tumult übertönt] ... Es ist Pflicht aller revolutionären Parteien, sich die Tatsachen vor Augen zu führen ... Wir müssen eine Macht schaffen, die von der gesamten Demokratie anerkannt wird ... Die Möglichkeit einer friedlichen Lösung liegt allein in der Errichtung einer gemeinsamen demokratischen Gewalt ... Wir müssen eine Delegation wählen, um mit den anderen sozialistischen Parteien und Organisationen zu verhandeln.

b) Die Sache der Bolschewiki vertritt Leo Trotzki:

Der Aufstand der Massen bedarf keiner Rechtfertigung. Was geschehen ist, war ein Aufstand und keine Verschwörung ... Wir haben den Willen der Massen offen für einen Aufstand geschmiedet, nicht für eine Verschwörung. Die Volksmassen folgten unserem Banner, und unser Aufstand hat gesiegt. Und nun schlägt man uns vor: Verzichtet auf euren Sieg, erklärt euch zu Konzessionen bereit, schließt einen Kompromiss. Mit wem? Ich frage: Mit wem sollen wir einen Kompromiss schließen? Mit jenen kläglichen Gruppen, die hinausgegangen sind, oder die diesen Vorschlag machen? ... Hinter ihnen steht doch niemand mehr in Russland ... Nein, hier ist kein Kompromiss mehr möglich. Denen, die hinausgegangen sind, und denen, die uns Vorschläge machen, müssen wir sagen: Ihr seid klägliche Bankrotteure, eure Rolle ist ausgespielt; geht dorthin, wohin ihr gehört: auf den Kehrichthaufen der Geschichte.

a) Günter Schönbrunn, Geschichte in Quellen. Weltkriege und Revolutionen 1914-1945, München 1961, S. 77
b) Manfred Hildermeier, Die Russische Revolution 1905-1921, Frankfurt am Main 1989, S. 241

M4 „Schlagt die Weißen mit dem roten Keil"
Plakat von El Lissitzky, 1919

M5 Der Boden wird sozialisiert

Nachdem bereits am 26. Oktober 1917 das Eigentum der Gutsbesitzer an Grund und Boden ohne jede Entschädigung aufgehoben worden ist, erlässt der Rat der Volkskommissare am 27. Januar 1918 das „Grundgesetz über die Sozialisierung des Bodens". Es enthält u. a. folgende allgemeine Bestimmungen:

Art. 1. Jedes Eigentum an Grund und Boden, Bodenschätzen, Gewässern, Waldungen und lebenden Naturkräften wird auf dem Territorium der Russischen Föderativen Sowjetrepublik für immer aufgehoben.
Art. 2. Der Grund und Boden geht von nun an ohne jede (offene oder versteckte) Entschädigung in die Nutzung des ganzen werktätigen Volkes über.

Horst Schützler und Sonja Striegnitz (Hrsg.), Die ersten Dekrete der Sowjetmacht, Berlin 1987, S. 145

1. *Arbeite aus Martovs Rede heraus, welche Gedanken seinem politischen Konzept zugrunde liegen (M3).*
2. *Trotzkis Rede unterscheidet sich sowohl inhaltlich als auch im Ton von der Martovs. Weise dies am Text nach (M3). Welches Selbstbild der Bolschewiki vermittelt Trotzki? Wie sieht er seine Gegner?*
3. *Arbeite die Unterschiede von Menschewiki und Bolschewiki heraus.*
4. *Du nimmst als Reporter an dem nächtlichen Kongress teil und sollst für die Morgenausgabe deiner Zeitung eine Kurzmeldung schreiben. Entwirf die Überschrift und verfasse drei Sätze über die Kontroverse.*
5. *Begründe, warum das Plakat M4 zu einer Ikone der Oktoberrevolution werden konnte. Berücksichtige die politische Bedeutung der Farben.*
6. *Diskutiert, wie sich das Dekret M5 umsetzen lässt und welche Folgen es haben kann.*

[1] Julij Martov (1873-1923), eigentlich Julij Zederbaum, einer der Begründer der russischen Sozialdemokratie und Führer der (linken) Menschewiki; seit 1920 in der Emigration.

Diktatur des Proletariats oder der Bolschewiki?

M 1 Straßenkämpfe mit der Roten Armee
Foto aus Kronstadt, März 1921
Mehr als drei Jahre nach der bolschewistischen Revolution ist Russland immer noch nicht zur Ruhe gekommen.

Suche nach Gründen, warum Gewalt weiter den Alltag prägt. Gegen wen kämpft die Rote Armee?

Kein Platz für Opposition

Die Bolschewiki konnten ihre Macht ausbauen. Schon im Bürgerkrieg hatten sie die Wirtschaft und Gesellschaft umgestaltet. Die Banken sowie große und kleine Betriebe hatten sie enteignet und verstaatlicht, die Bauern zu immer mehr Abgaben gezwungen. „Abweichler" in den Reihen der Bolschewiki ließ der Vorsitzende Lenin durch „Säuberungen" mundtot machen. Andere Parteien verbot er. Damit gab es keine Opposition, aber eine Diktatur der Bolschewiki, die ihren Führungsanspruch entschlossen durchkämpften. Sie erklärten, überall in der Welt eine kommunistische Herrschaft anzustreben (Weltrevolution).

Aufstände und Streiks

Lenin baute die Verwaltung aus, um seine politischen und wirtschaftlichen Maßnahmen durchzuführen. Die Steuereinnahmen sackten stark ab, die ohnehin schwache Wirtschaft brach fast zusammen. Die Hoffnungen des Volkes blieben unerfüllt. Ab Sommer 1920 kam es zu Aufständen der Bauern, im Winter zu Protesten und Streiks in den Städten. Ende Februar 1921 rebellierten sogar die Soldaten der Inselfestung Kronstadt vor St. Petersburg, die sich für die Oktoberrevolution 1917 begeistert hatten. Das zählte nicht mehr; die Bolschewiki schlugen jeden Widerspruch nieder.

M 2 Wirkung der „Neuen Ökonomischen Politik"
Foto aus Moskau, um 1923
Die NEP erlaubte es den Bauern, einen Teil ihrer landwirtschaftlichen Produkte auf dem freien Markt zu verkaufen und damit Gewinn zu erzielen. Die Politik, die bis 1928 galt, war mit sozialistischen Ideen eigentlich unvereinbar, sie verbesserte aber die Versorgung der Bevölkerung mit Konsumgütern.

Eine neue Wirtschaftspolitik

Im Frühjahr 1921 ließ Lenin auf dem Parteitag der Bolschewiki die „Einheit der Partei" beschließen. Andere Meinungen als die der Parteiführung waren verboten. Eine **„Neue Ökonomische Politik"** (NEP) sollte die Lage verbessern: Die staatliche Lebensmittelverteilung wurde abgeschafft, private Kleinbetriebe waren wieder erlaubt. Doch diese Maßnahmen konnten nicht mehr verhindern, dass nach der Dürre des Sommers 1921 im darauffolgenden Winter mehr als vier Millionen Menschen verhungerten.

M 3 Die Geheimpolizei wächst

Schon im Dezember 1917 wird die Tscheka, die „Außerordentliche Allrussische Kommission zur Bekämpfung von Konterrevolution, Spekulation und Sabotage", gegründet. Sie wird hauptsächlich zur Bekämpfung der Opposition eingesetzt.

März 1918	600 Mitarbeiter
Juni 1918	12 000 Mitarbeiter
Ende 1918	40 000 Mitarbeiter
Anfang 1921	280 000 Mitarbeiter

M 4 Die NEP

Auf dem XI. Parteitag der Kommunistischen Partei äußert sich Lenin am 27. März 1922 über die „Neue Ökonomische Politik“:

Die ganze Bedeutung der Neuen Ökonomischen Politik [...] liegt darin und nur darin: den Zusammenschluss zwischen der bäuerlichen Wirtschaft und der neuen Wirtschaft herzustellen, die wir mit ungeheurer Anstrengung schaffen. [...]

Unser Ziel ist, den neuen Zusammenschluss herzustellen, dem Bauern durch Taten zu beweisen, dass wir mit dem beginnen, was ihm verständlich, vertraut und heute bei all seiner Armut erreichbar ist, nicht aber mit etwas, was vom Standpunkt des Bauern fern und fantastisch ist. Unser Ziel ist zu beweisen, dass wir ihm zu helfen verstehen, dass die Kommunisten dem verarmten, verelendeten, qualvoll hungernden Kleinbauern, der sich jetzt in einer schweren Lage befindet, sofort praktisch helfen. Entweder werden wir das beweisen, oder er wird uns zum Teufel jagen. Das ist völlig unausbleiblich. [...]

Die zweite, speziellere Lehre ist die Überprüfung der staatlichen und der kapitalistischen Betriebe durch den Wettbewerb. [...]

Was gebraucht wird, ist eine echte Prüfung. Nebenan ist der Kapitalist tätig, er handelt wie ein Räuber, er schindet Profite, aber er versteht seine Sache. Ihr aber – ihr probiert es auf neue Art: Profite gibt es bei euch nicht, die Grundsätze sind kommunistisch, die Ideale gut [...], aber versteht ihr praktisch zu arbeiten? [...]

Den Kommunisten wurde jeder mögliche Aufschub gewährt, es wurde ihnen so viel Kredit gegeben, wie keiner anderen Regierung gegeben worden ist. Natürlich haben die Kommunisten geholfen, die Kapitalisten, die Gutsbesitzer loszuwerden, die Bauernschaft schätzt das, und sie hat Kredit gegeben, Aufschub gewährt, aber alles bis zu einem gewissen Termin. Dann aber erfolgt schon die Prüfung: Versteht ihr es, nicht schlechter zu wirtschaften als die anderen? Der alte Kapitalist versteht es, ihr aber versteht es nicht. [...] Entweder werden wir im nächsten Jahr das Gegenteil beweisen, oder die Sowjetmacht kann nicht weiterexistieren. [...]

Der Kommunist, der Revolutionär, der die größte Revolution der Welt vollbracht hat, auf den, wenn nicht vierzig Jahrhunderte von den Pyramiden, so doch vierzig europäische Länder mit der Hoffnung auf Erlösung vom Kapitalismus blicken – er muss von einem simplen Handlungsgehilfen lernen, der zehn Jahre in einer Mehlhandlung herumgelaufen ist, der das Geschäft versteht, während er, der verantwortliche Kommunist und ergebene Revolutionär, weit davon entfernt ist, es zu verstehen, nicht einmal versteht, dass er es nicht versteht.

Lenin, Werke, Bd. 33, Berlin 1977, S. 255 ff.

M 5 Die Notwendigkeit des Terrors

In einem Telegramm vom 17. Mai 1922 teilt Lenin dem Volkskommissar für Justiz, D. I. Kurski, mit:

Gen. Kurski! Als Ergänzung zu unserem Gespräch schicke ich Ihnen den Entwurf eines zusätzlichen Paragrafen zum Strafgesetzbuch. Das ist ein Rohentwurf, der natürlich noch gründlich ausgearbeitet und überarbeitet werden muss. Der Grundgedanke ist hoffentlich trotz aller Mängel des Rohentwurfs klar: offen eine prinzipielle und politisch wahrheitsgetreue (nicht nur eine eng juristische) These aufstellen, die das Wesen und die Rechtfertigung des Terrors, seine Notwendigkeit und seine Grenzen motiviert.

Das Gericht soll den Terror nicht beseitigen – das zu versprechen wäre Selbstbetrug oder Betrug –, sondern ihn prinzipiell, klar, ohne Falsch und ohne Schminke begründen und gesetzlich verankern. Die Formulierung muss so weitgefasst wie möglich sein, denn nur das revolutionäre Rechtsbewusstsein und das revolutionäre Gewissen legen die Bedingungen fest für die mehr oder minder breite Anwendung in der Praxis.

Lenin, Werke, Bd. 33, Berlin 1977, S. 344

1. *Begründe aus dem Blickwinkel verschiedener Bevölkerungsgruppen die anhaltenden Proteste gegen die neue Regierung (Darstellungstext).*
2. *Beschreibe und bewerte, wie die Bolschewiki mit Kritikern umgehen.*
3. *Arbeite heraus, welche Ziele Lenin für die NEP nennt (M4). War diese Politik notwendig? Beziehe das Foto M2 in deine Überlegungen ein.*
4. *Kommentiere die Zahlen unter M3 a) als damaliger politischer Funktionär der Sowjetuinion; b) als heutiger Historiker.*
5. *Lenin fordert, den Terror „gesetzlich zu verankern“ (M5, Z. 15 f.). Antworte ihm aus deinem eigenen Verständnis von Gerechtigkeit.*

Stalin übernimmt die Macht

M 1 „Stalin auf dem XVIII. Parteikongress"
Ölgemälde (121 x 96 cm) von Aleksandr Gerasimov, 1939
Gerasimov (1881-1963) war 1947-1957 Präsident der Sowjetischen Akademie der Künste. Er wurde mehrfach mit dem Stalin-Preis ausgezeichnet.

Arbeite heraus, welchen Eindruck von Stalin der Künster vermitteln wollte.

Kritiker werden verfolgt

Ende 1922 entstand die **Sowjetunion**, offiziell Union der sozialistischen Sowjetrepubliken (UdSSR). Nach Lenins Tod 1924 setzte sich **Josef Stalin** beim Kampf um die Nachfolge durch. Die Industrialisierung kam nur schleppend voran, Arbeiter und Bauern hatten immer noch unterschiedliche Interessen, viele Völker strebten weiter nach Unabhängigkeit und international stand die Sowjetunion allein. Um seine Stellung zu sichern, erklärte Stalin alle Gegner zu „Abweichlern". Er schloss sie aus der Partei aus, ließ sie einsperren und sogar hinrichten. Alle wichtigen Ämter in Partei und Staat besetzte Stalin mit seinen Anhängern. So errichtete er eine persönliche Diktatur. Selbst der Anführer der Oktoberrevolution Leo Trotzki verlor 1925 alle Ämter, obwohl die Sowjetunion ihm den Aufbau der „Roten Armee" verdankte, die den Bolschewiki den Sieg im Bürgerkrieg gebracht hatte. 1929 musste er sein Land verlassen. 1940 ließ ihn Stalin in Mexiko ermorden.

Industrialisierung nach Plan

Seine Rücksichtslosigkeit bewies Stalin auch bei seinem neuen Konzept „Aufbau des Sozialismus in einem Land". Den Rückstand gegenüber den westeuropäischen Staaten wollte er mit einer „**Planwirtschaft**" aufholen, indem er für fünf Jahre im Voraus vom Staat festlegen ließ, was hergestellt und an das Volk verteilt werden sollte. Stalin ließ unter gewaltigen Anstrengungen Kraft- und Stahlwerke sowie große Maschinenbaubetriebe errichten. Zwar erreichte die Sowjetunion die meisten Planziele nicht, doch in den 1930er-Jahren gelang die Entwicklung zum Industriestaat. Der Anteil der Arbeiter an den Beschäftigten stieg auf ein Drittel. Die Kehrseite der erzwungenen Industrialisierung waren katastrophale Arbeits- und Lebensbedingungen. Streiks waren verboten. Gearbeitet wurde im Akkord, das heißt, die Arbeiter mussten unter einem enormen Zeitdruck hohe Stückzahlen erreichen. Sie verdienten trotzdem wenig und konnten sich nicht viel leisten.
Wer seine Planziele verfehlte, kam in den Verdacht, dem Staat schaden zu wollen, und wurde hart bestraft. Stalin nutzte alle Gewinne der Staatsunternehmen, um weitere Anlagen zu bauen oder die Verwaltung zu vergrößern.

Reformen bringen Millionen den Hungertod

Auch die Landwirtschaft krempelte Stalin um: Durch „Kollektivierung" machte er aus 25 Millionen Bauernhöfen 240 000 „Produktionsgenossenschaften" (Kolchosen). Anfangs sollten moderne Maschinen wie Traktoren und Mähdrescher die Bauern zum freiwilligen Beitritt locken, doch sie wollten ihre Freiheit behalten und sich nicht enteignen lassen. Daraufhin wurden sie in die Kolchosen gezwungen. Nicht willkommen waren die wohlhabenden Bauern. Mehr als fünf Millionen dieser „Kulaken" wurden als „Klassenfeinde" von ihrem Besitz vertrieben und zur Zwangsarbeit nach Sibirien verbannt. Etwa eine Million kam dort um. Stalins Landreform scheiterte: In der Ukraine, Südrussland und in Kasachstan starben 1932/33 etwa sechs Millionen Menschen den Hungertod.

Beurteile, inwieweit Stalins Doktrin vom „Sozialismus in einem Land" im Gegensatz steht zur kommunistischen Idee der „internationalen Solidarität der Arbeiterklasse".

Internettipp:
Informationen über Stalin findest du unter 31054-03

Sowjetunion Josef Stalin Planwirtschaft

M2 Eindrücke

Der französische Schriftsteller André Gide berichtet 1936 über seinen Besuch in der Sowjetunion:

In der Sowjetunion gilt es von vornherein und für allemal ausgemacht: Über nichts auf der Welt kann es mehr als eine Meinung geben! Im Übrigen hat man den Verstand der Leute so geprägt, dass ihnen dieser Konformismus[1] leichtfällt; er wird für sie so natürlich, geht so ins Blut über, dass vermutlich nicht einmal Heuchelei dabei im Spiele ist. Haben diese Menschen wirklich die Revolution gemacht? Nein! Diesen Menschen hier ist der Gewinn aus der Revolution zugefallen! Jeden Morgen bringt ihnen die Prawda[2] bei, was sie zu wissen, zu denken, zu glauben haben. Und es tut nicht gut, davon abzuweichen! Folglich hat man bei jeder Unterhaltung mit einem Russen den Eindruck, man unterhielte sich mit allen. [...] Du bedauerst die Leute, die stundenlang in der Schlange anstehen müssen; sie selbst aber finden das Warten ganz natürlich. Brot, Gemüse, Obst wollen dir nicht schmecken; aber es gibt kein anderes. Hässlich findest du die Stoffe, die Artikel, die man dir vorlegt; aber du hast keine Wahl. Ohne Vergleichsmöglichkeit, es sei denn mit einer Vergangenheit, der du schwerlich nachtrauerst, freust du dich und bist zufrieden mit dem, was man dir bietet. [...] Heute werden Anpassung und Konformismus verlangt. Zustimmung zu allem, was in der UdSSR geschieht, das will und fordert man [...]. Andererseits ist der geringste Protest, die geringste Kritik mit schwersten Strafen bedroht und wird sofort erstickt. [...]
Auf Stalins Bildnis trifft man überall, sein Name ist in aller Munde, unfehlbar kehrt sein Lob in allen Reden wieder. Zumal in Georgien habe ich keinen Wohnraum betreten können, auch den schlichtesten, schäbigsten nicht, ohne auf ein Stalin-Bild an der Wand zu stoßen – offenbar an der Stelle angebracht, wo früher die Ikone hing.

André Gide, Zurück aus Sowjetrußland, übers. v. Raimund Theis, in: André Gide, Gesammelte Werke VI.2, hrsg. von Peter Schnyder, Stuttgart 1996, S. 68 f., 79 und 81

[1] Konformismus: Anpassung der eigenen Haltung an die herrschende Meinung

[2] Prawda (dt. „Wahrheit"): amtliche Zeitung der Kommunistischen Partei Russlands/der UdSSR 1918-1991

M3 Industrieproduktion

Index: 1913 = 100

	Gesamtproduktion	Produktionsgüter[3]	Konsumgüter[4]
1913	100	100	100
1917	71	81	67
1921	31	29	33
1925	73	80	69
1927	111	128	102
1930	193	276	151
1933	281	450	196
1936	529	934	324
1939	763	1 353	464

Nach: Helmut Altrichter, Kleine Geschichte der Sowjetunion 1917-1991, München 1993, S. 216 (Auszug)

[3] Produktionsgüter: Güter oder Dienstleistungen, die zur Produktion oder Weiterverarbeitung von Gütern dienen

[4] Konsumgüter: Güter zum (privaten) Ge- und Verbrauch

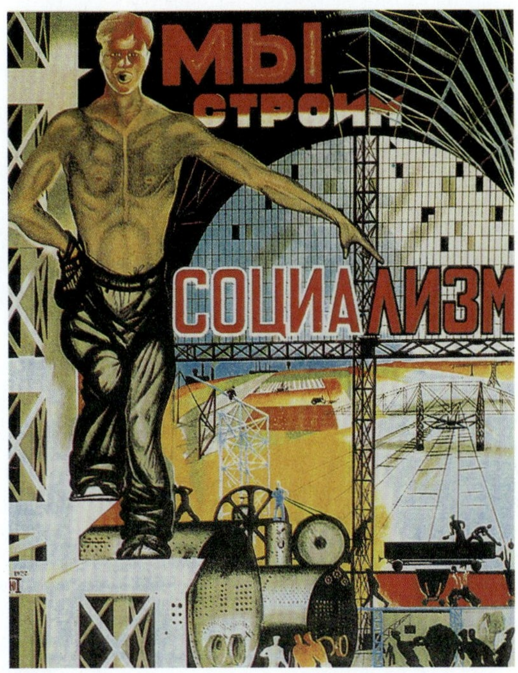

M4 „Wir erbauen den Sozialismus"
Plakat (72 x 54 cm) von Jurij I. Pimenow, 1928

M5 „Arbeiter und Kolchosbäuerin"
Figurengruppe, Stahl, Vera Muchina 1936

Die Gruppe ist 25 m hoch. Sie wurde im Auftrag der Sowjetregierung für den Pavillon der UdSSR auf der Weltausstellung 1937 in Paris geschaffen. Danach stellte man die Statue am Eingang der Dauerausstellung „Errungenschaften der Volkswirtschaft" in Moskau auf.

1. *Stelle dar, welche Informationen über Politik und Wirtschaft in der Sowjetunion der Stalinzeit der Bericht von André Gide (M2) enthält.*
2. *Beschreibe und erkläre die Entwicklung der wirtschaftlichen Kennziffern in M3. Beurteile ihre Auswirkungen auf die Menschen.*
3. *Arbeite aus dem Plakat M4 heraus, welche Errungenschaften für den Künstler den Sozialismus ausmachen, zu dessen Aufbau er aufruft.*
4. *Beurteile die Aussage der Statue M5. Berücksichtige, für welche Aufstellungsorte sie geschaffen wurde.*

Wenn Bilder lügen

„Wer die Vergangenheit kontrolliert, kontrolliert die Zukunft." Diesen Satz des englischen Schriftstellers George Orwell befolgen besonders diktatorische Regimes. Um ihre Herrschaft in der Gegenwart zu sichern, rücken die Machthaber ihre eigene Vergangenheit in das beste Licht.

Aber was tun, wenn sich der Blick auf die Vergangenheit ändert, etwa, wenn ehemalige Freunde zu Feinden geworden sind? Und was tut ein Diktator, wenn die Vergangenheit, die er gern hätte, anders oder gar nicht im Bild festgehalten ist? Seit Erfindung der Fotografie werden Fotos auch verfälscht. Gefälschte Fotos scheiden natürlich als Quellen für die abgebildete „Wirklichkeit" aus. Aber sind dennoch historische Quellen, denn die Fälschung wurde meist massenhaft veröffentlicht, sie erfolgte zu bestimmter Zeit in bestimmter Absicht und sie ersetzte das Originalbild in der Erinnerung.

Diese Fragen helfen, manipulierte Fotos auszuwerten:

1. Beschreiben
- Wen oder was zeigt das Originalfoto?
- Was ist am manipulierten Foto verändert worden? Wie?
- Ist in der Fälschung etwas entfernt oder hinzugefügt?
- Wann entstand das Original? Wann die Bildfälschung?

2. Einordnen
- Welcher neue Eindruck wird durch die Fälschung erzeugt?
- Wer oder was soll mit dem verfälschten Bild aus dem Gedächtnis gestrichen werden?
- Warum war diese Bildmanipulation zu dieser Zeit wichtig?

3. Bewerten
- Wem nutzte die Manipulation?
- Wie wurde die Vergangenheit durch das manipulierte Foto nachträglich verändert?
- Wodurch stabilisierte das gefälschte Bild die Diktatur?

Diese Formuierungen sind zur Auswertung nützlich:

1. *Das Originalfoto von … zeigt … – Auf dem verfälschten Bild von … ist dagegen … zu sehen.*
2. *Im Vergleich mit dem Original zeigt die Fälschung … / wirkt das manipulierte Bild … – Auf dem veränderten Bild sind … und … wegretuschiert / ist … hinzugefügt worden.*
3. *Die Bildmanipulation behauptet, dass … – Diese Sicht der Vergangenheit nutzt …, denn … – … wollte die Erinnerung an … auslöschen / umfälschen / verändern.*

M 1 Zwei verschwundene Bolschewiki
① Foto von Grigorij Goldstejn, 5. Mai 1920
② retuschiertes Foto, veröffentlicht seit 1928 bis 1991

Anfang 1920 hatte die Rote Armee im Bürgerkrieg den größten Teil der „Weißen" besiegt. Im April drohte aber neue Gefahr: Polnische Truppen waren in die Ukraine eingefallen und hatten Kiew erobert. Am 5. Mai hielt Lenin vor dem Bolschoj-Theater in Moskau eine Ansprache vor Soldaten, die vor ihren Abmarsch an die polnische Front standen. Danach sprachen auch zwei wichtige Wegbegleiter Lenins: Lew Kamenew, der die russische Delegation in Brest-Litowsk geleitet hatte, und Leo Trotzki, Führer der Roten Armee seit der Oktoberrevolution. Seit Josef Stalin um 1928 die totale Macht in Händen hielt, führte er einen brutalen Feldzug gegen die „alten Boschewiken". Diese waren Zeugen der geringen Beteiligung Stalins an der Revolution 1917. Einige wagten offene Kritik. Kamenew wurde von Stalin verleumdet, aus der Partei ausgeschlossen, in einem Schauprozess angeklagt und erschossen. Trotzki, ein noch kompromissloserer Gegner, wurde 1929 aus Russland vertrieben. Stalin ließ ihn 1940 in seinem mexikanischen Exil ermorden.

Deine Bearbeitung könnte etwa so aussehen:
Das Originalfoto M1 von 1920 zeigt Lenin in Begleitung seiner Mitstreiter Lew Kamenew und Leo Trotzki. Diese Bolschewiki wurden später erbitterte Gegnern Stalins. Nach seinem Aufstieg zum Alleinherrscher ließ Stalin sie verfolgen und ermorden, weil sie seine unbeschränkte Macht bedrohten. Als beide umgebracht oder vertrieben waren, sollte auch die Erinnerung an sie ausgelöscht werden. Niemand sollte überhaupt an sie zurückdenken können. Auf dem Foto der Ansprache Lenins vor Soldaten wurden beide Personen wegretuschiert. Mit den einfachen Mitteln der Zeit wurden sie mit einer Holztreppe übermalt.
Die Auslöschung von Personen, die als „Feinde" eingestuft wurden, aus Bildern ist typisch für die Herrschaftspraxis des Stalinismus. Ziel war es, die Geschichte so zu fälschen, dass Stalins Bedeutung gesteigert, diejenige seiner Kritiker heruntergespielt wurde. Durch die Verwendung des retuschierten Bildes in sowjetischen Geschichtsbüchern wurden Kamenew und Trotzki systematisch aus dem kollektiven Gedächtnis getilgt.

Internettipp:
Zur Geschichte der Bildmanipulationen von den Anfängen bis zur Gegenwart erfährst du mehr unter 31054-04

M2 Lenin – Stalin
③ Foto, 1923; ④ Fotomontage, nach 1928
Lenin hielt sich nach Schlaganfällen seit 1922 meist auf seinem Landgut in Gorkij auf. Dort empfing er wichtige Politiker. Foto ③ nahm Lenins Schwester 1922 auf. Nach Lenins Tod ließ Stalin das retuschierte Foto ④ veröffentlichen.

M3 Lenin spricht zu den Massen
⑤ Foto, 19. 7. 1920; ⑥ Fotomontage, 1924
Zur Grundsteinlegung eines Denkmals sprach Lenin 1920 in Petrograd ⑤. Nach seinem Tod veröffentlichte das Magazin „Rotes Neuland" eine Sonderausgabe. Den Redakteuren schien an diesem Bild jedoch etwas nicht zu gefallen. So schufen sie – unter Verwendung des Fotos einer ganz anderen Veranstaltung – die Fotomontage ⑥.

Jetzt bist du dran:

1. *Analysiere die Bildmanipulation M2 oder M3 nach dem nebenstehenden Schema.*
2. *Beurteile die Aussage: „Auch ein nicht verfälschtes Foto kann bereits manipulieren."*
3. *Die heutige Technik erlaubt noch weit raffiniertere Bildfälschungen. Wähle ein Foto (z. B. von einer Schulveranstaltung der jüngsten Zeit) und verfälsche seine Bildaussage. Besprecht und bewertet eure Bildmanipulationen in der Klasse.*

Stalins Gewaltherrschaft

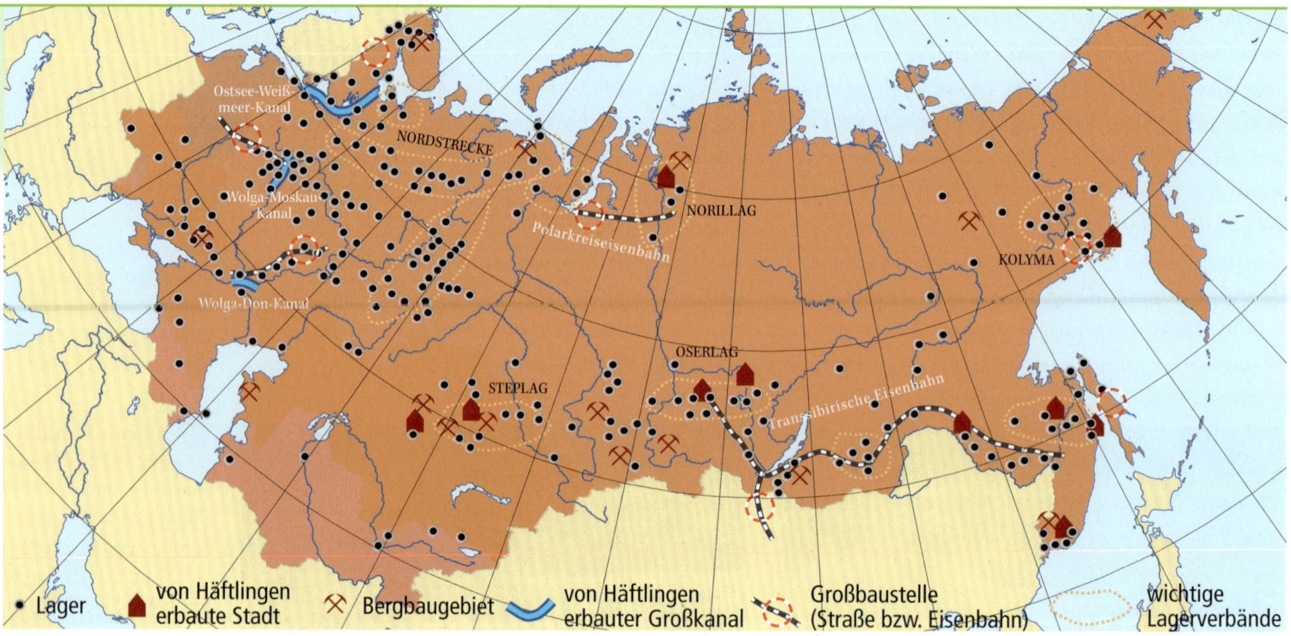

M 1 Das Zwangsarbeitssystem in der Sowjetunion
Die verzeichneten Lager bestanden nicht alle zur gleichen Zeit. Nach der Abkürzung für die „Hauptverwaltung der Besserungsarbeitslager und -kolonien“ heißt der Komplex auch „GULag-System“.
Arbeite aus der Karte heraus, welchen Nutzen die Sowjetunion aus der Anlage und dem Betrieb dieser Arbeitslager zog.

Internettipp:
Zu Stalins Terrorherrschaft: Mediencode 31054-05

Terror prägt den Alltag

Stalin und seine Anhänger taten alles, um das gesamte Leben in der Sowjetunion auf ihre Ziele auszurichten. Sie überwachten alle politischen, wirtschaftlichen und kulturellen Entscheidungen und duldeten keinen Widerspruch. Jeder Ansatz zur Opposition wurde mit Gewalt (Terror) unterdrückt. Diese alle Bereiche kontrollierende undemokratische und diktatorische Herrschaft ohne Wahlen und persönliche Freiheit des Volkes nennen wir **totalitär**.

Das System in der Sowjetunion bezeichnen wir als **Stalinismus**. Denn Stalin hatte die alleinige Macht, die er menschenverachtend und bedenkenlos ausnutzte, um alle vermeintlichen oder wirklichen Gegner durch anhaltende „Säuberungen" zu vernichten und das Volk gefügig zu machen. Nach außen wurde dies zwischen 1936 und 1938 deutlich, als Stalin zur Abschreckung öffentliche „Schauprozesse" gegen Führungskräfte in Staat, Partei, Wirtschaft und Gesellschaft anordnete. Er machte sie zu Sündenböcken für seine Misserfolge. Die **Geheimpolizei** zwang die angeblichen „Volksfeinde", Spione, Saboteure oder Oppositionelle zu Geständnissen. Sie wurden zum Tode oder zu **Zwangsarbeit** in Lagern verurteilt. Eine „Staatliche Lagerverwaltung" (GULag) ließ Millionen Menschen schuften, erniedrigen, quälen, hungern und ermorden. Wer zu schwach war für die harte Arbeit, musste sterben. Das ausgedehnte Lagersystem war untrennbarer Teil des Stalinismus. Von 1920 bis zu Stalins Tod 1953 kamen bis zu 20 Millionen Menschen in ein Lager, das die meisten nicht überlebten. Fünf Millionen wurden erschossen oder starben bei Zwangsumsiedlungen.

Propaganda und Personenkult

Obwohl im Volk bekannt war, dass es Straflager gab, schaffte es die kommunistische Propaganda, dass viele Sowjetbürger Stalin als den „geliebten Führer" verehrten. Dieser **Personenkult** ging so weit, unzählige Straßen, Plätze, Betriebe und Städte in der ganzen Sowjetunion nach ihm zu benennen. Überall wurden Stalin-Standbilder aufgestellt und riesige Gemälde und Plakate mit seinem geschönten Gesicht aufgehängt, nicht nur in allen staatlichen Gebäuden, sondern auch in zahlreichen Wohnungen. Stalin war allgegenwärtig. Wer in der Sowjetunion als Künstler und Wissenschaftler arbeiten wollte, musste sich zu ihm bekennen und bei anderen für ihn werben.

totalitärer Staat | Stalinismus | Geheimpolizei | Zwangsarbeit | Personenkult

M 2 Wir vernichten ...

Wolfgang Leonhard flieht als Jugendlicher vor den Nationalsozialisten aus Deutschland. 1935 bis 1945 lebt er in Moskau. 2008 erinnert er sich:

Neu und ungewöhnlich war vor allem die öffentliche Zurschaustellung des Terrors im Alltag: So sah man 1937 in Moskau riesige Plakate mit dem Konterfei von Stalin und dem von Nikolai Jeschow, dem damaligen Generalkommissar für Staatssicherheit, der die Verhaftungen organisierte und unmittelbar befehligte. Jeschow trug auf diesen Plakaten Handschuhe mit Stacheln, zwischen denen er Menschenkörper zusammenpresste, dass ihr Blut spritzte. Darüber stand in großen Lettern: „Wir vernichten die Feinde des Volkes.“ Und darunter: „Der sowjetische Geheimdienst wird noch zeigen, wozu er fähig ist.“

Wolfgang Leonhard, Anmerkungen zu Stalin, Berlin 2009, S. 134

M 3 Stalin im Film

Über 100 Filme mit Stalin-Rollen erschienen 1930 - 1955. Während der Diktator selbst sich immer seltener in der Öffentlickeit zeigte, sahen die Sowjetbürger im Kino ein idealisiertes Kunstprodukt der Propaganda.

Lenin erscheint Stalin im Traum: „Der Schwur“, 1937

Stalin als sorgsamer Gärtner: „Der Fall von Berlin“, 1950

Zweiter Mann hinter Lenin bei der Revolution: „Lenin im Oktober“, 1937

Stalin lobt Zar Peter den Großen, Gründer der russischen Flotte: „Unvergessliches Jahr 1919“, 1952

M 4 „Der eiserne Stachelhandschuh“

Karikatur aus der sowjetischen Satirezeitschrift „Krokodil“ von 1937

Die Schlange trägt die Namen von drei bekannten Stalin-Gegnern: Trotzki, Bucharin und Rykow. Sie werden Spione, Heuschrecken und feindliche Agenten genannt.

M 5 Zwangsarbeit

Foto vom Bau des Weißmeer-Ostsee-Kanals, 1932

Über 100 000 verbannte Bauern und politische Häftlinge bauten 1931 bis 1933 den 227 km langen Kanal. Mindestens 12 000 Zwangsarbeiter kamen dabei ums Leben.

1. *Zeige auf, wie die Regierung Propaganda und Terror verknüpft.*
2. *Welche Reaktionen sollte die Karikatur M4 beim Volk bewirken?*
3. *Arbeite heraus, welches Bild von Stalin durch Filme wie M3 entworfen wurde. Wie passte dies zu den gleichzeitigen Vorgängen im Land?*
4. *Setze dich kritisch mit der Absicht und der Wirkung des Personenkults um Stalin auseinander.*
5. *Ein ehemaliger Anhänger Stalins schreibt aus einem Lager einen kurzen Brief an seine Familie. Er muss sich so ausdrücken, dass die Zensur seine Post nicht beschlagnahmt. Verfasse diesen Brief.*

21.1.1924 Tod Lenins | Stalin schaltet innerparteiliche | 1936-1938 „Säuberungen“ und Schauprozesse | 1927-1953 Ausbau des GULag-Systems, 20 Mio. in Lagern, 5 Mio. Tote | 5.3.1953: Tod Stalins

Das weiß ich – das kann ich!

Am Anfang dieses Kapitels stehen die Leitfragen:
Wodurch gelang die Machtübernahme der Kommunisten?
Wie veränderten sie Russland zur Sowjetunion?
Mit den Arbeitsfragen zu den fünf Kategorien auf S. 14f. kannst du sie nun beantworten:

Herrschaft

In der Zarenherrschaft regierte der Zar Russland allein, ohne Verfassung und Parlament. Er stützte sich auf den Adel, das Militär und die Kirche. Das einfache Volk hatte keine politischen Rechte.
Die Oktoberrevolution brachte die kleine Minderheit der Bolschewiki an die Macht. Ihr Anführer Lenin regierte als Diktator und verfolgte seine Gegner, auch mit einer Geheimpolizei.
Stalin herrschte rein diktatorisch und unterdrückte jede Opposition. Zwangsarbeitslager und Massenerschießungen kennzeichnen seine totalitäre Herrschaft (Stalinismus).

Wirtschaft

Um 1900 war die Landwirtschaft rückständig. Fabriken gab es nur in wenigen großen Städten.
Nach der Oktoberrevolution wurden privater Besitz enteignet, Industrie und Landwirtschaft verstaatlicht.
Stalin trieb die Industrialisierung voran. Er wollte das Land in kurzer Zeit zu einer Industrienation umbauen. Eine Planwirtschaft gab vor, was und wie viel produziert werden sollte. Bauern wurden in Großbetrieben beschäftigt und mussten ihre Erträge dem Staat abgeben. Das führte zu einer Hungersnot.
Die „Neue Ökonomische Politik" brachte durch beschränkte Privatwirtschaft eine kurze Phase der Besserung.

Weltdeutung und Religion

Für die russischen Bolschewiki war der kompromisslose Aufbau des Sozialismus anstelle des bisherigen Kapitalismus ohne Alternative. Seine theoretischen Grundlagen durch Marx und Engels sowie seine Weiterentwicklung durch Lenin und Stalin galten als unfehlbare Lehren.
Der Personenkult, der um Lenin und vor allem Stalin betrieben wurde, trug religiöse Züge und diente zur Festigung der Herrschaft der Partei und ihrer Führer.
Die Kommunisten bekämpften alle Religionen in der Sowjetunion als staats- und revolutionsfeindlich.

Gesellschaft

Die Gesellschaft der Zarenzeit war durch extreme Unterschiede zwischen Arm und Reich geprägt. Sie zu beseitigen war Ziel des Sozialismus, der in der Oktoberrevolution zur herrschenden Ideologie wurde. Die „Diktatur des Proletariats" sollte die Interessen der Arbeiter und Bauern vertreten.
In der Praxis bestimmte eine neue Gesellschaftsschicht von Parteifunktionären die gesellschaftliche Entwicklung. Die obersten sowjetischen Staats- und Parteiführer hatten umfassenden Einfluss auf alle Bereiche des Lebens.
Die Geheimpolizei verbreitete in der Gesellschaft Angst und Schrecken und verhinderte eine wirksame Opposition.

Internettipp:
Ein Heft mit vertiefenden Informationen zur Sowjetunion erhältst du hier: 31054-06

Wir haben in diesem Kapitel die Geschichte der sowjetischen Ideologie und Herrschaftspraxis bis zur Regierungszeit Stalins vor dem Zweiten Weltkrieg betrachtet. Die Sowjetunion existierte, mit vielen Wandlungen, bis 1991 weiter. Sie war auf vielfache Weise mit der Geschichte der Welt, Europas und Deutschlands verknüpft. Aspekte dieser Auseinandersezung beleuchten wir in den folgenden Kapiteln dieses Buches.

Kompetenz-Test
Einen Fragebogen, mit dem du überprüfen kannst, was du schon kannst und was du noch üben solltest, findest du unter 31054-07

M1 Ein „Iljitsch-Birnchen“
Foto, um 1925
Die Bolschewiki begannen 1921 eine Elektrifizierungskampagne. Zahlreiche Ingenieure stellten sich in den Dienst der Bolschewiki. Lenin wollte die Bauern „aus der Finsternis herausführen“.

M2 Freiheit oder Staat

Lenin meint 1917, kurz vor der Oktoberrevolution:

Solange es einen Staat gibt, gibt es keine Freiheit. Wenn es Freiheit geben wird, wird es keinen Staat geben. [...] Der Staat wird dann völlig absterben können, wenn die Gesellschaft den Grundsatz „Jeder nach seinen Fähigkeiten, jedem nach seinen Bedürfnissen“ verwirklicht haben wird, d. h. wenn die Menschen sich so an das Befolgen der Grundregeln des gesellschaftlichen Zusammenlebens gewöhnt haben werden und ihre Arbeit so produktiv sein wird, dass sie freiwillig nach ihren Fähigkeiten arbeiten werden.

Staat und Revolution. Lenin, Werke, Bd. 25, Berlin 1974, S. 482 f.

M3 Ein gleiches, freies Volk

Josef Stalin sagt in einer Rede am 4. 12. 1935:

Im Oktober 1917 haben wir den Zaren, die Grundbesitzer und die Kapitalisten gestürzt, und die Große Proletarische Revolution hat sich seither in unserem Land weiterentwickelt. Der große Lenin, unser Vater und Erzieher, verkündete, es werde hinfort weder Herrscher noch Beherrschte geben und das Volk werde gleich und frei sein.

Nach: Stalin, Works, Vol. 14, 1934-1940, London 1978, S. 124

M4 „Bolschewik“
Ölgemälde von Boris Kustodiev, 1920

Großgrundbesitzer | Personenkult | Geheimpolizei | Industrialisierung
Stalin | Terror | Verstaatlichung | Arbeiter | Zarenherrschaft
Industrie | Lenin | Bauern | Hungersnot | Weltkrieg
Oktoberrevolution | Weltrevolution | Kollektivierung | „Sozialismus in einem Land“

M5 Bausteine einer Epoche

1. *Lenin sagte nach der Oktoberrevolution: „Kommunismus – das ist Sowjetmacht plus Elektrifizierung des ganzen Landes.“ Bewerte diesen Satz vor dem Hintergrund des russischen Entwicklungsstandes und der Maßnahmen der Bolschewiki (vgl. M1).*
2. *Beurteile, ob die Sowjetunion eine Verwirklichung der Behauptung Lenins von 1917 ist (M2), oder ob sie ihr widerspricht.*
3. *Entwickle eine Erwiderung auf Stalins Behauptung (M3) in gleicher Kürze.*
4. *Diskutiert ausgehend von der ursprünglich beabsichtigten Bildaussage, wie das Gemälde M4 zum Zeitpunkt seiner Entstehung, wie 20 Jahre später auf die Menschen in der Sowjetunion gewirkt haben könnte. Berücksichtigt jeweils mehrere gesellschaftliche Gruppen und erklärt mögliche Unterschiede in der Beurteilung.*
5. *Gestalte aus den Begriffskärtchen M5 eine Mindmap mit der Überschrift „Die Herrschaftsideologie des Sowjetkommunismus“.*
6. *Informiert euch, wie im heutigen offiziellen Russland Stalin und seine Politik beurteilt werden. Gestaltet eine Poster-Ausstellung zum Thema „Stalinismus und Freiheit“.*

2

Weimarer Republik: Chancen und Belastungen

Der Reichstag in Berlin, erbaut 1884-1894, stand im Kaiserreich nicht im Zentrum des politischen Geschehens. Nach dem Ersten Weltkrieg wurde Deutschland eine Republik. Das Parlament war nun Symbol des demokratischen Staates. Am Ende des Zweiten Weltkrieges war der Bau eine Ruine. Nach der Wiedervereinigung Deutschlands beschloss der Bundestag 1991, Berlin wieder zur Hauptstadt zu machen. Das Reichstagsgebäude wurde saniert und erhielt die markante, begehbare Glaskuppel. Seit 1999 ist das Gebäude der Sitz des Deutschen Bundestages.

M Das deutsche Parlament
Fotos von 1928 und 2015
Jährlich zieht der Reichstag über eine Million Besucher an. Vielleicht unternehmt ihr dieses Jahr eine Klassenfahrt nach Berlin?

Diskutiert, ob es richtig war, dass der Bundestag das Reichstagsgebäude nach der Wiedervereinigung mit großem Aufwand renovieren ließ, statt sich einen neuen, modernen Parlamentssitz zu errichten.

Fragen an ... die Weimarer Republik

Mit der Niederlage im Ersten Weltkrieg brach das alte politische System zusammen. Deutschland wurde zu einer Republik – zum ersten Mal in seiner Geschichte. Wie sollte die neue, demokratische Ordnung aussehen? Der Kampf um die politische Gestaltungsmacht in der Anfangsphase der jungen Republik war heftig.

Eine schwere Belastung stellten auch die Folgen des verlorenen Weltkrieges dar. Die Staatsfinanzen waren zerrüttet, und die Siegermächte pochten auf hohe Wiedergutmachungszahlungen. Das Verhältnis zu Frankreich blieb äußerst angespannt. Zudem wollten Anhänger der Monarchie die Uhr zurückdrehen und das Kaisertum wiedereinführen. Mehrere schwere Krisen überstand die Republik nur mit Mühe.

Um die Mitte der 1920er-Jahre trat eine Stabilisierung ein. Die Wirtschaft erholte sich. Kultur und Kunst zeigten ebenso wie die Gesellschaft vielfältige neue Entwicklungen. Dies gefiel aber längst nicht allen. Die Weimarer Republik war nicht nur in politischer Hinsicht tief gespalten.

Der Beginn der Weltwirtschaftskrise im Herbst 1929 läutete das Ende der Republik ein. Die wirtschaftlichen Erschütterungen stießen unzählige Menschen ins Elend und gaben radikalen Kräften Auftrieb. Das politische System geriet aus dem Gleichgewicht. Ein kleiner Kreis einflussreicher Politiker stellte schließlich die Weichen falsch und ließ Hitler an die Macht gelangen.

Leitfrage *Welche Chancen und Belastungen kennzeichneten die Weimarer Republik?*

Herrschaft

Der SPD-Vorsitzende Friedrich Ebert war 1919-1925 erster Präsident der Weimarer Republik.
Wie sah die politische Ordnung der ersten deutschen Republik aus? Erwies sie sich als handlungsfähig? ...

Begegnung

Schuldfrage, Wiedergutmachung – der Weltkrieg überschattete die Außenpolitik.
Konnten die Feindschaften aus der Zeit des Weltkrieges überwunden werden? ...

November 1918: Ausrufung der Republik

August 1920: Verkündung der Verfassung

Januar 1923: Besetzung des Ruhrgebiete

1915 — 1920

1914-1918: Deutsches Kaiserreich im Ersten Weltkrieg

1918-1933: Demokratie in Deutschland: Weimarer Republik

M **Deutschland zur Zeit der Weimarer Republik (1919 - 1933)**

Weltdeutung / Religion

Politische und religiöse Anschauungen spalteten die Gesellschaft.
Hielt die demokratische Ordnung die ideologischen Unterschiede aus? ...

Gesellschaft

Frauen und Jugendliche entwickelten ein neues Selbstverständnis.
Wie modern war die Gesellschaft der Weimarer Republik? ...

Wirtschaft und Umwelt

Im Jahre 1923 stürzte eine außer Kontrolle geratene Inflation viele Menschen in Not.
Welche Rolle spielten Wirtschaftskrisen für das Schicksal der Republik? ...

Oktober 1925:
Vertrag von Locarno

Oktober 1929:
Beginn der Weltwirtschaftskrise

Juli 1932:
NSDAP stärkste Partei

1930

1935

1933 - 1945:

Revolution in Deutschland

M1 November 1918
Titelbild der Satire-Zeitschrift „Simplicissimus“ vom 3. Dezember 1918

Beschreibe und erläutere die Darstellung. Stelle eine Hypothese auf, was in Deutschland geschehen sein muss. Überlege dir eine alternative Überschrift.

Das Kaiserreich bricht zusammen

Das alte politische System überlebte die Niederlage im Ersten Weltkrieg nicht. Bereits kurz vor dem Waffenstillstand bildeten sich auf lokaler Ebene erste Arbeiter- und Soldatenräte nach russischem Vorbild[1] und nahmen die Verwaltung in ihre Hände. Am 9. November 1918 erreichte die Revolution Berlin. Der Kaiser musste abdanken, das Deutsche Reich und alle seine Länder wurden zu **Republiken**.

Das Amt des Reichskanzlers ging an **Friedrich Ebert** über, der als **SPD**-Vorsitzender die stärkste Partei im alten Reichstag anführte. Gemeinsam mit Vertretern der Unabhängigen Sozialdemokratischen Partei Deutschlands (**USPD**), die sich 1917 als Kriegsgegner von der SPD abgespalten hatte, bildete Ebert eine Übergangsregierung.

Noch am gleichen Tag traf er eine Absprache mit der Armeeführung. Diese sagte ihre Unterstützung zu, falls es zu Aufständen gegen die Regierung kommen sollte. Im Gegenzug griff der Reichskanzler nicht in die Strukturen des alten kaiserlichen Heeres ein und beließ die Offiziere in ihren Positionen. Auch das Personal des Verwaltungsapparats wechselte er nicht aus, und die Industrie blieb Eigentum der Unternehmer. Warum ging die neue Regierung nicht entschlossener gegen die Repräsentanten der alten Ordnung vor?

Eine parlamentarische Demokratie? Oder ein Rätesystem?

Aus Eberts Sicht stand es der demokratisch nur mittelbar legitimierten Übergangsregierung nicht zu, politische Grundsatzentscheidungen für die neue deutsche Republik zu treffen. Dies sollte einer verfassunggebenden Nationalversammlung vorbehalten bleiben, die vom souveränen deutschen Volk zu wählen war.

Aber nicht alle Kräfte im sozialistischen Lager teilten diese Einschätzung. Der sogenannte „Spartakusbund“ auf dem linken Flügel der USPD wollte die Chance des revolutionären Umbruchs nutzen und – wie Lenin in der russischen Oktoberrevolution von 1917 – unverzüglich das **Rätesystem** auch in Deutschland einführen.[1] Die radikalen Sozialisten waren jedoch schwach und konnten gegen den von Ebert eingeschlagenen politischen Kurs nichts ausrichten. Daran änderte sich auch nichts, als sich der Spartakusbund mit anderen Gruppen Anfang 1919 zur Kommunistischen Partei Deutschlands (**KPD**) zusammenschloss.

Als die KPD am 5. Januar 1919 zum Sturz der Regierung Ebert aufrief, war der gewaltsame Zusammenstoß unausweichlich geworden. Die Regierung setzte gegen die Aufständischen nicht nur reguläre Truppen ein, sondern auch Freiwilligenverbände, die aus ehemaligen Frontsoldaten bestanden und besonders rücksichtslos vorgingen. Die Anführer der KPD, Rosa Luxemburg und Karl Liebknecht, wurden am 12. Januar von Angehörigen dieser Freikorps ermordet.

Nach der Niederschlagung des Berliner Spartakusaufstandes konnten am 19. Januar 1919 die Wahlen zur verfassunggebenden Nationalversammlung stattfinden. Erstmals waren auch die Frauen wahlberechtigt.

Stelle die politischen Ziele von SPD und Spartakusbund/KPD einander gegenüber.

[1] Siehe S. 16 f.

▸ ***Geschichte In Clips:*** Zur Ausrufung der Republik siehe Clip-Code **31054-08**

Internettipp:
Informationen über Karl Liebknecht findest du unter 31054-09

Republik Friedrich Ebert SPD USPD Rätesystem KPD

M 2 „Konkursverwalter des alten Regimes“

Reichskanzler Ebert (1871-1925) rechtfertigt in der Rede zur Eröffnung der Nationalversammlung am 6. Februar 1919 die Politik der von ihm geführten Übergangsregierung:

Die provisorische Regierung hat eine sehr üble Herrschaft angetreten. Wir waren im eigentlichsten Wortsinne die Konkursverwalter des alten Regimes. Alle Scheuern, alle Läger waren leer, alle Vorräte gingen zur Neige, der Kredit war erschüttert, die Moral tief gesunken. Wir haben [...] unsere beste Kraft eingesetzt, die Gefahren und das Elend der Übergangszeit zu bekämpfen. Wir haben der Nationalversammlung nicht vorgegriffen. Aber wo Zeit und Not drängten, haben wir die dringlichsten Forderungen der Arbeiter zu erfüllen uns bemüht. Wir haben alles getan, um das wirtschaftliche Leben wieder in Gang zu bringen. [...] Wenn der Erfolg nicht unseren Wünschen entsprach, so müssen die Umstände, die das verhinderten, gerecht gewürdigt werden.

Gerhard A. Ritter und Susanne Miller (Hrsg.), Die Deutsche Revolution 1918-1919. Frankfurt a. M. ²1983, S. 205f.

M 3 Verpasste Gelegenheiten

Der renommierte Historiker Heinrich August Winkler (geb. 1938) vertritt diese Einschätzung:

Die Sozialdemokraten hätten insgesamt weniger bewahren müssen und mehr verändern können. Zum Beispiel hätten sie gut daran getan, den Forderungen der Räte nach personellen Reformen in der Verwaltung nachzukommen. Und man muss Ebert vorhalten, dass er den Ratschlägen der Obersten Heeresleitung oft unkritisch gefolgt ist. [...] Es wäre darauf angekommen, in ihr nicht einen gleichwertigen Partner zu sehen, sondern ein Instrument. Da hat es wohl allen Volksbeauftragten, auch denen der USPD, an Selbstbewusstsein gemangelt.

Heinrich August Winkler, Das Versagen der Eliten, in: ZEIT Geschichte 3/2008, S. 16

M 4 Beachtliche Leistungen

Der Historiker Alexander Gallus (geb. 1972) kommt zu einem anderen Urteil:

Wer den Sozialdemokraten politische Versäumnisse, Fehler und eine mangelnde Ausschöpfung der gegebenen Handlungsspielräume vorwirft, muss die materiellen Nöte und unmittelbaren Herausforderungen der deutschen Zusammenbruchsgesellschaft am Ende des Ersten Weltkrieges berücksichtigen. [...] Vor diesem Hintergrund und aus demokratietheoretischer Perspektive spricht einiges dafür, die Sozialdemokratie für ihr Verantwortungsbewusstsein und ihr unbeirrtes Festhalten am Ziel der parlamentarischen Demokratie zu loben. [...] Ob ein breit angelegter Elitenaustausch in Bürokratie, Justiz und Militär für mehr Krisenfestigkeit und Stabilität gesorgt hätte, erscheint insofern fraglich, als die Bereitschaft der dann entmachteten Eliten, sich mit der neuen Ordnung anzufreunden, noch geringer ausgeprägt gewesen wäre.

Alexander Gallus, Deutsche Revolution 1918/19, in: Bayerische Landeszentrale für politische Bildungsarbeit (Hrsg.), Deutsche Zäsuren, München 2006, S. 149

M 5 Zweimal Friedrich Ebert
Karikatur eines unbekannten Zeichners, um 1923

1. *Fasse die Urteile der drei Textquellen M2-M4 über die Arbeit der Regierung Ebert zusammen. Diskutiert in der Klasse, welche Einschätzung euch am plausibelsten erscheint.*
2. *Verfasse eine Stellungnahme eines KPD-Mitgliedes zum gleichen Thema.*
3. *Auf der Karikatur M5 ist zweimal Friedrich Ebert zu sehen: links vor einer Arbeitermenge, rechts zusammen mit dem Weltkriegsgeneral Paul von Hindenburg. Erläutere die Aussageabsicht des Bildes und finde eine Überschrift.*

Versailles – ein missglückter Frieden

M1 „Die Friedensglocke der Entente" Titelbild der Satire-Zeitschrift „Kladderadatsch" vom 1. Juni 1919. Zeichnung von Oskar Garvens, 23,5 x 19,5 cm
Die unten abgebildeten Personen sind Premierminister David Lloyd George (Großbritannien), Präsident Georges Clemenceau (Frankreich) und Präsident Woodrow Wilson (USA).
Beschreibe und analysiere die Karikatur und erläutere ihre Überschrift. Weise nach, dass es sich um eine deutsche Sichtweise handelt.

Die Pariser Friedenskonferenz

Am 18. Januar 1919 wurde im Schloss von Versailles die Friedenskonferenz mit Vertretern aus 27 Staaten eröffnet. Auf ihr sollte der Weltkrieg völkerrechtlich beendet und die Nachkriegsordnung festgelegt werden. Vertreter des kommunistischen Sowjetrussland waren nicht eingeladen worden. Auch Deutschland und die anderen Verliererstaaten wurden nicht zu den Beratungen zugelassen.
Die wichtigsten Entscheidungen fielen im Kreis der „Großen Drei": der USA, Großbritanniens und Frankreichs. Sie verfolgten jedoch unterschiedliche Ziele: Während Frankreich eine möglichst weitgehende Schwächung Deutschlands erreichen wollte, behielt Großbritannien das europäische Mächtegleichgewicht im Auge. Der amerikanische Präsident **Woodrow Wilson** stellte das Selbstbestimmungsrecht der Völker in den Vordergrund.

Der Friedensvertrag

Als der deutschen Delegation die unerwartet harten Friedensbedingungen am 7. Mai 1919 mitgeteilt wurden, rief dies in der Heimat über alle Parteigrenzen hinweg Empörung hervor. Die Regierung wollte den Vertrag nicht unterschreiben und erklärte ihren Rücktritt. Die Sieger machten jedoch kaum Zugeständnisse, denn sie erkannten nicht an, dass die in Deutschland nun regierenden Parteien den Krieg nicht gewollt hatten. Angesichts des drohenden Einmarsches alliierter Truppen stimmte eine Mehrheit des Reichstages der Annahme des Vertrages schließlich zu. Am 28. Juni 1919, genau fünf Jahre nach dem Attentat von Sarajewo, setzten die Vertreter der neuen Reichsregierung ihre Unterschrift unter den **Versailler Vertrag**.
Das Dokument enthielt territoriale, militärische und wirtschaftliche Bestimmungen:

- Im Westen, Osten und Norden des Reiches waren Gebiete abzutreten, und es wurden militärische Auflagen verhängt. Außerdem musste Deutschland seine gesamten Kolonien aufgeben.
- Das Heer durfte höchstens 100 000 Berufssoldaten umfassen. Moderne Waffengattungen wie Luftwaffe, Panzer und U-Boote waren untersagt.
- Für die Kriegsschäden sollten Wiedergutmachungen (**Reparationen**) in noch nicht festgelegter Höhe gezahlt werden.

Die „Schmach von Versailles"

Als besonders ungerecht empfanden die meisten Deutschen den Artikel 231 des Vertrages. Dieser „Kriegsschuldartikel", der die rechtliche Grundlage der Reparationen bildete, machte Deutschland und seine Verbündeten allein für den Kriegsausbruch verantwortlich.
Viele Kritiker des „Diktatfriedens" vergaßen aber, mit welchen Zielen manche deutsche Politiker, Militärs und Industrielle den Krieg geführt hatten und wie sie vermutlich im Falle eines Sieges die Verlierer behandelt hätten. Sie erinnerten sich auch nicht an die harten Bedingungen, die die deutsche Regierung noch im März 1918 Sowjetrussland in Brest-Litowsk auferlegt hatte.[1]

Verfasse eine Stellungnahme von deutscher Seite, in der du darlegst, warum die Friedensbedingungen aus deiner Sicht unannehmbar sind.

[1] Siehe S. 20.

Woodrow Wilson Versailler Vertrag Reparationen

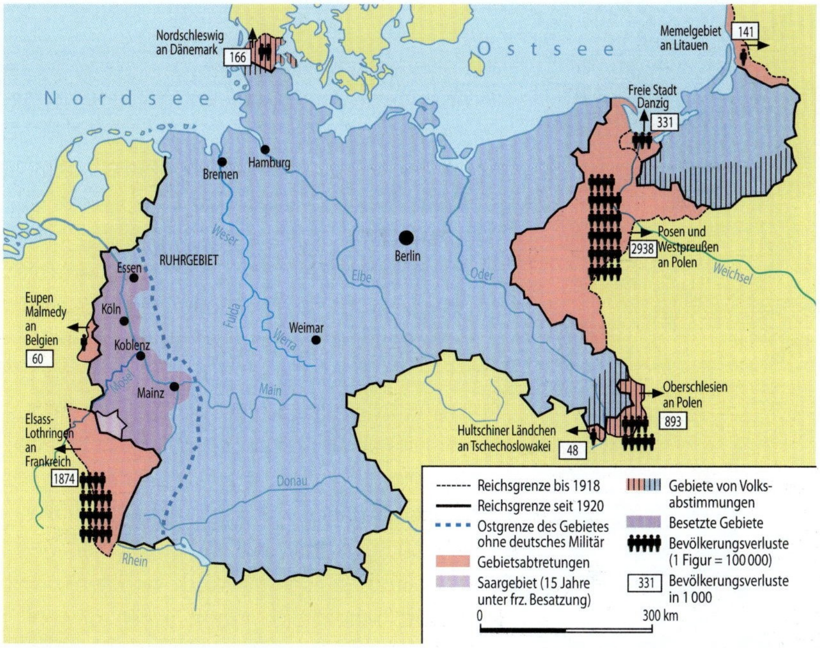

M 2 Deutsche Gebiets- und Bevölkerungsverluste nach dem Friedensvertrag

M 3 Deutscher Protest

Noch vor der Unterzeichnung sagt der sozialdemokratische Regierungschef Scheidemann am 12. Mai 1919 vor der Nationalversammlung:

Heute, wo jeder die erdrosselnde Hand an der Gurgel fühlt, lassen Sie mich ganz ohne taktisches Erwägen reden: Was unseren Beratungen zugrunde liegt, ist dies dicke Buch, in dem 100 Absätze beginnen: Deutschland verzichtet, verzichtet, verzichtet! Dieser schauerliche und mörderische Hexenhammer[1], mit dem einem großen Volke das Bekenntnis der eigenen Unwürdigkeit, die Zustimmung zur erbarmungslosen Zerstückelung abgepresst werden soll, dies Buch darf nicht zum Gesetzbuch der Zukunft werden. [...] Wer kann als ehrlicher Mann – ich will gar nicht sagen als Deutscher – nur als ehrlicher, vertragstreuer Mann solche Bedingungen eingehen? Welche Hand müsste nicht verdorren, die sich und uns in solche Fesseln legte?

Günter Schönbrunn (Bearb.), Weltkriege und Revolutionen 1914-1945, München ³1979, S. 129

M 4 Es hätte schlimmer kommen können

Der deutscher Historiker Heinrich August Winkler beurteilt im Jahre 2000 den Vertrag:

Versailles war hart. Aber kaum jemand machte sich bewusst, dass alles noch viel schlimmer hätte kommen können. Das Reich blieb erhalten und das Rheinland ein Teil Deutschlands. Deutschland war nach wie vor die wirtschaftlich stärkste Macht Europas. In gewisser Weise hatte sich die außenpolitische Lage Deutschlands gegenüber der Zeit vor 1914 sogar verbessert: Der Konflikt zwischen den Westmächten und Sowjetrussland bedeutete, dass Deutschland keinen Grund mehr hatte, sich „eingekreist" zu fühlen. Und schon in Versailles waren die ersten Risse zwischen den westlichen Verbündeten, Frankreich auf der einen, England und den Vereinigten Staaten auf der anderen Seite, sichtbar geworden. Deutschland hatte gute Aussichten, wieder zur europäischen Großmacht aufzusteigen. Es bedurfte nur der nüchternen Einsicht in die neue Lage, um ‚Versailles' in realistischen Proportionen zu sehen.

Nach: Heinrich August Winkler, Deutsche Geschichte vom Ende des Alten Reiches bis zum Untergang der Weimarer Republik, München 2000, S. 402 (gekürzt)

[1] Das Buch „Hexenhammer" von 1486 war eine weitverbreitete Anleitung zur Verfolgung vermeintlicher Hexen.

1. *Gib die Aussagen der Karte zu den Gebiets- und Bevölkerungsverlusten sowie den weiteren Auflagen wieder (M2).*
2. *Fasse den Protest des Regierungschefs zusammen und entwirf eine Erwiderung aus der Sicht eines Kriegsgegners Deutschlands (M3).*
3. *Erläutere die Aussage des Historikers: „Alles hätte noch viel schlimmer kommen können" (M4, Z. 2 f.). Nimm Stellung zu seiner Argumentation.*

- 18.1.1919: Beginn der Friedenskonferenz in Versailles
- 7.5.1919: Übergabe der Friedensbedingungen an die deutsche Delegation

Weitere Friedensschlüsse

M1 „Übergewichtig"
Karikatur aus der britischen Zeitschrift „Punch", 26. März 1919
Bildunterschrift: US-Präsident Wilson: „Hier ist dein Olivenzweig. Nun mach dich an die Arbeit!" – Taube: „Ich will ja gern allen gefällig sein, aber ist das nicht etwas zu viel?"
Der Olivenzweig ist ein Zeichen des Friedens. – „League of Nations": „Völkerbund", von Wilson entworfenes Gremium aller Staaten.

Präsident Wilson hat einen großen Plan. Arbeite ihn aus der Karikatur heraus. Beurteile die Haltung des Zeichners.

Der Völkerbund

US-Präsident Woodrow Wilson setzte in Paris seine Idee eines **Völkerbundes** durch. Diese Organisation sollte die Zusammenarbeit aller Staaten fördern und den Frieden sichern. Streitfälle zwischen Nationen sollten vor den Völkerbund oder ein internationales Schiedsgericht gebracht und friedlich beigelegt werden. Gegen Friedensstörer sah die Satzung gemeinsame politische und wirtschaftliche Zwangsmaßnahmen (Sanktionen) vor.

Der Völkerbund war zunächst nur ein Zusammenschluss der Siegermächte, denn Deutschland und seine ehemaligen Verbündeten blieben ausgeschlossen. Geschwächt wurde er auch dadurch, dass ihm ausgerechnet die USA fernblieben: Der Senat in Washington wollte zum traditionellen Isolationismus der Vereinigten Staaten zurückkehren und verweigerte Präsident Wilson die Zustimmung zu einem Beitritt. Die kommunistische Sowjetunion schloss sich erst 1934 der Organisation an.

Frieden mit den anderen Verlierern

Die Friedensverträge mit Österreich, Bulgarien, Ungarn und dem Osmanischen Reich veränderten die Landkarte Südosteuropas. Die Regelungen orientierten sich nicht allein am Selbstbestimmungsrecht der Völker, sondern berücksichtigten auch machtpolitische und militärstrategische Gesichtspunkte:

- Österreich-Ungarn bestand bereits bei Kriegsende nicht mehr. Im Oktober 1918 war die Tschechoslowakei als selbstständige Republik ausgerufen worden. Drei Tage später hatte die ungarische Regierung die Unabhängigkeit ihres Landes erklärt. Im Osten und Süden vergrößerten Rumänien und Serbien (jetzt Jugoslawien genannt) ihr Staatsgebiet auf Kosten des ehemaligen Habsburgerreiches. Österreich musste auch noch Südtirol bis zum Brenner an Italien abtreten. Ferner wurden dem Land Reparationen und Rüstungsbeschränkungen auferlegt. Der politischen Führung wurde verboten, sich dem Deutschen Reich anzuschließen, obwohl beide Staaten dies wünschten.
- Das Osmanische Reich behielt nur einen kleinen Rest seines europäischen Staatsgebietes. Die Verkleinerung der Türkei zu einen Rumpfstaat im mittleren und westlichen Kleinasien wurde von einer türkischen Nationalbewegung unter Führung von **Mustafa Kemal (Atatürk)** nicht akzeptiert. Nach einem erfolgreichen Befreiungskrieg gelang ihr die Ausarbeitung eines neuen Vertrages, der 1923 in Lausanne unterzeichnet wurde. Zur Schaffung ethnisch einheitlicher Nationalstaaten wurde ein „Bevölkerungsaustausch" zwischen der Türkei und Griechenland vereinbart, bei dem insgesamt 1,6 Millionen Menschen zwangsweise ihre Heimat verlassen mussten.

Die Friedensverträge von 1919 - 1923 konnten in den neu gegründeten Staaten alte Nationalitätenprobleme oft nicht lösen. In einigen Gebieten hielten die Konflikte noch lange an.

M2 Offizielles Emblem des Völkerbundes (1920 - 1946)

Fasse zusammen, welche Probleme sich aus der Friedensordnung nach dem Ersten Weltkrieg ergaben.

Völkerbund   Mustafa Kemal (Atatürk)

M3 „Revolution der Außenpolitik“ durch den Völkerbund?

Zur Tragweite der Völkerbundsidee schreiben zwei Historiker:

Zweifellos ist der Versuch, mit der Schaffung des Völkerbunds ein weltweites System kollektiver Sicherheit zu errichten, als die eigentlich weiterweisende Idee der Friedenskonferenz anzusehen. Aber die neue Institution entpuppte sich doch rasch als ein schwaches und problematisches Gebilde, das die großen Erwartungen nur zu einem kleinen Teil erfüllte […]. Jene „Revolution der Außenpolitik“, welche die Errichtung des Völkerbunds nach dem Willen Wilsons und der Anhänger der Völkerbundsidee bewirken sollte, fand nicht statt. Auch nach 1918 verlief die Außenpolitik ganz überwiegend in den Bahnen nationalstaatlicher Mächtepolitik und einer sie abstützenden […] Bündnispolitik wie vor 1914. Die Überwindung des Krieges als eines Mittels der Politik – das, was Millionen von Menschen am Ende des Weltkrieges erstrebten und was mit der Schaffung des Völkerbunds wenigstens ansatzweise versucht wurde – ist nicht gelungen.

Eberhard Kolb und Dirk Schumann, Die Weimarer Republik, München [8]2013, S. 27

M4 Die europäische Staatenwelt nach 1923

Jugoslawien (Südslawien) hieß bis 1929 „Königreich der Serben, Kroaten und Slowenen“

M5 Menschen als Manövriermasse

Der zwangsweise, massenhafte „Bevölkerungsaustausch“ zwischen der Türkei und Griechenland nach dem Ersten Weltkrieg ist historisch einmalig. Welches Motiv leitete die Regierungen?

Die Architekten der Lausanner Konvention hatten eine paradoxe Wahrheit verinnerlicht. Es ging darum, unter politischen und ethnischen Gesichtspunkten definierte Gemeinschaften zu bilden – also Gemeinschaften griechischer bzw. türkischer Staatsbürger. […] Die neue Ideologie hinter der Schaffung von Nationalstaaten beruhte auf dem Prinzip, dass jeder Staat ausschließlich für ein bestimmtes Staatsvolk existiert. Diese Auffassung machte das Projekt eines umfassenden gegenseitigen Bevölkerungsaustauschs für beide Seiten überhaupt erst vorstellbar, ja sogar wünschenswert. In beiden Ländern wird jungen Griechen und Türken in Schulen, Universitäten und Kasernen bis heute beigebracht, in der zwangsweise durchgeführten Entmischung der Bevölkerung ein heroisches Ereignis mit glücklichem Ausgang zu sehen.

Bruce Clark, Twice a Stranger. How Mass Expulsion Forged Modern Greece and Turkey, London 2006, S. 17 f. (übers. von Michael Brabänder)

1. *Beurteile Präsident Wilsons Völkerbund-Projekt (Darstellungstext, M1-M3).*
2. *Informiere dich über die Nachfolgeorganisation des Völkerbundes, die noch heute existiert.*
3. *Nenne die territorialen Veränderungen in Südosteuropa gegenüber der Lage vor dem Ersten Weltkrieg (M4, Darstellungstext).*
4. *Beurteile den zwangsweisen „Bevölkerungsaustausch“ zwischen der Türkei und Griechenland a) aus damaliger und b) aus heutiger Sicht (M5).*

Die Weimarer Verfassung

M1 „Arbeiter, Bürger, Bauern, Soldaten aller Stämme Deutschlands: Vereinigt euch zur Nationalversammlung“
Plakat von Caesar Klein für die Wahlen zur Nationalversammlung 1919

Beschreibe die Bildelemente und erläutere die Aussageabsicht des Plakates. Setze diese Aussageabsicht in Beziehung zum Unterkapitel „Revolution in Deutschland“ auf S. 36 f.

Internettipp:
Zur Verfassung der Weimarer Republik siehe 31054-10

Internettipp:
Den Text der Weimarer Verfassung findest Du unter 31054-11

„Die Staatsgewalt geht vom Volk aus“

Ende Juli 1919 verabschiedete die Nationalversammlung die Weimarer Verfassung. Sie machte das Deutsche Reich zur Republik und legte die Regeln für die parlamentarische Demokratie fest. Männer und Frauen über 20 Jahren erhielten das Recht, in allgemeinen, geheimen, unmittelbaren, gleichen Wahlen alle vier Jahre die Abgeordneten des Reichstages und alle sieben Jahre den Reichspräsidenten zu wählen. Durch Volksbegehren und Volksentscheide (Plebiszite) wurde das politische Mitspracherecht der Bürgerinnen und Bürger gestärkt. Zudem enthielt die Verfassung einen umfangreichen Katalog von Grundrechten.

Die Ordnung des Staates

Die wichtigste Einrichtung des Reiches war der Reichstag. Er war der Gesetzgeber. Darüber hinaus sollte er die Reichsregierung kontrollieren. Durch ein einfaches Misstrauensvotum konnte er sowohl den Reichskanzler als auch die Reichsminister zum Rücktritt zwingen.

Eine besondere Bedeutung hatte auch der **Reichspräsident**. Er bildete ein starkes Gegengewicht zum Reichstag, ähnlich dem des Kaisers in der Verfassung von 1871. Als Staatsoberhaupt vertrat er das Reich völkerrechtlich, ernannte die Reichsbeamten und Offiziere und besaß den Oberbefehl über die Reichswehr. Außerdem hatte er das Recht, den Reichstag aufzulösen. Bei einem Staatsnotstand durfte er zum Schutze der Republik durch Notverordnungen „die zur Wiederherstellung der öffentlichen Sicherheit und Ordnung nötigen Maßnahmen treffen“. Dazu konnte er vorübergehend Grundrechte außer Kraft setzen und sogar auf das Militär zurückgreifen („Diktaturgewalt“ des Artikels 48). Alle Anordnungen des Reichspräsidenten mussten aber der Reichskanzler oder der zuständige Reichsminister unterschreiben. Dies sollte den Reichspräsidenten an die Politik der Reichsregierung binden.

Die Republik war wie das Kaiserreich ein **Bundesstaat**. Die Interessen der 18 Länder vertrat der Reichsrat. Er konnte gegen Reichsgesetze ein aufschiebendes Veto einlegen. Die Rechte der Bundesländer waren im Vergleich zum Kaiserreich aber eingeschränkt worden.

M2 Zwei „Geburtstage“
Sondermarke der Deutschen Bundespost, 1969
Die Briefmarke erinnert an das doppelte Verfassungsjubiläum in diesem Jahr.

1. *Nimm Stellung zur Machtverteilung zwischen Reichstag, Reichspräsident und Volk.*
2. *Erkläre und beurteile das Motiv der (damals noch staatlichen) Post, die Sondermarke M2 herauszugeben.*

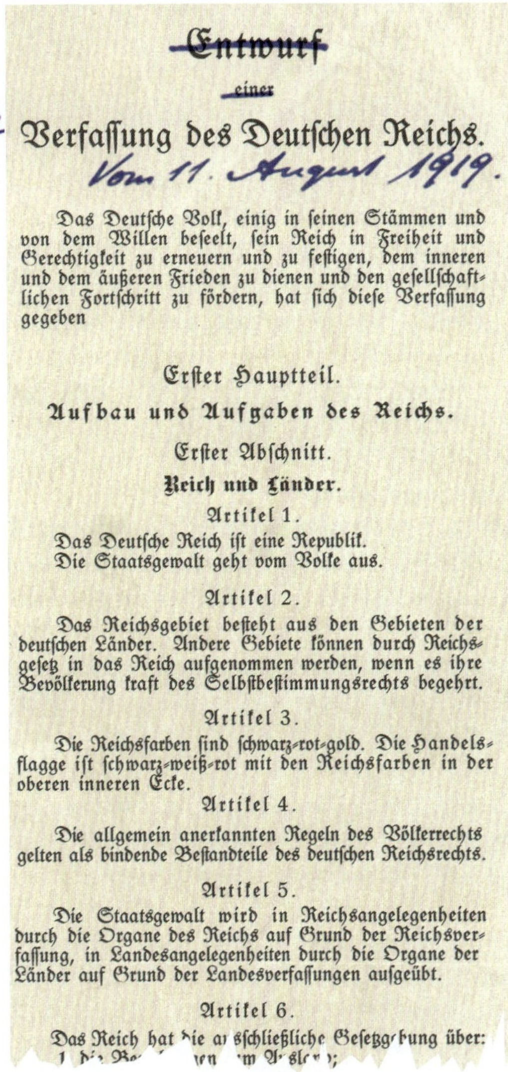

~~Entwurf~~

~~einer~~

Die Verfassung des Deutschen Reichs.

Vom 11. August 1919.

Das Deutsche Volk, einig in seinen Stämmen und von dem Willen beseelt, sein Reich in Freiheit und Gerechtigkeit zu erneuern und zu festigen, dem inneren und dem äußeren Frieden zu dienen und den gesellschaftlichen Fortschritt zu fördern, hat sich diese Verfassung gegeben

Erster Hauptteil.

Aufbau und Aufgaben des Reichs.

Erster Abschnitt.

Reich und Länder.

Artikel 1.

Das Deutsche Reich ist eine Republik.
Die Staatsgewalt geht vom Volke aus.

Artikel 2.

Das Reichsgebiet besteht aus den Gebieten der deutschen Länder. Andere Gebiete können durch Reichsgesetz in das Reich aufgenommen werden, wenn es ihre Bevölkerung kraft des Selbstbestimmungsrechts begehrt.

Artikel 3.

Die Reichsfarben sind schwarz-rot-gold. Die Handelsflagge ist schwarz-weiß-rot mit den Reichsfarben in der oberen inneren Ecke.

Artikel 4.

Die allgemein anerkannten Regeln des Völkerrechts gelten als bindende Bestandteile des deutschen Reichsrechts.

Artikel 5.

Die Staatsgewalt wird in Reichsangelegenheiten durch die Organe des Reichs auf Grund der Reichsverfassung, in Landesangelegenheiten durch die Organe der Länder auf Grund der Landesverfassungen ausgeübt.

Artikel 6.

Das Reich hat die ausschließliche Gesetzgebung über:

M3 Erste Seite der Verfassungsurkunde
Ein Entwurf für eine neue Verfassung wurde am 3. Februar 1919 vorgelegt. Die Nationalversammlung beriet ihn und beschloss zahlreiche Änderungen. Am 31. Juli wurde die geänderte Fassung mit großer Mehrheit angenommen – aus dem „Entwurf" wurde „Die Verfassung".

M4 Mangelnde politische Stabilität

Auszug aus der Rede von Bundestagspräsident Norbert Lammert beim Festakt im Deutschen Nationaltheater Weimar, 11. August 2009:

Der wohl folgenreichste Konstruktionsfehler der Weimarer Verfassung war die fehlende Balance zwischen den Verfassungsorganen. Die juristisch kunstvolle, politisch eher künstliche Gewichtsverteilung der zentralen Institutionen und ihrer Kompetenzen […] hat eine längerfristig angelegte Arbeit der Regierung geradezu verhindert, da sie zwischen den jeweils durch Wahl direkt legitimierten Verfassungsorganen Präsident und Parlament immer wieder aufgerieben wurde. Die regelmäßigen vorzeitigen Auflösungen des Reichstages vor Ende der gesetzlichen Legislaturperiode sind Ausdruck dieser strukturellen Instabilität. […] In den knapp 14 Jahren der Weimarer Republik stürzten 16 Regierungen mit einer durchschnittlichen Amtszeit von acht (!) Monaten, mit zwölf Kanzlern und 20 Kabinetten.

www.bundestag.de/parlament/praesidium/reden/2009/007/247758 (15.07.2017)

M5 Friedrich Ebert spricht
Foto vom 21. August 1919
Nach der Vereidigung als Reichspräsident hält Ebert vom Balkon des Deutschen Nationaltheaters in Weimar eine Rede. – Hier kannst du die Rede nachlesen und auch anhören: Mediencode 31054-12

Internettipp:
Informationen über Friedrich Ebert findest du unter 31054-13

1. *Nenne die zentrale Bestimmung der Verfassungsurkunde (M3).*
2. *Gib wieder, worin der Bundestagspräsident die größte Schwäche der Weimarer Verfassung sieht (M4).*
3. *Entwirf ein Diagramm, das die Organe der Verfassung in Beziehung setzt. Arbeite daran die Schwäche der Weimarer Republik heraus.*
4. *Erörtere Möglichkeiten, wie diese Schwäche hätte verhindert werden können. Bedenke aber auch die Nachteile deiner Lösung(en).*
5. *Auf dem Foto M5 sind unter den Abgeordneten auch einige Frauen zu sehen; insgesamt waren es 41 (neben 380 Männern). Informiere dich über den Anteil weiblicher Parlamentarier im gegenwärtigen Bundestag und vergleiche ihn mit 1919. Diskutiert das Ergebnis.*

- 6.2.1919: Beginn der Arbeiten an einer neuen Verfassung in Weimar
- 28.6.1919: Unterzeichnung des Vertrages von Versailles
- 11.8.1919: Verabschiedung der Verfassung

Umkämpftes Parlament

M1 „Gegen Diktatur von links und rechts“
Plakat von 1920
Die Deutsche Demokratische Partei (DDP) ließ dieses Plakat für die Wahl zum ersten Reichstag am 6. Juni 1920 gestalten.
Untersuche, wie die Radikalen dargestellt werden und welches Bild von der DDP vermittelt werden soll.

Internettipp:
Zur Entwicklung des Parteiensystems in der Weimarer Republik siehe 31054-14

Parteien und ihre Wähler

Schon vor den Wahlen zur Nationalversammlung hatte sich das Parteiensystem neu formiert. Die Einführung des **Verhältniswahlrechts** gab auch kleineren Parteien die Chance auf Sitze im Parlament. Die Bildung von Mehrheiten wurde dadurch aber erschwert, was die Stabilität der Regierungen gefährdete. Was charakterisierte die Parteien?

- Die KPD war eine Arbeiterpartei. Sie lehnte die parlamentarische Demokratie strikt ab und wollte in Deutschland ein Rätesystem einführen.
- Die SPD trat ebenfalls für die Interessen der Arbeiter ein, stand aber fest auf dem Boden der parlamentarischen Republik. Sie hatte lange die größte Wählerschaft.
- Das **Zentrum** war eine demokratische Partei, die von Katholiken aus unterschiedlichen gesellschaftlichen Gruppen gewählt wurde.
- Die Deutsche Demokratische Partei (**DDP**) hatte ein linksliberales, fortschrittliches Profil. Sie fand ihre Wähler im gebildeten Bürgertum.
- Die rechtsliberale Deutsche Volkspartei (**DVP**) war national ausgerichtet und trat für freie wirtschaftliche Betätigung ein.
- Die Deutschnationale Volkspartei (**DNVP**) sammelte konservative, monarchistische Wähler. Sie orientierte sich am untergegangenen Kaiserreich und lehnte die Republik ab.
- Die Nationalsozialistische Deutsche Arbeiterpartei (**NSDAP**) war anfangs noch unbedeutend. Sie gehörte dem sogenannten völkischen Lager an, das die repräsentative Demokratie kompromisslos bekämpfte und nationalistische, rechtsradikale Vorstellungen vertrat.

Regierungsbildung

Die Sozialdemokraten gewannen bei den Wahlen zur Nationalversammlung die meisten Stimmen, aber nicht die erhoffte absolute Mehrheit. Wegen der Unruhen in Berlin traten die Abgeordneten am 6. Februar 1919 im Nationaltheater in Weimar zusammen. Die Stadt in Thüringen gab der ersten deutschen Republik den Namen.

Die Nationalversammlung wählte den Sozialdemokraten Friedrich Ebert zum Reichspräsidenten. Er beauftragte seinen Parteifreund Philipp Scheidemann mit der Bildung einer Regierung. Sie bestand aus SPD, Zentrum und DDP. Diese **„Weimarer Koalition“** hatte mit 76,1 Prozent der Wählerstimmen die große Mehrheit des Volkes hinter sich. Schon in der folgenden Wahl büßten die staatstragenden Parteien aber viele Stimmen ein. Die „Weimarer Koalition“ zerbrach und konnte danach nur noch einmal die Regierungsverantwortung übernehmen. Meistens regierte jetzt der „Bürgerblock“ aus Zentrum, DDP und DVP. Diese Koalition hatte aber keine Mehrheit im Reichstag und war auf die Tolerierung durch andere Parteien angewiesen.

1. *Weise nach, welche Parteien verfassungsfeindlich waren.*
2. *Fasse zusammen, was das Regieren verfassungstreuer Koalitionen erschwerte.*
3. *In der Bundesrepublik Deutschland verhindert ein Gesetz, dass Parteien mit weniger als fünf Prozent der abgegebenen Stimmen ins Parlament einziehen. Beurteile, ob diese Klausel heute noch sinnvoll ist.*

Verhältniswahlrecht Zentrum DDP DVP DNVP NSDAP Weimarer Koalition

M 2 Wahlergebnisse zur Nationalversammlung 1919 und zu den Reichstagen 1920 - 1933

Die Programme der Parteien werden auf S. 44 erläutert. – Zur USPD siehe S. 36. – Die Bayerische Volkspartei (BVP) war die Schwesterpartei des Zentrums, das in Bayern nicht antrat.

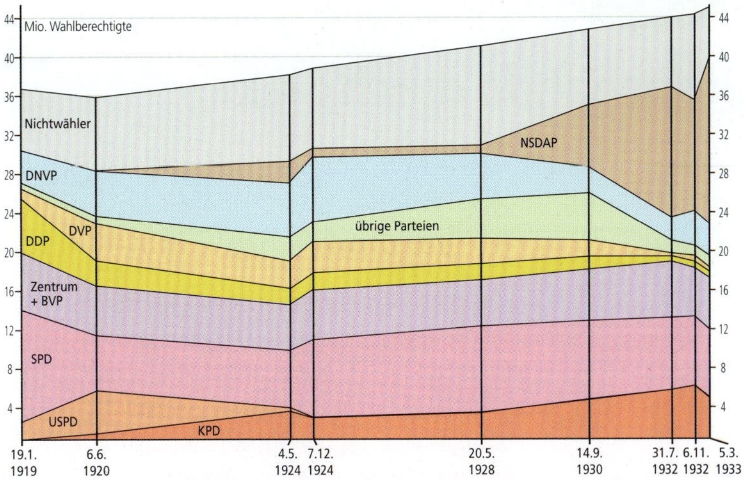

M 3 Mangelnde Kompromissfähigkeit

Ein Historiker beschreibt eine wesentliche Schwäche des Parteiensystems:

Die Parteien, in der konstitutionellen Monarchie [des Kaiserreiches] von der Regierungsmacht ferngehalten, waren bis 1918 nicht gezwungen gewesen, unter Eingehung von Kompromissen regierungsfähige Mehrheiten zu bilden. An dem in der konstitutionellen Ära entwickelten politischen Selbstverständnis und der damals geübten politischen Praxis hielten die Parteien auch nach 1918 in starkem Maße fest, obwohl ihre Funktion sich in der parlamentarischen Demokratie grundlegend gewandelt hatte. [...]. Die Scheu, als Partei Regierungsverantwortung zu tragen, Kompromisse einzugehen und dadurch eventuell die eigene Klientel[1] zu enttäuschen, war meist stärker als die Bereitschaft, [...] stabile Mehrheiten zustande zu bringen.

Eberhard Kolb, Deutschland 1918-1933. Eine Geschichte der Weimarer Republik, München 2010, S. 111 f.

M 4 „Überstimmen statt erschießen"

Im Reichstag sitzen nicht nur Anhänger der Republik. Nach seinem gescheiterten Putsch (siehe S. 48 f.) erklärt Adolf Hitler:

Wenn ich meine Tätigkeit wieder aufnehme, werde ich eine neue Politik befolgen müssen. Statt die Macht mit Waffengewalt zu erobern, werden wir zum Verdruss der katholischen und marxistischen Abgeordneten unsere Nasen in den Reichstag stecken. Zwar mag es länger dauern, sie zu überstimmen als sie zu erschießen, am Ende aber wird uns ihre eigene Verfassung den Erfolg zuschieben. Jeder legale Vorgang ist langsam [...], doch werden wir früher oder später die Mehrheit haben – und damit Deutschland.

Zitiert nach: Joachim Fest, Das Gesicht des Dritten Reiches, München 1963, S. 45

M 5 „Sie tragen die Buchstaben der Firma – aber wer trägt den Geist?"

Karikatur von Thomas Theodor Heine aus der satirischen Zeitschrift „Simplicissimus", 21. März 1927

[1] Klientel: Anhängerschaft

1. *Beschreibe die Entwicklung des Wählerverhaltens im Verlauf der Weimarer Republik (M2).*
2. *Erläutere, warum das Erbe des Kaiserreiches für die Republik schädlich war (M3).*
3. *Gib wieder, welche Folgen Hitler aus seinem gescheiterten Putsch zog (M4).*
4. *Ordne die Figuren in M5 den Parteien zu. Arbeite die Aussage der Karikatur heraus.*

Propaganda durch Plakate

Die Weimarer Republik war die Blütezeit des politischen Plakates. Nach Einführung des allgemeinen Wahlrechts 1919 durften alle Erwachsenen politisch mitbestimmen. Von den Parteien wurden sie heftig umworben. Elektronische Medien gab es nicht – für die Vermittlung politischer Botschaften war das Plakat daher nicht zu überbieten. Es war ein einflussreicher Blickfang im Straßenbild. Anfangs dominierten Plakate mit reinen Texten. Bald wurden die Wähler aber auch durch geschickte Bild-Text-Kombinationen emotional angesprochen. Plakatgestalter griffen auf Erfahrungen in der Werbung zur Kaiserzeit zurück. Das Medium „Plakat" wurde von Verteidigern und Gegnern der Republik gleichermaßen genutzt.

Zur Entschlüsselung von Propaganda auf Plakaten kannst du nach folgendem Leitfaden vorgehen:

1. Beschreibung
- Wer ist Urheber, wer Auftraggeber des Plakates?
- Welche Personen, Figuren oder Gegenstände sind zu erkennen?
- Wie sind sie dargestellt? Welche Handlungen sind erkennbar?
- In welchen Größenverhältnissen stehen die einzelnen Bildteile?
- Wie lautet der Text auf dem Plakat?

2. a) Einordnung Text
- In welcher Beziehung stehen Text- und Bildelemente?
- Welche Aussage vermittelt der Text? (Information, Argument, Appell, Parole, Anklage etc.)
- Was bedeutet die gewählte Schriftart/Schriftgröße/Schriftfarbe?

2. b) Einordnung Bild
- Wofür stehen die eingesetzten Symbole?
- Was bedeutet die gewählte Perspektive?
- Welche Wirkung wird durch die gewählten Farben erreicht?

3. Historische Auswertung
- An wen (welche Zielgruppe) richtet sich das Plakat?
- Aus welchem Anlass ist das Plakat entstanden?
- Welche Botschaft vermittelt das Plakat dem Betrachter?
- Welche Absicht verfolgt das Plakat?
- In welchem historischen Zusammenhang steht das Plakat?
- Welche politischen oder gesellschaftlichen Einstellungen lässt das Plakat erkennen?

Mithilfe des Leitfadens kannst du M1 so analysieren:

Die „Vereinigung zur Bekämpfung des Bolschewismus" richtet sich mit diesem Plakat an die Wähler zur Nationalversammlung 1919. Es entstand nach dem Ersten Weltkrieg, als Spartakusbund/KPD und gemäßigte Sozialisten ihre unterschiedlichen Ziele verwirklichen wollten.

Zwei Gestalten stehen einander gegenüber:

Der Mann links wirkt aggressiv. Seine Kleidung und Haare sind ungepflegt und abstoßend, er macht einen bedrohlichen Schritt nach vorn. Die schwarze Farbe kennzeichnet ihn negativ. In der linken Hand hält er einen Dolch, in der rechten eine Bombe – zwei Symbole für gewaltsamen Umsturz. Landschaft und Himmel auf dieser Bildhälfte sind bedrohlich dunkel.

Dem Revolutionär stellt sich eine überdimensionale Frauengestalt entgegen. Ihre Flügel weisen sie als Friedensengel aus, der Palmzweig kündet von ihrem Sieg. Milde, edle Gesichtszüge und die warmen Farben Orange und Gelb heben sie positiv hervor. Sie schützt eine Menschenmenge, die das deutsche Volk verkörpert. Hinter dem Engel stehen eine Frau und ein Kriegsinvalide, was die Harmlosigkeit und Schutzbedürftigkeit der Menschen ausdrückt. Die vorherrschende Helligkeit auf der rechten Seite deutet Unschuld und Hoffnung an.

Der Text des Plakates steht links oben: Die Parole: „Bolschewismus bringt Krieg, Arbeitslosigkeit und Hungersnot" kommentiert das Bild. Darunter folgen in kleinerer Schrift Angaben zum Auftraggeber.

Das Plakat nimmt Teil am Kampf um die Neuordnung Deutschlands nach Ende des Kaiserreiches.

Der Attentäter verkörpert den Spartakusbund oder die KPD, die für eine Räteherrschaft nach sowjetischem Vorbild („Bolschewismus" im Text) eintraten.

Dagegen hält der Friedensengel in der linken Hand eine Schriftrolle mit der Aufschrift „Nationalversammlung". Er repräsentiert also das politische Ziel der SPD, eine demokratische Republik nach dem Mehrheitswillen der Deutschen.

Das Plakat warnt den Betrachter eindringlich vor der Gefahr des Kommunismus. Als dessen Konsequenz werden Mord und Gewalt vorhergesagt. Zur „Rettung Deutschlands" wird eine demokratische Nationalversammlung gefordert.

M 1 „Bolschewismus bringt Krieg, Arbeitslosigkeit und Hungersnot“
Plakat, W. Schnackenberg, 1918

Dunkler Himmel und unwirtliche Landschaft vermitteln negativen Eindruck. Die linke Seite ist die Seite „des Bösen“.

aggressiv blickender Revolutionär in Angriffshaltung; ungepflegte Haar- und Barttracht; faltige, zerrissene Kleidung; einheitliches Schwarz zur negativen Kennzeichnung

Bombe und Dolch: stereotype Attribute eines Revolutionärs – mit solchen Waffen wurden kaum wirkliche Attentate verübt.

Auftraggeber des Plakates

Adresse des Auftraggebers

Ein heller Himmel und eine helle Landschaft vermitteln einen positiven Eindruck. Die rechte Seite ist die Seite „des Guten“.

überdimensionaler Friedensengel mit schützender Geste: durch erhabene Mimik und exklusive, warme Farbgebung positiv gekennzeichnet

Aufschrift „Nationalversammlung“ charakterisiert das politische Programm der SPD

Zweig einer Palme: Siegessymbol

Menschenmenge: deutsches Volk; als harmlos und schutzbedürftig dargestellt (z. B. das Paar Frau / kriegsversehrter Mann), durch hellen Farbton positiv gekennzeichnet

Das mehrköpfige Ungeheuer Hydra entstammt der griechischen Mythologie. Verliert es einen Kopf, wachsen zwei neue nach. Dem unerschrockenen Helden Herkules gelang es dennoch, sie zu besiegen.

Junker: adliger Großgrundbesitzer

Dieser Kopf steht für einen Geistlichen (Priesterkragen).

M 2 „Was will Spartakus?“
Plakat der KPD (Spartakusbund), von 1919, 96 x 71 cm

Jetzt bist du dran:

1. *Interpretiere M2 mithilfe des Leitfadens auf der linken Seite.*
2. *Blättere noch einmal zum Kapitel „Revolution in Deutschland“ zurück (S. 36 f.). Verfasse dann eine Stellungnahme zum Plakat M1 aus der Sicht von Rosa Luxemburg.*
3. *Diskutiert Unterschiede und Gemeinsamkeiten zwischen politischen Plakaten zur Zeit der Weimarer Republik (siehe auch S. 42, 44, 51, 61 und 67) und solchen aus unserer Zeit.*

Internettipp:
Weitere politische Plakate der Weimarer Republik findest du hier: 31054-15

Republik unter Druck

M 1 **Straßensperre in Berlin**
Foto (Ausschnitt) während des Kapp-Lüttwitz-Putsches vom 13. bis 17. März 1920 in Berlin
Angehörige republikfeindlicher Freikorps haben das Regierungsviertel abgeriegelt.
Beschreibe das Foto und ziehe Rückschlüsse auf die Sicherheitslage in der Hauptstadt.

▸ *Geschichte In Clips:* Zum Hitler-Putsch siehe Clip-Code **31054-16**

Neubeginn mit einer Lüge

Im November 1918 verbreiteten rechtsradikale Zeitungen die angebliche Bemerkung eines britischen Generals, die deutsche Armee sei durch Streiks und Unruhen in der Heimat zur Kapitulation gezwungen und damit „von hinten erdolcht" worden. Die Generäle Erich Ludendorff und Paul von Hindenburg machten daraus eine Verschwörungstheorie: Das deutsche Heer sei „im Felde unbesiegt" geblieben und habe erst durch die Vorgänge in der Heimat einen „Dolchstoß von hinten" erhalten. Viele Deutsche glaubten dieser Geschichtslüge und beschimpften die Politiker der Republik als „Novemberverbrecher" und „Volksverräter". Die **Dolchstoßlegende** war ein wirksames **Propaganda**-Mittel für völkische und andere rechtsextreme Gegner der Republik.

Der Putsch von 1920

Seit 1919 planten rechtsradikale Offiziere und Freikorpsführer unter Leitung des Verwaltungsbeamten Wolfgang Kapp und des Generals Walther von Lüttwitz einen **Putsch**. Freikorps besetzten am 13. März 1920 das Berliner Regierungsviertel. Die Reichswehrführung verweigerte der Regierung den militärischen Schutz. Reichspräsident Ebert und die Regierung forderten die Bevölkerung zum Widerstand auf. Die Gewerkschaften erklärten den **Generalstreik**. Arbeiter, Angestellte und Beamte befolgten ihn. Wenige Tage später flohen Kapp und seine Komplizen ins Ausland.

Aufstände von links

Im Ruhrgebiet, in Thüringen und Sachsen wollten linksradikale Arbeiter 1920 und 1923 mit Gewalt eine Räterepublik durchsetzen. Die Regierung ließ den Aufstand gewaltsam niederschlagen – von Reichswehr und Freikorps. Die Führung der Reichswehr war nur bereit, gegen die Bedrohung von links zu kämpfen.

Terror und politische Morde von rechts

Wegen der Unruhen und der Not nach dem Krieg ersehnten viele wieder den Glanz der „guten alten Zeit". Konservative, nationalistische, antisemitische und rechtsradikale Politiker und Journalisten hetzten gegen die Vertreter der neuen Staatsordnung. Terroristische Geheimbünde ehemaliger Front- und Freikorpsoffiziere ließen Taten folgen. Sie ermordeten zahlreiche Anhänger der Republik.

1923 – Gefahr von allen Seiten

Vor allem das Jahr 1923 war von Unruhen geprägt. Gegner der Republik versuchten, die Krisenstimmung für ihre Ziele zu nutzen:

- Die reichsfeindliche bayerische Landesregierung plante zusammen mit der bayerischen Reichswehrführung und rechtsradikalen Gruppen, Bayern vom Reich zu lösen und die Reichsregierung durch einen „Marsch auf Berlin" zu stürzen.
- **Separatisten** im Rheinland, in Rheinhessen und der Pfalz wollten mit französischer Hilfe Staaten gründen, die vom Deutschen Reich unabhängig sind („Rheinische Republik", „Autonome Pfalz"). Dies scheiterte am Widerstand der Bevölkerung.
- SPD-geführte Landesregierungen nahmen in Thüringen einen, in Sachsen zwei KPD-Minister auf. So wollten sie die Feindschaft zwischen den Arbeiterparteien überwinden. Reichspräsident Ebert befürchtete aber die Vorbereitung eines kommunistischen Umsturzes, ließ Reichswehr einmarschieren und die KPD-Minister absetzen.
- Adolf Hitler, der „Führer" der rechtsradikalen NSDAP, wollte der bayerischen Regierung zuvorkommen. Am 9. November versuchte er mit dem Weltkriegs-General Ludendorff, in München die Macht an sich zu reißen. Die Polizei schlug den schlecht organisierten Putschversuch nieder.

Arbeite heraus, welchen Bedrohungen sich die Republik bis 1923 gegenübersah und wie die Gefahren abgewendet werden konnten.

Dolchstoßlegende Propaganda Putsch Generalstreik Separatismus

M 2 Die verhasste Republik

a) Der Schriftsteller Thomas Mann legt in seinem 1920 erschienenen Buch „Betrachtungen eines Unpolitischen" seine Auffassungen über die neue Regierungsform dar:

Ich bekenne mich tief überzeugt, dass das deutsche Volk die politische Demokratie niemals wird lieben können, weil es die Politik selbst nicht lieben kann, und dass der vielverschriene „Obrigkeitsstaat" die dem deutschen Volke angemessene, zukömmliche und von ihm im Grunde gewollte Staatsform ist und bleibt.

b) Der Göttinger Wirtschaftswissenschaftler Karl Nüse schreibt 1924:

Der neudeutsche Staat ist hervorgegangen aus dem Verrat einer Partei, die sich dem jüdischen Marxismus und Internationalismus verschrieben hatte, am Volksganzen. Er ist also ein geschichts- und wurzelloser Parteistaat ohne jeden Halt im Volke. Das Parteiwesen und der daraus entstandene Parlamentarismus sind durch und durch undeutsch und widervölkisch, weil sie nicht naturgesetzlich von unten herauf gewachsen sind, sondern gewaltsam nach fremden Vorbildern geschaffen wurden. Die Parteien zerreißen die Einigkeit der Volksgemeinschaft und lassen die Einheit von Volk und Staat nicht zu, weil jede nach Vorherrschaft und nach Besetzung von Ämtern strebt. Der auf dem Parteiwesen beruhende Parlamentarismus ist der verkörperte Volksbetrug, denn dem Volk wird vorgegaukelt, er verbürge die Volksherrschaft, während das Wesen des Parlamentarismus [...] Parteiherrschaft übelster Art ist.

a) Thomas Mann, Betrachtungen eines Unpolitischen, Frankfurt am Main [15-18]1920, S. XXXII f.
b) Karl Nüse, Der völkische Neuaufbau Deutschlands, Göttingen [2]1924, S. 71

M 3 Mordopfer 1921/22
Zeichnung und Gedicht (Auszug) aus der sozialdemokratischen Zeitschrift „Der wahre Jacob", 14. Juli 1922

M 4 Ein „Dolchstoß in den Rücken des Heeres"
Plakat, Deutschnationale Volkspartei 1924 (Ausschnitt)

1. *Fasse die Demokratie-Kritik in M2 in deinen Worten zusammen.*
2. *Informiere dich über politische Tätigkeit und Tod der in M3 genannten Personen Kurt Eisner, Karl Gareis, Matthias Erzberger und Walther Rathenau. Erörtere, wer die abgebildete Person sein könnte.*
3. *Erläutere Aussage und Zielsetzung des Plakates M4. Erkläre, warum die „Dolchstoßlegende" ein dankbares Motiv für die Gegner der Weimarer Republik war.*

Bettelarme Millionäre – Inflation und Konflikte

M 1 Briefmarken aus dem Inflationsjahr 1923
2 Millionen Mark betrug das Porto für Inlandsbriefe – aber nur vom 1. bis 9. Oktober!
Beschreibe die Briefmarken und charakterisiere ihre Besonderheit.

Wer trägt die Kosten für den Krieg?

Die kaiserliche Regierung hatte den Krieg nicht durch Steuern finanziert, sondern durch Kriegsanleihen, d. h. Kredite von Banken, Firmen und Privatpersonen. Als ein Regierungsbeamter 1916 gefragt wurde, wer denn die Kriegsanleihen zurückzahlen solle, antwortete er: „Unsere besiegten Gegner." Nach der Niederlage aber musste das Reich die Schulden selbst bezahlen. Dazu kamen Reparationslasten, Steuerausfälle und hohe soziale Kosten infolge des Krieges. Der Staat druckte daher viel Geld. Weil sich der Warenbestand aber nicht gleichfalls vermehrte und viele Menschen die knappen Güter kaufen wollten, stiegen die Preise. Es kam zu einer **Hyperinflation**.

Internettipp:
Zur Inflation in Deutschland 1919 bis 1923 siehe 31054-17

Ruhrbesetzung

Im Januar 1923 beschuldigte die französische Regierung Deutschland, fällige Reparationslieferungen seien nicht geleistet worden. Französische und belgische Truppen besetzten das Ruhrgebiet. Die Reichsregierung rief die Bevölkerung zu Ungehorsam und Arbeitsverweigerung auf. Arbeiter, Angestellte, Beamte und Unternehmer leisteten „passiven Widerstand". In dem wichtigsten Industriegebiet Deutschlands wurde nicht mehr produziert. So fehlten dringend benötigte Kohlen und Waren.

Hyperinflation

Die Regierung unterstützte die Streikenden im Ruhrgebiet finanziell. Dadurch stiegen die Staatsausgaben zusätzlich. Der Staat ließ Banknoten mit immer höheren Wertangaben drucken. Das viele Geld war aber immer weniger wert. Schon früher stellten auch Städte, Kreise und Firmen eigene Banknoten (sogenanntes Notgeld) her, weil die staatlichen Druckereien nicht mehr nachkamen. Die Inflation geriet völlig außer Kontrolle. Löhne, Gehälter und Renten wurden täglich ausgezahlt. Im November 1923 erreichte der Wechselkurs des US-Dollars 4,2 Billionen Mark.

Währungsreform und Ende des „Ruhrkampfs"

Im September brach die neue Regierung unter **Gustav Stresemann** (DVP) den „Ruhrkampf" ab, weil das Land erschöpft war. Am 15. November 1923 verkleinerte sie die Geldmenge auf ein Billionstel. Die Wirtschaft erholte sich. Die Verlierer von Inflation und **Währungsreform** fühlten sich bestohlen und betrogen. Sie legten ihre Verluste der Republik zur Last.

M 2 Notgeldschein der Stadt Gifhorn (Lüneburger Heide) über 10 Pfennige von 1920
Seit 1919 gaben zahlreiche Städte und Gemeinden eigenes Notgeld aus.

1. *Nenne die Gründe für die Inflation des Jahres 1923.*
2. *Erläutere die Bildunterschrift auf dem Notgeldschein M2.*

M3 Die Not der Bevölkerung

Ein Zeitgenosse beschreibt das Lebensgefühl während der großen Inflation:

Das trommelt täglich auf die Nerven: der Zahlenwahnsinn, die ungewisse Zukunft, das über Nacht wieder fraglich gewordene Heute und Morgen. Epidemie der Angst, der nacktesten Not: Dem Blick längst entwöhnt gewesene Käuferschlangen stehen wieder vor den Läden, erst vor einem, dann vor allen. […] Reis, gestern noch das Pfund 80 000 Mark, kostet heute 160 000 Mark, morgen vielleicht das Doppelte, übermorgen zuckt der Mann hinterm Ladentisch die Achseln: „Reis ist alle." Also Nudeln! „Nudeln sind alle." Also Graupen, Grieß, Bohnen, Linsen, nur kaufen, kaufen, kaufen! Das Stück Papier, das funkelnagelneue Banknotenpapier, noch feucht vom Druck, heute früh als Wochenlohn ausgezahlt, schrumpft an Wert auf dem hastigen Wege zum Kaufmannsladen. Die Nullen, die wachsenden Nullen! „Ne Null is eben nischt!" – Mit dem Dollar steigt das: Hass, Verzweiflung, Not.

Friedrich Kroner, in: Berliner Illustrierte Zeitung vom 26. August 1923

M4 Inflation: politische Vertrauenskrise

Reichskanzler und Außenminister Gustav Stresemann (DVP) sagt zu den Folgen der Inflation:

Der schwerste Verlust [Deutschlands nach dem Krieg] bestand meiner Auffassung nach darin, dass die geistige und gewerbliche Mittelschicht, die traditionsgemäß Trägerin des Staatsgedankens war, ihre völlige Hingabe an den Staat im Kriege mit der völligen Aufgabe ihres Vermögens bezahlte und proletarisiert[1] wurde. Wie weit die Staatsräson[2] dazu befugt war, dieses Opfer von einer ganzen Generation zu fordern, dieses Opfer, das darin bestand, dass das vom Staat ausgegebene Geld wertlos und nicht wieder ersetzt wurde, darüber ist der Streit der Geister […] bis heute nicht zum Abschluss gekommen.

Gustav Stresemann, Schriften, hrsg. von Arnold Harttung, Berlin 1976, S. 375 f.

Internettipp:
Zur Ruhrbesetzung siehe Mediencode 31054-18

M5 „Nein! Mich zwingt ihr nicht!"
Plakat von 1923, 90 x 60 cm
Das Plakat wurde wahrscheinlich im Auftrag der Reichsregierung 1923 gedruckt und im Ruhrgebiet verteilt.

M6 Inflationsbanknote mit NS-Propaganda
Um 1923
Die NSDAP bedruckte gültige, aber wertlos gewordene Geldscheine mit antijüdischen Karikaturen.

[1] proletarisiert: besitzlos gemacht
[2] Staatsräson: Grundsatz, dass der Staat seine Interessen zur Not auch zulasten Einzelner durchzusetzen kann

1. *Beschreibe das Plakat M5 und setze es in Beziehung zum „Ruhrkampf". Stelle dar, welche Folgen die Inflation für die Bevölkerungsmehrheit hatte (M3, M4, Darstellungstext).*
2. *Erörtere, wer unter der Inflation besonders litt, wer von ihr profitierte.*
3. *Gib die Besonderheit der Banknote M6 wieder. Beurteile, welche Absicht die NSDAP damit verfolgte.*

Die Außenpolitik

M1 „Deutschland und Russland. Ein Anfang"
Karikatur von Erich Schilling aus der Satire-Zeitschrift „Simplicissimus" vom 10. Mai 1922

Die Karikatur gehört in den Kontext der deutschen Außenpolitik. Beschreibe und interpretiere sie.

Verständigung mit Sowjetrussland

Der Kriegsverlierer Deutschland und die kommunistische Sowjetunion waren in Europa politisch isoliert. Für viele überraschend vereinbarten sie 1922 im Vertrag von Rapallo die Wiederaufnahme diplomatischer Beziehungen, wirtschaftliche Zusammenarbeit und den gegenseitigen Verzicht auf Reparationen. Auch das Militär beider Länder profitierte von dem guten Verhältnis. Die Reichswehr erprobte in der Sowjetunion heimlich moderne Waffen, die sie nach dem Versailler Vertrag nicht besitzen durfte.

Internettipp:
Zum Vertrag von Locarno siehe Mediencode 31054-20

Regelung der Reparationsfrage

Im Weltkrieg hatten Frankreich und Großbritannien Lebensmittel und Waffen von den USA erhalten und sich dafür hoch verschuldet. Nach dem Sieg versuchten die Alliierten, das nötige Geld durch Reparationen vom Kriegsverlierer Deutschland zu bekommen. Aber die deutsche Wirtschaft musste sich selbst erst erholen, damit das Land die geforderte Geldmenge aufbringen konnte. Die Zahlungen überforderten das Land und belasteten die Beziehungen zwischen den Staaten. Der Plan des amerikanischen Bankiers Charles Dawes von 1924 brachte eine Zwischenlösung: Die Reparationen wurden begrenzt, und das Deutsche Reich erhielt hohe Kredite aus den Vereinigten Staaten. Dies führte zu einer wirtschaftlichen Stabilisierung, aber auch einer finanziellen Abhängigkeit von den USA.

Verständigung mit Frankreich

Das Kernproblem für eine europäische Friedensordnung war das Verhältnis zwischen Deutschland und Frankreich. Seit dem Ersten Weltkrieg war es vergiftet. Der deutsche Außenminister Gustav Stresemann und sein französischer Kollege Aristide Briand bemühten sich um eine politische Annäherung beider Länder. Auf einer Konferenz im schweizerischen Locarno 1925 erkannte Deutschland seine Grenzen zu Frankreich und Belgien an. Dies bedeutete den endgültigen Verzicht auf die Grenzregion Elsass-Lothringen. Im Gegenzug begann Frankreich mit dem Rückzug seine Truppen aus dem besetzten Rheinland. Als „Geist von Locarno" bezeichnete man das verbesserte Klima zwischen den ehemaligen Kriegsgegnern. 1926 wurde Deutschland in den Völkerbund aufgenommen. Im gleichen Jahr erhielt Stresemann als erster deutscher Politiker den Friedensnobelpreis. Viele hofften, dass sich der Dawes-Plan und der **Vertrag von Locarno** zur Grundlage für Abrüstung und eine friedliche Ordnung in Europa entwickelten.

M2 Gustav Stresemann
Gedenkmünze von 1978, Nennwert 5 DM
Zum 100. Geburtstag von Stresemann gab die Bundesrepublik Deutschland diese Münze aus.

Erkläre, warum die Bundesrepublik Deutschland eine Gedenkmünze für Gustav Stresemann herausgab (M2).

M3 Grenzen des Rapallo-Vertrages

Der deutsche Botschafter in Moskau, Graf Brockdorff-Rantzau, hält am 14. August 1922 in einer Denkschrift fest:

Eine ausschließlich nach Osten orientierte deutsche Politik wäre im gegenwärtigen Augenblick nicht nur verfrüht und gefährlich, sondern aussichtslos und darum verfehlt. Verfrüht ist sie, weil wir wirtschaftlich ebenso wie Russland außerstande sind, uns auf ein derartiges Experiment einzulassen. Gefährlich ist sie, weil wir uns der völlig skrupellosen Sowjetregierung durch Abmachungen, die uns militärisch verpflichten, in die Hand geben. Man wird in Moskau, wo man begreiflicherweise größeren Wert auf eine Verständigung mit der mächtigen Entente als mit dem um seine eigene Existenz ringenden Deutschland legt, keinen Augenblick zögern, unter der Drohung des Verrats der militärischen Vereinbarungen Erpresserpolitik mit uns zu treiben. Aussichtslos ist die Politik, weil wir bei einem Angriff Russlands auf Polen – und diese Kombination kann doch nur ernsthaft infrage kommen – im Westen dem französischen Einmarsch nahezu wehrlos gegenüberstehen würden.

Geschichte in Quellen, hrsg. von Wolfgang Lautemann und Manfred Schlenke, Bd. 6: Weltkriege und Revolutionen 1914-1945, München [5]1995, S. 179

M4 Der „Geist von Locarno"

a) Lord d'Abernon, britischer Botschafter in Berlin, schreibt am 18. 11. 1925 in sein Tagebuch:

Der erste und wichtigste Gewinn [für Deutschland] liegt darin, dass Locarno die Kriegsentente gegen Deutschland beendet. Er bringt Deutschland in das europäische Konsortium[1] der Westmächte und räumt mit der alten diplomatischen Auffassung der Lage auf, die Deutschland als „den bösen Friedensstörer", „den Exponenten des aggressiven Militarismus" und „den tollen Hund Europas" betrachtet.

b) In der Reichstagsdebatte über den Locarno-Vertrag am 24. November 1925 führt Außenminister Stresemann aus:

[Es] zeigt sich die Bedeutung des Geistes von Locarno vor allem in dem Gedanken der Notwendigkeit eines gemeinschaftlichen Zusammenwirkens, in dem Gedanken, dass ein Zusammenbrechen Deutschlands nicht nur eine deutsche Frage, sondern eine europäische und eine Weltfrage ist. [...] Ich glaube, dieser Geist wird am besten fundiert sein, wenn Idealismus und reale Interessen sich dazu verbinden, den Weg aus dem europäischen Zusammenbruch gemeinschaftlich zu suchen. Damit ist eben eine Politik der Diktate und der Unterdrückung Deutschlands nicht vereinbar. Dazu ist notwendig die Grundlage eines dauernden Friedens.

a) Viscount d'Abernon, Ein Botschafter der Zeitenwende. Memoiren, Bd. 3: Locarno (1924-1926), Leipzig 1930, S. 240
b) Deutsche Parlamentsdebatten, hrsg. von Detlef Junker, Bd. 2: 1919-1933, Frankfurt am Main 1971, S. 175 f.

M5 „Und nun den nächsten Schritt!"
Karikatur von David Low in der englischen Zeitung „Star" vom 1. Dezember 1925
Disarmament: Abrüstung

[1] Konsortium: Unternehmensbündnis (hier im übertragenen Sinne)

1. *Erläutere die Besonderheit des deutsch-russischen Verhältnisses (Darstellungstext).*
2. *Arbeite die Bedeutung der Reparationenfrage für das deutsch-französische Verhältnis heraus. Ziehe auch S. 38 f. heran.*
3. *Stelle dar, warum der Rapallo-Vertrag für die Neuausrichtung der deutschen Außenpolitik nach dem Weltkrieg nicht ausreichte (M3).*
4. *Fasse die Bedeutung des Locarno-Vertrages für die deutsche Außenpolitik zusammen (M4).*
5. *Interpretiere die Karikatur M5 und setze sie in Beziehung zu M4. Beurteile die in M5 ausgedrückte Hoffnung auf Abrüstung in Europa in jener Zeit.*

Mit uns zieht die neue Zeit!

M 1 „Abkochen“
Foto aus Osnabrück von 1922
Viele Jugendliche der Weimarer Zeit waren angezogen von Jugendgruppen, die Fahrten und Zeltlager organisierten, miteinander musizierten und von einem selbstbestimmten Leben träumten, das anders sein sollte als das ihrer Eltern.
Beurteile, was an dieser Bewegung im Vergleich zur Kaiserzeit und zum Weltkrieg neuartig und provozierend war.

Internettipp:
Zu Jugendbewegungen in Deutschland in den Zwanziger Jahren informiert dieses Video: 31054-21

Abkehr von der Parteipolitik

Bei der Gründung der Republik wurde das Wahlalter von 25 auf 20 Jahre gesenkt. Dies machte junge Menschen für die politischen Parteien interessant. Sie gründeten Jugendorganisationen – von den Jungsozialisten (SPD) bis zur Bismarckjugend (DNVP). Anfangs engagierten sich viele Jugendliche in diesen Verbänden. Die meisten zogen sich aber schon bald wieder enttäuscht aus den Parteien zurück. Die politische Alltagsarbeit erschien ihnen mühsam und unergiebig, und bei wichtigen Entscheidungen hörten die Älteren ihnen nicht einmal zu. Der Idealismus der Jugendlichen suchte sich andere Entfaltungsräume.

Bündische Jugend

In vielen Städten bildeten sich seit der Kaiserzeit Jugendgruppen wie der „Wandervogel“, die sonntags mit Rucksack und Klampfe (Wandergitarre) in die Natur zogen. Nach dem Ersten Weltkrieg entstanden weitere Jugendorganisationen, die zusammenfassend „**Bündische Jugend**“ genannt wurden. Sie suchten ein einfaches, unabhängiges und natürliches Leben und hatten gemeinsame Formen der Freizeitgestaltung: Heimabend, Wanderung, Zeltlager, Singen von Volks- und Fahrtenliedern. Auch in ihren Symbolen ähnelten sich die „Bündischen“: Kluft (einheitliche Kleidung), Fahnen, Abzeichen. Die Generation ihrer Eltern empfanden sie als oberflächlich und materialistisch. Auch die moderne Massenkultur und die Hektik der Großstadt lehnten sie ab.

Politisches Selbstverständnis

Die Angehörigen der Bündischen Jugend standen der Weimarer Republik mehrheitlich ablehnend gegenüber. Sie verfolgten das Ideal einer selbstbestimmten, solidarischen Gesellschaft und fühlten sich als zukünftige Elite. Dieses Leitbild und die äußerliche Orientierung an militärischen Lebensformen (Uniformierung, Marsch, Lager) wurden später von der Hitler-Jugend aufgegriffen. So konnte die Bündische Jugend nach 1933 fast problemlos in die HJ integriert werden.

„Überflüssige Generation“

In der Zeit vor dem Ersten Weltkrieg hatte es geburtenstarke Jahrgänge gegeben. Als deren Angehörige nun ins Berufsleben eintreten wollten, reichten die Arbeitsplätze nicht aus. Eine hohe Jugendarbeitslosigkeit war die Folge. Ihre schlechten Zukunftsaussichten belasteten viele Jugendliche. Dass sie in Staat und Gesellschaft offenbar „überflüssig“ waren, legten sie der Weimarer Republik zur Last.

M 2 Wandervögel
Foto von 1932
Bündische Jugendliche aus Berlin-Steglitz auf „großer Fahrt“.

M 3 „Gegen die erstarrten Formen“

Die Schriftstellerin und Publizistin Margarete Buber-Neumann (1901 - 1989) blickt in ihrer Autobiografie auf ihre Erfahrungen in der bürgerlichen Jugendbewegung „Altwandervogel“ zurück:

Zu Beginn wurde ich wohl nur von der Naturschwärmerei angezogen und von der Lust des jungen Menschen am gemeinsamen Erlebnis, bald spürte ich jedoch, [...] dass es um Entscheidenderes ging als nur um Wandern und Lagerfeuerromantik. Soweit diese Verbände überhaupt ein klares Programm besaßen, war einer ihrer wesentlichen Punkte der Kampf gegen die erstarrten Formen der bürgerlichen Gesellschaft und gegen das Diktat der Erwachsenen in Schule und Elternhaus. [...] Man versuchte vor allem, sich in Gebaren, Sprache und Aussehen von allen anderen Menschen zu unterscheiden. [...]

Wir sangen, wanderten, sprangen über Sonnwendfeuer hinweg, und es dauerte auch bei mir geraume Zeit, bis ich aus den Scheiten dieser Feuer noch einen anderen, weniger würzig duftenden Rauch aufsteigen fühlte, den Qualm eines deutschtümelnden Mystizismus[1] [...].

Zum Programm der Bewegung gehörte selbstverständlich auch, dass der Körper den Weg zurück zur Natur fand. Wir waren verpflichtet, „natürlich zu leben“, und kleideten uns dementsprechend. Kein Wandervogelmädchen durfte sich mehr in Korsett und Stöckelschuhe zwängen oder vielleicht gar die Haare künstlich wellen. Man kostümierte sich auf Griechisch, trug farbige Holzperlenketten um den Hals und flache Sandalen, sogenannte „Jesuslatschen“, an den Füßen. Die Jünglinge ließen die Haare so lang wie nur möglich flattern und ersetzten den bürgerlichen Männeranzug durch bunte Kittel und kurze Hosen.

Margarete Buber-Neumann, Von Potsdam nach Moskau. Stationen eines Irrweges, Frankfurt a. M./Berlin 1957, S. 24 - 27

M 4 Jugendliche Schauspieler

Foto vom 12. August 1928

Zur Jugendbewegung der Weimarer Republik im weiteren Sinne gehörte auch die „Freie Gewerkschaftsjugend“, die sich am bürgerlichen „Wandervogel“ orientierte. Im Rahmen einer Dampferfahrt führen Berliner FGJ-Mitglieder unter freiem Himmel das Jugendspiel „Der Professor“ auf.

M 5 Uns gehört die Zukunft!

Der Text von Hermann Claudius (1878-1980) wird erstmals 1914 in der Jugendbeilage einer SPD-Zeitung abgedruckt. Seit 1918 wird das Lied in allen Richtungen der Jugendbewegung gesungen.

Wanderlied

Wann wir schreiten Seit' an Seit'
und die alten Lieder singen
und die Wälder widerklingen,
fühlen wir, es muss gelingen:
Mit uns zieht die neue Zeit.

Die arbeitende Jugend. Monatsbeilage des Hamburger Echo, Juni 1914, S. 1

[1] Mystizismus: Wunderglaube

1. *Arbeitet das Selbstverständnis und die Ziele der Jugendbewegung anhand der Texte und Materialien dieser Doppelseite heraus.*
2. *Nennt Merkmale der heutigen Jugendkultur und vergleicht sie mit denen der Jugendbewegung.*
3. *Diskutiert, ob das Lebensgefühl der Jugendbewegung für euch heute noch erstrebenswert ist.*

Die „Neue Frau"?

M 1 „Frau in Rot"
Werbeplakat von Edward Cucuel, 1927
Für das Plakat des in Berlin arbeitenden Künstlers Edward Cucuel stand die Mercedes-Werksfahrerin Ernes Merck Modell. Von 1922 bis 1927 war sie die einzige professionelle Rennfahrerin.
Erkläre, warum damals sowohl dieses Plakat als auch die Karriere von Ernes Merck Aufsehen erregte.

Veränderte Berufswelt

Während des Krieges hatten Frauen in Fabriken, Büros und Verkehrsbetrieben viele Männer ersetzt, die zum Militär eingezogen worden waren. Auch nach Kriegsende stieg die Zahl der berufstätigen Frauen an. Die meisten Frauen arbeiteten als Helferinnen in Familienbetrieben, in der Landwirtschaft und in Fabriken. Immer weniger waren dagegen als Dienstmädchen in fremden Haushalten tätig. Mit der Vergrößerung und Rationalisierung der Fabriken wuchs der „Dienstleistungsbereich" mit Verwaltungs- und Büroarbeit weiter an.

Noch stärker als die Zahl der Fabrikarbeiterinnen nahm die Gruppe der weiblichen Angestellten zu, besonders in großen Städten. 1925 war ein Drittel aller Angestellten weiblich: Sekretärinnen, Telefonistinnen, Stenotypistinnen (Angestellte, die Kurzschrift beherrschten), Verkäuferinnen. Für viele Frauen bedeutete es einen sozialen Aufstieg, wenn sie sich nicht in Landwirtschaft oder Fabrik „die Hände schmutzig machen" mussten.

Rechtliche Gleichstellung – in Grenzen

Frauen erhielten 1919 das Wahlrecht. Endgültig wurden sie zum Studium an allen Universitäten zugelassen. Einschränkungen für Beamtinnen wurden aufgehoben, zum Beispiel die Vorschrift, dass Lehrerinnen nach der Eheschließung den Beruf aufgeben müssen. „Grundsätzliche" Gleichstellung hieß freilich, dass es noch zahlreiche Ausnahmen von der Gleichberechtigung gab. Bis 1977 durften Frauen in der Bundesrepublik nur dann berufstätig sein, wenn dies „mit ihren Pflichten in Ehe und Familie vereinbar" war.

M 2 „Neue Frauen-Zeit"
Anzeige für eine Frauenzeitschrift, um 1926

Neues Frauenbild – neuer Lebensstil

Viele Verkäuferinnen und Büroangestellte wollten so sein, wie Kinofilme, illustrierte Zeitschriften und die Werbung die „Neue Frau" darstellten: modern, wirtschaftlich unabhängig, selbstbewusst, gepflegt. Dieser Frauentyp nahm sich neue Freiheiten heraus und stellte eine neue Mode zur Schau: kurzer Rock, moderne Kurzhaarfrisur („Bubikopf"), Topfhut. Die „Neue Frau" bevorzugte ein jungenhaftes oder männliches Erscheinungsbild. Sie missachtete herkömmliche Moralvorstellungen, rauchte in der Öffentlichkeit und führte gewagte, modische Tänze aus den USA auf. In der Werbung wurde die moderne Frau als schlank und sportlich dargestellt. Die Zahl der Frauen in Turn- und Sportvereinen verdoppelte sich.

Insgesamt war das Bild der „Neuen Frau" ein Ideal in der Großstadt, vor allem in Berlin. Außerdem galt es nur für Unverheiratete. Allgemein war es üblich, dass eine Angestellte sich nach ihrer Heirat ausschließlich um Haushalt, Mann und Kinder kümmerte.

M 3 Traumberuf Büroangestellte?

Die Angestellte E. A. Klockenberg berichtet 1926 über ihre Arbeit:

Ich begann meine Tätigkeit als Maschinenschreiberin mit 17 Jahren in einem Abschriftenbüro, wo ich stundenlang Maschinendiktate schrieb und den Handabzugsapparat[1] bediente. Zu Beginn des dritten Jahres hatte ich derartige Schmerzen in den Fingern, Händen, Armen und Rücken, dass ich die Stellung aufgeben musste.

Ursula Nienhaus, Berufsstand weiblich, Berlin 1982, S. 25 f.

M 4 „Niedergang der Frau“

Der Wirtschaftswissenschaftler und Statistiker Richard Korherr, später Leiter des statistischen Amtes der SS, kritisiert 1929/30 moderne Entwicklungen:

Die Neuberliner Dame, emanzipiert, frei, auch in sexueller Beziehung, sinkt durch die gewollte Loslösung vom weiblichen Wesen immer tiefer herab. Sie ist nicht mehr Weib, kann aber auch nicht Mann sein. Ihre kulturelle und gesellschaftliche Stellung geht ständig zurück. […] Das Girl, die Junggesellin, die Konkubine[2], die bessere Dirne – die Hetäre[3] Roms –, die Ehedirne, die nicht mehr Mutter sein will: Das alles kündet einen Verfall, einen Niedergang der Frau an […].

Richard Korherr, Berlin. Die neue Weltstadt, in: Süddeutsche Monatshefte, Jg. XXVII (1929/30), S. 391 f.

M 5 Ein Rollenmodell?

Ein Historiker äußert Kritik:

[Die neue Frau] war ein modellierter Schönheitstyp, sehr attraktiv, ein Hauch von Luxus umgab sie, aber sie war untauglich für die Bewältigung harter Alltagsrealität. Kritiker empfinden sie noch heute als Karikatur emanzipierter Weiblichkeit.

Ulrich Kluge, Die Weimarer Republik, Paderborn 2006, S. 142

M 6 Die „Neue Frau“ im Straßenverkehr
Foto aus den 1920er-Jahren

M 7 „Lotte am Scheidewege“
Karikatur in der Zeitschrift „Simplicissimus“, 1925

[1] Handabzugsapparat: mechanisches Gerät zum Vervielfältigen von Textblättern

[2] Konkubine: Geliebte (abwertend gemeint)

[3] Hetäre: in der Antike: gebildete Geliebte; auch anderes Wort für Prostituierte

1. *Beschreibe die rechtlichen und gesellschaftlichen Veränderungen für Frauen seit 1918 (Darstellungstext).*
2. *Arbeite heraus, wie sich die technische Entwicklung auf die Berufstätigkeit der Frauen auswirkte.*
3. *Erläutere Merkmale der „Neuen Frau“ in den Bildern auf dieser Doppelseite. Erkläre, warum viele Frauen dieses Ideal erstrebenswert fanden. Diskutiert, ob es heute ähnliche Erscheinungen gibt.*
4. *Junge Leute streiten sich um 1928 mit älteren, deren Denken noch im Kaiserreich verwurzelt ist. Es geht um Veränderungen in Beruf, Privatleben und Selbstverständnis der Frauen. Stellt in einer Szene ein solches Streitgespräch nach.*

„Goldene" zwanziger Jahre?

M1 Jazz im Palais der Friedrichstadt
Plakat von Erich Wohlfahrt, 1921
Jazz war der beliebteste Modetanz in der Weimarer Republik.
Ordne das Plakat der Kapitelüberschrift zu.

Massenkultur und Amüsierbetrieb

Die relativ stabile mittlere Phase der Republik erlebte einen rasanten Aufschwung in Kunst und Kultur. Rückblickend sprach man von den „Goldenen Zwanzigern". In den Großstädten, allen voran Berlin, prägten Musik- und Tanzvergnügen den Lebensstil. Dabei gaben amerikanische Importe wie Jazz-Musik und der Modetanz Charleston den Ton an. Sportliche Großveranstaltungen wie Rad- und Autorennen oder Boxkämpfe hatten Event-Charakter und zogen ein Massenpublikum an. Der im Jahre 1900 gegründete Deutsche Fußballbund steigerte die Zahl seiner Mitglieder auf eine Million.

Unterhaltung und Information für alle

Die Deutschen der Weimarer Zeit waren auch eine Gesellschaft von Kinogängern. Erste „Lichtspielhäuser" entstanden schon vor dem Weltkrieg. Ihre Zahl stieg bis zum Ende der Republik auf über 5000. Täglich sahen sich rund zwei Millionen Menschen einen Kinofilm an. Der Übergang zum Tonfilm im Jahre 1929 verstärkte diesen Trend noch. Das kulturell bedeutsame Theater geriet nun ins Hintertreffen. Viele Häuser mussten schließen.
Dagegen boomte das Pressewesen. Zahlreiche neue Zeitschriften kamen auf den Markt, und die neuen Boulevardzeitungen (Sensationsblätter) fanden reißenden Absatz. Seit 1923 wurde der Rundfunk fast aus dem Stand zu einem Massenmedium. Neun Jahre später verfügte bereits jeder vierte deutsche Haushalt über ein Radiogerät.

Bauhaus und sozialer Siedlungsbau

Richtungweisend für die künstlerische Haltung der Zeit wurde das 1919 in Weimar von dem Architekten Walter Gropius gegründete **Bauhaus**. Diese Kunstschule führte Architekten, Künstler und Handwerker zusammen. Ihre Formprinzipien waren Einfachheit, Klarheit und Funktionalität. Auf dekorative Ornamente wie das Kopieren klassischer Stilrichtungen verzichteten sie bewusst. Stattdessen entwarfen sie schlichte, funktionsgerechte Gebäude, aber auch Gebrauchsgüter für die Serienfertigung.
Das Bauhaus prägte auch den modernen sozialen Wohnungsbau. In den Großstädten gab es viele dunkle und dumpfe „Mietskasernen" ohne eigene Wasserversorgung und Toiletten. Nach 1925 entstanden Mustersiedlungen im Bauhaus-Stil mit preiswertem Wohnraum. Sie brachten den Arbeitern und Angestellten Licht, Luft und Hygiene in ihre private Lebenswelt.

Neue Sachlichkeit

Die nüchterne Haltung, verbunden mit sozialer Verantwortung, die das Bauhaus verkörperte, spiegelte sich auch in anderen Gebieten der Kunst wider. Bei einer Ausstellung wurde dafür der Begriff „Neue Sachlichkeit" geprägt. Diese Kunstrichtung wandte sich vom ekstatischen Expressionismus ab. Sie bevorzugte eine realistische Auseinandersetzung mit der Wirklichkeit des Alltags und fand insbesondere in Malerei, Film und Zeitroman ihren Niederschlag. Sie verhalf Reportage, Dokumentarfilm und Fotojournalismus zum Durchbruch.

1. *Nenne die Erscheinungsformen der neuen Massenkultur in der Weimarer Republik.*
2. *Erkläre und beurteile die Grundideen von Bauhaus und Neuer Sachlichkeit.*

Internettipp:
Über die Kunstbewegung am „Bauhaus" informiert dieses Video:
31054-22

M2 Gab es eine „Weimarer Kultur"?

a) Ein Arbeiter schreibt über seine Lebenserfahrung:

Von der kulturellen Metropole Europas merkten wir im Norden Berlins wenig. Die „goldenen zwanziger Jahre" fanden in den Theaterzentren, Galerien und feinen Restaurants statt, waren eine Angelegenheit sensationeller Bälle und Galas der Neureichen, der Nachtlokale und Künstler-Cafés der Bohème[1] […].
Den Kulturbedarf der breiten Massen befriedigte das Radio, der neue Unterhaltungsfilm, die Trivialliteratur sowie Revuen und Tanzlokale. Die Schlager und die Melodien der Operetten-Renaissance […] halfen Luftschlösser bauen, erleichterten die Flucht aus dem grauen Alltag. Wir betrachteten sie alle, so gut sie auch sangen, als Ausdruck bürgerlicher Verlogenheit, kennzeichneten sie als ausschweifend und kitschig.

b) Ein Historiker führt zum neuen Zeitgeist aus:

Es gab in Weimar-Deutschland zwei Kulturen, die sich gegenseitig kaum etwas zu sagen hatten und sich mit tiefer Fremdheit und Feindseligkeit gegenüberstanden […]. [Die] Vorherrschaft der modernen Literatur, Malerei, Architektur, Bühnenkunst, aber auch die Manifestationen[2] einer freieren Einstellung im Bereich von Sitte und Lebensgestaltung wurden erbittert bekämpft von starken kulturkonservativen und antimodernistischen Kräften, die in breiten Schichten der Bevölkerung Rückhalt besaßen. Ihre Stunde schlug im Jahr 1933.

a) Heinrich August Winkler und Alexander Cammann (Hrsg.), Weimar. Ein Lesebuch zur deutschen Geschichte 1918-1933, München 1997, S. 146 f.
b) Eberhard Kolb, Deutschland 1918-1933. Eine Geschichte der Weimarer Republik, München 2010, S. 138 f.

M3 Grundschule im Bauhaus-Stil

Postkarte von 1928

Den Wettbewerb zum Neubau der „Altstädter Schule" in Celle gewann 1927 der Architekt Otto Haesler. Sein Siegerentwurf trug den Titel „Gesunder Geist muss in einem gesunden Körper wohnen".

M4 „Metropolis"

Filmplakat von 1927

Das monumentale Werk ist eines der bedeutendsten der deutschen Filmgeschichte und wurde 2001 als erster Film in das „UNESCO-Weltdokumentenerbe" aufgenommen.

[1] Bohème: ungebundene, zwanglose, betont unbürgerliche Lebensweise in Künstlerkreisen
[2] Manifestation: Ausdrucksform, Offenbarung

1. *Arbeite heraus, welche unterschiedlichen Kulturen sich in der Weimarer Zeit gegenüberstanden (M2).*
2. *Erläutere, warum das abgebildete Gebäude dem Bauhaus-Stil zuzurechnen ist (M3).*
3. *Informiere dich über das Thema und die Wirkungsgeschichte von „Metropolis" (M4).*

1919: Gründung des Bauhauses in Weimar
1923: Beginn des öffentlichen Rundfunks
1927: Erstaufführung des Films „Metropolis" von Fritz Lang
1929: Veröffentlichung des Antikriegsromans „Im Westen nichts Neues" von Erich Maria Remarque
1929: Übergang vom Stumm- zum Tonfilm

Die große Krise

THE MOST BEAUTIFUL STORE IN THE WORLD
TROUSSE AUX LINGERIE LAYETTES CHILDREN'S DRESSES
130 Avenue des Champs-Elysées PARIS

FRIDAY. OCTOBER 25. 1929.

Daily Mail

CONTINENTAL EDITION

GIVING ALL THE NEWS MANY HOURS IN ADVANCE OF ANY OTHER ENGLISH JOURNAL CIRCULATING ON THE CONTINENT.

15, RUE DE LA PAIX, PARIS

SUBSCRIPTION

No. 11,650. PRICE (France): ONE FRANC.

GREATEST CRASH IN WALL STREET'S HISTORY

DELUGE OF PANIC SELLING OVERWHELMS MARKET

19,000,000 SHARES CHANGE HANDS

PRICES TUMBLE LIKE AN AVALANCHE

WILD SCENES TILL GREAT FINANCIERS COME TO RESCUE

The New York Stock Exchange.

The worst crash in the history of Wall Street took place yesterday, when 19,226,400 shares changed hands, the values of securities were reduced by billions of dollars, and the big stocks dropped to record low figures.

WILD scenes followed the report, which proved unfounded, that the Exchange would be closed at one o'clock. Thousands of speculators suffered severely by the avalanche of selling. The

GREAT FILM FIRE AT HOLLYWOOD

MILLIONS OF DOLLARS OF DAMAGE DONE IN LABORATORY OUTBREAK.

NEGATIVES DESTROYED.

MAN KILLED AND LARGE BUILDING SHATTERED BY FORCE OF EXPLOSIONS.

From OUR OWN CORRESPONDENT

ATTEMPT TO KILL PRINCE HUMBERT

BETROTHAL DAY DRAMA

SHOT AT BY SOCIALIST

Special pictures showing the scenes following the assassination attempt in Brussels yesterday will be found in Page 10.

PRINCE'S COURAGE

STOOD AT SALUTE WHILE SHOT

(Continued in Page 5, Col. 1.)

SEARCH FOR NEW FRENCH PREMIER

LEADER OF RADICAL-SOCIALIST PARTY RECEIVES CALL TO ELYSEE.

By THE DIPLOMATIC CORRESPONDENT

PRESIDENT Doumergue has not yet chosen the politician who is to become French Prime Minister in succession to M. Briand, whose Cabinet resigned on Tuesday night on being defeated in the Chamber of Deputies.

M 1 Ein schwarzer Donnerstag
Auslands-Ausgabe der Londoner „Daily Mail" von Freitag, 25.10.1929
Die Wall Street in New York ist bis heute Sitz der wichtigsten amerikanischen Börse (Markt für Wertpapiere)
to crash: abstürzen
deluge: Sintflut
share: Aktie
avalanche: Lavine
Überlege, was zu einer Panik am Aktienmarkt führen kann.

▸ ***Geschichte In Clips:*** Der US-Börsencrash von 1929 und Die Politik des „New Deal" siehe Clip-Code **31054-23**

Überproduktion und Börsenkrise

Im Oktober 1929 brachen die Kurse an der amerikanischen Börse innerhalb weniger Tage um die Hälfte ein. Was war geschehen? In den Jahren zuvor hatten viele Amerikaner Unternehmensanteile (Aktien) gekauft, um von den Gewinnen zu profitieren. Das zusätzliche Geld investierten die Firmen zum großen Teil in neue Produktionsmaschinen. Das Angebot an Waren und Nahrungsmitteln wuchs aber stärker als die Nachfrage. Die Folge war eine Absatzkrise. Die Gewinne der Unternehmen gingen zurück.

Viele Anleger befürchteten nun, dass ihre Aktien an Wert verlieren könnten, und verkauften sie. Immer mehr Aktionäre gerieten in Panik und wollten ihre Wertpapiere um jeden Preis abstoßen. Die Aktienkurse an der Wall Street fielen ins Bodenlose. Unzählige Aktionäre verloren in kurzer Zeit ihr ganzes Vermögen. Überproduktionskrise und Börsenkrise verschärften sich gegenseitig. Fabriken und Farmen gingen in großer Zahl bankrott. Millionen Amerikaner wurden arbeitslos. Wegen der globalen Bedeutung der USA griff der wirtschaftliche Einbruch auch auf die anderen Industriestaaten über und wurde zu einer **Weltwirtschaftskrise**.

▸ ***Geschichte In Clips:*** Zur Wirtschaftskrise im Deutschen Reich siehe Clip-Code **31054-24**

Die Krise erreicht Deutschland

Neben den Vereinigten Staaten traf die Krise Deutschland besonders hart. Seit dem Dawes-Plan von 1924[1] war das Land auf hohe amerikanische Kredite angewiesen. Dieser Geldstrom versiegte nun nicht nur; die USA forderten die Anleihen der vergangenen Jahre zurück. Zahlreichen Banken fehlte das Kapital, um deutschen Firmen Kredite zu gewähren. Das Resultat: Immer mehr Betriebe brachen zusammen. Von 1929 bis 1932 sanken die Produktion und das Volkseinkommen auf die Hälfte. Es entstand ein Teufelskreis, der immer stärker ins Elend führte.

Arbeitslosigkeit und Massenelend

1932 waren zeitweise über sechs Millionen Menschen ohne Beschäftigung. Die Arbeitslosen waren viel schlechter abgesichert als heute. Erst 1927 war eine Arbeitslosenversicherung eingeführt worden. Sie verfügte zu Beginn der Krise über Einlagen, die kurzfristig für höchstens 1,4 Millionen Erwerbslose ausreichten. Das bescheidene Arbeitslosengeld wurde höchstens zehn Monate lang ausgezahlt. Die meisten Menschen blieben aber länger ohne Arbeit. Sie waren deshalb auf Fürsorgehilfe in ihren Wohngemeinden angewiesen oder bekamen überhaupt nichts. Da die Regierung und die Gemeinden wegen der Krise höhere Ausgaben, aber geringere Einnahmen hatten, kürzten sie die Unterstützung der Arbeitslosen sogar noch. Unsicherheit und Verelendung, Obdachlosigkeit und Hunger gehörten zum Alltag in Deutschland.

[1] Siehe S. 52.

M 2 Warnung vor dem Crash

Im November 1928 sagt Außenminister Stresemann auf einer Pressekonferenz:

Ich möchte Sie bitten, bei Ihrer Beurteilung der wirtschaftlichen Lage Deutschlands und auch der anderen hiermit zusammenhängenden Fragen den Gedanken zugrunde zu legen, dass wir in Deutschland in den vergangenen Jahren von gepumptem Gelde gelebt haben. Wenn einmal eine Krise bei uns kommt und die Amerikaner ihre kurzfristigen Kredite bei uns abrufen, dann ist der Bankrott da. Was wir an Steuern erheben, geht bis an die Grenze dessen, was ein Staat überhaupt tun kann. Ich weiß nicht, woher neue Steuern geholt werden können. Die Statistiken zeigen, wie viel die Städte gebraucht haben, wie viel die Industrie gebraucht hat, wie viel fremdes Geld wir überhaupt aufgenommen haben, um uns aufrechtzuerhalten. Wir sind nicht nur militärisch entwaffnet, wir sind auch finanziell entwaffnet. Wir haben keinerlei eigene Mittel mehr.

Geschichte in Quellen, hrsg. von Wolfgang Lautemann und Manfred Schlenke, Bd. 6: Weltkriege und Revolutionen 1914-1945, München ⁵1995, S. 229f.

M 3 Lebensverhältnisse in der Krise

Die sozialdemokratische Jugendorganisation „Kinderfreunde" untersucht 1932 die Lebensverhältnisse von Arbeiterkindern in Großstädten. Zur Situation in Essen-Ost stellt sie fest:

Von 217 Familien lebten 1932 allein 136 in Ein- oder Zwei-Zimmer-Wohnungen. Aufgrund der Enge schliefen durchschnittlich vier Personen in einem Zimmer, einige Kinder gar in der Küche oder auf dem Flur. Solch unhaltbare Zustände führten dazu, dass kranke Familienangehörige, darunter auch solche mit ansteckenden Lungenkrankheiten, in einem Raum oder sogar in einem Bett mit gesunden Angehörigen – zumeist Kindern – liegen mussten. 23,3 Prozent der damals befragten 204 Kinder besaßen zu jenem Zeitpunkt keine Schuhe, und nur 10,5 Prozent von deren Vätern waren vollbeschäftigt.

www.jugend1933-45.de/portal/Jugend/thema.aspx?bereich=projekt&root=26635&id=5300 (Zugriff: 20.12.2013)

M 4 Arbeitslos
Foto aus Berlin, 1929
Menschen, die auf Plakaten ihre Arbeitskraft anboten, waren 1929 und 1930 in Großstädten keine Seltenheit.

M 5 „Unsere letzte Hoffnung: Hitler"
Plakat von Hans Herbert Schweitzer für die Reichstagswahlen von Juli 1932

1. *Erkläre die Auswirkungen der Weltwirtschaftskrise auf Deutschland (Darstellungstext, M2).*
2. *Erörtere, welche Zusammenhänge es zwischen Wirtschaft, privatem Leben und Fühlen sowie politischen Stimmungen und Entscheidungen in der Wirtschaftskrise gab und auch in heutigen Krisen noch geben kann (Darstellungstext, M3-M5).*

Zahlen, Zahlen, Zahlen ...

Ein englischer Spruch lautet: „There are three kinds of lies: lies, damned lies, and statistics." Müssen wir also Statistiken grundsätzlich misstrauen? Nein! Bevölkerungszahlen, Wirtschaftsdaten oder Wahlergebnisse helfen uns, Zustände zu beschreiben und Wandel zu erkennen. Aber wir müssen sorgfältig mit ihnen umgehen!
Um Zahlen anschaulich zu machen, werden sie zu Diagrammen verarbeitet. Ein **Kreisdiagramm** („Tortendiagramm") verdeutlicht Anteile an einer Gesamtmenge. Es gibt den Zustand zu einer bestimmten Zeit an. Um Veränderungen zu erkennen, benötigst du für jeden Zeitpunkt, den du vergleichen willst, ein eigenes Kreisdiagramm.
Ein **Linien- oder Kurvendiagramm** hilft, Entwicklungen zu untersuchen. Die Daten (y-Achse) und Zeiten (x-Achse) werden in ein Koordinatensystem eingetragen. Diese Werte werden zu einer Kurve verbunden, sodass du die Entwicklung bildlich vor dir siehst.
Ein **Säulen- oder Balkendiagramm** eignet sich besonders, wenn Werte zu unterschiedlichen Bereichen vorliegen. Die Zahlen werden in entsprechend hohe Säulen umgewandelt und nebeneinandergestellt. So kannst du sie gut miteinander vergleichen.

1. Beschreibung:

Als erstes solltest du alle Angaben im und beim Diagramm genau **beschreiben**: *Worüber informiert die Statistik? Welche Werte werden dargestellt? Aus welchen Quellen stammen die Daten? Welche Art von Diagramm wird verwendet? Was zeigt die Legende? Auf welche Zeit und auf welche Räume bezieht sich das Diagramm?*

2. Auswertung:

Im nächsten Schritt sollst du das Diagramm **auswerten**. Frage hierzu: *Welche Werte sind am höchsten/am niedrigsten? Zeichnet sich eine regelmäßige Entwicklung ab? Ist ein Trend erkennbar oder gibt es gegenläufige Entwicklungen?*

3. Deutung:

Zuletzt sollst du den dargestellten Sachverhalt **deuten**, also mit deinem Wissen verknüpfen und aufgekommene Fragen mit weiteren Informationen klären: *Welche Gründe können die dargestellten Sachverhalte gut erklären? Zu welchen historischen Ereignissen / Entwicklungen lassen sich Zusammenhänge herstellen?*

Wenn du diese Arbeitsschritte berücksichtigst, wirst du mithilfe statistischer Diagramme **historische Veränderungen erkennen** können. Und wer darin geübt ist, kann schließlich selbst anschauliche und verständliche **Diagramme aus Datenreihen entwickeln**.

M1 Arbeitslosigkeit vor und nach der Krise
Mittlere Arbeitslosenquote in Prozent der erwerbsfähigen Bevölkerung für Frankreich, das Deutsche Reich, die Niederlande, Großbritannien und die USA

Jahr	F	D	NL	GB	USA
1925	3,0	6,8	8,1	11,3	5,4
1926	3,0	18,0	7,3	12,5	2,9
1927	11,0	8,8	7,5	9,7	5,4
1928	4,0	8,6	5,6	10,8	6,9
1929	1,0	13,3	2,9	10,4	5,3
1930	2,0	22,7	7,8	16,1	14,2
1931	6,5	34,3	14,8	21,3	25,2
1932	15,4	43,8	25,3	22,1	36,3
1933	14,1	36,2	26,9	19,9	37,6
1934	13,8	20,5	28,0	16,7	32,6
1935	14,5	16,2	31,7	15,5	30,2
1936	10,4	12,0	32,7	13,1	25,4
1937	7,4	6,9	26,9	10,8	21,3

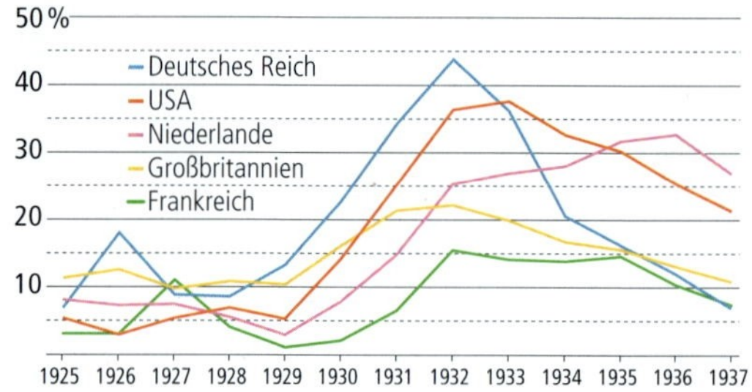

M2 Private Ausgaben in Deutschland 1927 - 1933
Angaben in Milliarden Reichsmark

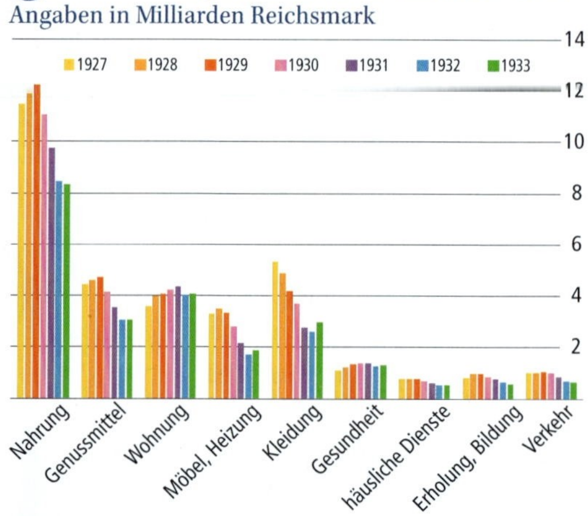

M3 Der deutsche Staatshaushalt
Ausgaben von Reich, Ländern und Kommunen

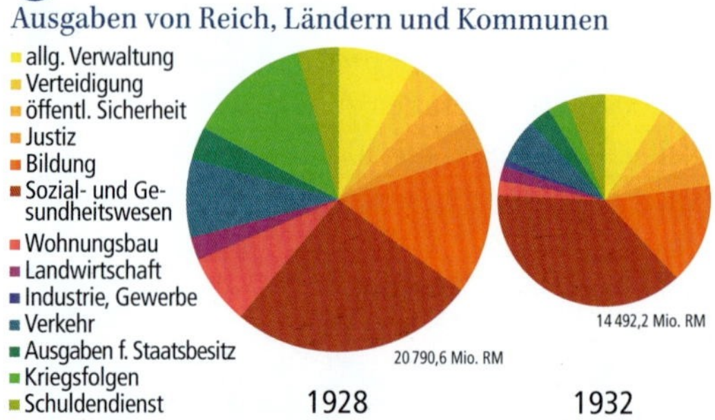

M4 Industrieproduktion

Index: 1928 = 100

Jahr	Monat	Deutsches Reich	Großbritannien	USA
1929	Jan	95	103	105
	Feb	101	106	105
	Mär	99		106
	Apr	108		110
	Mai	109	108	111
	Jun	110		114
	Jul	105		112
	Aug	104	106	111
	Sep	102		110
	Okt	101		105
	Nov	101	112	96
	Dez	90		89
1930	Jan	95		94
	Feb	93	107	97

Die Fortsetzung der Datenreihe findest du unter dem Mediencode 31054-25.

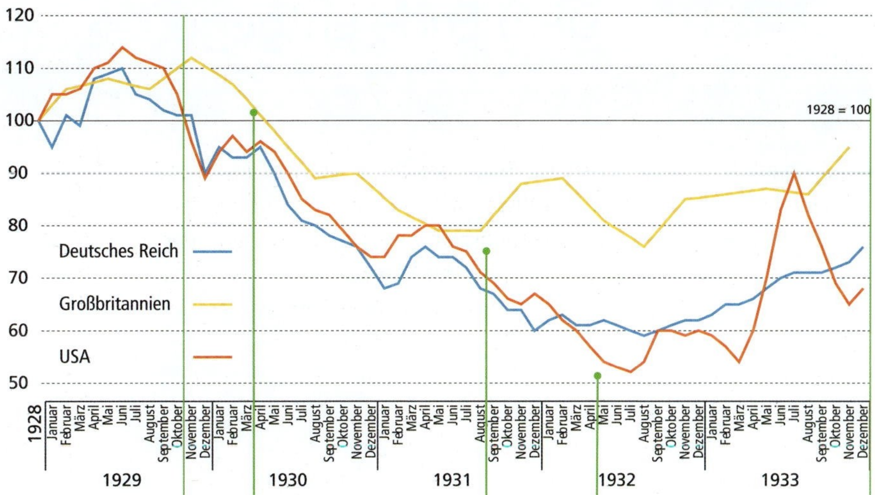

Der Zusammenbruch der New Yorker Börse ereignete sich am 24. Oktober 1929.

Die Werte für die Industrieproduktion der Länder sind ganz unterschiedlich. Für die Tabelle wurden sie so umgerechnet, dass der Mittelwert von 1928 als „100" gesetzt wird. Alle folgenden Werte werden darauf bezogen. So wird ein Vergleich möglich.

Die industrielle Produktion in Großbritannien wurde im Drei-Monats-Abstand erhoben, in anderen Staaten monatlich. Dies verursacht eine andere Kurvenform.

Der Rückgang der Industrie hatter in den drei Staaten ein unterschiedliches Ausmaß.

Der Tiefststand der industriellen Produktion war in den drei Staaten etwa zur gleichen Zeit erreicht.

Die Industrie in keinem der drei Staaten hatte Ende 1933 das Niveau von 1928 erreicht.

So könnte deine Interpretation aussehen:

Das Liniendiagramm stellt Daten zur Industrieproduktion in drei Ländern zwischen 1929 und 1933 dar. Vergleichspunkt ist die jeweilige Produktion von 1928. Schon seit Mitte 1929 ist die Industrieproduktion in Deutschland und den USA rückläufig. Der Börsencrash vom Oktober 1929 zieht auch die britische Wirtschaft in die Krise. Den Tiefststand erreicht die US-Wirtschaft mit etwa 50 Prozent des Wertes von 1928 im Juli 1932. Etwa zeitgleich ist die deutsche Wirtschaft auf 60 Prozent geschrumpft. Die britische Industrie ist viel geringer von der Krise betroffen.
Seit August 1932 wird in den drei Staaten fast von Monat zu Monat mehr produziert. Aber selbst Ende 1933 ist das Produktionsniveau vor der Krise noch nicht erreicht.

M5 Wirtschaft und Verschuldung in Deutschland

Das Bruttosozialprodukt (BSP) ist die Summe aller erwirtschafteten Waren und Dienstleistungen.

Jahr	Bruttosozialprodukt (Mrd. RM)	Verschuldung (Mrd. RM)	Anteil der Schulden am BSP (%)
1923	70,4	9,43	13,4
1924	70,4	10,17	14,4
1925	70,4	14,61	20,8
1926	73,7	14,77	20,0
1927	82,3	14,60	17,7
1928	88,1	18,16	20,6
1929	88,4	21,32	24,1
1930	82,4	24,02	29,2
1931	69,0	24,18	35,0
1932	56,7	24,85	43,8
1933	58,4	25,93	44,4
1934	65,5	26,26	40,1
1935	73,1	32,50	44,5
1936	81,2	37,71	46,4

M6 Deutsches Reich: Einnahmen und Ausgaben

Alle Angaben in Mio. RM

Das Haushaltsjahr dauert vom 1.4. bis zum 31.3. des Folgejahres.

	19/20	20/21	21/22	22/23	23/24	24/25
Ausgaben	11 265,6	11 963,6	9 965,0	14 963,0	2 029,9	6 895,5
Einnahmen	4 223,7	5 336,2	3 580,5	3 172,3	1 935,2	7 786,2

	27/28	28/29	29/30	30/31	31/32	32/33
Ausgaben	6 850,6	8 098,7	7 595,9	7 903,5	6 463,0	5 559,3
Einnahmen	6 809,5	7 023,3	7 283,1	7 783,0	6 280,5	5 416,1

Jetzt bist du dran:

1. *Setze M5 und M6 in geeignete Diagramme um.*
2. *Beschreibe die Entwicklung, die sich bei den jeweiligen Werten abzeichnet.*
3. *Bewerte ihre Auswirkungen auf das Leben in Deutschland. Beziehe M1-M4 und deine Kenntnisse über die Weimarer Republik ein.*

Dem Ende entgegen

M1 „Deutsche Zauber-Werke A. G.“
Karikatur von Karl Arnold in der Satire-Zeitschrift „Simplicissimus“, 12. Februar 1933
Bildunterschrift: „Kein Grund zum Verzagen, solange noch Kanzler am laufenden Band produziert werden!“ – Der Zauberer ist Reichspräsident Paul von Hindenburg; von den Kanzlern sind Schleicher (Zweiter von oben), Papen und Brüning identifizierbar.
Erläutere die Bildaussage zum Wesen der Regierungen gegen Ende der Republik.

Internettipp:
Das Ende der Weimarer Republik behandeln diese Videos: 31054-26

Von der parlamentarischen zur Präsidialregierung

Die seit 1928 tätige Regierung der Großen Koalition (SPD, DDP, Zentrum und DVP) war wegen der finanziellen Probleme infolge der Weltwirtschaftskrise zerstritten. Sie brach im März 1930 auseinander. Nun ergriff Präsident Hindenburg die Initiative. Er wollte konservative Kräfte an die Regierung bringen. Hindenburg wartete nicht, bis sich der Reichstag auf einen neuen Kanzler verständigte, sondern berief eigenmächtig den Zentrumspolitiker **Heinrich Brüning** zum Regierungschef. Dieser ignorierte das Parlament und regierte mithilfe von **Notverordnungen** des Reichspräsidenten nach Artikel 48 der Reichsverfassung. Wenn der Reichstag diese Notverordnungen blockierte, löste der Kanzler ihn auf. Dabei stützte er sich auf eine weitere Vollmacht des Präsidenten (Artikel 25). Der Reichstag trat nun immer mehr in den Hintergrund.

Programm der Regierung Brüning

Die neue Regierung (1930-1932) betrieb eine strenge Sparpolitik. Sie kürzte das Arbeitslosengeld sowie andere Staatsausgaben und erhöhte die Steuern. Damit verhinderte sie zwar eine neue Inflation, fachte die Wirtschaftskrise aber noch weiter an. Der als „Hungerkanzler" geschmähte Brüning nahm das bewusst in Kauf. Er wollte den Siegermächten des Weltkrieges beweisen, dass Deutschland finanziell völlig überfordert war. Das sollte zum Ende der Reparationszahlungen führen. Nach Brünings Entlassung im Mai 1932 versuchte es der Reichspräsident mit zwei weiteren **Präsidialregierungen** unter dem konservativen Franz von Papen (Juni bis Dezember 1932) und dem Reichswehrgeneral Kurt von Schleicher (Dezember 1932 bis Januar 1933). Auch sie scheiterten. Die Präsidialregierungen verbrauchten sich in immer rascherer Folge.

Politische Radikalisierung

Die Reichstagswahl vom September 1930 stand bereits im Zeichen der Weltwirtschaftskrise. Sie wurde „Erbitterungswahl" genannt. Die Nationalsozialisten steigerten ihren Stimmenanteil von zwei auf über 18 Prozent und wurden über Nacht zu einer ernst zu nehmenden politischen Kraft. Auch die KPD gewann Sitze hinzu.
Als die NSDAP in der nächsten Reichstagswahl im Juli 1932 mit 37,4 Prozent der Stimmen zur stärksten Partei wurde, forderte **Adolf Hitler** das Kanzleramt für sich. Präsident Hindenburg zögerte aber noch; die NS-Bewegung und ihr „Führer" erschienen ihm als zu unberechenbar.
In der Öffentlichkeit standen sich uniformierte Kampfverbände der Parteien in offener Feindschaft gegenüber. Vor allem während der häufigen Wahlkämpfe lieferten sie sich blutige Saal- und Straßenschlachten, die Hunderte Tote forderten.

1. *Erkläre, warum die gemeinsame Anwendung von Artikel 48 und Artikel 25 der Reichsverfassung dem Geist dieser Verfassung zuwiderlief.*
2. *Erläutere die Begriffe „Hungerkanzler" und „Erbitterungswahl".*

Heinrich Brüning Notverordnung Präsidialregierung Adolf Hitler

M2 Funktionsweise des Präsidialsystems

Am 16. 7. 1930 lässt Kanzler Brüning im Reichstag über ein Gesetz zur Deckung des Reichshaushalts abstimmen, das eine strikte Sparpolitik vorsieht. Es folgt eine Kraftprobe mit dem Parlament:

Trotz Brünings Drohung mit Artikel 48 lehnte der Reichstag einen Teil der Deckungsvorlage mit 256 : 193 Stimmen ab. Das Kabinett beschloss daraufhin sofort, die gesamte Deckungsvorlage in Form einer Notverordnung in Kraft zu setzen – es war das erste Mal, dass ein vom Reichstag abgelehnter Gesetzentwurf in eine Notverordnung umgewandelt wurde, was die herrschende Rechtslehre für unzulässig hielt. Die SPD-Fraktion beantragte umgehend die Aufhebung dieser Notverordnung, und dieser Antrag fand am 18. Juli im Reichstag eine Mehrheit; 236 Abgeordnete (SPD, KPD, NSDAP, der größere Teil der DNVP) votierten für die Aufhebung, 221 dagegen. Daraufhin verkündete Brüning die Auflösung des Reichstages, und die durch Reichstagsbeschluss aufgehobene Notverordnung wurde wenige Tage später in einer verschärften Form erneut als Notverordnung erlassen.

Eberhard Kolb und Dirk Schumann, Die Weimarer Republik, München [8]2013, S. 133

M3 „Der Reichstag wird eingesargt"
Collage des Grafikers John Heartfield für die KPD-nahe „Arbeiter Illustrierte Zeitung" vom 30. August 1932

M4 Umgestaltung der Verfassungspraxis

Das System der Präsidialkabinette ändert das Kräfteverhältnis von Regierung und Reichstag:

Jahr	Reichstags-sitzungen	Gesetze	Not-verordnungen
1930	94	98	5
1931	41	34	44
1932	13	5	66

Hans-Ulrich Wehler, Deutsche Gesellschaftsgeschichte, Bd. 4: Vom Beginn des ersten Weltkriegs bis zur Gründung der beiden deutschen Staaten 1914-1949, München 2003, S. 519

M5 Reichskanzler Franz von Papen: Ziele

In einer Rede vor bayerischen Industriellen führt Papen am 12. Oktober 1932 aus:

Wir wollen eine machtvolle und überparteiliche Staatsgewalt schaffen, die nicht als Spielball von den politischen und gesellschaftlichen Kräften hin- und hergetrieben wird, sondern über ihnen unerschütterlich steht wie ein „rocher de bronce"[1]. Die Reform der Verfassung muss dafür sorgen, dass eine solche machtvolle und autoritäre Regierung in die richtige Verbindung mit dem Volke gebracht wird. […]

Die Reichsregierung muss unabhängiger von den Parteien gestellt werden. Ihr Bestand darf nicht Zufallsmehrheiten ausgesetzt sein. Das Verhältnis zwischen Regierung und Volksvertretung muss so geregelt werden, dass die Regierung und nicht das Parlament die Staatsgewalt handhabt.

Heinz Hürten (Hrsg.), Deutsche Geschichte in Quellen und Darstellungen, Bd. 9, Stuttgart 1995, Nr. 37, S. 132

[1] rocher de bronce: „eherner Fels"; Sinnbild für unerschütterliche Festigkeit

1. *Erstelle ein Schaubild mit den Überschriften „Kanzler Brüning" (links) und „Reichstag" (rechts). Trage in den beiden Spalten die in M2 genannten Schritte ein.*
2. *Beschreibe und erläutere die Karikatur M3. Verfasse einen Kommentar aus der Sicht eines SPD-Abgeordneten.*
3. *Interpretiere die Zahlenangaben in M4.*
4. *Diskutiert, was Papens Vorstellungen für das politische System in Deutschland bedeuteten (M5).*

Woran scheiterte „Weimar"?

Die Weimarer Republik war der erste demokratische deutsche Staat. Sie wurde nur 16 Jahre alt. Es folgte die nationalsozialistische Diktatur mit Weltkrieg und Judenmord. Demokratie ist nicht selbstverständlich. Sie kann in Schwierigkeiten geraten und von politischen Gegnern bekämpft werden. Und sie kann zugrunde gehen. Auch heute.
Seit dem Neubeginn 1945 beschäftigen sich Historikerinnen und Historiker mit den Gründen für das Scheitern der Weimarer Republik. Nachdem ihr dieses Kapitel durchgearbeitet habt, könnt ihr diese Frage auch selbst beantworten.

Vorschlag für eine Forschungsfrage:
Thema: *Warum ging die Weimarer Republik zugrunde?*
Aber vielleicht fallen euch ja noch weitere Fragen ein.

Beschreiben

Stellt in einer Tabelle die Gründe für das Scheitern zusammen, die ihr den vorangehenden Seiten entnehmen könnt. Führt in einer zweiten Tabelle die Ursachen an, die in den Quellen auf dieser Doppelseite enthalten sind.

Untersuchen

Vergleicht die beiden Tabellen. Arbeitet heraus, welche Aspekte sich entsprechen oder überschneiden.

Einordnen

Bewertet, welche zwei Gründe für das Scheitern der Republik aus eurer Sicht die wichtigsten sind. Begründet eure Entscheidung und diskutiert sie in der Klasse.

Präsentieren

Verfasst eine Erörterung unter dem Titel: „Hat die Weimarer Republik sich selbst aufgegeben oder wurde sie zerstört?"

M1 Schwächen der politischen Verfassung

Das Zusammenspiel von Reichstag und Reichspräsident birgt Gefahren:

Die starke Stellung des Reichspräsidenten [...] hat viele Parlamentarier schon frühzeitig dazu verführt, sich dem unbequemen Kompromisszwang von Koalitionsregierungen zu entziehen und die Verantwortung nach „oben", auf den Reichspräsidenten, abzuschieben, der im nicht genau definierten Krisenfall auf die umfassenden Notstandsvollmachten des Artikels 48 zurückgreifen und als Ersatzgesetzgeber auftreten konnte. [...]
Die weitgehende Ausschaltung des Reichstages [seit 1930] verstärkte die politische Radikalisierung, und niemand artikulierte den Massenprotest mit so viel populistischem Geschick wie Hitlers Nationalsozialisten.

Heinrich August Winkler, Auf ewig in Hitlers Schatten? Über die Deutschen und ihre Geschichte, München 2007, S. 73

M2 Versäumnisse in der Gründungsphase

Zu den Weichenstellungen während der Revolution 1918:

Gewiss, man kann behaupten, dass es nicht nur verpasste Chancen, sondern auch verhinderte Katastrophen gegeben habe. Darf man aber die Stimmen derer, die bereits damals weitergehende Reformen in Staat, Gesellschaft und Wirtschaft forderten und – selbst wenn sich dies erst im Nachhinein als richtig herausstellte – vor den Folgen zu großen Zögerns warnten, einfach beiseiteschieben? [...] Ebert hätte wissen müssen, dass er aktiver und entschlossener hätte handeln müssen, um den beharrenden Kräften die Möglichkeit zur Gegenrevolution zu nehmen.

Nach: Michael Epkenhans, in: Die Zeit, Nr. 6, 1. Februar 2007, S. 53

M3 „Die Quelle"
Karikatur von Daniel Fitzpatrick, The St. Louis Post, 19. 10. 1930

M 4 Bevorzugung einer autoritären Lösung

Zur Rolle der politisch Verantwortlichen in der Endphase der Republik:

[Es] bestand seit 1932 zweifellos ein außerordentlich starker Trend in Richtung einer Hitler-Lösung. Um diesen vermeintlichen Ausweg aus der Systemkrise zu blockieren, hätte es eines hohen Maßes an politischer Fantasie bedurft, vor allem bei jener Gruppe eigentlicher Entscheidungsträger, die seit der Errichtung des Präsidialregimes das parlamentarische Machtvakuum ausfüllten. Aber gerade in diesem Kreis [...] dominierte der Wille zur autoritären Umgestaltung von Staat und Gesellschaft, und damit reduzierte sich das Spektrum möglicher politischer Kombinationen so sehr, dass an einem Arrangement mit der Hitler-Partei kaum vorbeizukommen war [...].

Eberhard Kolb und Dirk Schumann, Die Weimarer Republik, München [8]2013, S. 152 f.

M 5 „Deine Losung Deutschnational!"
Plakat der DNVP zur zweiten Reichstagswahl 1924

M 6 Notverordnung
Karikatur von Erich Schilling in der Satire-Zeitschrift „Simplicissimus", 16. 2. 1931
Bildunterschrift: „Nach den Erfahrungen der letzten Wochen ist verfügt worden, dass jeder Demonstrationszug seinen eigenen Leichenwagen mitzuführen hat."

M 7 Folgen der Weltwirtschaftskrise

Die Krise hat nachhaltige politische Wirkungen:

In Deutschland legte die Weltwirtschaftskrise schonungslos die eiternden Wunden offen, die man seit 1918 nur oberflächlich versorgt hatte. Es war nun unübersehbar, wie schwach und vordergründig die Akzeptanz der Demokratie unter den politischen, wirtschaftlichen und militärischen Eliten war. Und je schlimmer die Wirtschaftskrise wurde, desto mehr schrumpfte bei den breiten Massen der Glaube an die Demokratie, die in den Augen einer wachsenden Mehrheit schuld war an der schlimmen Lage Deutschlands. [...] Seit 1930 hing die Demokratie in Deutschland praktisch an einer Lebenserhaltungsmaschine. Ein Klima politischer Polarisierung und Radikalisierung machte schließlich Hitler zum großen Nutznießer.

Ian Kershaw, To Hell and Back. Europe, 1914-1949, Harmondsworth 2016, S. 208 (übers. von M. Brabänder)

Das weiß ich – das kann ich!

Am Anfang dieses Kapitels steht die Leitfrage:
Welche Chancen und Belastungen kennzeichneten die Weimarer Republik?
Mit den Arbeitsfragen zu den fünf Kategorien auf S. 34 f. kannst du sie nun beantworten:

Herrschaft

Die Revolution von 1918 machte aus Deutschland eine Republik. Im Kampf um das politische System setzte sich die SPD mit dem Ziel einer parlamentarischen Demokratie gegen die KPD durch, die für eine Rätesystem eintrat. Die von der verfassunggebenden Nationalversammlung in Weimar beschlossene Verfassung hielt am Bundesstaat fest. Sie stattete den Reichstag, aber mehr noch den Reichspräsidenten mit erheblichen Befugnissen aus. Unter Präsident Ebert funktionierte die Machtbalance zwischen Exekutive und Legislative. Dessen Nachfolger Hindenburg zog angesichts der Herausforderungen der Weltwirtschaftskrise die Regie aber immer stärker an sich. Er setzte eigenmächtig Präsidialregierungen ein, die den Reichstag links liegen ließen und sich auf Notverordnungen stützten. Es gelang nicht, das Gleichgewicht wiederherzustellen. Deutschland versank in der NS-Diktatur.

Weltdeutung und Religion

Gemäßigte Sozialisten (SPD) und linke Liberale (DDP), aber auch der politische Katholizismus (Zentrum) standen hinter der neuen Ordnung. Nur selten waren sie als Weimarer Koalition aber stark genug, um die Regierung zu stellen, denn es gab zahlreiche Republikgegner. Zu ihnen gehörten viele Konservative (DNVP). Sie saßen in Schlüsselstellungen in Verwaltung und Militär und wollten zurück zur Monarchie. Noch entschiedener bekämpften völkische Gruppierungen die Republik. Ihre stärkste Formation wurde die NSDAP, die eine hemmungslose Propaganda entfaltete. Auf der anderen Seite des politischen Spektrums stand die KPD dem Weimarer Staat feindselig gegenüber. Aufgrund des Verhältniswahlrechts waren auch kleinere Parteien im Reichstag vertreten, was die Regierungsbildung erschwerte.

Gesellschaft

Das neue Staatswesen bot vielfach Gelegenheit, die verkrusteten sozialen Strukturen der Kaiserzeit zu durchbrechen. Viele Frauen eroberten in Berufswelt und Lebensgestaltung neue Freiheiten für sich. Junge Menschen schlossen sich in Jugendgruppen wie der Bündischen Jugend zusammen und führten ein einfaches, selbstbestimmtes Leben, das sich von der Massengesellschaft bewusst unterschied. In Kunst und Architektur setzte das Bauhaus neue Maßstäbe. Die Stilrichtung der Neuen Sachlichkeit kennzeichnete die Zeit der Weimarer Republik.

Wirtschaft und Umwelt

Kriegsschulden, Sozialleistungen und Reparationen lasteten schwer auf der deutschen Staatskasse. Die Hyperinflation nahm ständig zu. Die Ruhrbesetzung 1923 brachte das Fass zum Überlaufen: Die Geldentwertung lief völlig aus dem Ruder. Die Menschen verloren fast über Nacht alle ihre Ersparnisse. Dann setzte eine Stabilisierung ein. Mit dem Ausbruch der Weltwirtschaftskrise 1929 fand sie ein Ende. Die Industrieproduktion brach ein, Millionen Menschen verloren ihren Arbeitsplatz. Vor allem in den Städten herrschte blanke Not. Indem die Regierung nichts dagegen unternahm, ließ sie der politischen Radikalisierung freien Lauf.

Begegnung

Den Friedensvertrag von Versailles empfand man in Deutschland als ungerecht und maßlos in seinen Bestimmungen. Die französische Ruhrbesetzung im Jahre 1923 spitzte die Lage weiter zu. Erst Außenminister Gustav Stresemann gelang es, die Beziehungen zu Frankreich durch den Vertrag von Locarno im Jahre 1925 zu entspannen. Deutschland wurde in den Völkerbund aufgenommen. Bereits 1922 hatte der Vertrag von Rapallo zu einem Ausgleich mit Sowjetrussland geführt.

Kompetenz-Test
Einen Fragebogen, mit dem du überprüfen kannst, was du schon kannst und was du noch üben solltest, findest du unter 31054-27

Werte die Karteikarten unter der Fragestellung aus, ob die Chancen oder die Belastungen der Weimarer Republik überwogen.

①

②

③

M Bilder einer Epoche

① Paul von Hindenburg (1847-1934)
Umlaufmünze von 1935, Nennwert 5 RM
Ein Jahr nach Hindenburgs Tod ließ das nationalsozialistische Deutsche Reich diese Münze prägen.

② Friedrich Ebert (1871-1925)
Gedenkmünze von 1975, Nennwert 5 DM
Zu Eberts fünfzigstem Todestag gab die Bundesrepublik Deutschland diese Münze aus.

③ „Die Großstadt“
Triptychon von Otto Dix, 1927/28
Mischtechnik auf Holz, 181 x 402

Internettipp:
Ein Heft mit vertiefenden Informationen zur Weimarer Republik erhältst du hier: 31054-28

1. *Trage die Informationen aus dem vorangehenden Kapitel über die beiden Präsidenten und ihre politische Rolle zusammen. Vergleiche die beiden Politiker (① und ②).*
2. *Erläutere, warum ① vom NS-Staat und ② von der Bundesrepublik Deutschland herausgegeben wurde.*
3. *Verfasse einen Beitrag für ein Schulbuch unter dem Titel „Friedrich Ebert und Paul von Hindenburg – zwei Gesichter einer Republik“.*
4. *Deine Schule soll nach einer Persönlichkeit aus der Zeit der Weimarer Republik benannt werden. Mache einen Namensvorschlag und begründe ihn.*
5. *Interpretiere das Gemälde ③ und arbeite Bezüge zum Titel dieses Kapitels, „Weimarer Republik: Chancen und Belastungen“, heraus.*
6. *Erörtere, ob ③ ein angemessenes Bild der Weimarer Republik zeichnet.*

3 Nationalsozialismus: Ideologie und Alltagsleben

Adolf Hitler und die Nationalsozialisten wollten den Deutschen ein Gefühl von Gemeinschaft und Gleichheit vermitteln. Walt Disneys Anti-Nazi-Film „Das Gesicht des Führers", der einen Zeichentrick-Oscar erhielt, stellt den Alltag eines Durchschnittsdeutschen so negativ wie möglich dar. Die Hauptfigur Donald Duck erlebt einen Albtraum als Arbeiter in Deutschland. Er muss regelmäßig Hitlers Buch „Mein Kampf" lesen, ehe er erleichtert – mit Blick auf die Freiheitsstatue in New York – aus diesem Traum aufwacht.

M „Der Fuehrer's Face"
Filmstandbild von 1943
Der berühmte Amerikaner Walt Disney trug mit seinem Trickfilm zum Kampf gegen Nazi-Deutschland bei.
Wie wirkt es auf dich, den Pechvogel Donald so zu sehen?
Was hältst du davon, den Nationalsozialismus mit Zeichentrickfilmen „anzugreifen"?

Fragen an ... den nationalsozialistischen Führerstaat

Das Grundgesetz, unsere heutige Verfassung, enthält Rechte, die allen Menschen zustehen. Deshalb kannst du sicher sein, dass deine Menschenwürde nicht eingeschränkt wird, du deine Meinung in Wort und Schrift frei äußern kannst und darauf bestehen kannst, so behandelt zu werden wie jeder andere. Nach den Erfahrungen im Nationalsozialismus dürfen diese Grundrechte nicht verändert werden.

Als Hitler 1933 begann, seine Macht auszubauen, gab es solche Regeln noch nicht. Lücken in der Weimarer Verfassung nutzte er, um sich zum „Führer" des Deutschen Reiches zu machen und eine Diktatur aufzubauen. Die Demokratie der Weimarer Republik, die Hitler seit 1919 heftig bekämpfte, hatte in den 1930er-Jahren immer weniger Anhänger.

Viele Deutsche waren von Hitlers Maßnahmen begeistert und schlossen sich ihm bereitwillig an. Die Nationalsozialisten gaben jedem das Gefühl, eine besondere Rolle in der „Volksgemeinschaft" zu spielen. Jeder hatte seinen Platz und wusste, was von ihm erwartet wurde.

Doch das galt nicht für Minderheiten: Für die Nationalsozialisten gehörten nur diejenigen zu ihrer „Volksgemeinschaft", die sie für „echte Deutsche" hielten. Vor allem Juden hatten unter Diskriminierung, Gewalt und Verfolgung zu leiden.

Nicht alle Deutschen waren vom Nationalsozialismus überzeugt. Durch Überredung, Drohung, Gewalt und Terror wurden die kritischen Stimmen unterdrückt. Auf Widerstand reagierten die Nationalsozialisten hart. So schlossen sich doch viele dem Nationalsozialismus an – oder behielten ihre Ablehnung zumindest für sich.

Leitfrage

Wie konnte Hitler in Deutschland eine Diktatur aufbauen und aufrechterhalten?

Herrschaft

Der nationalsozialistische Staat war nach dem Führerprinzip aufgebaut: Der Wille Adolf Hitlers galt in allen Lebensbereichen als Grundlage.
Wie konnte Hitler seine Ziele überall durchsetzen? Welche Folgen hatte das für die Bevölkerung? ...

Gesellschaft

Die Deutschen wurden „gleichgeschaltet" und sollten zur „Volksgemeinschaft" werden. Nicht jeder gehörte dazu.
Wer gehörte zur „Volksgemeinschaft", wer nicht? Welche Folgen hatte das für die Ausgeschlossenen? ...

Wirtschaft und Umwelt

Staatliche Maßnahmen wie der Bau von Autobahnen sollten die Arbeitslosigkeit stark senken.
Was taten die Nationalsozialisten zur Verbesserung der wirtschaftlichen Lage? Was verraten die Maßnahmen über Hitlers Zukunftspläne? ...

Weltdeutung / Religion

Die Nationalsozialisten drängten den christlichen Glauben zurück und versuchten, heidnisch-germanische Bräuche und Symbole durchzusetzen.
Wandte sich die Bevölkerung vom Christentum ab? ...

Begegnung

Durch Propaganda schürten die Nationalsozialisten Vorurteile und Hass gegen Juden. Sie wurden mit Gewalt aus der Gesellschaft gedrängt und entrechtet.
Welche Maßnahmen ergriffen die Nationalsozialisten gegen Juden? Welche Motive hatten sie dabei? ...

1930 – 1935

Weimarer Republik

30.1.1933: Hitler wird Reichskanzler

1935/36: Juden, Sinti und Roma werden ausgebürgert

2.3.1936: Einmarsch in das entmilitarisierte Rheinland

Der Nationalsozialismus lehnt die Demokratie ab. An seine Stelle soll der Wille des „Führers“ treten. Foto von 1933.

Fotos wie dieses vom Parteitag in Nürnberg 1938 wurden verbreitet, um die Zustimmung der Deutschen zu Hitler zu betonen.

Beim Baubeginn an Teilen der „Reichsautobahn“ setzte Hitler sich wirksam in Szene.

Weihnachtsschmuck mit Hakenkreuzen (um 1940) sollte christliche Symbole ersetzen.

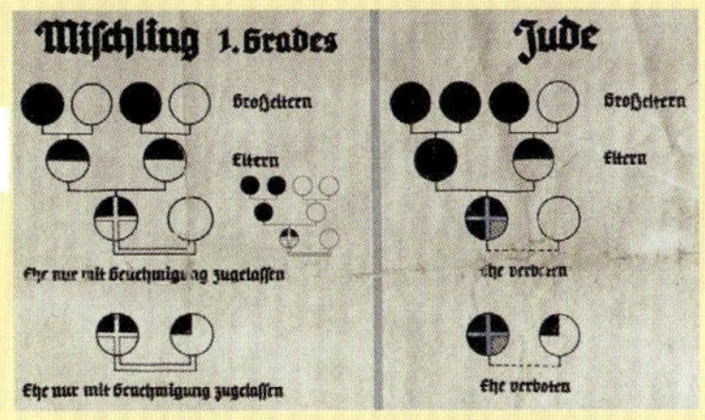

Tafel zu den Nürnberger Rassegesetzen von 1938 (Ausschnitt): Die Bevölkerung wurde in „Arier“, „Juden“ und „Mischlinge“ eingeteilt

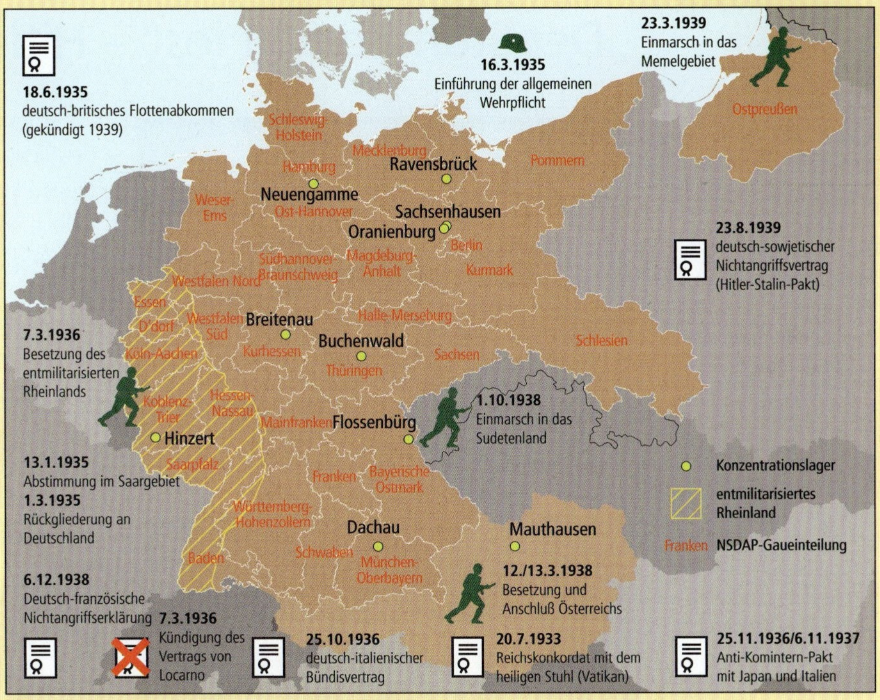

M 1 Deutschland zur Zeit der nationalsozialistischen Herrschaft (bis 1939)
NSDAP-Parteigaue – frühe Konzentrationslager (Auswahl) – Verträge und Vertragsbrüche.

M 2 Europa in den 1920er- und 30er-Jahren
Nicht nur Deutschland und Italien sind faschistische Einparteien-Diktaturen geworden. Auch viele der 1919 neu gegründeten Nationalstaaten haben totalitäre oder autoritäre Regierungen.

Zweiter Weltkrieg
r des Nationalsozialismus
1940
1945
1.1938:

„Der Sturm bricht los" – Hitler am Ziel

M 1 **„Mit vollen Segeln in's Dritte Reich"**
Propaganda-Postkarte von 1932
Das „Dritte Reich" war eine Wunschvorstellung rechter Republikgegner: ein nationalistisches, autoritäres, nicht demokratisches Deutschland. Als erstes Reich galt das Heilige Römische Reich Deutscher Nation, als zweites das Kaiserreich von 1871. Das „Dritte Reich" wollten die Nationalsozialisten errichten, es sollte ein „Tausendjähriges" sein. Die Epochen dazwischen wurden als Zeiten des Niedergangs verunglimpft.
Beschreibe die Postkarte und erkläre, wie sie die Zukunft zeichnet. Überprüfe, warum Nationalsozialisten die genannten Epochen der deutschen Geschichte positiv bzw. negativ sahen.

Hitler wird Reichskanzler

Reichspräsident Paul von Hindenburg ernannte – auf Anraten Franz von Papens – am 30. Januar 1933 Adolf Hitler zum **Reichskanzler**. Bei der Wahl im November 1932 hatte die NSDAP zwar deutliche Verluste hinnehmen müssen, war aber die stärkste Partei geblieben. Im Kabinett bildeten jedoch konservative Politiker wie Papen (Vizekanzler) und Alfred Hugenberg (Wirtschaftsminister) die Mehrheit. Neben Hitler gab es nur zwei Nationalsozialisten, Wilhelm Frick (Innenminister) und Hermann Göring (Minister ohne Geschäftsbereich). Franz von Papen war zufrieden und glaubte, Hitler und die Nationalsozialisten im Hintergrund halten zu können: „Wir drängen ihn in die Ecke, bis er quietscht." Viele hofften wie Papen, dass man Hitler und seine radikalen Ansichten zähmen könne.

M 2 **„Das Firmenschild"**
Zeichnung von Jacobus Belsen
Die Karikatur erschien 1931 in der SPD-nahen Satirezeitschrift „Der Wahre Jacob".

Auflösung des Reichstages

Hitler wusste, dass er als Reichskanzler mit Ministern regieren musste, die seine radikalen Ideen nicht teilten. Vor der Vereidigung der Minister ließ er Gespräche über eine Regierungsbildung absichtlich scheitern. Damit wollte er Hindenburg zeigen, dass ihm im Reichtag eine arbeitsfähige Mehrheit fehlt. Daraufhin löste der Reichspräsident am 1. Februar den Reichstag auf und setzte für den 5. März Neuwahlen an. Dabei stützte er sich auf Artikel 25 der Verfassung.
Hitler hatte erreicht, was er wollte: Bis zu den Neuwahlen wurden die SPD und die KPD in ihren Wahlkämpfen massiv behindert, während die Nationalsozialisten ihren eigenen mit allen Mitteln durchführten – auch mit Gewalt. Gelder erhielt die NSDAP unter anderem durch reichliche Spenden aus Kreisen der deutschen Industrie.

Gab es eine „Machtergreifung"?

Nach Hitlers Ernennung zum Reichskanzler wurden überall Begeisterung und Jubel inszeniert. Dies sollte darüber hinwegtäuschen, dass die NSDAP in der Regierung nur eine Minderheit bildete. Obwohl der Reichspräsident das Kanzleramt auf Grundlage der geltenden Verfassung an Hitler übertragen hatte, sollte der Eindruck vermittelt werden, Hitler habe die Macht aus eigener Kraft errungen. Mit dem Begriff **„Machtergreifung"** wollten die Nationalsozialisten vermitteln, ihr Erfolg wäre das Resultat einer großen „nationalen Erhebung" aller Deutschen.

M3 Stunde der Wahrheit für Hindenburg

Der Historiker Wolfram Pyta veröffentlicht 2007 eine Biografie über Hindenburg. Dabei beschäftigt er sich auch ausführlich mit den Umständen, durch die Hitler an die Macht gelangt ist.

Zur Grundausstattung eines klassischen Präsidialkabinetts gehörte die Aktivierung der präsidialen Befugnis zur Auflösung des Reichstages. Indem Hitler mit Nachdruck auf eine derartige Befugnis pochte und noch am 29. Januar auf einer entsprechenden Zusage beharrte, schien er auf den ersten Blick nur dieselben Vollmachten zu verlangen wie seine Amtsvorgänger. Der entscheidende Unterschied lag darin, dass Hitler mit der Auflösung des Reichstages und der anschließenden Neuwahl ein konkretes politisches Ziel verfolgte, für das sich auch Hindenburg zu erwärmen vermochte: Hitler hoffte auf eine Veränderung der Mehrheitsverhältnisse im neu gewählten Reichstag [...].

Als Hitler in seiner neuen Eigenschaft als Reichskanzler am Abend des 31. Januar 1933 seinen allerersten Vortrag beim Reichspräsidenten hielt [...] und dabei die Auflösung des Reichstages erbat, schlug die Stunde der Wahrheit für den Reichspräsidenten. Hindenburg bestimmte mit seiner Entscheidung darüber, wie viel politische Macht er seinem neuen Reichskanzler anzuvertrauen bereit war.

Nach: Wolfram Pyta, Hindenburg. Herrschaft zwischen Hohenzollern und Hitler, München 2007, S. 791 - 793 (gekürzt)

M5 Hitler als Reichskanzler
Foto von Heinrich Hoffmann
Hitler grüßt am Abend des 30. Januar 1933 vom Fenster der Reichskanzlei in Berlin eine jubelnde Menge.

M4 Erwartungen

Die „Braunschweigische Landeszeitung" schreibt am 31. Januar 1933 auf der Titelseite:

Es ist ein unbeschreiblicher Weg, den Hitler, der neue Kanzler, unter geradezu beispiellosen Kämpfen in dreizehn Jahren zurückgelegt hat, ein Weg, der in einem kleinen Münchener Klubzimmer begann und nun sein vorläufiges Ende im Arbeitszimmer Otto von Bismarcks fand. Wenn Leistung einen Ausblick auf Erfolg verspricht, dann darf man sich für die Zukunft Deutschlands von den bisherigen Leistungen des Kanzlers viel, kann man sich die Rettung versprechen. [...]

Nichts liegt uns in dieser ernsten Stunde ferner, als das Gelüste, aus Übermut Böllerschüsse abzufeuern und die Straße mit Vorschusslorbeeren zu pflastern. Dazu liegt, weiß Gott, kein Grund vor. Es ist ein schweres, ja ein fluchwürdiges Erbe, das Hitler, Hugenberg und Seldte[1] gestern um die Mittagszeit, als sie in die Hand des Reichspräsidenten den Eid auf die Weimarer Verfassung ablegten, auf sich genommen haben. [...]

Wir können deshalb nicht Pauken schlagen und Trompeten blasen. Aber in tiefem Ernst wollen, können und müssen wir glauben.

Braunschweigische Landeszeitung vom 31. Januar 1933

[1] Franz Seldte (1882 - 1947): Gründer und Führer des „Stahlhelm", 1933 bis 1945 Reichsarbeitsminister

1. *Informiere dich über Artikel 25 der Reichsverfassung und stelle die damit verbundenen Vorteile und Risiken zusammen.*
2. *Erläutere, was der Zeichner von M2 mit seiner Karikatur an der NSDAP bzw. an Adolf Hitler kritisiert.*
3. *Arbeite die Einstellung des Kommentators der Braunschweigischen Landeszeitung (M4) zur neuen Regierung und zur Kanzlerschaft Hitlers heraus. Beurteile, ob sie als typisch gelten kann.*
4. *Beurteile, ob am 30. Januar 1933 tatsächlich eine „Machtergreifung" stattfand, wie es von den Nationalsozialisten propagiert wurde. Wenn nein: welcher Begriff für den politischen Umbruch wäre passender?*

30.1.1933: Adolf Hitler wird zum Reichskanzler ernannt
1.2.1933: Auflösung des Reichstages
5.3.1933: Neuwahlen zum Reichstag

„Ein Volk, ein Reich, ein Führer" – die NSDAP

M 1 „Es lebe Deutschland"
Kunstdruck von 1936 (Ausschnitt)
Beschreibe die Wirkung dieses Bildes auf dich. Welcher Eindruck von Adolf Hitler wird vermittelt?

Internettipp:
Zum Thema „NS-Ideologie" mit einem Auszug aus einem Geschichtsbuch von 1941 siehe Mediencode 31054-29

Immer mehr machen mit

Adolf Hitler und der Nationalsozialismus gewannen in den Krisen der Weimarer Republik immer mehr Anhänger. Hitler überzeugte viele mit seinen einfachen Vorschlägen zur Lösung schwieriger politischer und wirtschaftlicher Probleme. Hitler und die NSDAP fanden gesellschaftliche Anerkennung und finanzielle Unterstützung durch Teile der deutschen Wirtschaft. Von 1922 bis Mai 1933 stieg die Zahl der Parteimitglieder von 6000 auf etwa 2,5 Millionen. In Hitlers Buch „Mein Kampf" war sein Programm für alle nachlesbar. Seine Ideologie lässt sich in vier Hauptpunkte gliedern:

M 2 Führerprinzip
Foto, November 1933
„Die Bewegung vertritt im Kleinsten wie im Größten den Grundsatz der unbedingten Führerautorität, gepaart mit höchster Verantwortung [...]. Es ist eine der obersten Aufgaben der Bewegung, dieses Prinzip zum bestimmenden nicht nur innerhalb ihrer eigenen Reihen, sondern auch für den gesamten Staat zu machen." (Hitler, Mein Kampf, 1937, S. 378 f.)

Führerprinzip

In der Partei wurde Hitler ab 1922 als „Führer" bezeichnet. Diese auch von der Bevölkerung bald übernommene Anrede spiegelte das Prinzip von Befehl und Gehorsam. Anordnungen wurden von oben nach unten weitergegeben, sodass bald jeder Lebensbereich erfasst und auf die Person Hitlers ausgerichtet war.

Antisemitismus

Für die Nationalsozialisten waren Juden eine minderwertige Rasse, die die „arische" Rasse zerstören wollte. Die Nationalsozialisten rechtfertigten ihre Ansichten durch falsche Schlüsse aus biologischen Theorien. Besonders Charles Darwins Lehre vom Überlebenskampf der Arten im Tierreich wurde verfälscht und als Rassenlehre auf Menschen und Völker umgedeutet. So rechtfertigte der Nationalsozialismus Verfolgung und Vernichtung der Juden aufgrund der angeblich notwendigen Selbsterhaltung.

Lebensraumideologie

Die rassistische Weltanschauung der Nationalsozialisten und der Anspruch, die überlegene Rasse zu sein, mündeten in die Vorstellung vom notwendigen Kampf um „Lebensraum": Das selbsternannte „Herrenvolk" der Deutschen habe das Recht, die Siedlungsgebiete der angeblich unterlegenen slawischen Völker, wie Polen und Russen, in Besitz zu nehmen – auch mit Gewalt.

„Volksgemeinschaft"

Der Einzelne zählte im Nationalsozialismus nicht, stattdessen beschworen sie in Reden, Schriften und Handlungen die „Volksgemeinschaft". Zu ihr gehörten nicht alle Menschen, die in Deutschland lebten und sich als Deutsche fühlten. Nur „Arier", die sich in den Dienst der Gemeinschaft stellten, wurden als „Volksgenossen" betrachtet. Unter anderem Juden, Sinti und Roma sowie Homosexuelle galten als Volksfeinde und sollten langfristig vernichtet werden.

M3

M4

M5

M3 Lebensraumideologie in Hitlers Worten
Postkarte aus dem Jahr 1934

„Nur ein genügend großer Raum auf dieser Erde sichert einem Volke die Freiheit des Daseins. [...] Die nationalsozialistische Bewegung muss versuchen, das Missverhältnis zwischen unserer Volkszahl und unserer Bodenfläche [...] zu beseitigen. [...] Deutschland wird entweder Weltmacht oder überhaupt nichts sein."

Adolf Hitler, Mein Kampf, S. 728, 732 und 742

M4 Antisemitismus in Hitlers Worten
Plakat zur antisemitischen Ausstellung „Der ewige Jude", die 1937/38 in Großstädten gezeigt wurde

„Die Sünde wider Blut und Rasse ist die Erbsünde dieser Welt und das Ende einer sich ihr ergebenden Menschheit. [Die völkische Weltanschauung] glaubt somit keineswegs an eine Gleichheit der Rassen, sondern erkennt mit ihrer Verschiedenheit auch ihren höheren oder minderen Wert und fühlt sich durch diese Erkenntnis verpflichtet, [...] den Sieg des Besseren, Stärkeren zu fördern, die Unterordnung des Schlechteren und Schwächeren zu verlangen."

Adolf Hitler, Mein Kampf, S. 272 und 420 f.

M5 Volksgemeinschaft in Hitlers Worten
Propagandaplakat der NSDAP, 1938

„Die disziplinierte und im Gehorsam erzogene Volksgemeinschaft ist in der Lage, Kräfte zu mobilisieren, die einer leichteren Behauptung der Existenz der Völker zugute kommen [...]. Eine solche Gemeinschaft ist allerdings primär nicht durch den Zwang der Gewalt zu schaffen, sondern nur durch die zwingende Gewalt einer Idee und damit durch die Anstrengungen einer andauernden Erziehung.

Adolf Hitler, 30. Januar 1939

1. *Erläutere und belege anhand der Quellen die im Darstellungstext vorgestellten Kennzeichen der NS-Ideologie.*
2. *Überlege, welche Folgen ihre politische Umsetzung hat.*
3. *Erstelle eine Mindmap oder eine ähnliche grafische Darstellung, in der du die nationalsozialistische Ideologie kritisch darstellst und ihre moralische Fragwürdigkeit verdeutlichst.*

„Deutschland erwache!" – Machtausbau

Norddeutsche Ausgabe / Ausgabe A
60. Ausg. * 46. Jahrg. * Einzelpreis 20 Pf.
Ausgabe A / Norddeutsche Ausgabe
Berlin, Mittwoch, 1. März 1933

VÖLKISCHER BEOBACHTER

Herausgeber Adolf Hitler

Die Brennessel heute neu!

Kampfblatt der national-sozialistischen Bewegung Großdeutschlands

Das Maß ist voll!

Jetzt wird rücksichtslos durchgegriffen

Kommunistische Brandstifter zünden das Reichstagsgebäude an – Der Mittelteil mit dem großen Sitzungssaal vernichtet – Kommunistischer Brandstifter verhaftet – Das Zeichen zur Entfesselung des kommunistischen Aufruhrs – Schärfste Maßnahmen gegen die Terroristen – Alle kommunistischen Abgeordneten in Haft – Alle marxistischen Zeitungen verboten

Der Wallot-Bau in Flammen

Das Fanal!
Von Dr. Joseph Goebbels

Das brennende Reichstagsgebäude

Der amtliche Bericht:
Der Brand des Reichstags

M1 Reaktion auf den Reichstagsbrand
Der „Völkische Beobachter", die Zeitschrift der Nationalsozialisten, reagierte am 1. März 1933 auf den Reichstagsbrand.
Entziffere den Zeitungstext. Überlege, warum das Gerücht aufkam, die Nationalsozialisten hätten den Reichstag selbst angezündet.

Der Reichstag brennt

Hitler wollte alleine regieren und nicht dauerhaft auf seine konservativen Bündnispartner und die Zustimmung des Reichspräsidenten angewiesen sein. Daher sollten Neuwahlen seiner Partei eine Mehrheit im Parlament verschaffen.
Am 27. Februar 1933, eine Woche vor dem Wahltermin, brannte das Reichstagsgebäude in Berlin. Die Polizei verhaftete vor Ort den holländischen Kommunisten Marinus van der Lubbe, der die Brandstiftung gestand und sich als Einzeltäter bezeichnete. Die Nationalsozialisten behaupteten, die Kommunisten hätten einen Bürgerkrieg auslösen wollen [1]. Einen Tag nach dem Brand setzten sie die „Notverordnung zum Schutz von Volk und Staat" durch. Darin wurden die Grundrechte der Weimarer Verfassung außer Kraft gesetzt. Diese „Reichstagsbrandverordnung" gab den Nationalsozialisten die entscheidende gesetzliche Grundlage, politische Gegner zu verhaften oder zu verfolgen.
In dieser Atmosphäre fanden am 5. März 1933 die Reichstagswahlen statt. „Reichspropagandaleiter" **Joseph Goebbels** nutzte den staatlich überwachten Rundfunkt und die Parteipresse für einen aufwändigen Wahlkampf. Trotzdem verpasste die NSDAP mit 43,9% der Stimmen die absolute Mehrheit.

Der „Tag von Potsdam"

Mit einer Feier wurde am 21. März 1933 der neue Reichstag in der Garnisonkirche in Potsdam eröffnet. Dort lag der Preußenkönig Friedrich der Große begraben. In der ganzen Stadt war mit den kaiserlichen schwarz-weiß-roten Fahnen und den Hakenkreuzfahnen geflaggt. Durch solche Maßnahmen erhofften sich die Nationalsozialisten die Zustimmung der Konservativen und stellten das „Dritte Reich" als Erbe des Kaiserreiches dar.

Das „Ermächtigungsgesetz"

Mit dem „Gesetz zur Behebung der Not von Volk und Reich" vom 23. März 1933 wollten die Nationalsozialisten die Herrschaft sichern. Die bürgerlichen Parteien wurden hierzu durch falsche Versprechungen und offene Drohungen gefügig gemacht. Die Kommunisten sowie Teile der SPD waren von der Abstimmung ausgeschlossen. Viele von ihnen waren verhaftet worden oder untergetaucht. Dadurch kam die notwendige Zwei-Drittel-Mehrheit vor der im Saal aufmarschierten SA zustande. Das **„Ermächtigungsgesetz"** ermöglichte der nationalsozialistischen Regierung, Gesetze zu verabschieden, auch wenn sie gegen die Reichsverfassung verstoßen. Der Reichstag war nun bedeutungslos. Gegen diese Selbstauflösung des Parlaments stimmten nur 94 mutige SPD-Abgeordnete unter Einsatz ihres Lebens.

Instrumente des Machtausbaus

Die „Sturmabteilung" **SA** wurde 1921 gegründet, um politische Gegner der NSDAP „auf der Straße" gewaltsam zu bekämpfen. Die Schlägertruppe war Hilfspolizei, schützte NS-Parteiveranstaltungen und richtete die ersten Konzentrationslager ein.
Die **SS** begann als Hitlers persönliche „Schutzstaffel". Schon früh verstand sie sich als Geheimdienst der Partei. Nach Entmachtung der SA 1934 übernahm sie die Funktion einer Geheimpolizei. Die SS war auch zuständig für die Konzentrationslager und später für den Völkermord an den Juden.[2]

[1] Belege für diese Behauptung haben sich nicht gefunden. Ob van der Lubbe Alleintäter war oder Nationalsozialisten den Brand gelegt haben, ist bei Historikern umstritten. Van der Lubbe wurde zum Tode verurteilt. Die Nationalsozialisten hatten vor dem Prozess ein Gesetz erlassen, das für seine Tat die Todesstrafe erlaubt.
[2] Siehe S. 128f.

Joseph Goebbels „Ermächtigungsgesetz" SA SS

M 2 Der „Tag von Potsdam“

Hitler lässt den Reichstag mit einem Gottesdienst in der Potsdamer Garnisonkirche eröffnen. Ein Teilnehmer hält in seinem Tagebuch seine Eindrücke von diesem Tag fest:

Heute und hier gelang die Vermählung, wenn nicht für ewig, so doch auf Zeit, zwischen den von Hitler geführten Massen und dem „Geist von Potsdam“, dem Preußentum, repräsentiert durch Hindenburg.

Welch großartige Inszenierung durch den Meisterregisseur Goebbels! Die Fahrt Hindenburgs, der Regierung und der Abgeordneten geht von Berlin bis Potsdam durch ein einziges geschlossenes Spalier jubelnder Millionen. Ganz Berlin scheint auf der Straße zu sein. Regierung und Abgeordnete gehen von der Nikolai- zur Garnisonkirche zu Fuß. Glockenläuten und Kanonenschießen. Hindenburg betritt mit Hitler zusammen die Garnisonkirche. Der Rundfunksprecher weint fast vor Rührung. […] Hindenburg legt an den Gräbern der preußischen Könige Kränze nieder. Der greise Feldmarschall reicht seinem Gefreiten aus dem Weltkrieg die Hand. Der Gefreite neigt sich tief über die Hand des Feldmarschalls. Kanonen donnern über Potsdam – über Deutschland. Niemand kann sich der Erschütterung entziehen. Auch Vater ist beeindruckt. Mutter stehen die Tränen in den Augen.

Günter Schönbrunn, Wolfgang Lautemann und Manfred Schlenke, Geschichte in Quellen, Bd. 5: Weltkriege und Revolutionen, München 1970, S. 281f.

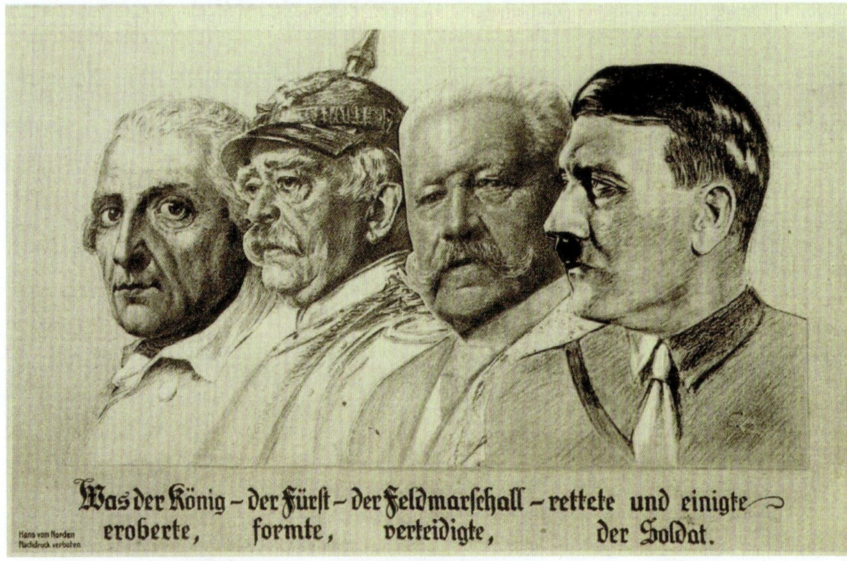

M 3 „Ahnenreihe“
Bildpostkarte von 1933
Abgebildet sind König Friedrich der Große, Fürst Otto von Bismarck, Reichsprädident Paul von Hindenburg und Adolf Hitler.

M 4 „Der Brandstifter“
Karikatur aus der Zeitung „New York World-Telegram“ vom 23. März 1933
Im Rauch der Fackeln sind die Worte „race hatred“ (Rassenhass) und „repression“ (Unterdrückung) zu lesen.

1. *Recherchiere bzw. wiederhole, was du über die auf der Postkarte M3 abgebildeten Personen weißt. Was wollten die Nationalsozialisten mit dieser Darstellung zeigen?*
2. *Erkläre anhand des Darstellungstextes und der Materialien, welche Absichten die Nationalsozialisten mit dem „Tag von Potsdam“ verfolgten. Warum stellten sie sich in eine Reihe mit dem Preußenkönig und dem Reichspräsidenten?*
3. *Interpretiere die Karikatur M4 und erarbeite, wie der Reichstagsbrand im Ausland wahrgenommen wurde.*

Internettipp:
Die Rede von Otto Wels gegen das „Ermächtigungsgesetz“ kannst du hier anhören: 31054-30

„Führer befiehl, wir folgen!" – der Führerstaat

M1 Flammen zum Triumph
Foto von 1933
Am Abend des 30. Januar 1933 marschierten SA und SS mit Fackeln durch das Brandenburger Tor. Da die Originalaufnahmen davon eher unspektakulär wirkten, ließ Propagandaminister Joseph Goebbels die Szene im Sommer 1933 für den Propagandafilm „SA-Mann Brand" nachstellen und nachdrehen. So entstand dieses Foto.
Beschreibe das Bild und überlege, warum diese Art von Massenveranstaltungen großen Eindruck auf den Einzelnen machten.

Der NS-Staat

Der nationalsozialistische Staat war streng hierarchisch aufgebaut: Entscheidungen wurden auf höherer Ebene getroffen und als Befehle nach unten zur Ausführung weitergegeben. Zwar gab es unterhalb der „Führerebene" oft Streit um Vorrechte und Befugnisse, aber alle Maßnahmen setzten letztlich stets die NS-Ideologie um.
Verwaltung und Justiz wurden kaum verändert, allerdings mit Nationalsozialisten besetzt. Außerdem wurden ihnen zur Aufsicht Parteistellen an die Seite gestellt.
Zur lückenlosen Kontrolle der Bevölkerung wurde die **Geheime Staatspolizei** gegründet. Die Gestapo hatte unbegrenzte Befugnisse, Personen zu überwachen und zu verhaften.

Die Rolle Adolf Hitlers

Hitler war zugleich deutsches Staatsoberhaupt, Regierungschef und Parteichef der NSDAP. Alle politischen Ebenen, von Ministern bis hinab zu den Bürgermeistern, sollten seinen „Führerwillen" umsetzen. Mit der Partei machte Hitler seine Ideen zu Gesetzen. Die SS verhaftete und quälte Menschen, die ihn nicht unterstützten oder gegen ihn arbeiteten. Der „**Volksgerichtshof**" verurteilte sie zu vorab festgelegten Strafen. Alle wesentlichen Entscheidungen gingen auf Hitler zurück.

Hitler – der „neue Messias"

Für das Volk war Hitler aber nicht nur Politiker und Staatsmann. Neben diesen Funktionen wurde er von der Werbung der NSDAP als „Übermensch" dargestellt. Systematisch wurde von den Nationalsozialisten am **Führermythos** gearbeitet: Hitler sei dem Volk durch „göttliche Vorsehung" geschenkt worden und so begnadet, dass er unfehlbar richtige Entscheidungen treffen könne. Hitler wurde zum „Messias" einer neuen Pseudoreligion aufgebaut.
Unterstützt wurde diese Verherrlichung Hitlers durch neue Feiertage und durch spektakuläre Massenveranstaltungen. Sie sprachen das Gemeinschaftsgefühl an, verklärten Hitler und wollten das kritische Denken der Menschen betäuben.
Viele Besucher von Hitlers Veranstaltungen wurden durch dessen Redekunst gefesselt, durch die Inszenierung der „Volksgemeinschaft" mitgerissen und durch das Versprechen einer glänzenden Zukunft Deutschlands verführt.

Geheime Staatspolizei Volksgerichtshof Führermythos

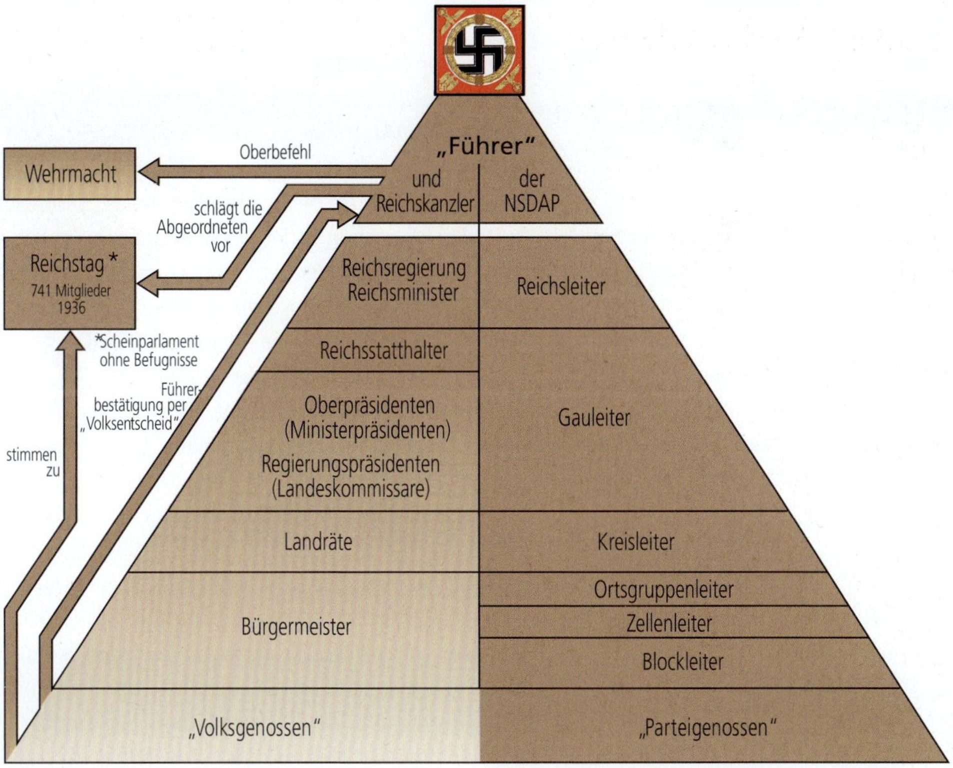

M 2 Der Aufbau des „Führerstaates" ab 1934

M 3 „Das Volk will vergöttern ..."

Um öffentlichens Vertrauen zu gewinnen, folgt die NSDAP dem Rat eines Werbefachmanns von 1932:

Das Volk will geführt werden, aber es sucht einen Führer, der den Eigenarten der Masse entspricht. Das Volk will vergöttern und einen Repräsentanten gewinnen, dem es blindlings folgen kann, ohne sich selbst mit Verantwortung und Denkarbeit belasten zu müssen. Das Volk will auf ein Spiegelbild seiner selbst stolz sein dürfen.

Sabine Behrenbeck, „Der Führer" – Die Einführung eines politischen Markenartikels, in: Gerald Diesener und Rainer Gries (Hrsg.), Propaganda in Deutschland, Darmstadt 1996, S. 65

M 4 Kindergebet

Die Verehrung Hitlers als „Messias" nimmt immer größere Ausmaße an. Nach Willen mancher Nationalsozialisten sollen Kinder im Familienkreis und im Kindergarten folgendermaßen „beten":

Händchen falten, Köpfchen senken,
immer an Adolf Hitler denken,
der dir gibt das täglich Brot
und dir hilft aus aller Not.

Bundeszentrale für politische Bildung (Hrsg.), Leben im Dritten Reich, Bonn 1981, S. 12

M 5 Nationalsozialistische Feiertage

30. Januar	Jahrestag der „Machtergreifung"
24. Februar	Jahrestag der Gründung der NSDAP
20. April	„Führers Geburtstag" (zu diesem Anlass am Vorabend Vereidigung politischer Leiter und feierliche Aufnahme von Jugendlichen in die nationalsozialistischen Jugendorganisationen)
1. Mai	„Nationaler Feiertag des deutschen Volkes" (1933 als „Tag der nationalen Arbeit" eingeführt)
2. Sonntag im Mai	„Gedenk- und Ehrentag der deutschen Mütter"
9. November	Gedenktag für die „Gefallenen der Bewegung" (Gedenken an den Hitler-Ludendorff-Putsch von 1923)

Nach: Kurt Bauer, Nationalsozialismus. Ursprünge, Anfänge, Aufstieg und Fall, Wien/Köln/Weimar 2008, S. 265-270

1. *Beschreibe die Doppelstruktur des NS-Staates und erkläre mögliche Folgen (M2).*
2. *Erläutere, warum der NS-Staat als „Führerstaat" bezeichnet wird.*
3. *Untersuche das Bild M1 und die Feiertage M5. Arbeite heraus, wie die Nationalsozialisten dadurch jeden Einzelnen zu beeinflussen suchten.*
4. *Beurteile die Methoden der Nationalsozialisten, Anhänger zu gewinnen. Stellen sie ein geeignetes Mittel dar, um Menschen langfristig an einen Machthaber oder ein Regime zu binden?*

Was Reden verraten

Die meisten Quellen, die im Geschichtsunterricht benutzt werden, sind parteilich. Bei Propagandareden ist dies besonders erkennbar: Der Redner will seine Zuhörer in der Regel von seiner Meinung oder der Ideologie seiner Partei überzeugen. Dazu benutzt er meist keine überzeugenden Argumente, sondern er manipuliert die Zuhörer.

Dies ist nicht immer auf den ersten Blick zu erkennen. Du musst deshalb bei der Untersuchung einer Propagandarede die Manipulationen entdecken und erklären. Dabei hilft dir die Untersuchung der sprachlichen Gestaltung weiter.

Um Propagandareden zu erkennen und zu entschlüsseln, kannst du nach folgendem Schema vorgehen:

1. Quellenbeschreibung

Beantwortung von „W-Fragen":
- Wo wurde die Rede gehalten (Ort)?
- Wer hat sie verfasst (Redner)?
- Wen soll die Rede ansprechen (Adressat)?
- Wann wurde sie gehalten (Datum, Ereignis)?
- Welche Gründe hatte der Redner (Anlass)?
- Welcher Redetyp liegt vor (Art der Rede)?
- Worum geht es (Thema)?

2. Untersuchung der sprachlichen Gestaltung
- sprachliche Mittel (z. B. Metaphern, Neologismen, Hyperbeln, rhetorische Fragen, Personifikationen, …)
- Wortfelder (z. B. Religion, Krieg, Emotionen, …)
- Wortarten (z. B. Pronomen, Adjektive, Adverbien, …)
- Satzbau (z. B. Hypotaxen, Parataxen, Ausrufe, Ellipsen, …)

3. Einordnung der Quelle

Beurteilung (sachlich) – Bewertung (subjektiv)

Folgende Tipps helfen dir:
- Belege alle Informationen und Erkenntnisse am Text.
- Zähle sprachliche Mittel usw. nicht nur auf, sondern untersuche sie hinsichtlich ihrer Funktion und Wirkung.
- Benutze den Konjunktiv, damit der Leser die Meinung des Redners von deiner eigenen Meinung unterscheiden kann.

M1 „Unser Hitler"

Am 20. April 1935, dem 46. Geburtstag Adolf Hitlers, hält Joseph Goebbels diese Ansprache im deutschen Rundfunk:

Meine Volksgenossen und Volksgenossinnen! […]

Heute, zum Geburtstag des Führers, ist es, glaube ich, an der Zeit, den Menschen Hitler mit dem ganzen Zauber seiner Persönlichkeit, mit der geheimnisvollen Magie und der eindringlichen Kraft seines individuellen Wirkens dem ganzen Volke vor Augen zu stellen. Es gibt wohl auf dem weiten Erdenball niemanden mehr, der ihn nicht als Staatsmann und überlegenen Volksführer kennt. Nur wenigen aber ist es vergönnt, ihn als Menschen täglich aus nächster Nähe zu sehen, zu erleben und, wie ich hinzufügen möchte, eben deshalb umso tiefer verstehen und lieben zu lernen. […]

Die einfache Klarheit, die in seinem politischen Bild Gestalt gewinnt, ist auch das beherrschende Prinzip seines ganzen Lebens. Man kann sich ihn in Pose überhaupt nicht vorstellen. Sein Volk würde ihn darin nicht wiedererkennen. Seine tägliche Speisekarte ist die einfachste und bescheidenste, die man sich überhaupt denken kann. Sie ändert sich in der Aufmachung nicht, ob er nun mit wenigen engeren Freunden oder mit hohem Staatsbesuch zu Tisch geht.

M2 Zweiter Teil der Rede

[Das] ganze Volk hängt ihm nicht nur mit Verehrung, sondern mit tiefer, herzlicher Liebe an, weil es das Gefühl hat, dass er zu ihm gehört, Fleisch aus seinem Fleische und Geist aus seinem Geiste ist. […]

Aus dem Volke ist er gekommen, und im Volke ist er geblieben. Er, der zwei Tage lang in fünfzehnstündiger Konferenz mit den Staatsmännern des weltbeherrschenden England in geschliffenem Dialog und mit meisterhafter Beherrschung der Argumente und Zahlen über die Schicksalsfrage Europas verhandelt, spricht mit derselben selbstverständlichen Natürlichkeit zu Leuten aus dem Volke und stellt durch ein kameradschaftliches Du sogleich die innere Sicherheit eines Kameraden wieder her, der ihm mit klopfendem Herzen entgegentritt und sich tagelang die Frage vorgelegt hat, wie er ihn anreden und was er ihm sagen soll. Die Kleinsten nahen ihm mit freundlicher Zutraulichkeit, weil sie empfinden, dass er ihr Freund und Beschützer ist. Das ganze Volk aber liebt ihn, weil es sich in seiner Hand geborgen fühlt wie ein Kind im Arm der Mutter. […]

Und wie wir, die eng um ihn versammelt stehen, so sagt es zu dieser Stunde der letzte Mann im fernsten Dorf: Was er war, das ist er, und was er ist, das soll er bleiben: Unser Hitler.

So könnte eine Analyse der Rede aussehen:

Die hier vorliegende Geburtstagsrede wurde von Propagandaminister Joseph Goebbels am 20.4.1935 zum 46. Geburtstag Adolf Hitlers gehalten und dem deutschen Volk über den Rundfunk zugänglich gemacht. Auch die Weltöffentlichkeit konnte zuhören.

Durch das Wortfeld der Zauberei (Zauber, Magie, Kraft) werden Hitler übernatürliche Fähigkeiten zugeschrieben. Das soll das Vertrauen des Volkes in die Macht des Führers stärken. Durch die Hyperbel „auf dem weiten Erdenball“ wird Hitler als weltweit bedeutend dargestellt. Gleichzeitig betont Goebbels aber die liebenswerte Persönlichkeit Hitlers („lieben zu lernen“): Er sei „einfach und bescheiden“ und unverstellt („ändert sich in der Aufmachung nicht“), Goebbels empfinde es als Ehre, Hitler so nahe sein zu können („vergönnt“).

Goebbels' Ausführungen erwecken den Anschein von Glaubwürdigkeit, weil er aus dem engsten Umfeld Hitlers stammt und private Aspekte erwähnt, die dem Volk nicht bekannt sein können. Aber seine Wortwahl klingt übertrieben und einzelne Aussagen lassen sich widerlegen. So nahm Hitler bei seinen eigenen Reden beispielsweise sehr häufig Posen ein, die er zuvor intensiv einstudiert hat.

M 3 Bibelzitate

In Goebbels' Reden wurde Hitler häufig als „Erlöser“ dargestellt. Um diese Funktion zu verdeutlichen, wurde biblische Sprache auf Hitler bezogen.

„Gott, der Herr, baute aus der Rippe, die er vom Menschen genommen hatte, eine Frau und führte sie dem Menschen zu. Und der Mensch sprach: Das endlich ist Bein von meinem Bein und Fleisch von meinem Fleisch.“

„Wie ein kleines Kind bei der Mutter ist meine Seele still in mir.“

„Meine Schafe hören auf meine Stimme; ich kenne sie, und sie folgen mir. [...] Mein Vater, der sie mir gab, ist größer als alle, niemand kann sie der Hand meines Vaters entreißen.“

M 4 Hitler in Pose

Fotoserie von Heinrich Hoffmann, 1927

Heinrich Hoffmann war Hitlers persönlicher Fotograf. Gemeinsam verbrachten sie viele Stunden in Hoffmanns Atelier, um immer neue Posen zu proben und Kleidung, Frisur und Umgebung perfekt abzustimmen. Die so entstandenen Bilder wurden dem Volk unter anderem durch Postkarten bekannt gemacht.

„Der Mann aus dem Volk und der König hatten das gleiche Leid zu tragen.“

Gen 2,22-23; Ps. 131, 2; Joh 10,27-29; Weish 18,11 (Einheitsübersetzung)

Jetzt bist du dran: eine Propagandarede entschlüsseln

1. *Welche Sätze enthalten besonders auffällige Manipulationen? Untersuche dort die Sprache.*
2. *Schreibe eine Analyse der Propagandarede M2. Orientiere dich dabei am Schema links.*
3. *Beurteile, warum Reden dieser Art großen Einfluss auf die Bevölkerung hatten.*
4. *Suche Informationen über Joseph Goebbels. Verfasse einen Steckbrief über seine Funktion als Propagandaminister.*

„Eine Meinung, eine Partei“ – Gleichschaltung

M 1 „Keine Arbeitsstelle ohne Nazizelle“
Massenversammlung der NSDAP im Berliner Sportpalast, Foto von 1933
Die „Nationalsozialistische Betriebszellenorganisation“ war die erste nationalsozialistische Arbeitnehmerorganisation. Ihre „Zellen“ waren in vielen Betrieben aktiv.
Arbeite die Auswirkungen der Forderung auf dem unteren Spruchband heraus?

Der Begriff „Gleichschaltung“

Oberstes Ziel der Nationalsozialisten war es, die politische Vielfalt in Deutschland zugunsten einer einheitlichen „Volksgemeinschaft“ abzuschaffen. Jeder sollte sich der Meinung Hitlers widerspruchslos anpassen. Für Kritik, alternative Ideen oder Meinungsvielfalt war kein Platz. Deshalb leiteten die Nationalsozialisten Maßnahmen ein, die von Joseph Goebbels unter dem Begriff der **„Gleichschaltung“** aller staatlichen, gesellschaftlichen und politischen Bereiche zusammengefasst wurden. Unangepasste sahen sich danach mit lückenloser Überwachung, Drohungen und Gewalt konfrontiert.

Gleichschaltung der Länder und Gemeinden …

Mit dem „Gesetz zur Gleichschaltung der Länder mit dem Reich“ verloren am 31. März 1933 die Länder ihre Eigenständigkeit. Alle Länderparlamente wurden nach dem Ergebnis der letzten Reichstagswahl umgebildet. Dadurch wurde die NSDAP in allen Ländern zur stärksten Partei. Gleiches vollzog sich auch auf anderen Ebenen. So wurden unbequeme Bürgermeister durch Nationalsozialisten ersetzt. Parallel dazu wurden SPD und KPD verboten sowie bürgerliche und konservative Parteien zur Selbstauflösung gezwungen. Spätestens ab dem 1. Dezember 1933 mit dem „Gesetz zur Sicherung der Einheit von Partei und Staat“ war die NSDAP einzige zugelassene Partei in Deutschland.

… der Gesellschaft …

Um die Deutschen auf Linie mit der nationalsozialistischen Ideologie zu bringen, sollte jeder nationalsozialistischen Organisationen beitreten. Verbände wie die Gewerkschaften wurden ebenso wie Sozialeinrichtungen oder Berufsorganisationen zerstört oder stark eingeschränkt. Stattdessen wurden nationalsozialistische Einrichtungen aufgebaut, die Berufsgruppen oder Freizeitbeschäftigungen erfassten. Von der „Reichskulturkammer“ über die „Deutsche Arbeitsfront“ bis zum Taubenzüchterverein war alles auf Hitler und seine Überzeugungen ausgerichtet.

… und der inneren Sicherheit

Ernst Röhm, Stabschef der SA, stellte für Hitler bald ein Problem dar, weil die zahlenmäßig starke SA zunehmend in Konflikte mit der Reichswehr geriet. Zugleich bedrohte Röhm Hitlers Autorität, da er im Gegensatz zu diesem die Fortsetzung der „nationalen Revolution“ forderte. Angeblich um die innere Sicherheit zu gewährleisten, ließ Hitler ihn und 200 weitere politische Gegner in der Nacht zum 30. Juni 1934 ermorden. Als Vorwand gab er einen angeblichen Putschversuch Röhms an. Von nun an war die SS für die Durchsetzung der nationalsozialistischen Ordnung im Innern verantwortlich.

Nach dem Tod Hindenburgs am 2. August 1934 übernahm Hitler dessen Amt. Er nannte sich nun „Führer und Reichskanzler“ und befehligte jetzt auch die Reichswehr. Deren Soldaten mussten ihm bedingungslose Treue schwören.

M2 Absetzung eines Oberbürgermeisters

Die Historikerin Petra Weiß erzählt, wie die Nationalsozialisten die Macht im Rathaus von Koblenz übernommen haben:

Wie im gesamten Deutschen Reich kam es auch in Koblenz in den nächsten Tagen zu illegalen Hissungen der Hakenkreuzfahne auf öffentlichen Gebäuden. [...] Der Andrang der Schaulustigen war groß, den Schulkindern war zur Feier der „geschichtlichen Wende" schulfrei beschert worden. [...] Oberbürgermeister Rosendahl (Zentrum) habe sich noch morgens geweigert, die Flaggenhissung zuzulassen, und der SA den Zutritt zum Rathaus verweigert. Erst mittags habe er seinen Widerstand aufgegeben, jedoch gegen die Aktion protestiert. [...] Gleichzeitig musste Rosendahl eingestehen, dass ihm polizeiliche Unterstützung nicht zur Verfügung stehe. Dieses Eingeständnis der eigenen Schwäche wuchs sich zur faktischen Kapitulation aus, als Rosendahl den städtischen Botenmeister anwies, der SA die technischen Vorrichtungen für die Flaggenhissung zu erklären. [...] Während vor dem Rathaus die Kundgebung begann, befand sich Rosendahl in einer Besprechung mit Firmenvertretern über den Umbau der Pfaffendorfer Brücke. Zwei SA-Unterführer kamen ins Sitzungszimmer und forderten ihn auf, an der Kundgebung teilzunehmen, andernfalls würde er unter Gewaltanwendung dazu gezwungen werden. Rosendahl lehnte die Teilnahme ab. Kurz darauf erschien Gaupropagandaleiter Meyer zusammen mit bewaffneten SA-Männern unangemeldet im Sitzungszimmer und wiederholte die Forderung. Als Rosendahl erklärte, er wolle die nationalsozialistische Bewegung nicht brüskieren, könne aber nicht anders handeln, entgegnete Meyer, jetzt müsse die SA als Exekutive ihres Amtes walten. Rosendahls Versuch, telefonisch Schutzpolizei anzufordern, verhinderte die SA durch die Besetzung des Telefons. Als die SA tatsächlich Anstalten machte, ihn mit Gewalt aus seinem Dienstzimmer zu führen, beugte Rosendahl sich der bewaffneten Übermacht und ging durch den mit weiteren SA-Leuten besetzten Flur in den großen Sitzungssaal.

Petra Weiß, Die Stadtverwaltung Koblenz im Nationalsozialismus, Phil. Diss., Hagen 2011, S. 69-71

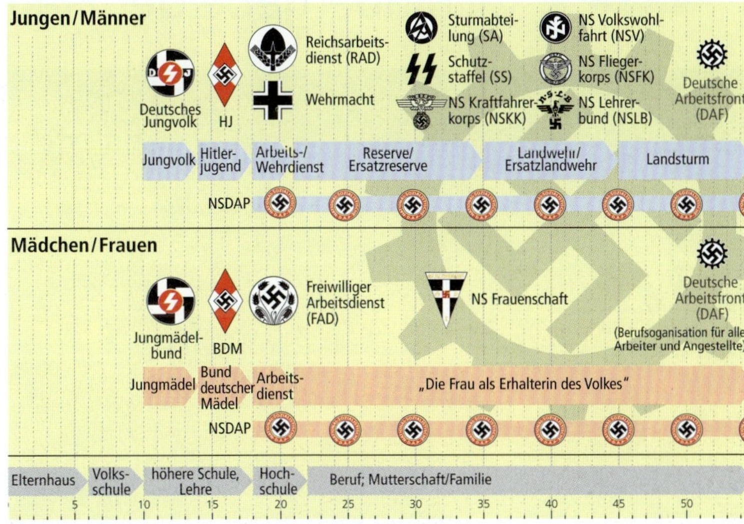

M3 Weg des gleichgeschalteten Deutschen

Für das Leben jedes Einzelnen bedeutete die „Gleichschaltung", dass ein individueller Lebensweg nicht mehr eingeschlagen werden konnte. Alles war vorgezeichnet.

Datum	Titel des Gesetzes	Bestimmungen
04.02.1933	Verordnung zum Schutz des Volkes	Einschränkung der Presse- und Versammlungsfreiheit
28.02.1933	Verordnung zum Schutz von Volk und Staat	Einschränkung der Grundrechte (persönliche Freiheit, freie Meinungsäußerung, Briefgeheimnis)
31.03.1933	Gesetz zur Gleichschaltung der Länder mit dem Reich	Auflösung der Landtage und kommunalen Selbstverwaltungsorgane
07.04.1933	Gesetz zur Wiederherstellung des Berufsbeamtentums	Entlassung jüdischer und politisch andersdenkender Beamter
14.07.1933	Gesetz gegen die Neubildung von Parteien	Nur die NSDAP ist als politische Partei zugelassen
01.12.1933	Gesetz zur Sicherung der Einheit von Partei und Staat	Die NSDAP wird zur „Trägerin des deutschen Staatsgedankens" erklärt und mit dem Staat verbunden
14.02.1934	Gesetz über die Aufhebung des Reichsrates	Die Vertretung der Länder beim Reich wird aufgelöst
01.08.1934	Gesetz über das Staatsoberhaupt des Deutschen Reiches	Die Ämter des Reichspräsidenten und des Reichskanzlers werden vereinigt

M4 Gesetze zur „Gleichschaltung"

Gesetze zur Errichtung und Sicherung der Diktatur.

1. *Charakterisiere und beurteile das Verhalten des Koblenzer Oberbürgermeisters (M2).*
2. *Beschreibe, welchen Lebensweg die Nationalsozialisten für einen Jungen bzw. ein Mädchen vorsahen (M3). Vergleiche diesen im Anschluss mit deinen eigenen Zielen und Wünschen.*
3. *Beschreibe die Bestimmungen der Gesetze in M4. Beurteile ihre Folgen für das politische und gesellschaftliche Leben in Deutschland.*

„Ich übergebe der Flamme ..." – Kulturpolitik

M 1 **Bücher werden verbrannt**
Foto vom Berliner Opernplatz, 10. Mai 1933
Im Kampf gegen den „undeutschen Geist" wurden 1933 in vielen deutschen Städten Bücher verbrannt. Dabei wurden Sprüche gebrüllt, die nach einem festen Schema aufgebaut waren, z. B.: „Gegen Dekadenz und moralischen Verfall! Für Zucht und Sitte in Familie und Staat! Ich übergebe der Flamme die Schriften von Heinrich Mann, Ernst Glaeser und Erich Kästner."
Diskutiert, welche Absicht die Machthaber mit der Bücherverbrennung verfolgten.

Propaganda

Die Nationalsozialisten beherrschten die Bevölkerung nicht nur durch Unterdrückung und Vorschriften, sondern auch durch geschickte **Propaganda**. Diese wurde z. B. durch Plakate, Parteizeitungen und den für jeden erschwinglichen „Volksempfänger" verbreitet. Im Vorprogramm der Kinos lief immer eine „Wochenschau". Die Bevölkerung wurde ständig durch das „Reichsministerium für Volksaufklärung und Propaganda" unter Leitung von Joseph Goebbels im nationalsozialistischen Sinn beeinflusst. Dem Ministerium waren die Bereiche Rundfunk, Presse, Film, Theater, Volksbildung und Propaganda untergeordnet. Alle Medien wurden zensiert, das Propagandaministerium gab vor, welche Nachrichten zu veröffentlichen waren und welche nicht erwähnt werden durften.

Künstler ordnen sich unter ...

Im September 1933 wurde zur Kontrolle der Kunst die „Reichskulturkammer" gegründet. Schriftsteller, Journalisten, Musiker, Regisseure, Maler und Architekten mussten Mitglieder werden. Die Reichskulturkammer sorgte dafür, dass nur Kunst mit erwünschten Botschaften verbreitet wurde: Deutsche Heimat und Geschichte, Krieg und Heldentod, die Aufopferung für die Gemeinschaft und die vorgegebenen Rollen von Frauen und Männern sollten positiv dargestellt werden.

... oder werden verboten

Juden und Künstler, die für kommunistische, liberale oder pazifistische Ziele eintraten, bekamen Berufsverbot. Schriften von Bertolt Brecht, Erich Kästner, Kurt Tucholsky, Heinrich und Thomas Mann, moderne Musik wie Jazz, zeitgenössische Malerei und Bildhauerkunst von George Grosz, Wassily Kandinsky, Franz Marc und Otto Dix erklärte die Reichskulturkammer für „undeutsch". Bücher wurden aus Bibliotheken entfernt, Bilder und Plastiken aus Museen. Höhepunkte der Beeinflussung waren die **Bücherverbrennungen** von März bis Oktober 1933: In über 90 meist von Studenten organisierten Bücherverbrennungen wurden die Werke verfemter Schriftsteller verbrannt.

„Entartete Kunst"

Der erwünschten „deutschen" wurde die „**entartete Kunst**" gegenübergestellt: In der Wanderausstellung „Entartete Kunst" von 1937 bis 1941 wurden Werke international anerkannter Künstler gebrandmarkt und dem Publikum in bewusst herabsetzender Weise präsentiert. Zuvor waren die Arbeiten von einer Auswahlkommission in verschiedenen Museen und Sammlungen beschlagnahmt worden. Nach der Ausstellung wurden die Exponate ins Ausland verkauft, der Erlös kam in die Staatskasse. Kunstwerke, die keinen Käufer fanden, wurden verbrannt.

Schluss mit Traditionen?

Selbst vor christlichen Traditionen wie dem Weihnachtsfest machte der Nationalsozialismus nicht Halt. Zwar wandte Hitler selbst sich nicht offen gegen das Christentum. Aber einzelne Gliederungen der NSDAP versuchten, das Volk in Richtung eines „germanisch-deutschen Glaubens" zu beeinflussen. Adventskränze und Ostergebäck erhielten neue, angeblich aus der vorchristlichen Frühzeit stammende Deutungen. Kirchenlieder wurden zensiert oder umgedichtet. Nationalsozialisten in Parteiämtern wurde der Kirchenaustritt nahegelegt. Um den Vorwurf des Unglaubens zu entkräften, wurde für Nicht-Kirchenmitglieder offiziell das Bekenntnis „gottgläubig" eingeführt.

Propaganda Bücherverbrennung „Entartete Kunst"

M2 Künstler biedern sich an

Der Schriftsteller Heinrich Anacker ist seit 1924 Mitglied von NSDAP und SA. Er wird „Lyriker der braunen Front" genannt. 1931 dichtet er:

Stein und Steinmetz

Wir werdend' Volk, wir sind der rohe Stein –
Du, unser Führer, sollst der Steinmetz sein.
Der Steinmetz, der mit schöpf'rischer Gewalt
Den Stein erlöst von seiner Urgestalt.
Schlag immer zu! Wir halten duldend still,
Da deine strenge Hand uns formen will.
Wir leiden gern, hinopfernd Tag und Nacht,
Wenn nur dein Hammerschlag uns klarer macht.
Wie Michelangelo das Bild des Herrn,
Schaffst du aus uns, was heut noch blass und fern;
Schaffst du aus uns, aus rohem Element,
Des neuen Deutschlands ewig Monument.

Karl-Heinz Fingerhut und Norbert Hopster, Politische Lyrik. Arbeitsbuch, Frankfurt am Main 1974, S. 80

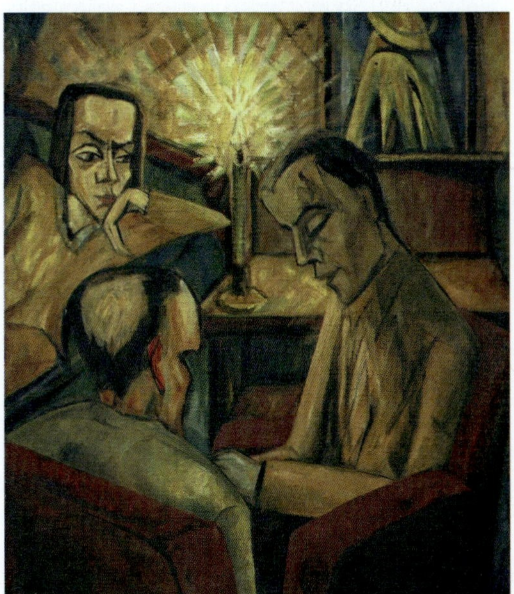

M3 „Beim Vorlesen"
Ölgemälde von Erich Heckel, 95 x 80 cm 1914
Erich Heckel hatte 1905 mit anderen Künstlern die Künstlergruppe „Brücke" gegründet. Er gehört zu den Wegbereitern des Expressionismus, den die Nationalsozialisten für „entartet" erklärten. 1937 erhielt er Ausstellungsverbot, über 700 seiner Gemälde wurden aus Museen und Sammlungen entfernt.

M4 „Der Führer spricht"
Ölgemälde von Paul Mathias Padua von 1939

M5 Adolf Hitler über Propaganda

Hitler will sicherstellen, dass seine Ideologie jeden erreicht. Deshalb formuliert er Anweisungen, wie Propaganda einzusetzen sei:

Jede Propaganda hat volkstümlich zu sein und ihr geistiges Niveau einzustellen nach der Aufnahmefähigkeit des Beschränktesten unter denen, an die sie sich zu richten gedenkt. [...] Handelt es sich [...] darum, ein ganzes Volk in ihren Wirkungsbereich zu ziehen, so kann die Vorsicht bei der Vermeidung zu hoher geistiger Anstrengung gar nicht groß genug sein. Je bescheidener dann ihr wissenschaftlicher Ballast ist und je mehr sie ausschließlich auf das Fühlen der Masse Rücksicht nimmt, umso durchschlagender der Erfolg.

Adolf Hitler, Mein Kampf, München 1942, S. 197f.

Internettipp:
Zur Rolle von Kunst und Kultur im NS-Regime siehe Mediencode 31054-31

Internettipp:
„Darf man Nazi-Kunst schön finden?" Dies fragte die Tageszeitung „Die Welt" im Juni 2015. Bilde dir ein Urteil und lies dann nach unter 31054-32

1. *Erkundigt euch, ob in eurer Stadt oder Region Bücherverbrennungen stattfanden. Findet heraus, ob bzw. wie heute daran erinnert wird. Präsentiert eure Recherche-Ergebnisse der Klasse.*
2. *Erarbeite die Absicht des Gedichtes M2. Beurteile Sprache und Inhalt.*
3. *Erkläre, warum M4 die Zustimmung der Nationalsozialisten fand, M3 dagegen nicht.*
4. *Arbeite heraus, wie Hitler die Deutschen einschätzte (M5).*
5. *Sammle Informationen zu Werken, die in der Ausstellung „Entartete Kunst" gezeigt wurden. Stelle ihnen Arbeiten gegenüber, die von Nationalsozialisten ausgezeichnet wurden. Vergleiche ihre Wirkung.*

„Nicht mehr frei" – Schule im NS-Staat

M 1 Nationalsozialistischer Unterricht
NS-Propagandafoto von 1942
Tafeln für den „rassentheoretischen Unterricht" sollten Schülern die von Staat und Partei gewünschten Grundlagen in „Rassenkunde" vermitteln.
Beschreibe das Bild. Beurteile, welche Auswirkungen auf das Zusammenleben eine Einteilung der Menschen in „Rassen" hat.

Filmtipp:
Napola – Elite für den Führer (2004, Regisseur: Dennis Gansel)

NS-Schulpolitik

Auch in der Schule nahmen die Nationalsozialisten Einfluss auf die junge Generation. Besonders in den Fächern Deutsch und Geschichte wurden militärische Erfolge und heldenhafte Taten thematisiert. Deutsche Geschichte und die „nordische Rasse" standen im Mittelpunkt.
Im Biologieunterricht sollten „Rassekunde" und Vererbungslehre im Mittelpunkt stehen. Auch in den anderen Fächern ging es darum, den Schülern die **Rassenideologie** des Nationalsozialismus einzuimpfen. Kritisches Denken wurde nicht gefördert. Wichtig war Sport zur körperlichen Ertüchtigung, deshalb wurde die Stundenzahl erhöht.
Damit diese Erziehung funktionieren konnte, mussten anders denkende Lehrer ausgeschaltet werden. Dies geschah mithilfe des „Gesetzes zur Wiederherstellung des Berufsbeamtentums" vom 7. April 1933. Danach wurden jüdische, sozialistische und pazifistische Lehrer entlassen.
NS-Rituale wie „Fahnenappelle" sollten die Treue zu Führer und Vaterland verstärken. Deshalb hing auch in jedem Klassenzimmer ein Hitlerbild, und der Hitlergruß gehörte zum Schulalltag.

Dennoch gelang es den Nationalsozialisten nicht, die Jugendlichen in den Schulen genauso stark zu beeinflussen wie in der HJ. Da der Fächerkanon weitgehend bestehen blieb, gab es nach wie vor Unterrichtsinhalte, die kaum ideologisch eingefärbt werden konnten. Außerdem wurden vielfach zunächst Schulbücher aus der Weimarer Republik weiterverwendet und erst schrittweise durch nationalsozialistische Schriften ersetzt. Schließlich vermittelten nicht wenige Eltern ihren Kindern nach wie vor Werte, die in der Schule nun entfielen.

„Napola" – „AHS" – „Ordensburgen"

Um ausgewählte Jugendliche stärker zu kontrollieren, gründeten die Nationalsozialisten daher eigene Schulen, die sie zu „Eliteschulen" erklärten. Wer eine der seit 1933 existierenden „Nationalpolitischen Erziehungsanstalten" (Napola) besuchen wollte, musste gesund, „arisch" und sportlich sein. Eine Brille reichte, um abgelehnt zu werden. NS-Ideologie und Sport standen in diesen isoliert gelegenen Internaten im Vordergrund. Die Schüler trugen Uniform. Wehrsport, Orientierungsübungen und Schießen spielten eine große Rolle. Ziel war es, mit Drill, Härte und Disziplin zukünftige Parteiführer heranzuziehen. Absolventen stand nach dem Abschluss jede Möglichkeit offen.
Seit 1937 gab es „Adolf-Hitler-Schulen". Für diese Internate wurden Jungen ausgewählt, die sich in der HJ ausgezeichnet hatten. Ihre Eltern mussten in der NSDAP sein, kein Familienmitglied durfte eine Behinderung haben. Adolf-Hitler-Schüler wurden auf eine Laufbahn in der Partei vorbereitet.
Wer sich in der NSDAP besonders bewährte, konnte zwischen 25 und 30 Jahren einen Lehrgang an den „Ordensburgen" absolvieren. Dieser bestand aus drei einjährigen Einheiten, die nacheinander an den verschiedenen Burgen abzuleisten waren. Jede Ordensburg hatte einen Schwerpunkt (Vogelsang: „Rassische Philosophie der neuen Ordnung", Krössinsee: „Charakterliche Bildung", Sonthofen: Verwaltung, Militär, Diplomatie). „Ordensjunker", die die drei Jahre durchlaufen hatten, gehörten zu den fanatischsten Nationalsozialisten und waren maßgeblich an den NS-Verbrechen beteiligt.

M 2 Nationalsozialistischer Unterricht

a) Geschichte

Entsetzlich waren die rassischen Auswirkungen der Kreuzzüge. Denn die Kreuzfahrer waren zum größten Teil nordische Menschen, deren Blut nutzlos im asiatischen Raum verströmte. Die Kreuzzüge haben die starke Entnordung der Völker Europas eingeleitet und damit unersetzbare Verluste herbeigeführt.

Herbert Göbel, Deutsche Geschichte, Leipzig ³1938, S. 64

b) Mathematik

Der jährliche Aufwand des Staates für einen Geisteskranken beträgt im Durchschnitt 766 RM, ein Tauber oder Blinder kostet 615 RM, ein Krüppel 600 RM. In geschlossenen Anstalten werden auf Staatskosten versorgt: 167 000 Geisteskranke, 8 300 Taube und Blinde, 20 600 Krüppel.
Wie viel Millionen RM kosten diese Gebrechlichen jährlich? Wie viel erbgesunde Familien könnten bei 60 RM durchschnittlicher Monatsmiete für diese Summe untergebracht werden?

Kurt-Ingo Flessau, Schule der Diktatur. Lehrpläne und Schulbücher des Nationalsozialismus, München 1977, S. 147

M 3 Lesen lernen – und mehr
Seite aus der Fibel „Jung-Deutschland", 1938
Dieses Lesebuch für die erste Klasse war sehr verbreitet und erschien in zahlreichen Ausgaben im ganzen Reich.

M 4 Sportunterricht auf der „Ordensburg"
NS-Propagandafoto, Krössinsee, 1937
Unterricht im Fechten war Pflicht für „Ordensjunker".

M 5 „Und sie werden nicht mehr frei sein"

Vor den „Reichsleitern" (den 18 höchsten Parteifunktionären der NSDAP) äußert Hitler 1938:

Da kommt eine neue deutsche Jugend, und die dressieren wir schon von ganz klein an für diesen neuen Staat. [...] Und wenn nun dieser Knabe und dieses Mädchen mit ihren 10 Jahren in unsere Organisation hineinkommen [...], dann kommen sie vier Jahre später vom Jungvolk in die Hitlerjugend, dort behalten wir sie wieder vier Jahre, und dann geben wir sie erst recht nicht zurück [...], sondern dann nehmen wir sie sofort in die Partei, in die Arbeitsfront, in die SA oder in die SS, in das NSKK[1] und so weiter. Und wenn sie dort zwei Jahre oder anderthalb Jahre sind und noch nicht ganze Nationalsozialisten geworden sein sollten, dann kommen sie in den Arbeitsdienst und werden dort wieder sechs und sieben Monate geschliffen. [...] Und sie werden nicht mehr frei sein ihr ganzes Leben. Und sie sind glücklich dabei.

Stephanie Becker und Christoph Studt (Hrsg.), „Und sie werden nicht mehr frei sein ihr ganzes Leben", Berlin 2012, S. 89 f.

Internettipp:
Zur Schule im Nationalsozialismus siehe Mediencode 31054-33

[1] NSKK: Nationalsozialistisches Kraftfahrer-Korps; paramilitärischer Verband für Autofahrer

1. *Finde anhand der Beispiele heraus, welche ideologischen Inhalte die Schülerinnen und Schüler vermittelt bekamen und wie dies geschah.*
2. *Beschreibe, wie sich die Nationalsozialisten einen idealen Lehrer vorgestellt haben könnten. Verfasse eine passende Stellenanzeige.*
3. *Erörtere, welche Gefahren diese schulische Erziehung birgt. Beachte dabei auch die Überschrift dieser Seite.*
4. *Wer bestimmt eigentlich darüber, was ihr heute in der Schule lernt und wie die Inhalte vemittelt werden? Holt Informationen dazu ein und vergleicht mit der Bildungspolitik im Nationalsozialismus.*

„Auch du gehörst dem Führer" – HJ und BDM

M 1 „Auch du gehörst dem Führer"
Werbeplakat des BDM von 1937
Plakate wie dieses warben für den – zunächst noch freiwilligen – Eintritt in den BDM bzw. die HJ.
Beschreibe das Plakat. Gehe dabei auch auf die Wirkung ein, die es auf dich hat. Beantwortet gemeinsam die Frage, wem Kinder gehören.

Internettipp:
Was Jugendliche aus Nienburg a. d. Weser im Nationalsozialismus erlebten, kannst du hier nachlesen: 31054-34

Kampf um die Jugend

Von Anfang an war es Ziel der Nationalsozialisten, die Jugend für sich zu gewinnen. Der 1926 gegründeten „**Hitlerjugend**" (HJ) folgte 1930 mit dem „**Bund Deutscher Mädel**" (BDM) das weibliche Gegenstück. Andere Jugendorganisationen wurden nach 1933 schrittweise verboten, sodass die Mitgliederzahlen der HJ schnell stiegen. Gleichzeitig verlor die HJ ihre Freiwilligkeit. Mit zwei Gesetzen 1936 und 1939 wurde die Mitgliedschaft Pflicht.

Unter ihrem „Reichsjugendführer" Baldur von Schirach entstand eine Organisation, die – wie Staat und Partei – streng hierarchisch aufgebaut war.

Das Prinzip „Jugend muss durch Jugend geführt werden" zog die Jugendlichen an. Die HJ machte Angebote, die in der Weimarer Republik nur wenige Jugendverbände leisteten: mehrtägige Fahrten von Gleichaltrigen, Sport- und Handwerksaktivitäten, Spiele und Wettbewerbe. Sogar Spezialinteressen wie Segelfliegen, Reiten oder Funken bedienten HJ-Sondereinheiten. Uniformen, Lieder, Fahnen und gemeinsame Erlebnisse beeinflussten die Jungen so umfassend, dass manche sogar bereit waren, sich gegen ihre eigenen Familien zu stellen.

HJ – „Flink wie ein Windhund, zäh wie Leder"

Schon in der Aufnahmeprüfung zum „Jungvolk", mussten die 10-jährigen Liebe und Treue zu Adolf Hitler schwören. Dann erhielten sie ihren ersten Dolch. Mit 14 wurden sie in die HJ überführt. In den Organisationen der Jungen zählten sportliche Leistung, Gemeinschaftsgefühl und Glaube an die NS- Ideologie. Sie wurde auf den wöchentlichen „Heimnachmittagen" und bei allen gemeinsamen Unternehmungen vermittelt.

Im Laufe der Jahre rückte die Vorbereitung auf den Wehrdienst in den Vordergrund. Prüfungsergebnisse und Einstellungen wurden in einem „Leistungsbuch" festgehalten. Es musste bis ins Erwachsenenalter geführt werden – ein ideologischer Lebenslauf, der jederzeit überprüft werden konnte.

BDM – „Bald deutsche Mütter"?

Auch die Mädchen wurden hierarchisch organisiert: Ab 10 Jahren waren sie dem „Jungmädelbund", von 14 bis 18 dann dem BDM zugeteilt. Hier wurden sie auf eine Rolle als Hausfrauen und Mütter vorbereitet, ganz nach der Aussage Hitlers in „Mein Kampf": „Das Ziel der weiblichen Erziehung hat unverrückbar die kommende Mutter zu sein." Lange Wanderungen, sportliche Ertüchtigung und Wettkämpfe sollten die Gesundheit stärken und gut verlaufende Schwangerschaften sichern.

Disziplinierungsmaßnahmen

Wer sich der totalen Vereinnahmung seiner Kinder widersetzte, bekam den Druck des Staates zu spüren. Nach 1936 erhielten Eltern, die ihre Kinder nicht zur HJ oder zum BDM ließen, Geld- oder Haftstrafen und erlitten berufliche Nachteile.

Im nationalsozialistischen Sinne „unangepasste" Jugendliche wurden zunehmend unter Druck gesetzt. Eigene HJ-Gerichte konnte sie seit 1940 zu „Jugenddienstarrest" verurteilen oder in Erziehungslager einweisen. Das erste entstand im Juni 1940 im niedersächsischen Moringen. In dessen Werkstätten mussten Jugendliche zwischen 13 und 22 für Unternehmen der Region bis zur körperlichen Auszehrung arbeiten. Die Entlassungsmöglichkeiten waren gering.

M 2 „Schwertworte des Jungvolkes"
Zeichnungen von 1937
Für die „Pimpfenprobe" mussten die Jungvolkjungen neben sportlichen und anderen Prüfungen auch die „Schwertworte" auswendig können: „Pimpfe sind hart, schweigsam und treu, Pimpfe sind Kameraden, der Pimpfe Größtes ist die Ehre." – Die Bilder stammen aus dem damals beliebten Roman „Jungzug 2" des Hitlerjungen Alfred Weidenmann. Sie zeigen einige der von Jungen geforderten Tugenden.

M 3 Selbstbild des BDM

Die BDM-Reichsreferentin Dr. Jutta Rüdiger äußert sich 1939 in Berlin:

Wir wissen heute alle [...], dass jeder seine Pflicht seiner Art gemäß im Volk zu erfüllen hat. Die Jungen werden zu politischen Soldaten und die Mädel zu starken und tapferen Frauen erzogen, die diesen politischen Soldaten Kameradinnen sein sollen – und unsere nationalsozialistische Weltanschauung später in ihrer Familie als Frauen und Mütter leben und gestalten – und so wieder großziehen eine neue Generation der Härte und des Stolzes.

Arno Klönne, Jugend im Dritten Reich. Die Hitler-Jugend und ihre Gegner, Köln [3]2008, S. 87

M 4 Drohungen

Am 15. Juli 1936 schreibt ein Fähnleinführer an die Familie eines Jungvolkjungen:

Da Ihr Sohn Herbert schon längere Zeit es nicht für nötig fand, am Jungvolkdienst teilzunehmen, möchte ich Sie höflichst auf das Reichsjugendgesetz aufmerksam machen, aufgrund dessen Ihr Sohn verpflichtet ist, zum Dienst zu kommen. [...] Falls er noch einmal ohne triftigen Grund fehlt, werde ich sofort [...] beantragen, dass Ihr Sohn aus den Reihen des Jungvolks in der HJ ausgestoßen wird. Was das für das spätere Fortkommen des Jungen bedeutet, kann er selbst noch gar nicht erfassen, darum wende ich mich auch an Sie.

Archiv der Stadt Duisburg, Duisburg im Nationalsozialismus. Dokumentation zur Ausstellung, Duisburg 1983

M 5 Tagesablauf im HJ-Lager

Jeder Hitlerjunge musste an ein- und mehrtägigen Lagern teilnehmen. Ein typischer Tagesablauf:

6:30 Wecken
6:35 - 6:50 Geländelauf und Gymnastik
6:50 - 7:20 Waschen, Anziehen, Zeltordnung
7:25 Zeltbesichtigung; *7:30* Flaggenhissen
7:40 - 8:10 Frühstück
8:20 - 9:00 Weltanschaulicher Vortrag
9:15 - 11:45 Abt. 1 Leibesübungen: Spiele ohne Geräte, Keulenwerfen, Übungen mit Gerät, Kampfspiele – Abt. 2 Geländesport: Geländekunde, Ziel erkennen, Tarnen, Entfernungsschätzen – Abt. 3: Luftgewehrschießen: Waffenlehre, Schießlehre, Zielübungen
12:00 - 14:15 Mittagessen, Mittagsruhe
14:30 - 16:30 Abt. 1 Geländesport – Abt. 2 Luftgewehrschießen – Abt. 3 Leibesübungen
16:30 - 17:00 Kaffee; *17:00 - 18:30* Baden
18:50 Flaggeneinholen
19:00 Abendessen, Lagerabend am Lagerfeuer
21:00 Zapfenstreich

Reinhold Sautter, Hitlerjugend – Das Erlebnis einer großen Kameradschaft, herausgegeben mit Genehmigung der Reichsjugendführung von Gustav Memminger, München 1942, S. 47

1. *Stelle aus den Quellen zusammen, was die Nationalsozialisten von den Jungen und Mädchen erwarteten. Welche Ziele verfolgten sie?*
2. *Entwickle einen Dialog: Der Sohn will mit seiner HJ-Gruppe auf eine einwöchige Fahrt gehen. Seine Mutter will ihm dies verbieten.*
3. *Überlege dir, welche Gruppen bzw. Vereine es heute für Jugendliche gibt. Arbeite heraus, welche grundsätzlichen Unterschiede zwischen HJ/BDM und heutigen Jugendverbänden bestehen.*

1926: Gründung der
1930: Gründung des „Bundes Deutscher
1936/39: HJ und BdM sind die einzigen legalen Jugendorganisationen; Jugenddienstpflicht auch gegen Elternwillen
1944: 8,7 Mio. HJ-Mitglieder 4,5 Mio. BDM-Mitglieder

„Auf uns sieht das deutsche Volk" – Widerstand

M 1 „Entartete Musik"
Plakat einer Ausstellung gegen Jazz- und Swing-Musik
Nach der Ausstellung „Entartete Kunst" griffen 1938 die Nationalsozialisten auch die Musik an. Als „entartet" bezeichneten sie neue Stilrichtungen, Musik aus dem Ausland sowie solche von jüdischen und farbigen Künstlern.
Beschreibe die Details des Plakates. Analysiere, durch welche Mittel die Ablehnung der Nationalsozialisten gegenüber dieser Musik ausgedrückt wird.

Internettipp:
Zum mutigen Widerstand von Einzelnen und Gruppen siehe Mediencode 31054-35

Jugendlicher Widerstand

Für die Nationalsozialisten war es wichtig, die Jugendlichen auf ihre Ideologie einzuschwören und ihren Alltag zu prägen. Dadurch wurden die Individualität zurückgedrängt und immer mehr Freiheiten eingeschränkt. Spätestens mit der Einführung der „Jugenddienstpflicht" am 25. Februar 1939 sollte die Freizeit der Jugendlichen vollständig kontrolliert werden.
Aber nicht alle ordneten sich bedingungslos unter. Manche Jugendliche wollten ihr Leben individuell gestalten und lehnten die HJ-Pflicht ab. Stattdessen schufen sie sich eigene Lebensbereiche und verstießen gegen Normen. Dadurch leisteten sie passiven **Widerstand**. Die Nationalsozialisten reagierten mit Härte und neuen Gesetzen wie den „Richtlinien zur Bekämpfung jugendlicher Cliquen" vom 25. Oktober 1944. So wurden unangepasste Jugendliche zu Staatsfeinden und Hochverrätern erklärt.
Die zunehmende Verfolgung führte dazu, dass einige wenige Gruppen sogar zum aktiven Widerstand übergingen und durch Flugblätter zum Kampf gegen das NS-Regime aufriefen.

Swing-Jugend

In einigen Großstädten vereinte die Liebe zum anglo-amerikanischen Jazz, den die Nationalsozialisten als „entartet" einstuften, die sogenannte „Swing-Jugend". Die Begeisterung für diese Musik ging mit einer Vorliebe für englische Kleidung einher. Die Jungen ließen ihre Haare wachsen und setzten sich so von den Kurzhaarschnitten der Hitlerjungen ab. Swing-Mädchen folgten nicht dem biederen Frauenbild der Nationalsozialisten, sondern rauchten in der Öffentlichkeit und schminkten sich. Immer wieder kam es zu Auseinandersetzungen mit Nationalsozialisten, etwa wenn Jugendliche sie mit „Swing Heil!" grüßten. Razzien und Verfolgungswellen endeten für viele in Gefängnissen oder **Konzentrationslagern**. Aufgrund dieser Erfahrungen verfassten Teile der Swing-Jugend Flugblätter gegen die Nationalsozialisten.

Edelweißpiraten

Besonders in den Industriestädten, wo in der Weimarer Republik die Bündische Jugend ihre Hochburgen hatte[1], wandten sich Jugendliche gegen den Drill und die Geschlechtertrennung der HJ. Nach einem ihrer Erkennungszeichen, einer Edelweißanstecknadel, nannten sie sich „Edelweißpiraten". Sie organisierten gemeinsame Fahrten und Wanderungen und stellten dafür Wanderkleidung zusammen, die sich von den Uniformen der Parteijugend unterschied. Dies führte oft zu Auseinandersetzungen und Prügeleien mit HJ-Gruppen.

Weiße Rose

Die „Weiße Rose" war eine Gruppe Münchener Studenten um die Geschwister **Sophie und Hans Scholl**. Aus christlichem Gewissen lehnten sie die Vorgänge in Deutschland entschieden ab. Von Sommer 1942 bis Februar 1943 verfassten sie kritische Flugblätter, in denen sie zum Widerstand gegen das NS-Regime aufriefen. So hofften sie auf einen Stimmungsumschwung in der Bevölkerung.
Hans und Sophie wurden beim Verteilen ihres sechsten Flugblattes entdeckt und von der Gestapo verhaftet. Sie und vier weitere Mitglieder ihrer Gruppe wurden hingerichtet.

[1] Siehe S. 54 f.

M 2 Himmler greift durch

Der oberste SS-Führer Heinrich Himmler schreibt am 16. Januar 1942 an Reinhard Heydrich, den Chef des „Sicherheitsdienstes" der SS:

Anliegend übersende ich Ihnen einen Bericht, den mir der Reichsjugendführer Axmann über die Swing-Jugend in Hamburg zugesandt hat.
Ich weiß, dass die geheime Staatspolizei schon einmal eingegriffen hat. Meines Erachtens muss jetzt aber das ganze Übel radikal ausgerottet werden. Ich bin dagegen, dass wir hier nur halbe Maßnahmen treffen.
Alle Rädelsführer, und zwar die Rädelsführer männlicher und weiblicher Art, unter den Lehrern diejenigen, die feindlich eingestellt sind und die Swing-Jugend unterstützen, sind in ein Konzentrationslager einzuweisen. Dort muss die Jugend zunächst einmal Prügel bekommen und dann in schärfster Form exerziert und zur Arbeit angehalten werden. Irgendein Arbeitslager oder Jugendlager halte ich bei diesen Burschen und diesen nichtsnutzigen Mädchen für verfehlt. [...]
Der Aufenthalt im Konzentrationslager für diese Jugend muss ein längerer, 2 - 3 Jahre sein. Es muss klar sein, dass sie nie wieder studieren dürfen. Bei den Eltern ist auszuforschen, wie weit sie das unterstützt haben. Haben sie es unterstützt, sind sie ebenfalls in ein Konzentrationslager zu verbringen und das Vermögen ist einzuziehen.

W. Beyer und M. Ladurner, Im Swing gegen den Gleichschritt. Die Jugend, der Jazz und die Nazis, Salzburg 2011, S. 166f.

M 3 Die „Weiße Rose"
Privates Foto aus München, 23. Juli 1942
Das Bild zeigt (v. li.) Hans Scholl, Sophie Scholl und Christoph Propst, drei Köpfe der Widerstandsgruppe „Weiße Rose". Hans wurde an diesem Tag zur Ostfront abkommandiert und trägt deshalb Uniform.

M 5 Ausflug von Swing-Jugendlichen
Privates Foto aus Hamburg, um 1943
Die Swing-Jugend grenzte sich schon äußerlich von Mitgliedern der Hitlerjugend ab.

M 4 „Flugblatt Nr. 6"

Im letzten Flugblatt der „Weißen Rose" vor ihrer Zerschlagung heißt es:

Im Namen der ganzen deutschen Jugend fordern wir vom Staat Adolf Hitlers die persönliche Freiheit, das kostbarste Gut der Deutschen zurück, um das er uns in der erbärmlichsten Weise betrogen hat. In einem Staat rücksichtsloser Knebelung jeder freien Meinungsäußerung sind wir aufgewachsen. [...] „Weltanschauliche Schulung" hieß die verächtliche Methode, das aufkeimende Selbstdenken und Selbstwerten in einem Nebel leerer Phrasen zu ersticken. [...] Es gibt für uns nur eine Parole: Kampf gegen die Partei! Heraus aus den Parteigliederungen, in denen man uns politisch weiter mundtot halten will! [...] Es gilt den Kampf jedes Einzelnen von uns um unsere Zukunft, unsere Freiheit und Ehre in einem seiner sittlichen Verantwortung bewussten Staatswesen. Freiheit und Ehre! Zehn lange Jahre haben Hitler und seine Genossen die beiden herrlichen deutschen Worte bis zum Ekel ausgequetscht [...]. Der deutsche Name bleibt für immer geschändet, wenn nicht die deutsche Jugend endlich aufsteht, rächt und sühnt zugleich, ihre Peiniger zerschmettert und ein neues geistiges Europa aufrichtet.

Die Weiße Rose, Flugblätter, Bremen 2012, S. 47f.

1. *Verfasse einen Brief, in dem ein Anhänger einer der vorgestellten Jugendgruppen seine Beweggründe für die Teilnahme erklärt.*
2. *Erkläre, warum unangepasste Jugendliche den Nationalsozialisten ein Dorn im Auge waren.*
3. *Beurteile, ob sich die Verhaltensweisen der im Darstellungstext genannten Gruppen von Jugendlichen tatsächlich als Widerstand gegen das NS-Regime bezeichnen lassen.*

25.10.1944: Richtlinien zur Bekämpfung jugendlicher Cliquen
Juni 1942- Feb. 1943: Flugblattaktionen der „Weißen Rose"

„Hüterin der Nation" – Geschlechterrollen

M1 „Volksgemeinschaft"
Plakat, um 1936
Die NSDAP hatte im ganzen Reich über 25 000 Ortsgruppen.
Beschreibe das Plakat. Erörtere, wie man heute in Deutschland eine Familie darstellen würde, und vergleiche.

Vorbestimmte Rollen

Das „Dritte Reich" war eine Männergesellschaft. Während die Frau Mutter und Gefährtin des Mannes sein sollte, war dem Mann die Rolle des heroischen, starken Kämpfers und Ernährers zugewiesen. Systematisch arbeiteten die Nationalsozialisten daran, dass dieses Rollenbild durchgesetzt wurde.

Internettipp:
Zum Frauen- und Männerbild der Nationalsozialisten siehe 31054-36

Förderung der Familie

Seit dem „Gesetz zur Verminderung der Arbeitslosigkeit" vom 1. Juni 1933 wurden Frauen immer stärker aus dem Berufsleben verdrängt und zur Eheschließung angeregt. Zu diesem Zweck konnten verheiratete Paare „Ehestandsdarlehen" beantragen, falls die Frau nach der Hochzeit ihren Beruf nicht mehr ausübte. Frauenberufe duldeten die Nationalsozialisten zunächst nur in den Bereichen der Krankenpflege, des Kindergartens und der Landwirtschaft.
Um die Frau als Erhalterin der „arischen Rasse" zu ehren, entstand ein **Mutterkult**. Ab 1939 wurde das „Mutterkreuz" in Bronze, Silber und Gold für vier, sechs oder acht Kinder verliehen.

Veränderte Vorzeichen

Das von den Nationalsozialisten propagierte Idealbild der Frau erwies sich jedoch nach Kriegsausbruch als unzweckmäßig. Die Männer wurden vermehrt an die Front geschickt, aber die Industrie, besonders die Rüstungsindustrie, musste aufrechterhalten werden. Dies führte zu einem Aufweichen der Berufsbeschränkungen von Frauen.

Ausnahmen von der Regel

Nicht alle Frauen, die dem NS-Regime dienten, entsprachen dem nationalsozialistischen Frauenbild. Eine von ihnen war die Filmregisseurin Leni Riefenstahl: Mit ihren Filmen bemühte sie sich mit viel Aufwand um eine fast religiöse Überhöhung des Nationalsozialismus. Ihre propagandistische Dokumentation über die Olympischen Spiele 1936 in Berlin setzte Ideen des Nationalsozialismus von Heldentum, Kampf und Sieg in Filmbilder um.

M2 Arbeit im Dienst des Krieges
Plakat, 1941
Das Plakat betont die Bedeutung der Frau für den Krieg. Abgebildet sind eine Fabrikarbeiterin, eine Krankenschwester und eine Bäuerin.

M3 Frauenrechte

Das folgende Gedicht von Dora Rappard stammt vom Anfang des 20. Jh. Der „Nationalsozialistische Lehrerbund" nimmt es 1933 in seine Heftreihe „Die Schule im Dritten Reich. Klassenlesestoff für die neue deutsche Schule" auf:

Das Recht, zu dienen und zu lieben,
das Recht, Barmherzigkeit zu üben,
das Recht, die Kindlein sanft zu hegen,
zu ziehen, lehren, mahnen, pflegen,
das Recht, wenn alles schläft, zu wachen,
das Recht, im Dunkel Licht zu machen,
das Recht, gekrönt mit sanfter Würde,
zu tragen anderer Last und Bürde,
das Recht, wenn trübe Zweifel walten,
den Glauben fest und treu zu halten,
das Recht, ohn' Ende zu verzeihn,
das Recht, ein gutes Weib zu sein
voll wahrer Güte, fromm und echt,
das ist das schönste Frauenrecht!

Ute Benz, Frauen im Nationalsozialismus, München 1993, S. 107 f.

M4 Zutritt verboten!

Die „Schlesische Tageszeitung" informiert am 7. August 1933 die Leserinnen:

Die Kreisleitung Breslau teilt mit, dass Frauen mit geschminktem Gesicht der Zutritt zu allen Veranstaltungen der NSDAP verboten ist. Die Amtsleiter sind angewiesen, eine entsprechende Kontrolle durchzuführen.

Schlesische Tageszeitung, 7. 8. 1933

M5 Mann sucht Frau

In einer Anzeige in der Zeitung „Münchener Neueste Nachrichten" heißt es am 25. Juli 1940:

Zweiundfünfzig Jahre alter, rein arischer Arzt, Teilnehmer an der Schlacht bei Tannenberg, der auf dem Lande zu siedeln beabsichtigt, wünscht sich männlichen Nachwuchs durch eine standesamtliche Heirat mit einer gesunden Arierin, jungfräulich, jung, bescheiden, sparsame Hausfrau, gewöhnt an schwere Arbeit, breithüftig, flache Absätze, keine Ohrringe, möglichst ohne Eigentum.

Harald Focke und Uwe Reimer, Alltag unterm Hakenkreuz. Wie die Nazis das Leben der Deutschen veränderten, Reinbek 1979, S. 121

M6 Löhne im Nationalsozialismus

Durchschnittliche Stundenlöhne nach Tarifen für die bestbezahlten Altersklassen in 17 Industriezweigen, in Reichspfennig:

Jahr	qualifizierte Männer	unqualifizierte Männer	qualifizierte Frauen	unqualifizierte Frauen
1933	70,5	62,3	58,7	43,4
1936	78,3	62,2	51,6	43,4
1937	78,5	62,3	51,5	43,4
1938	79,0	62,6	51,5	44,0
1940	79,2	63,0	51,5	44,1
1941	80,0	63,9	51,9	44,5
1942	80,8	64,1	52,3	44,6

Charles Bettelheim, Die deutsche Wirtschaft unter dem Nationalsozialismus, München 1974, S. 230

M7 „Hauswirtschaftliches Jahr"
Schaubild aus der NS-Zeitschrift „Frauen-Warte", 1936

1. *Arbeite die Rollenteilung der Materialien M1 bis M7 heraus. Schreibe „Steckbriefe" für einen idealen nationalsozialistischen Mann und eine ideale nationalsozialistische Frau.*
2. *Lies dir die Anzeige M5 gründlich durch. Verfasse anschließend eine Heiratsanzeige aus Sicht einer damaligen Frau.*
3. *Beurteile das dargestellte Frauenbild, indem du beispielsweise Stellung zu den formulierten „Rechten" und der Gehaltstabelle beziehst.*
4. *Nicht alle Frauen waren angepasst. Verfasse einen Aufruf, der andere Frauen zur Selbstständigkeit bewegen soll.*

„Ich rufe die Jugend der Welt" – Olympia 1936

M1 „Olympia – Fest der Völker"
Filmheft, 1936
In enger Absprache mit Joseph Goebbels inszenierte Leni Riefenstahl einen zweiteiligen Propagandafilm über die Olympischen Spiele 1936 in Berlin. In ästhetischen, künstlerischen Bildern stellt sie einen Zusammenhang zwischen antiken und modernen Athleten her.
Leni Riefenstahl wurde vorgeworfen, Werbung für die nationalsozialistische Ideologie zu machen und Parallelen zwischen sportlichem und kriegerischem Kampf herzustellen. Lässt sich diese Kritik an dem Plakat ablesen?

Vorbereitungen

Deutschland war nach dem Ersten Weltkrieg aus der olympischen Gemeinschaft ausgeschlossen worden. Nach der Wiederaufnahme 1925 setzte sich ein Ausschuss in Berlin dafür ein, die Spiele nach Deutschland zu holen. Auf dem IX. Olympischen Kongress gab Reichsinnenminister Joseph Wirth die Bewerbung Berlins bekannt. In der Abstimmung am 13. Mai 1931, also noch zur Zeit der Weimarer Republik, setzte sich Berlin gegen Barcelona als Austragungsort durch.

Inszenierung eines weltoffenen Deutschland

Um sich Anerkennung in der Welt zu verschaffen, sollten deutsche Tugenden wie Ordnung, Sauberkeit und Disziplin in den Mittelpunkt gerückt werden. Doch das antisemitische Vorgehen der Nationalsozialisten bedrohte diese Ziele. Mehrere Länder, besonders die USA, riefen zum Boykott der Spiele auf. Unter der Leitung von Joseph Goebbels wurden Gegenmaßnahmen ergriffen:

- Antisemitische Parolen und Schilder wurden vorübergehend beseitigt.
- Der Boxer Max Schmeling wurde zu Werbezwecken in die USA geschickt.
- Die Fechterin Helene Mayer, die durch ihren jüdischen Vater als Halbjüdin galt, wurde in die deutsche Olympiamannschaft aufgenommen.
- Es wurde veröffentlicht, die Spiele stünden „allen Rassen und Konfessionen" offen.

Vor diesem Hintergrund stimmten die USA der Teilnahme zu. Auch die anderen Nationen, die über einen Boykott nachgedacht hatten, schlossen sich an. Dabei übersahen sie, dass Hitler parallel das Konzentrationslager Sachsenhausen errichten ließ, bereits Verträge wie den Vertrag von Locarno gebrochen hatte und mit der Wehrmacht in das entmilitarisierte Rheinland einmarschiert war.

Inszenierung der Spiele

Geübt in der Inszenierung von Massenveranstaltungen, setzten die Nationalsozialisten alles daran, die Spiele der Vergangenheit zu übertreffen. Das Olympische Feuer wurde erstmals 1928 in Amsterdam entzündet. Die Nationalsozialisten führten einen Fackellauf ein: Die Flamme wurde in den Ruinen des antiken Olympia entzündet und – begleitet von Volksfesten und Weihestunden – nach Berlin gebracht. Die Entzündung des Olympischen Feuers wurde in eine pompöse Eröffnungsfeier integriert, die mit einem Lichtdom und Vorführungen der HJ ebenso wie die Schlussfeier neue Maßstäbe setzte.

Ergebnisse

Die großzügige Förderung der deutschen Sportler im Vorfeld zahlte sich aus: Das Deutsche Reich stellte die erfolgreichste Olympiamannschaft. Dennoch konnte Hitler die Ideologie von der „Überlegenheit der arischen Rasse" nicht beweisen – der Afroamerikaner Jesse Owens war mit vier Goldmedaillen der erfolgreichste Athlet der Spiele. Die Spiele waren wirtschaftlich und propagandistisch ein voller Erfolg: Die Baumaßnahmen hatten die Arbeitslosenzahlen verringert, die Bindung des Volkes an Hitler wurde gestärkt, im Ausland wurde das Bild eines einigen, zufriedenen Reiches gezeigt.

Internettipp:
Zu Informationen über die Olympischen Spiele 1936 in Text, Bild und Film führt Mediencode 31054-37

M 2 „Fackelstaffellauf Olympia-Berlin“
Plakat, 1936
Das offizielle deutsche Plakat ordnete Teile des Sudetengebietes bereits dem Deutschen Reich zu, was zu Protestaktionen in der Tschechoslowakei führte.

M 3 Siegerehrung Florettfechten der Frauen
Foto vom 31. Juli 1936
Die Österreicherin Ellen Preis (Bronze), die Ungarin Ilona Elek-Schacherer (Gold) und die Deutsche Helene Mayer (Silber), die den Hitlergruß zeigte.

M 4 Stimmen zu Olympia

a) Der polnische Botschafter Józef Lipski bei der Eröffnungsfeier der Spiele zu IOC-Präsident Baillett-Latour:

Wir müssen auf der Hut sein vor einem Volk, das so zu organisieren versteht. Eine Mobilmachung in Deutschland wird genauso reibungslos funktionieren.

b) Die französische Zeitung „Echo de Paris“:

Hitler hat den Triumph eines Regimes beweisen wollen, das Deutschland seine Macht und sein Vertrauen in die Zukunft wiedergegeben hat. Frankreichs Bewunderung darf nicht mit Angst gemischt sein.

c) IOC-Präsident Henri de Bailett-Latour auf der Schlussfeier:

In dieser herrlichen Feststimmung konnten die Olympischen Spiele in einer Atmosphäre allgemeiner Sympathie, die durch keine politischen Schwierigkeiten getrübt wurde, stattfinden.

d) Die belgische Zeitung „La Nation Belge“

Diese Olympischen Spiele sind in dem Sinne eine Offenbarung gewesen, dass sie den Sieg nationaler Einigkeit über den Konflikte schöpfenden Internationalismus darstellten.

www.welt.de/regionales/berlin/article13506905/Wie-Hitler-die-Olympischen-Spiele-vergiftete.html (15. 07. 2017)

M 5 Freundschaft gegen Hitlers Willen
Foto vom 4. August 1936
Während Hitler dem erfolgreichsten Athleten der Spiele, Jesse Owens, den Händedruck verweigerte, freundete sich der deutsche Weitspringer Carl Ludwig „Luz“ Long mit seinem schärfsten Kokurrenten an.

1. Deutsches Reich	
33 Gold-, 26 Silber-, 30 Bronzemedaillen	(89)
2. Vereinigte Staaten	
24 Gold-, 20 Silber-, 12 Bronzemedaillen	(56)
3. Ungarn	
10 Gold-, 1 Silber-, 5 Bronzemedaillen	(16)

M 6 Medaillenspiegel 1936

1. *Finde Gründe, warum Helene Mayer dafür kritisiert worden war, bei der Siegerehrung den Hitlergruß gezeigt zu haben (M3).*
2. *Informiere dich über die Sportler Carl Ludwig Long und Jesse Owens und stelle eine Präsentation über ihre Freundschaft zusammen (M5). Bewerte danach ihre Freundschaft mit Blick auf die Situation 1936.*
3. *Erläutere, warum die Olympischen Spiele 1936 für Hitler von so großer Bedeutung waren, und beurteile, ob es sich um eine Sportveranstaltung oder eine politische Veranstaltung handelte (M1-M6).*
4. *Finde heraus, wie heute im Zusammenhang mit den Olympischen Spielen mit Konflikten, Kriegen oder Menschenrechtsverletzungen umgegangen wird.*

Mit Noten in die Köpfe

Mit kaum einem Medium lassen sich Emotionen und Botschaften so gut transportieren wie mit Liedern. Das wussten auch die Nationalsozialisten, die Lieder zu einem zentralen Mittel ihrer Propaganda machten. Mitreißende Märsche, ideologische Volkslieder und pathetische Feierlieder stärkten das Gemeinschaftsgefühl und gaben Verhaltensmuster vor.
Gerade in der HJ und im BDM spielten Lieder eine große Rolle, um die Jugend durch die Kombination von Rhythmus und Text zu beeinflussen.
Um Lieder, vor allem Propaganda-Lieder, zu entschlüsseln, musst du eine kritische Distanz zum Lied wahren. Du sollst dich aber auch emotional so weit einfühlen, dass du die unbewusste Beeinflussung und ihre Mittel erkennst.

Um Lieder zu analysieren, kannst du so vorgehen:

1. Musikalische Erfahrung machen

- Wahrnehmung des Liedes (als Tonaufnahme, aus den Noten …)
- Erkennen der Emotionen (Empfindungen notieren, wie wirkt der Rhythmus, besteht ein rhythmischer Unterschied zwischen Strophen und Refrain, ist die Melodie einprägsam …)
- Botschaft von Melodie bzw. Rhythmus (vermittelte Stimmung, lässt sich eine Aufforderung in der Melodie/im Rhythmus spüren …)

2. Sprache analysieren

- sprachliche Mittel (Metapher, rhetorische Frage, Personifikation …)
- Wortfelder (Bereiche „Religion", „Krieg", „Gefühle", „Leid" …)
- Wortarten (Pronomen, Adjektive, Adverbien …)
- Satzbau (Hypotaxen, Parataxen, Ausrufe, Ellipsen …)

3. Text und Musik verbinden

- Auffälligkeiten in Beziehung setzen (Parallelen zwischen musikalischen und sprachlichen Auffälligkeiten, passen Musik und Text zusammen, wo liegen musikalische/sprachliche Höhepunkte …)
- Unstimmigkeiten beachten (disharmonische Stellen, Brüche …)

4. Historischen Hintergrund einbeziehen

Fakten zum Lied einbeziehen (bei welchen Ereignissen wurde das Lied gesungen, wer hat es verfasst, zu welchem Anlass wurde es komponiert, worum geht es, was soll es bezwecken …)

5. Quelle einordnen

Beurteilung (sachlich), Bewertung (subjektiv)

M1 **Das „Horst Wessel-Lied"**
Seite aus einem SA-Liederbuch, 1938

Kontextinformationen zu M2:

Das Lied der HJ stammt aus dem Propagandafilm „Hitlerjunge Quex – Ein Film vom Opfergeist der deutschen Jugend". Er handelt von dem Jungen Heini Völker, der in die HJ eintritt und am Ende von Kommunisten ermordet wird. „Mit leuchtenden Augen, das verklärte Gesicht himmelwärts gerichtet, haucht er in den Armen seiner Kameraden den Anfang des HJ-Liedes: ‚Unsere Fahne flattert uns voran'."

Peter Reichel, Der schöne Schein des Dritten Reichs, München 1996, S. 200

Jetzt bist du dran: Propagandalied entschlüsseln

Vorarbeiten: Finde Begriffe für die im Lied ausgedrückte Stimmung. – Erkläre, warum ein Hitlerjunge von diesem Lied mitgerissen wurde. – Überlege, welche Botschaft einem Hitlerjungen durch das Lied vermittelt wurde.

1. *Schreibe eine Liedanalyse. Orientiere dich am Schema links und nutze das Ergebnis der Vorarbeit.*
2. *In Delmenhorst ließ ein Musiklehrer 2008 das Hitlerjungen-Lied im Unterricht singen, woraufhin Eltern Strafanzeige stellten. Nimm dazu Stellung.*

Musikalische Anmerkungen:

① Lieder, zu denen man gut marschieren kann, haben einen geradzahligen Takt (hier: 4/4).

② Verlängerte Viertelnoten, gefolgt von Achtelnoten: Solche Verschiebungen im Takt (Synkopen) erzeugen rhythmische Spannung.

③ Fanfarenartige, lange Noten, können tief oder hoch gesungen werden (Intervall: große Sext).

Kontext:

Das Lied „Die Fahne hoch" heißt nach seinem Textdichter auch „Horst-Wessel-Lied". Der Berliner SA-Mann war 1930 von einem Kommunisten erschossen und von den Nationalsozialisten zu einem Märtyrer verklärt worden. Es war zuerst ein Kampflied der SA, später wurde es zum Lied der ganzen NSDAP. Bei Parteiveranstaltungen wurde es an die erste Strophe des Deutschlandliedes angehängt, sodass es den Charakter einer Hymne erhielt.

Worterläuterungen:

Rotfront: Anhänger der Kommunistischen Partei KPD
Reaktion: Anhänger konservativer Parteien
braune Bataillone: Selbstbezeichnung der SA

So könnte eine Analyse von M1 aussehen:

Der Rhythmus des Liedes erinnert durch den Takt an den Gleichschritt marschierender Soldaten. Die Melodie ist einfach, der Tonumfang gering: Jeder kann es mitsingen.
Das wichtigste Symbol ist die Fahne. Zu ihr wird emporgeschaut (Z. 1), mit ihrem Hakenkreuz symbolisiert sie Hoffnung (Z. 7/8) und verspricht eine positive Zukunft (Z. 11/12). Die Strophen beginnen mit Ausrufen. Das Wortfeld „kämpfen/siegen" vermittelt die (religiöse?) Idee, dass nicht nur aktive SA-Männer für die Fahne und das Hakenkreuz eintreten, sondern auch Verstorbene. Von Strophe zu Strophe steigert sich die Eindringlichkeit des Textes, und die Melodie passt immer besser. Zugleich steigt die Zahl der beteiligten Personen (Trikolon): Zuerst ist vom „Sturmabteilungsmann" die Rede, dann von Gruppen („braune Bataillone"), zuletzt vom ganzen deutschen Volk, den „Millionen".
Die SA wird durchweg positiv als Kampfgruppe für Freiheit und Gerechtigkeit charakterisiert. Ihre negative Funktion, Terror und Gewalt auszuüben, wird verschwiegen.

Internettipp:
Kontextinformationen zum „Horst-Wessel-Lied" und dem „Lied der HJ" bietet Mediencode 31054-38

M 2 Das Lied der HJ
Schmuckblatt von 1936 (Ausschnitt)

„Kauft nicht bei Juden" – entrechtete Bürger

M1 Schild am Ortseingang von Braunschweig
Foto, 1935 (Ausschnitt)
Im Sommer 1935 erschienen überall in Deutschland solche Schilder mit antisemitischen Parolen. Sie bereiteten die Stimmung für die „Nürnberger Gesetze" vor. Während der Olympischen Spiele 1936 wurden sie vorübergehend entfernt.
Erörtert, was Juden dabei gedacht und empfunden haben mögen.

Jüdisches Leben in Deutschland

Als die Nationalsozialisten die Macht übernahmen, gab es zwar Vorbehalte gegen Juden, grundsätzlich waren diese aber integriert. Sie machten nur etwa ein Prozent der Bevölkerung aus, waren aber besonders in den Bereichen Wirtschaft und Wissenschaft erfolgreich. Dies zeigte sich auch dadurch, dass bis 1933 unter den deutschen Nobelpreisträgern etwa ein Drittel jüdischer Abstammung war.
Die jüdische Kultur stand nicht im Kontrast zur deutschen, vielmehr fühlten sich die jüdischen Deutschen in Deutschland zu Hause. Über 80 000 Juden hatten im Ersten Weltkrieg gekämpft.

Internettipp:
Über Stationen der Entrechtung von Bürgern informiert Mediencode 31054-39

Verdrängung aus dem öffentlichen Leben

Die Nationalsozialisten bezeichneten die Juden als das „Übel der Welt". Die erste reichsweite Aktion gegen die jüdische Bevölkerung fand am 1. April 1933 statt. SA- und SS-Männer versperrten den Zugang zu jüdischen Geschäften, Anwaltskanzleien und Arztpraxen. Die Gesetze zur Gleichschaltung drängten die Juden aus dem Berufsleben. Hinzu kamen viele weitere Ausgrenzungen: Juden wurde das Betreten vieler Dörfer und Schwimmbäder verboten, ihren Kindern blieben die höheren Schulen versperrt. Die Mehrheit der Deutschen nahm dies ohne öffentlichen Widerspruch hin.

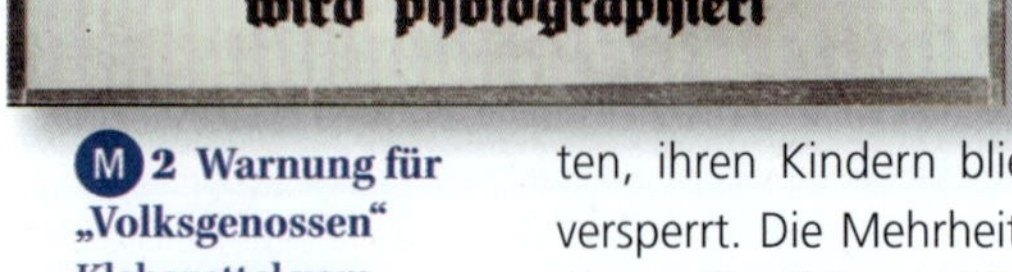

M2 Warnung für „Volksgenossen"
Klebezettel vom 1. April 1933

Die Nürnberger Gesetze

Auf dem Reichsparteitag von 1935 wurden das „Reichsbürgergesetz" und das „Blutschutzgesetz" verkündet. Diese beiden sogenannten **Nürnberger Gesetze** und deren Ausführungsverordnungen machten die Juden zu Bürgern minderen Rechts. Sie galten nicht mehr als „Reichsbürger", verloren das Wahlrecht und durften kein öffentliches Amt übernehmen. Außerdem verbot man Ehen und später auch Freundschaften zwischen Juden und Nichtjuden. Zuwiderhandlung wurde offen als „Rassenschande" verfolgt.

Verschärfung der Ausgrenzung

Vor der internationalen Öffentlichkeit, beispielsweise bei den Olympischen Spielen 1936, verbargen die Nationalsozialisten zeitweise die Ausgrenzungen. Ein Jahr später gaben sie diese Vorsicht auf. Jüdischen Haushalten wurden Gas und Strom abgesperrt. Juden mussten ihr Vermögen anmelden. Sie durften nicht mehr als Ärzte, Apotheker, Rechtsanwälte oder Steuerberater arbeiten.
Ab Oktober 1938 kennzeichneten die Behörden die Reisepässe der deutschen Juden mit einem „J". Bis zum 31. Dezember 1938 mussten sie eine Kennkarte mit einem eingedruckten „J" beantragen. Vom 1. Januar 1939 an wurden Juden gezwungen, die Namen Sara oder Israel als zweiten Vornamen zu tragen.

Auch Sinti und Roma werden ausgegrenzt

Nach 1933 wurden auch die im Deutschen Reich lebenden Sinti und Roma schrittweise aus dem öffentlichen Leben ausgegrenzt. Man beraubte sie ihrer Bürgerrechte, erteilte Berufsverbote und schloss die Kinder aus den Schulen aus. Getarnt als vorbeugende Verbrechensbekämpfung wurden sie verhaftet, in Lager gesperrt und zu Zwangsarbeit verurteilt. Ab 1936 unterwarf man sie den Bestimmungen der Nürnberger Gesetze und erklärte auch sie zur „artfremden Rasse". Ab März 1939 durften sie sich nicht mehr frei bewegen und mussten sogenannte Rasseausweise bei sich tragen.

M 3 „Nürnberger Gesetze“

Das „Gesetz zum Schutz des deutschen Blutes und der deutschen Ehre“ vom 15. September 1935:

Durchdrungen von der Erkenntnis, dass die Reinheit des deutschen Blutes die Voraussetzung für den Fortbestand des deutschen Volkes ist, und beseelt von dem unbeugsamen Willen, die deutsche Nation für alle Zukunft zu sichern, hat der Reichtag einstimmig das folgende Gesetzt beschlossen, das hiermit verkündet wird: [...]

§ 1 (1) Eheschließungen zwischen Juden und Staatsangehörigen deutschen oder artverwandten Blutes sind verboten. Trotzdem geschlossene Ehen sind nichtig, auch wenn sie zur Umgehung dieses Gesetzes im Ausland geschlossen sind. [...]

§ 2 Außerehelicher Verkehr zwischen Juden und Staatsangehörigen deutschen oder artverwandten Blutes sind verboten.

§ 3 Juden dürfen weibliche Staatsangehörige deutschen oder artverwandten Blutes unter 45 Jahren in ihrem Haushalt nicht beschäftigen.

Ingo von Münch (Hrsg.), Gesetze des NS-Staates. Dokumente eines Unrechtssystems, Paderborn [3]1994, S. 119-122

M 4 Fremde Seele

Nationalsozialisten rechtfertigen ihre antisemitischen Gesetze auch durch pseudowissenschaftliche Erkenntnisse. Julius Streicher, Verleger der Hetz-Zeitschrift „Der Stürmer“, schreibt 1935:

„Artfremdes Eiweiß“ ist der Same eines Mannes von anderer Rasse. Der männliche Same wird bei der Begattung ganz oder teilweise von dem weiblichen Mutterboden aufgesaugt und geht so in das Blut über. Ein einziger Beischlaf eines Juden mit einer arischen Frau genügt, um deren Blut für immer zu vergiften. Sie hat mit dem „artfremden Eiweiß“ auch die fremde Seele in sich aufgenommen. Sie kann nie mehr, auch wenn sie einen arischen Mann heiratet, rein arische Kinder bekommen, sondern nur Bastarde, in deren Brust zwei Seelen wohnen und denen man körperlich die Mischrasse ansieht. Auch deren Kinder werden wieder Mischlinge sein, das heißt hässliche Menschen von unstetem Charakter und mit Neigung zu körperlichen Leiden.

Julius Streicher, Der Kampf geht weiter!, in: Deutsche Volksgesundheit aus Blut und Boden, 3. Jg. Nr. 1, 1. Januar 1935

M 5 „Betr. Bekämpfung der Zigeunerplage“

1936 wendet sich der „Reichsführer SS“ Heinrich Himmler mit diesem Runderlass an alle Behörden:

Die unstet im Lande umherziehenden, hauptsächlich von Diebstahl, Betrug und Bettel lebenden Zigeuner bilden [...] noch immer eine Plage. Es fällt schwer, das dem deutschen Volkstum fremde Zigeunervolk an ein geordnetes und gesittetes, auf ehrlichem Erwerb beruhendes Leben zu gewöhnen. Gleichwohl dürfen die Bemühungen der Behörden [...], der Zigeunerplage Herr zu werden, nicht erlahmen. [...]

Bei inländischen Zigeunern und nach Zigeunerart umherziehenden Landfahrern muss das Bestreben der Behörden darauf gerichtet sein, sie [...] sesshaft zu machen. Die polizeiliche Überwachung wird dadurch erleichtert und das Vagabundieren erschwert.

Ministerialblatt für die Preußische Innere Verwaltung, Jg. 1, Nr. 27, vom 16. Juni 1936, S. 785

M 6 Boykott von Geschäften jüdischer Inhaber
Foto aus Berlin vom 1. April 1933

1. *Erkläre, welche Folgen die Bestimmungen und Schilder hatten.*
2. *Erläutere, inwiefern sich das Zusammenleben zwischen jüdischen und nichtjüdischen Deutschen veränderte.*
3. *Arbeite heraus, aus welchen Gründen die Bevölkerung Maßnahmen gegen die Juden unterstützte.*

„Juda verrecke" – der Terror nimmt zu

M1 Der Weg ist frei"
Anzeige aus der „Niedersächsischen Tageszeitung", Hannover, vom 25. November 1938
Das Textilkaufhaus „Texta" gehörte einer jüdischen Familie. Sie wurde zum Verkauf gezwungen. Der Käufer veröffentlichte danach diese Anzeige.
Erläutere, welche Aussage der neue Eigentümer mit seiner Anzeige treffen wollte.

Enteignung

Nachdem jüdische Geschäfte boykottiert worden waren, wollten staatliche Stellen die Juden ganz aus dem Wirtschaftsleben vertreiben. Sie wurden gezwungen, ihre Geschäfte und Betriebe zu Spottpreisen an Reichsbürger zu verkaufen. Diese Enteignungen führten zur sogenannten **„Arisierung"** der Betriebe. Schnell folgten Werbekampagnen, um die Bevölkerung zu informieren, dass es sich nun um „arische Betriebe" handele. Anfang 1939 war die deutsche Wirtschaft weitgehend „judenfrei", wie die Nationalsozialisten es nannten. Nun wurden Juden auch unter Druck gesetzt, Wertpapiere, Schmuck und Kunstgegenstände weit unter Wert an den Staat zu verkaufen.

Anschlag gegen das „Dritte Reich"?

Die Lebensbedingungen der Juden im Reich verschlimmerten sich täglich. Ende Oktober 1938 schoben die Behörden etwa 17000 Juden mit polnischen Pässen aus Deutschland nach Polen ab. Unter ihnen waren die Eltern des 17-jährigen Herschel Grynszpan, die seit 1911 in Hannover wohnten. Herschel war der Ausweisung zuvorgekommen und lebte seit August 1938 illegal in Paris. Bei Ernst vom Rath, einem Mitarbeiter der deutschen Botschaft, den er kannte, bemühte sich Herschel um eine Aufenthaltsgenehmigung. Als dieser sie ihm verweigerte, schoss Herschel am 7. November auf ihn. Noch am selben Tag kam es im Reich zu Ausschreitungen gegen jüdische Einrichtungen. Die Nationalsozialisten machten aus der Tat einen Anschlag des „internationalen Weltjudentums" gegen das „Dritte Reich".

Novemberpogrome

Vom Rath erlag zwei Tage später seinen Verletzungen. Goebbels rief mit Hitlers Einverständnis die in München versammelte NS-Führung zu „Rache- und Vergeltungsaktionen" auf. Wenige Stunden später steckten Mitglieder der NSDAP überall im Reich etwa 1400 Synagogen in Brand, schändeten Grabsteine, zerstörten und plünderten Geschäfte und demolierten zahlreiche Wohnungen. Aufgrund des vielen zersplitterten Glases wurde diese Nacht beschönigend „Reichskristallnacht" benannt. Rund 400 Juden wurden während der **Novemberpogrome** ermordet oder starben an den Folgen der Misshandlungen. In einigen Städten erfolgten die Ausschreitungen mit ein oder zwei Tagen Verspätung.

Nach dem 10. November verschleppten Gestapo und Polizei auf Anordnung des „Reichsführers SS" **Heinrich Himmler** über 30000 meist wohlhabende jüdische Männer in die Konzentrationslager Buchenwald, Dachau und Sachsenhausen, um von ihnen Lösegeld zu erpressen und sie aus Deutschland zu vertreiben.

Und die Deutschen?

Breiter Widerspruch der Bevölkerung gegen die sich steigernde Entrechtung und Ausgrenzung der Juden, Sinti und Roma bis hin zu Gewaltexzessen blieb aus. Den wenigen Fällen von Hilfe und Solidarität standen massenhafte anonyme Anzeigen von deutschen Mitbürgern gegenüber. Auch wer nicht aktiv gegen die Juden tätig wurde, schaute zumindest über das Unrecht hinweg, das vor seinen Augen geschah.

▸ *Geschichte In Clips:*
Zu den Novemberpogromen siehe Clip-Code **31054-40**

„Arisierung" Novemberpogrome Heinrich Himmler

M2 Aktionen gegen Juden

Am 9. November 1938 wird dieses Fernschreiben vom Geheimen Staatspolizeiamt in Berlin an alle deutschen Staatspolizeistellen verschickt:

1. Es werden in kürzester Frist in ganz Deutschland Aktionen gegen Juden, insbesondere gegen Synagogen, stattfinden. Sie sind nicht zu stören. Jedoch ist im Benehmen mit der Ordnungspolizei sicherzustellen, dass Plünderungen und sonstige besondere Ausschreitungen unterbunden werden können. [...]

3. Es ist vorzubereiten die Festnahme von etwa 20 - 30 000 Juden im Reiche. Es sind auszuwählen vor allem vermögende Juden. [...]

4. [...] Zu den Gesamtaktionen können herangezogen werden Verfügungstruppen der SS sowie Allgemeine SS.

Reinhard Rürup (Hrsg.), Topographie des Terrors. Gestapo, SS und Reichssicherheitshauptamt auf dem „Prinz-Albrecht-Gelände". Eine Dokumentation, Berlin [12]2000, S. 114 f.

M3 Eine Augenzeugin

Dora Filter aus Hannover erinnert sich:

Der alte Inhaber der großen Doppelfirma Sternheim & Emmanuel bewohnte mit seiner ebenfalls jüdischen Frau die erste Etage des im Parterre wohnenden Hausbesitzers Schulze [...]. Am späten Abend dieses berüchtigten 9. Nov. 1938 hörten die Parterrebewohner erschreckende Geräusche an den schweren Eichentüren ihres Hauses, die mit langen Äxten und Brecheisen von SA-Männern zerstört wurden. Kristallscheiben flogen in das Treppenhaus [...]. Auch in der Wohnung Sternheims wurde alles zerstört, was da war [...], es waren ja genug vernichtende SA-Hände schonungslos am Werk. In den Schlafräumen wurden alle Federbetten zerschnitten und ihr Inhalt verstreut, teils aus dem Fenster, deren Scheiben eingeschlagen waren, sodass es durch alle türlos gewordenen Räume heftig durchzog. An ein Bewohnen war nicht mehr zu denken. Als die Zerstörer abgezogen waren – denn sie hatten noch viel derartige Arbeit vor in dieser Nacht – kamen die Tochter der Sternheims und ihr Mann, [...] um bei den Eltern Unterschlupf zu suchen. Im Münter'schen Haus war alles ebenso vernichtet.

„Reichskristallnacht" in Hannover. Eine Ausstellung zur 40. Wiederkehr des 9. November 1938, Hannover 1978, S. 131

M4 Die Synagoge in Hannover in der Bergstraße
Foto von Wilhelm Hauschild vom 10. November 1938, um etwa 2:00 Uhr nachts

M5 Düstere Prophezeiung

Auszug aus einer Rede, die Hitler am 30. Januar 1939 im Reichstag gehalten hat:

Ich bin in meinem Leben sehr oft Prophet gewesen und wurde meistens ausgelacht. In der Zeit meines Kampfes um die Macht war es in erster Linie das jüdische Volk, das nur mit Gelächter meine Prophezeiungen hinnahm, ich würde einmal [...] die Führung des Staates und des ganzen Volkes übernehmen und dann unter vielen anderen auch das jüdische Problem zur Lösung bringen. Ich glaube, dass dieses damalige schallende Gelächter dem Judentum in Deutschland unterdes wohl schon in der Kehle erstickt ist.
Ich will heute wieder ein Prophet sein: Wenn es dem internationalen Finanzjudentum in und außerhalb Europas gelingen sollte, die Völker noch einmal in einen Weltkrieg zu stürzen, dann wird das Ergebnis nicht [...] der Sieg des Judentums sein, sondern die Vernichtung der jüdischen Rasse in Europa.

Max Domarus, Hitler. Reden und Proklamationen 1932 - 1945, Bd. 2/1: 1939 - 1940, Leonberg [4]1988, S. 1058

Internettipp:
Zur Geschichte der jüdischen Gemeinden im heutigen Niedersachsen siehe 31054-41

1. *Arbeite heraus, wie nichtjüdische Deutsche von den Maßnahmen gegen die Juden profitieren konnten.*
2. *Überlege, was sich für die in Deutschland lebenden Juden durch die Novemberpogrome veränderte.*
3. *Beurteile, wie zu diesem Zeitpunkt die Formulierung „Vernichtung der jüdischen Rasse in Europa" (M5, Z. 17 f.) verstanden werden konnte.*
4. *Informiere dich über die „Arisierung" jüdischer Geschäfte und Unternehmen in deiner Region. Bereite eine Präsentation vor.*

Wessen Leben ist mehr wert?

Mit dem Tarnnamen „Aktion T4" bezeichneten die Nationalsozialisten die Tötung von Personen, die angeblich die „Volksgesundheit" schädigten. Offiziell begann die Aktion 1940, doch schon vorher wurde sie an Kindern „getestet". Die Deutschen wurden mit Propaganda auf die Maßnahmen vorbereitet, die verharmlosend **„Euthanasie"** genannt wurden. Sie reichten vom vermeintlichen „Gnadentod" für unheilbare Patienten bis zur Ermordung Behinderter zur Schaffung von Krankenhausplätzen. Ihre Mordmethoden: Überdosierung von Medikamenten, Verhungernlassen, Vergasen, Luftinjektionen.

Vorschläge für Forschungsthemen:

Thema 1: *Wie wurde man Opfer der „Euthanasie"-Aktionen?*
Thema 2: *Ist „Euthanasie" moralisch vertretbar?*
Aber vielleicht fallen euch ja noch andere Fragen ein.

Beschreiben

Thema 1: *Arbeitet alle Gruppen heraus, die durch die verschiedenen „Euthanasie"-Phasen bedroht waren.*
Thema 2: *Arbeitet aus den Quellen und Biografien heraus, welche Argumente die Nationalsozialisten als Rechtfertigung für das T4-Programm vorbrachten.*

Untersuchen

Thema 1: *Überprüft, welche Argumente die Nationalsozialisten gegen die betroffenen Gruppen anführten.*
Thema 2: *Stellt dar, wie diese Argumente aus der nationalsozialistischen Ideologie abgeleitet werden können.*

Einordnen

Thema 1: *Erläutert, wie sich das Verhalten gegen Kranke und Schwache in die NS-Ideologie einfügt.*
Thema 2: *Entwickelt Argumente gegen das „Euthanasie"-Programm. Orientiert euch an den Interessen folgender Personengruppen: Patienten der Heilanstalten, Angehörige eines Patienten, Pflegepersonal, Ärzte, Allgemeinheit.*

Präsentieren

Thema 1: *Ernst Lossas Familie gehörte zur Gruppe der „Jenischen". Sammelt Informationen und stellt sie auf einer Wandzeitung vor. Warum wurde sie Opfer der Aktion?*
Thema 2: *Heute wird diskutiert, ob man schwer kranken Menschen Sterbehilfe erlauben sollte. Bereitet dazu eine Debatte vor. Recherchiert vorab über: aktive/passive Sterbehilfe, Vergangenheitsbewältigung, Menschenrechte.*

M1 Vorbereitung der Aktion T4

Vor dem Beginn der „Euthanasie"-Aktion T4 wurde die deutsche Bevölkerung durch Gesetze auf die Unterscheidung „höherwertiger" und „minderwertiger" Menschen vorbereitet:

14.7. 1933	Gesetz zur Verhütung erbkranken Nachwuchses	Zwangssterilisation von Menschen mit „Erbkrankheiten"
26.6. 1935	Änderung d. Gesetzes z. Verhütung erbkranken Nachwuchses	Legalisierung von Abtreibungen bei „Erbkrankheit"
18.10. 1935	Gesetz zum Schutze der Erbgesundheit des deutschen Volkes	Verbot der Ehe zwischen gesunden Deutschen und Menschen mit „Erbkrankheit"

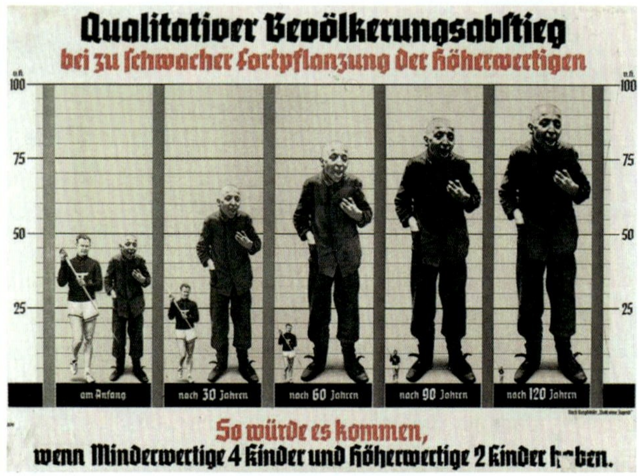

M2 Das „Aussterben der Höherwertigen"
Plakat von 1935

M3 Der „rechtliche" Rahmen: ein „Führerbefehl"

Hitler befiehlt auf privatem Briefpapier im Oktober 1939:
Reichsleiter Bouhler und Dr. med. Brandt sind unter Verantwortung beauftragt, die Befugnisse namentlich zu bestimmender Ärzte so zu erweitern, dass nach menschlichem Ermessen unheilbar Kranken bei kritischster Beurteilung ihres Krankheitszustandes der Gnadentod gewährt werden kann.

www.ns-archiv.de/medizin/euthanasie/befehl.php (15.07.2017)

M4 Opfer der Ideologie vom „unwerten Leben"

Kinder-Euthanasie in Heimen	Okt. 1939 - 1945	> 5200
Erwachsenen-Euthanasie in zentralen Tötungsanstalten („Aktion T4")	Jan. 1940 - Sept. 1941	> 70000
Häftlings-Euthanasie nach dem offiziellen Ende von „T4" unter „nicht mehr arbeitsfähigen" KZ-Häftlingen („Aktion 14f13")	Apr. 1941 - Dez. 1944	> 20000
Schaffung von Behandlungsplätzen durch Mord an Heil- und Pflegeheim-Patienten	Jun. 1943 - 1945	> 30000

M 5 Ungewissheit

Um die Morde zu vertuschen, werden die Leichen eingeäschert und Angehörigen eine falsche Todesursache genannt. Dennoch kommt es zu Misstrauen, wie dieser Brief eines Vaters von Ende 1940 zeigt:

Wir möchten Sie bitten, uns zu berichten, warum unser Sohn Alois R. so schnell gestorben [ist], und was fehlte ihm? Sie schreiben uns, dass er Nierenentzündung und Harnvergiftung hatte u. warum ist er verbrennt worden und wie war er zuletzt?

Gerhard Schmidt, Selektion in der Heilanstalt 1939-1945. Neuausgabe mit ergänzenden Texten, Berlin u. a. 2012, S. 67

M 6 Was wusste das In- und Ausland?

Aus einem britischen Flugblatt für Deutschland, Juni 1941

Die offene „Aktion T4" wurde im August 1941 beendet. Das heimliche Morden in KZs und Heimen ging weiter.

200 000 „Unbrauchbare"

Im vorigen Herbst begannen in Deutschland unheimliche Gerüchte umzulaufen. Alte Leute, Insassen von Altersheimen, Siechen- und Krankenhäusern, pflegen ganz plötzlich zu verschwinden, und die Verwandten erhielten statt einer Erklärung die Urne mit der Asche zugestellt. Ähnlich wurde mit siechen oder schwachsinnigen Kindern, mit Irren und unheilbar Kranken verfahren.
Welche Wichtigkeit der Vatikan diesen Berichten beimaß, geht aus einer Sendung des vatikanischen Rundfunks vom 13. Dezember 1940 hervor. „Die oberste Kongregation des Heiligen Stuhles," hieß es in dieser Sendung, „hat ein Dekret erlassen, wonach weltliche Behörden gegen natürliches und göttliches Gesetz handeln, wenn sie Personen das Leben nehmen, die keines Verbrechens schuldig sind, die aber, weil sie an seelischen oder körperlichen Gebrechen leiden, der Nation nicht weiter nützen und deren Erhaltung zu einer Belastung der Öffentlichkeit wird."
In Berlin wurde erzählt, dass man dem Freiherrn von Bodelschwingh mit Konzentrationslager gedroht habe, weil er sich weigerte, die Erlaubnis zur Tötung alter Leute zu geben, die in Bethel unter seiner Obhut stehen. Aus Grafeneck in Württemberg wurde gemeldet, dass besondere Blockhäuser errichtet worden seien, in denen man Wahnsinnige mit Giftgas getötet habe. In Augsburg seien aus der städtischen Irrenanstalt 100 Kinder mitsamt zwei Wärterinnen verschwunden. Und ähnliche Meldungen kamen aus Österreich. In weiten Teilen des Landes hat Hitler sich den Beinamen „Urnenhändler" erworben. [...]
Ein deutscher Bischof hat behauptet, dass 80 000 Menschen in Deutschland – alte Leute, die in Heimen oder von der Unterstützung durch die öffentliche Hand lebten, sieche oder schwachsinnige Kinder, Irre u.s.w. – der Euthanasie (wie man im 3. Reich den Mord an den „Unbrauchbaren" nennt) ausgesetzt worden sind. Nachrichten, die von katholischen Priestern nach der Schweiz und nach Rom gelangten, lassen daraus schließen, dass seit jener bischöflichen Erklärung die Zahl der Opfer auf mindestens 200 000 gestiegen ist.

M 7 „Meldebogen 1" (Ausschnitt)

Von Bodelschwing'sche Anstalten, Bethel, 1941

Das Personal der Pflegeanstalten musste für jeden Patienten einen Meldebogen ausfüllen. Nur auf den ersten Blick scheint er rein statistischen Erhebungen zu dienen:

Name der Anstalt: ......

in: ......

Vor- und Zuname des Patienten: ...... geborene: ......
Geburtsdatum: ...... -Ort: ...... Kreis: ......
Letzter Wohnort: ...... Kreis: ......
ledig, verh., verw. od. gesch.: ...... Konf.: ...... Rasse[1]) ...... Staatsang.: ......
Anschrift d. nächsten Angeh.: ......
Regelmäßig Besuch und von wem (Anschrift): ......
Vormund oder Pfleger (Name, Anschrift): ......
Kostenträger: ...... Seit wann in dortiger Anst.: ......
In anderen Anstalten gewesen, wo und wielange: ......
Seit wann krank: ...... Woher und wann eingeliefert: ......
Zwilling ja/nein ...... Geisteskranke Blutsverwandte: ......
Diagnose: ......
Hauptsymptome: ......
Vorwiegend bettlägerig? ja/nein ...... sehr unruhig? ja/nein ...... in festem Haus? ja/nein ......
Körperl. unheilb. Leiden: ja/nein ...... Kriegsbeschäd.: ja/nein ......
Bei Schizophrenie: Frischfall ...... Endzustand ...... gut remittierend ......
Bei Schwachsinn. debil: ...... imbezill: ...... Idiot: ......
Bei Epilepsie: psych. verändert ...... durchschnittliche Häufigkeit der Anfälle ......
Bei senilen Erkrankungen: stärker verwirrt ...... unsauber ......
Therapie (Insulin, Cardiazol, Malaria, Salvarsan usw.): ...... Dauererfolg: ja/nein ......
Eingewiesen auf Grund § 51, § 42b StrGB. usw. ...... durch: ......
Delikt: ...... Frühere Straftaten: ......
Art der Beschäftigung: (Genaueste Bezeichnung der Arbeit und der Arbeitsleistung, z. B. Feldarbeit, leistet nicht viel. — Schlosserei, guter Facharbeiter. — Keine unbestimmten Angaben, wie Hausarbeit, sondern eindeutige: Zimmerreinigung usw. Auch immer angeben, ob dauernd, häufig oder nur zeitweise beschäftigt.) ......
Ist mit Entlassung demnächst zu rechnen: ......

Dieser Raum ist freizulassen.

M 8 Ein Täter – ein Opfer – ein Mahner

Werner Heyde (1902-1964) war Professor für Psychiatrie. Als einer von drei „Obergutachtern" der Aktion T4 entschied er aufgrund des Meldebogens, ob ein Patient getötet werden soll.

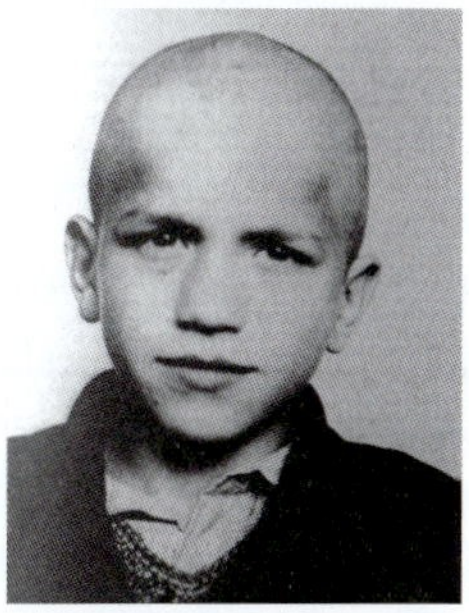

Ernst Lossa (1929-1944) kam als Halbwaise in verschiedene Heime und Erziehungsanstalten. Der unangepasste Junge wurde aufgrund eines Gutachtens in der Anstalt Irsee mit einer Giftspritze ermordet.

Clemens August Graf von Galen (1878-1946) war seit 1933 Bischof von Münster. In drei Predigten klagte er 1941 das NS-Regime an und informierte die Öffentlichkeit über den Massenmord an Kranken.

„Gemeinnutz geht vor Eigennutz" – Wirtschaft

M1 Eröffnung der Teilstrecke Braunschweig - Lehrte der Reichsautobahn
Foto von Heinrich Hoffmann, April 1936
Der Bau der Reichsautobahnen wurde von der Propaganda verwertet, da mit der großen Anzahl der beschäftigten Arbeiter die scheinbare Überwindung der Arbeitslosigkeit verdeutlicht wurde.
Begründe, warum die NS-Propaganda gerade den Bau von Autobahnen so stark betont.

Arbeit wird beschafft

Hitler hatte den Deutschen versprochen, die Arbeitslosigkeit innerhalb von vier Jahren zu überwinden. Unter dem Namen „**Reichsarbeitsdienst**" führten die Nationalsozialisten ein großes Beschäftigungsprogramm ein. Die für minimalen Lohn Arbeitenden wurden aus der Arbeitslosenstatistik gestrichen, wodurch die Zahlen deutlich sanken.
Der Plan für einen Arbeitsdienst stammte noch aus der Zeit der Weimarer Republik. Gleiches galt für den Autobahnbau: Die erste Autobahn von Köln nach Bonn war bereits 1932 in Betrieb genommen worden.

Hilfe für Bedürftige

Um Bedürftige öffentlichkeitswirksam zu unterstützen, wurde im Sommer 1933 das „**Winterhilfswerk**" ins Leben gerufen und der parteigesteuerten Wohlfahrtsorganisation „NS-Volkswohlfahrt" angegliedert. Durch Spenden, Lohnabzüge, Sammlungen und Aktionen wie den Eintopfsonntag[1] wurden große finanzielle Mittel eingebracht. Langfristig sollten durch Maßnahmen dieser Art das Gemeinschaftsgefühl und die Opferbereitschaft gefördert werden. Da bei den öffentlichen Eintopfsonntagen auch hohe NSDAP-Funktionäre anwesend waren, wurde gleichzeitig die Bescheidenheit betont.

(K)ein Wirtschaftswunder?

Um 1938 gab es im Deutschen Reich offiziell keine Arbeitslosigkeit mehr. Bis heute hält sich die Legende, Hitler habe die Arbeitslosigkeit beseitigt. In der Tat gingen die Arbeitslosenzahlen zurück, doch das taten sie auch in den anderen Industriestaaten. Dieser Aspekt wurde in der nationalsozialistischen Berichterstattung nicht erwähnt. Hitler galt als Retter aus der Not, obwohl der Tiefpunkt der Weltwirtschaftskrise bei seiner Regierungsübernahme 1933 bereits durchschritten war.
Trotz der immer größeren Staatsverschuldung waren die Nationalsozialisten bereit, weitere Arbeitsbeschaffungsmaßnahmen, Investitionsförderungen und Sozialleistungen zu finanzieren. Gleichzeitig ließ die Regierung neues Geld drucken, wodurch die Inflation vergrößert wurde. Die Erwerbstätigen mussten länger arbeiten und erhielten weniger Geld als zuvor.

Aufrüstung

Alle wirtschaftlichen Maßnahmen dienten von Anfang an der **Aufrüstung**. Die nationalsozialistischen Wirtschaftsplaner hofften, Inflation und Staatsschulden durch künftige Kriegsbeute und Gebietsgewinne auffangen zu können. Der Anteil der Rüstungsausgaben an den öffentlichen Ausgaben wurde stark erhöht. Von 1934 bis zum Frühjahr 1939 gaben die Nationalsozialisten etwa 60 Milliarden Reichsmark für die Rüstung aus, aber nur etwa sieben Milliarden für Arbeitsbeschaffungsmaßnahmen.
Im August 1936 legte Hitler ein Programm zur Kriegsvorbereitung vor. Ziel war es, möglichst rasch die Selbstversorgung mit Benzin, Gummi, Eisen, Stahl und Sprengstoffen zu erreichen. Deutschland sollte unabhängig von Importen werden. Auch in der Landwirtschaft sollte durch „Erzeugungsschlachten" der Selbstversorgungsgrad angehoben werden. Dennoch ließen sich Versorgungsengpässe sowohl für rüstungswirtschafliche Rohstoffe als auch für Lebensmittel nicht vermeiden.

[1] Siehe S. 107, M4.

Internettipp:
Vierjahresplan und Volkswagenwerk: Zur Wirtschaft im NS informiert 31054-42

Reichsarbeitsdienst Winterhilfswerk Aufrüstung

M 2 Hitlers Haltung zu den Staatsfinanzen

Finanzminister Graf Schwerin von Krosigk berichtet über die Grundhaltung des „Führers" zum Staatshaushalt:

Bei den ersten Vorträgen, die ich Hitler in Etatangelegenheiten zu halten hatte, stieß ich auf eine merkwürdige Befangenheit. Sie stammte wohl daher, dass er mich noch nicht kannte und allen finanziellen Fragen eine ausgesprochene Abneigung entgegenbrachte. Er nannte mich „Herr Reichsminister" und ist dabei bis 1945 geblieben. Seine Unsicherheit verbarg er hinter langen Monologen, durch die er den Augenblick, in dem über unangenehme Dinge gesprochen werden musste, möglichst weit hinausschob. Anfänglich zeigte er noch ein gewisses Verständnis dafür, dass man mit öffentlichen Geldern sparsam umgehen müsse. Aber er sagte mir auch sehr bald, es sei zwar meine Pflicht, Warnungen zu äußern, doch werde er seine Pläne nie an Mangel an Geld scheitern lassen. [...] Als es ihm später immer unangenehmer wurde, sich von Warnern unbequeme Wahrheiten sagen zu lassen, ließ er sie nicht mehr vor oder ließ sie nicht zu Worte kommen.

Lutz Graf Schwerin von Krosigk, Staatsbankrott. Die Geschichte der Finanzpolitik des Deutschen Reiches von 1920-1945, Göttingen 1974, S. 189f.

M 3 Wofür gibt der Staat Geld aus?

Öffentliche Investitionen in Deutschland, in Millionen Reichsmark:

Investitionen	1928	1932	1933	1935	1937	1938
Wehrmacht	827	620	720	5150	10850	15500
Verkehr	2234	805	1238	1876	2400	3376
öffentliche Verwaltung	1830	800	810	1400	1420	1200
Versorgungsbetriebe	1023	218	200	390	600	700
Wohnungsbau	1330	150	185	220	200	250
insgesamt	7240	2590	3150	9040	15470	21030

René Erbe, Die nationalsozialistische Wirtschaftspolitik 1933-1939 im Lichte der modernen Theorie, Zürich 1959, S. 25

M 4 „Eintopfsonntag" in Berlin

Propaganda-Foto von Heinrich Hoffmann, 13. 10. 1935

Die Nationalsozialisten riefen die „Volksgenossen" regelmäßig zum gemeinsamen Essen einfacher Gerichte auf. Die Speisen sparten an Fett, mit dem Verkaufserlös sollten ärmere Deutsche unterstützt werden.

1. *Setze die Tabelle M3 in eine Grafik um, beispielsweise ein Säulendiagramm, und werte sie aus.*
2. *Erkläre den Zusammenhang zwischen nationalsozialistischer Wirtschaftspolitik und den Vorbereitungen zum Krieg.*
3. *Beurteile die Folgen der NS-Wirtschaft für die Bevölkerung so detailliert wie möglich.*
4. *Begründe, warum die Nationalsozialisten Aktionen wie den „Eintopfsonntag" (M4) ins Leben riefen.*
5. *Beurteile die Hypothese: „Der NS-Staat gab das Geld aus, das er durch einen Sieg im Krieg erst einzunehmen hoffte."*

Das weiß ich – das kann ich!

Am Anfang dieses Kapitels steht die Leitfrage:
Wie konnte Hitler in Deutschland eine Diktatur aufbauen und aufrechterhalten?
Mit den Arbeitsfragen zu den fünf Kategorien auf S. 72 kannst du sie nun beantworten:

Herrschaft

Nachdem Hitler von Hindenburg nach langem Zögern am 30. Januar 1933 zum Reichskanzler ernannt und mit der Regierungsbildung beauftragt worden war, folgte die „Machtergreifung" der NSDAP. Die „Reichstagsbrandverordnung" setzte die Grundrechte der Weimarer Verfassung außer Kraft. Mit dem „Ermächtigungsgesetz" entmachtete sich der Reichstag selbst. Hitler konnte nun ohne Parlament und gegen die Verfassung regieren. Politische Opposition wurde unmöglich: Die KPD wurde zerschlagen, die SPD verboten, andere Parteien zur Auflösung gezwungen. Die Geheime Staatspolizei ging ohne Schranken gegen politische Gegner vor, der Volksgerichtshof fällte Urteile ohne rechtliche Grundlage. Hitler stand nun an der Spitze von Partei und Staat. Das Führerprinzip sicherte ihm und den Parteifunktionären die volle Macht im totalitären Staat.

Wirtschaft

Mit der Verpflichtung von Erwerbslosen zum Reichsarbeitsdienst bei geringem Lohn wurde die Arbeitslosenstatistik verfälscht. Der Autobahnbau, der den Nationalsozialisten oft zugute gehalten wird, war bereits zur Zeit der Weimarer Republik geplant worden.
Das Winterhilfswerk sammelte öffentlich Spenden für Bedürftige, was die staatlichen Kassen von Sozialausgaben entlastete.
Gleichzeitig setzten die Nationalsozialisten ihre Bemühungen fort, die wirtschaftliche Existenz der Juden durch „Arisierung" jüdischer Betriebe zu zerstören.
Die deutsche Wirtschaft wurde ganz auf die Aufrüstung der Wehrmacht ausgerichtet.

Begegnung

Zentraler Bestandteil der nationalsozialistischen Weltanschauung war der Antisemitismus. Mit den Nürnberger Gesetzen von 1935 schlossen die Nationalsozialisten jüdische Deutsche aus der „Volksgemeinschaft" aus und entrechteten sie aus rassistischen Gründen, die in der Rassenideologie zusammengefasst wurden. Am 9. November 1938 eskalierte in den Novemberpogromen die Gewalt gegen Juden.

Gesellschaft

Über Gewerkschaften, Verbände, Kunst und Kultur wurde die Bevölkerung „gleichgeschaltet". Alle Teile der Bevölkerung wurden in zahlreichen Parteiorganisationen erfasst. Für die Beeinflussung der Jugend sorgten z. B. die Hitlerjugend und der Bund Deutscher Mädel. Ziel war die Schaffung einer „Volksgemeinschaft", die sich dem nationalsozialistischen Staat bereitwillig unterordnete. Das Gemeinschaftsgefühl wurde gefördert, während „Nichtarier", Andersdenkende und körperlich Schwache ausgegrenzt wurden. Wer in das vorgegebene Verhaltensschema nicht hineinpasste, wurde unter Druck gesetzt und öffentlich gedemütigt. Widerstand begegneten die Nationalsozialisten mit größter Härte, schon Jugendliche wurden in Konzentrationslager eingeliefert.

Weltdeutung und Religion

In der nationalsozialistischen Propaganda wurde Hitler als Übermensch inszeniert. Neue Feiertage und aufwändige Massenveranstaltungen sollten einen Führermythos schaffen mit Hitler als Messias.
Laut NS-Weltanschauung hatten die Deutschen ein Recht, fremde Länder zu erobern (Lebensraumideologie). Der Mutterkult zielte darauf ab, die Geburtenzahl zu erhöhen und Frauen vom Arbeitsmarkt zu nehmen. Die Kunst der Moderne wurde als „entartet" herabgewürdigt, die Werke unliebsamer Schriftsteller fielen Bücherverbrennungen zum Opfer.
Langfristig sollte sogar das Christentum durch den Nationalsozialismus ersetzt werden. Aber die christlichen Traditionen waren zu stark, um zerstört werden.

Kompetenz-Test
Einen Fragebogen, mit dem du überprüfen kannst, was du schon kannst und was du noch üben solltest, findest du unter 31054-43

1. *Finde in diesem Kapitel Belege für die Aussagen zu den Kategorien.*
2. *Erarbeite ein Schaubild, in dem du die Verknüpfungen zwischen den Kategorien darstellst. Im Zentrum steht der nationalsozialistische Führerstaat.*

M 1 „Verhängnis"
Lithografie, 23 × 41 cm, von A. Paul Weber, 1931
Das Bild wurde 1931 für das Buch „Hitler – ein deutsches Verhängnis" des Hitlergegners Ernst Niekisch geschaffen.

M 3 Abweichendes Verhalten
Foto von 1936 (Ausschnitt)
Arbeiter einer Hamburger Werft haben sich zum Stapellauf eines Schiffes am Hafen versammelt. Fast alle haben den Arm zum „Deutschen Gruß" erhoben. Nur ein Mann hat seine Arme demonstrativ verschränkt.

M 2 Reisewerbung
Plakat von 1934

M 4 Loyalität und Mitarbeit

Der Historiker Paul Nolte behauptet:

Ohne die Loyalität[1] und Mitarbeit von Teilen der Bevölkerung ist eine Diktatur nicht vorstellbar, schon gar nicht eine moderne des 20. Jahrhunderts. Denn sie kann weder hinter die politische Massenmobilisierung noch hinter die technisch ermöglichte Präsenz[2] eines Massenpublikums zurückfallen; die Nationalsozialisten haben sich beides sogar auf besondere und manchmal innovative[3] Weise zunutze gemacht.

Paul Nolte, Was ist Demokratie? Geschichte und Gegenwart, München 2012, S. 271

[1] Loyalität: Treue (hier: gegenüber der Regierung)
[2] Präsenz: Anwesenheit
[3] innovativ: etwas Neues schaffend

Internettipp:
Ein Heft mit vertiefenden Informationen zum Aufstieg und zur Herrschaft des Nationalsozialismus erhältst du hier: 31054-44

1. *a) Beurteile, ob A. Paul Weber mit seiner Prognose, Hitler sei Deutschlands Verhängnis, Recht hatte (M1).*
   b) Verfasse darauf aufbauend einen Aufruf, mit dem du die deutsche Bevölkerung vor den Folgen der nationalsozialistischen Politik zu warnen versuchst.
2. *„Im Nationalsozialismus war nicht alles schlecht". Erläutere diese auch heute von manchen geäußerte Meinung u. a. mithilfe von M4.*
3. *Erkläre, warum das Foto M3 bis heute als Sinnbild für Zivilcourage gilt.*
4. *Erörtere unter Berücksichtigung von M4, wie die nationalsozialistische Herrschaft funktionieren konnte.*

4

Zweiter Weltkrieg und Holocaust

Allein im Konzentrationslager Auschwitz und dem nahe gelegenen Vernichtungslager Birkenau töteten die Nationalsozialisten mehr als 1,1 Millionen Menschen. Heute ist die Gedenkstätte ein Symbol für den fabrikmäßig organisierten Massenmord. Jedes Jahr besuchen mehr als zwei Millionen Menschen aus unterschiedlichen Nationen das ehemalige Todeslager. Am Eingang werden die Besucher zu einem „angemessenen Verhalten" aufgerufen.

M Selfie am Lagertor
Schülergruppen aus aller Welt besuchen die Gedenkstätte auf dem ehemaligen Lagergelände. 2016 kamen die meisten auswärtigen Besucher aus Großbritannien, den USA, Italien, Spanien, Israel und Deutschland.

Beschreibt das Foto und überlegt, was mit einem „angemessenen Verhalten" gemeint sein könnte.

Fragen an … den Zweiten Weltkrieg und den Holocaust

Für dich ist es selbstverständlich, in einer Demokratie zu leben und dabei auch Kontakt zu anderen Kulturen zu haben, beispielsweise in der Nachbarschaft oder im Urlaub. An vielen Grenzübergängen wirst du nicht mehr kontrolliert, innerhalb der EU soll das Miteinander vereinfacht werden. Voraussetzung dafür ist gegenseitiger Respekt.

Die Nationalsozialisten hatten ein anderes Selbstverständnis. Zum einen fühlten sie sich durch den Versailler Vertrag ungerecht behandelt, zum anderen sahen sie sich allen anderen Völkern überlegen. Die Kombination dieser Einstellungen und der Wunsch nach mehr Lebensraum führten zum Kriegsausbruch.

In einem Blitzkrieg besetzte die deutsche Wehrmacht weite Teile Europas, bevor Hitler sich auch gegen den ehemaligen Verbündeten Sowjetunion wandte. Der Krieg wandelte sich zu einem Vernichtungskrieg gegen sogenannte minderwertige Völker, vorrangig gegen Juden. Selbst als die deutschen Soldaten an der Front dramatische Niederlagen erlitten, propagierte Goebbels weiter den „totalen Krieg“. Mit dem Kriegseintritt der USA wurde der Krieg zum Zweiten Weltkrieg der Geschichte. Seinen Ausgang erlebte Hitler nicht mehr mit: Als die Rote Armee in Berlin stand, beging er Selbstmord. Für das Deutsche Reich endete der Krieg mit der totalen Niederlage. Es war von den Gegnern besetzt, seine Städte lagen in Trümmern.

Leitfrage

Wie veränderte der Zweite Weltkrieg das Gesicht Europas und der Welt?

Herrschaft

Um ein Großdeutsches Reich zu schaffen und die Schmach des Versailler Vertrages auszulöschen, entfesselte Hitler den Zweiten Weltkrieg.
Wie verlief der Zweite Weltkrieg? Wie verhielten sich die Deutschen in den eroberten Gebieten? …

Wirtschaft und Umwelt

Während des Krieges musste die Produktion in den Rüstungsbetrieben aufrechterhalten werden. Entgegen der Ideologie der Nationalsozialisten kamen auch Frauen verstärkt zum Einsatz.
Wie wurde die Rüstung im Krieg aufrechterhalten? Wie sah die Versorgung der Bevölkerung im Krieg aus? …

Gesellschaft

Die Bevölkerung litt unter den alliierten Luftangriffen auf deutsche Städte.
Welche Ziele hatten die Luftangriffe? Wie reagierte das Volk, wie die Propaganda auf diese Lage? …

Weltdeutung / Religion

Die NS-Ideologie von Herren- und Untermenschen führte zur Errichtung von Vernichtungslagern. In ihnen wurden Millionen von Juden ermordet.
Was wussten die Deutschen vom Vorgehen gegen die Juden? Wie erging es Juden in den Konzentrationslagern? …

Begegnung

Die Westalliierten und die russische Armee eroberten Deutschland. An der Elbe begegneten sich ihre Truppen.
Wie liefen der alliierte und der sowjetische Vormarsch ab? Warum hat Amerika in den Krieg eingegriffen? …

1930 – Weimarer Republik

30.1.1933: Hitler wird Reichskanzler

1935

1935/36: Juden, Sinti und Roma werden ausgebürgert

2.3.1936: Einmarsch in das entmilitarisierte Rheinland

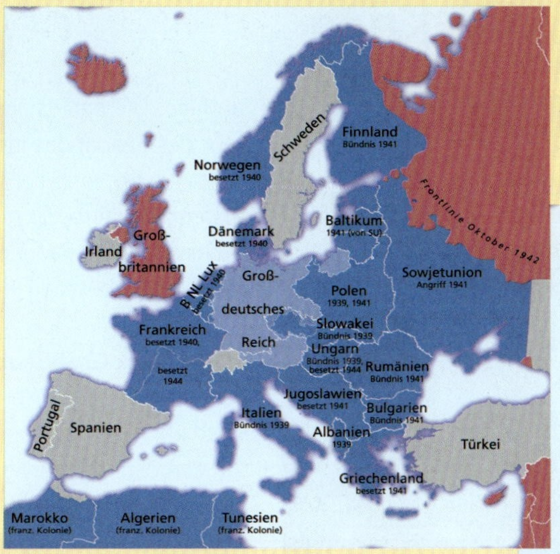

M1 Europa zum Zeitpunkt der größten Ausdehnung des deutschen Machtbereiches (Oktober 1941)

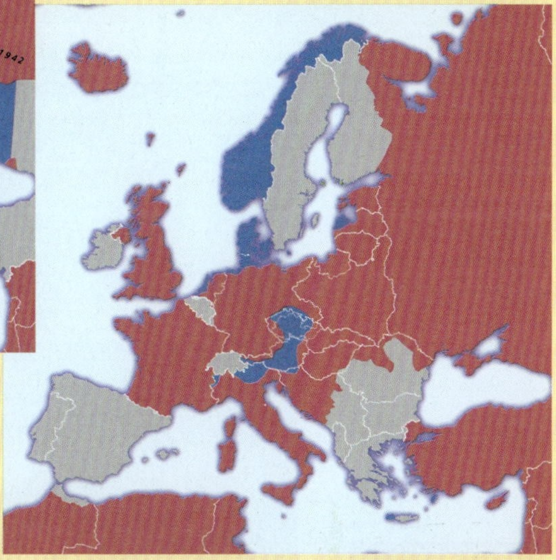

M2 Europa kurz vor der Kapitulation der deutschen Wehrmacht (April 1945)

M3 Das System der nationalsozialistischen Konzentrations- und Vernichtungslager in Europa

Zweiter Weltkrieg

tur des Nationalsozialismus

1940 | 1945

.11.1938:

20.1.1942: Auf der Wannseekonferenz

8.5.1945: Bedingungs-

Der Weg in den Krieg

M 1 Einmarsch der Wehrmacht in das entmilitarisierte Rheinland
Foto vom 7. März 1936
Truppen überqueren die Rheinbrücke in Mainz.

Versetze dich in die Lage eines Zuschauers bei dieser Brückenüberquerung. Beschreibe, welche Gefühle das Ereignis bei dir auslöst.

M 2 „Befreite" Gebiete
Briefmarken von 1935 (ob.) und 1938 (unt.)

Internettipp:
Welche Schritte zum Zweiten Weltkrieg führten, erfährst du unter 31054-45

Doppeldeutige Außenpolitik

Nach außen hin verbreitete Hitler seine friedlichen Absichten. Die Bevölkerung wollte keinen neuen Krieg und das Ausland hatte Deutschland im Blick. Deshalb schloss Hitler 1933 mit England, Frankreich und Italien einen Vertrag, der den europäischen Frieden sichern sollte. Hinzu kamen 1936 Bündnisse mit Italien sowie Japan.
Intern vertrat Hitler aber schon direkt nach der „Machtergreifung" die Revision, also Änderung, des Versailler Vertrages, den Zusammenschluss aller Deutschen zu einem Großdeutschland und die Eroberung neuen Lebensraums im Osten.

Aushöhlung des Versailler Vertrages

Schon im Oktober 1933 zog sich Deutschland mit dem Austritt aus dem Völkerbund aus der internationalen Gemeinschaft zurück. Durch eine Volksabstimmung mit 93% Ja-Stimmen erweckte Hitler den Anschein, nur den Willen des Volkes zu erfüllen. Danach kam es zu offenen Verletzungen des Versailler Vertrages. Am 16.3.1935 wurde die Wehrpflicht wieder eingeführt. Am 7.3.1936 marschierte die Wehrmacht ins entmilitarisierte Rheinland ein. Die bereits am 13.1.1935 erfolgte Heimkehr des Saarlandes ins Deutsche Reich war zwar durch die im Versailler Vertrag vorgesehene Volksabstimmung ermöglicht worden, aber die nationalsozialistische Propaganda feierte auch dieses Ereignis als Sieg über die Friedensordnung von 1918.

Entstehung Großdeutschlands

Bis zum März 1939 vergrößerte sich das Deutsche Reich ohne nennenswerte Reaktion des Auslandes. Da der österreichische Bundeskanzler Engelbert Dollfuß Österreichs Selbstständigkeit erhalten wollte, marschierte die Wehrmacht am 12.3.1938 in Österreich ein. Nachdem das Volk am 10.4. den Anschluss bestätigt hatte, sprach Hitler vom **Großdeutschen Reich**.
Auch die Konflikte innerhalb der Tschechoslowakei nutzte Hitler für seine Zwecke. Der britische Premierminister Neville Chamberlain wollte Hitler von einem Einmarsch abhalten und reiste zu diesem Zweck nach München. Er war zu einer Beschwichtigungspolitik (**Appeasement**) bereit, sofern die europäische Ordnung nicht gefährdet werde. Durch die Münchener Konferenz vom 29./30.9. 1938 konnte der Krieg noch einmal verhindert werden. Die Tschechoslowakei musste das Sudetengebiet an das Deutsche Reich abtreten, war aber an der Entscheidung gar nicht beteiligt gewesen. Hitler reichte dieser Kompromiss jedoch nicht. Am 15.3.1939 marschierten deutsche Truppen in Böhmen und Mähren ein, der slowakische Rest der Tschechoslowakei stellte sich nach deutschem Druck unter den Schutz des Deutschen Reiches.

Kriegsvorbereitungen gegen Polen

Großbritannien und Frankreich hatten die Sowjetunion nicht zur Münchener Konferenz eingeladen. Durch die neue Außenpolitik Moskaus kam es zu einer Annäherung zwischen dem Deutschen Reich und der Sowjetunion, die zu einem Nichtangriffspakt führte. Die wichtigsten Abmachungen dieses **Hitler-Stalin-Paktes** standen in einem geheimen Zusatzprotokoll: Man beschloss, Polen unter sich aufzuteilen, sowie Ost- und Südosteuropa nach eigenen Vorstellungen umzugestalten.

Großdeutsches Reich Appeasement Hitler-Stalin-Pakt

M 3 Frieden und Freundschaft

Nachdem die allgemeine Wehrpflicht wieder eingeführt worden ist, formuliert Hitler im Reichstag am 17. Mai 1933:

Unser Nationalismus ist ein Prinzip, das uns als Weltanschauung grundsätzlich allgemein verpflichtet. Indem wir in grenzenloser Liebe und Treue an unserem eigenen Volkstum hängen, respektieren wir die nationalen Rechte auch der anderen Völker aus dieser selben Gesinnung heraus und möchten aus tiefinnerstem Herzen mit ihnen in Frieden und Freundschaft leben. Wir kennen daher auch nicht den Begriff des Germanisierens. Die geistige Mentalität des vergangenen Jahrhunderts, aus der heraus man glaubte, vielleicht aus Polen und Franzosen Deutsche machen zu können, ist uns genau so fremd, wie wir uns leidenschaftlich gegen jeden umgekehrten Versuch wenden. Wir sehen die europäischen Nationen um uns als gegebene Tatsache. Franzosen, Polen, usw. sind unsere Nachbarvölker, und wir wissen, dass kein geschichtlich denkbarer Vorgang diese Wirklichkeit ändern könnte.

Werner Conze, Der Nationalsozialismus 1934-1945. Totaler Führerstaat und nationalsozialistische Eroberungspolitik, Stuttgart 1984, S. 40f.

M 4 Der Umgang mit Polen

Auszug aus der Mitschrift einer Ansprache Hitlers vor Befehlshabern der deutschen Wehrmacht am 22. August 1939:

Vernichtung Polens im Vordergrund. Ziel ist die Beseitigung aller lebendigen Kräfte, nicht die Erreichung einer bestimmten Linie. Auch wenn im Westen Krieg ausbricht, bleibt Vernichtung Polens im Vordergrund. […]
Ich werde propagandistischen Anlass zur Auslösung des Krieges geben, gleichgültig, ob glaubhaft. Der Sieger wird später nicht danach gefragt, ob er die Wahrheit gesagt hat oder nicht. Bei Beginn und Führung des Krieges kommt es nicht auf das Recht an, sondern auf den Sieg. Herz verschließen gegen Mitleid. Brutales Vorgehen. 80 Millionen Menschen müssen ihr Recht bekommen. Ihre Existenz muss gesichert werden. Der Stärkere hat das Recht.

Der Prozess gegen die Hauptkriegsverbrecher vor dem Internationalen Militärgerichtshof Nürnberg, Bd. 26, Nürnberg 1948, S. 523

M 5 Die Ausdehnung des deutschen Machtbereiches bis März 1939

M 6 Hitler schießt Friedenstauben
Karikatur auf die Rede Hitlers vom 17. Mai 1933, aus der New Yorker Zeitschrift „The Nation"vom Frühjahr 1933

1. *Bestimme die Aussageabsicht der Karikatur M6. Erkläre, warum ein Amerikaner trotz Hitlers Friedensbeteuerungen eine solche Karikatur gestaltete.*
2. *Vergleiche Hitlers Aussagen im Reichstag 1933 (M3) mit seiner Ansprache vor der Wehrmacht 1939 (M4).*
3. *Verfasse einen Zeitungsartikel, der vor Hitlers Politik warnt.*

Vom Blitzkrieg zum Vernichtungskrieg

M 1 Erschießung
Foto einer „Propagandakompanie" von September 1941
Deutsche Soldaten erschießen sowjetische „Partisanen". Die angeblichen Widerstandskämpfer waren zuvor durch ein deutsches Standgericht, also ohne ordentliches Gerichtsverfahren, verurteilt worden.
Formuliere deine Meinung über das Vorgehen der Wehrmacht.

Internettipp:
Zum Zweiten Weltkrieg siehe Mediencode 31054-46

Internettipp:
Feldpostbriefe deutscher Soldaten aus Stalingrad siehe 31054-47

Überfall auf Polen

Um eine Rechtfertigung für den Einmarsch in Polen zu erhalten, inszenierte die SS am 31. August 1939 einen polnischen Angriff auf die deutsche Rundfunkstation Gleiwitz in Oberschlesien. Daraufhin ließ Hitler am 1. September 1939 Polen angreifen. Zwei Tage später erklärten Großbritannien und Frankreich, die Bündnispartner Polens, Deutschland den Krieg. Ein aktives Eingreifen erfolgte aber nicht, obwohl SS-Truppen unzählige Morde z. B. an Lehrern und Ärzten begingen, um die polnische Führungsschicht sowie Juden zu vernichten. Am 17. September 1939 überschritten sowjetische Truppen die polnische Ostgrenze. Polen kapitulierte am 27. September, es wurde gemäß dem Hitler-Stalin-Pakt zwischen Deutschland und der Sowjetunion aufgeteilt.

„Blitzkrieg" im Westen

Im Frühjahr 1940 überrannten deutsche Truppen die neutralen Staaten Belgien, Niederlande und Luxemburg. Am 14. Juni wurde Paris von deutschen Panzertruppen eingenommen. Die schnellen Kriegserfolge wurden in der NS-Propaganda als **„Blitzkrieg"** verharmlost. Hitler wurde als „größter Feldherr aller Zeiten" gefeiert.
Einen ersten Rückschlag erhielt die deutsche Armee bei der gescheiterten Invasion Großbritanniens. Die Luftwaffe richtete zwar massive Schäden an, Premierminister **Winston Churchill** stärkte aber den Widerstandswillen der Briten. Als Folge hatten Hamburg und andere deutsche Städte unter Angriffen der Royal Air Force zu leiden.

Vernichtungskrieg im Osten

Angeblich, um einem russischen Angriff zuvorzukommen, ließ Hitler am 22. Juni 1941 die Sowjetunion unter dem Tarnnamen „Barbarossa" ohne Kriegserklärung angreifen. Inwieweit Stalin tatsächlich zu dieser Zeit einen Angriff gegen Deutschland plante, ist unter Historikern bis heute umstritten. Hitlers eigentliche Motivation war die Eroberung neuen Lebensraums. Es folgte ein Rasse- und **Vernichtungskrieg**, dem die slawische und jüdische Bevölkerung zum Opfer fielen.
Den Völkermord an den sogenannten minderwertigen Rassen, zu denen auch Sinti und Roma gezählt wurden, verübten SS-Einheiten, aber auch Truppen der Wehrmacht. Man schätzt, dass diesem **Genozid** etwa 20 Millionen Menschen zum Opfer fielen, darunter unzählige Frauen und Kinder.

Ende des Eroberungskrieges

Verschiedene sowjetische Städte wurden von den deutschen Truppen belagert, um die Bevölkerung auszuhungern. Während in Leningrad etwa 660 000 Menschen starben, wurden in Stalingrad die Belagerer selbst von der Roten Armee eingeschlossen. Hitler befahl den über 200 000 Soldaten der 6. Armee einen sinnlosen Durchhaltekampf. Der russische Winter und der Hunger forderten zahlreiche Opfer. Am 31. Januar 1943 kapitulierten die deutschen Truppen, 100 000 Soldaten gerieten in sowjetische Gefangenschaft – nur etwa 6 000 kehrten daraus wieder heim, die letzten erst 1956.

„Blitzkrieg" Winston Churchill Vernichtungskrieg Genozid

M 2 Wollt ihr den totalen Krieg?

Am 18. 2. 1943, drei Wochen nach der Niederlage von Stalingrad, hält Propagandaminister Goebbels vor 14 000 Zuhörern im Berliner Sportpalast eine Rede. Sie wird auch im Radio übertragen:

Ihr also, meine Zuhörer, repräsentiert in diesem Augenblick die Nation. Und an euch möchte ich zehn Fragen richten, die ihr mir mit dem deutschen Volk vor der ganzen Welt, insbesondere vor unseren Feinden [...] beantworten sollt:

1.: Die Engländer behaupten, das deutsche Volk habe den Glauben an den Sieg verloren. Ich frage euch: Glaubt ihr mit dem Führer und mit uns an den endgültigen totalen Sieg des deutschen Volkes? Ich frage euch: Seid ihr entschlossen, dem Führer in der Erkämpfung des Sieges durch dick und dünn und unter Aufnahme auch der schwersten persönlichen Belastung zu folgen? [...]

3.: Die Engländer behaupten, das deutsche Volk hat keine Lust mehr, sich der überhandnehmenden Kriegsarbeit, die die Regierung von ihm fordert, zu unterziehen. Ich frage euch: Seid ihr und ist das deutsche Volk entschlossen, wenn der Führer es befiehlt, zehn, zwölf und, wenn nötig, 14 und 16 Stunden täglich zu arbeiten und das Letzte herzugeben für den Sieg?

4.: Die Engländer behaupten, das deutsche Volk wehrt sich gegen die totalen Kriegsmaßnahmen der Regierung. Es will nicht den totalen Krieg, sondern die Kapitulation. [*Zuruf: Niemals! Niemals!*] Ich frage euch: Wollt ihr den totalen Krieg? Wollt ihr ihn, wenn nötig, totaler und radikaler, als wir ihn uns heute überhaupt noch vorstellen können? [*Die Zuhörer schreien begeistert: „Ja".*]

5.: Die Engländer behaupten, das deutsche Volk hat sein Vertrauen zum Führer verloren. Ich frage euch: Ist euer Vertrauen zum Führer heute größer, gläubiger und unerschütterlicher denn je? [*Kommentator: Die Menge erhebt sich. Vieltausendstimmige Sprechchöre: „Führer, befiehl, wir folgen!" Nicht abebbende Woge von Heilsrufen auf den Führer braust auf. Wie auf ein Kommando erheben sich nun die Fahnen und Standarten, höchster Ausdruck des weihevollen Augenblicks, in dem die Masse dem Führer huldigt.*]

Auszug aus der Rundfunkübertragung, DRA-Nr. 2600052, hier von 1000dokumente.de

M 3 Die deutschen Eroberungen in Europa und Nordafrika bis zur größten Ausdehnung 1942

M 4 Kapitulation der Wehrmacht in Stalingrad
Foto vom 31. Januar 1943
In der seit November 1942 eingekesselten Stadt starben rund 150 000 deutsche Soldaten. Über 100 000 Mann gerieten in sowjetische Gefangenschaft.

1. *Vergleiche die Karte M3 mit der Karte M5 der vorangegangenen Doppelseite und beschreibe die Entwicklung.*
2. *Formuliere Gründe, warum die Zuhörer auf Goebbels' Rede (M2) derart zustimmend reagierten.*
3. *Versetze dich in einen Überlebenden von Stalingrad (M4). Schreibe eine Rede, die er als Reaktion auf Goebbels' Rede halten könnte.*

Der Krieg wird global

M 1 Einsatz für den Führer
Deutsches Foto vom 23. September 1943
Hitler-Jungen, die als Helfer bei Luftangriffen verwundet wurden, bei einer Kundgebung. Wenig später wurden Hitler-Jungen auch in den Kampfeinsatz geschickt.
Erläutere, warum das Propagandaministerium die Veröffentlichung dieser Fotografie verbot.

Totaler Krieg

Mit seiner Sportpalastrede hatte Goebbels die Deutschen zum „totalen Krieg" aufgerufen. Das bedeutete, dass alle verfügbaren Kräfte in der Heimat zur Waffenproduktion und für den Krieg eingesetzt wurden. Mädchen und Frauen arbeiteten in Fabriken, obwohl das dem bisher propagierten Frauenbild widersprach. Männer und Frauen aus den besetzten Gebieten wurden zur Zwangsarbeit von bis zu 80 Stunden pro Woche herangezogen. Später wurden sogar kaum ausgebildete, schlecht bewaffnete Hitler-Jungen und ältere Männer als **„Volkssturm"** an die Front geschickt. Trotz dieser Mobilisierung aller Kräfte wurde die Niederlage von Stalingrad zum Symbol der Kriegswende.

Zögern der USA

Wie schon im Ersten Weltkrieg war die US-Regierung zunächst gegen ein aktives Eingreifen in die europäische Politik. Allerdings hätte ein Europa unter deutscher Vorherrschaft die Rolle der USA als Weltmacht bedroht. So setzte US-Präsident **Franklin D. Roosevelt** 1940 in seiner dritten Amtszeit eine Mobilmachung der Wirtschaft durch. Am 6. Januar 1941 forderte er im Kongress vier Freiheiten: weltweite Anerkennung von Rede- und Meinungsfreiheit, Religionsfreiheit, Freiheit von Not und Hunger sowie Freiheit von Angst und Bedrohung.

Entstehung der Anti-Hitler-Koalition

Der deutsche Angriff auf die Sowjetunion trug zur Annäherung zwischen Großbritannien und der Sowjetunion bei. Trotz verschiedener Gesellschaftssysteme bildeten sie ein Zweckbündnis und vereinbarten am 12. Juli 1941 ein Abkommen über gegenseitige Hilfe. Anfang August 1941 trafen sich der britische Premierminister Churchill und Präsident Roosevelt auf dem Schlachtschiff Prince of Wales im Atlantik. Das Ergebnis war die am 14. August veröffentlichte Atlantik-Charta. Sie wurde zur Grundlage der Anti-Hitler-Koalition. Zur Atlantik-Charta bekannten sich die Sowjetunion, China und 22 weitere Staaten. Ziel der Koalition war der Kampf gegen das Deutsche Reich, Italien, Japan und deren Verbündete. Allerdings galt die „Germany first"-Strategie: Der Sieg über das Deutsche Reich wurde von den USA und Großbritannien zum vorrangigen Kriegsziel erklärt.

Kriegseintritt der USA

Am 7. Dezember 1941 griff Japan unerwartet und ohne Kriegserklärung den amerikanischen Stützpunkt der US-Pazifikflotte in Pearl Harbor auf Hawaii an. Japanische Bomber versenkten elf Kriegsschiffe und töteten 2400 Amerikaner. Einen Tag später erklärten die USA und Großbritannien Japan den Krieg. Deutschland hatte Japan gegenüber keine Bündnisverpflichtungen, hoffte aber, die USA dazu zwingen zu können, ihre Kräfte zwischen dem europäischen und dem pazifischen Kriegsschauplatz aufzuteilen. Aus diesem Grund formulierte Hitler am 11. Dezember 1941 die Kriegserklärung an die USA. Mussolini schloss sich an, und gemeinsam mit Japan beschlossen die **Achsenmächte** eine gemeinsame Kriegsführung, die Sonderfrieden mit den USA oder Großbritannien ausschloss.

„totaler Krieg" „Volkssturm" Franklin D. Roosevelt Achsenmächte

M 2 Wer will die Weltherrschaft?

Am 11. Dezember 1941 erklärt Hitler in einer Reichstagsrede den USA den Krieg:

Ich habe daher heute dem amerikanischen Geschäftsträger die Pässe zustellen lassen und ihm Folgendes eröffnen lassen: Im Verfolg der immer weiteren Ausdehnung einer auf unbegrenzte Weltherrschaftsdiktatur gerichteten Politik des Präsidenten Roosevelt sind die Vereinigten Staaten von Amerika im Verein mit England vor keinem Mittel zurückgewichen, um dem deutschen, dem italienischen und auch dem japanischen Volk die Voraussetzungen ihrer natürlichen Lebenserhaltung zu bestreiten. Die Regierungen Englands und der Vereinigten Staaten von Amerika haben sich aus diesem Grunde nicht nur für die Gegenwart, sondern auch für alle Zukunft jeder berechtigten Revision[1] zur Herbeiführung einer besseren Neuordnung der Welt entgegengesetzt.

Max Domarus, Hitler. Reden und Proklamationen 1932 - 1945, kommentiert von einem Zeitgenossen, Bd. II: Untergang (1939 - 1945), Neustadt a. d. Aisch 1963, S. 1809f.

M 3 Hitlers Zukunftsvision

In einem Brief vom 29. März 1945 hält Rüstungsminister Albert Speer eine Äußerung Hitlers fest:

Wenn der Krieg verloren geht, wird auch das Volk verloren sein. Es ist nicht notwendig, auf die Grundlagen, die das deutsche Volk zu seinem primitivsten Weiterleben braucht, Rücksicht zu nehmen. Im Gegenteil ist es besser, selbst diese Dinge zu zerstören. Denn das Volk hat sich als das schwächere erwiesen, und dem stärkeren Ostvolk gehört ausschließlich die Zukunft. Was nach diesem Kampf übrig bleibt, sind ohnehin nur die Minderwertigen, denn die Guten sind gefallen.

Günter Schönbrunn (Bearb.), Geschichte in Quellen, Bd. 6: Weltkriege und Revolutionen, München 1970, S. 543

M 4 Angriff auf Pearl Harbor

US-amerikanisches Foto vom 7. Dezember 1941

Das Foto zeigt den Untergang des Schlachtschiffes „Arizona". Es lag zusammen mit dem Großteil der US-Pazifikflotte in Pearl Harbor. Beim japanischen Angriff starben über 2 400 US-Soldaten, 21 Schiffe und 323 Flugzeuge wurden zerstört oder beschädigt.

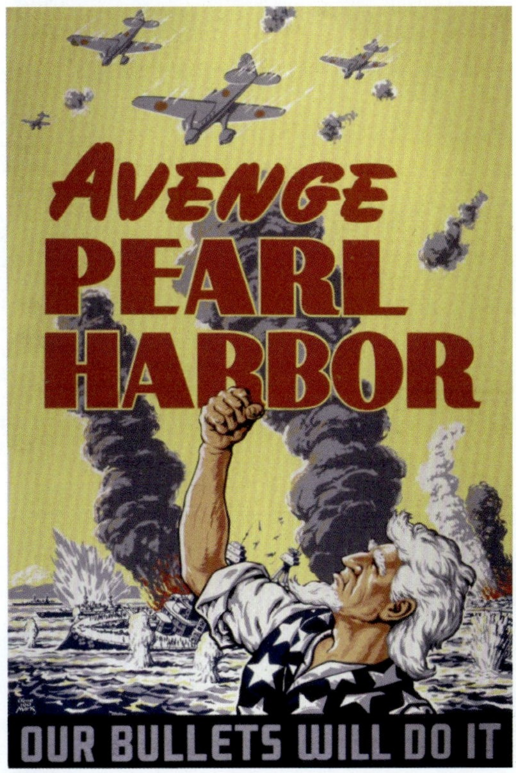

M 5 „Rächt Pearl Harbor"
Amerikanisches Propagandaplakat, 1942

[1] Revision: Veränderung eines bestehenden Zustandes

1. *Vergleiche die beiden Bildquellen M4 und M5 miteinander. Welchen Zweck soll das Propagandaplakat erfüllen?*
2. *Prüfe Hitlers Vorwürfe gegenüber den USA und nimm Stellung (M2).*
3. *Informiere dich wiederholend über Wilsons 14 Punkte und recherchiere zu Roosevelts „Vier Freiheiten". Verfasse darauf aufbauend eine Antwort Roosevelts auf Hitlers Kriegserklärung.*
4. *Welche Einstellung zur Bevölkerung offenbart Hitler in seiner Äußerung M3? Vergleiche sie mit der zuvor verbreiteten nationalsozialistischen Ideologie.*

Kinderlandverschickung

Schon seit der Weimarer Republik wurden Stadtkinder im Sommer zur Erholung in ländliche Gegenden geschickt. Die Luftangriffe der Royal Air Force auf deutsche Großstädte und Industriegebiete ab 1940 führten zur Erweiterung dieser „Kinderlandverschickung" (KLV). Um die Stimmung in der Bevölkerung nicht negativ zu beeinflussen, wurde dabei nicht von „Evakuierung" gesprochen, sondern von „Umquartierung". So wollte man vor allem die besorgten Mütter – die Väter waren oftmals an der Front – beruhigen.

Vorschläge für Forschungsthemen:

Thema 1: *Massenumquartierung: Wie verlief die Kinderlandverschickung?*

Thema 2: *Trennung von Familien: Wie erging es den Familienmitgliedern?*

Aber vielleicht fallen euch ja noch andere Fragen ein.

Beschreiben

Thema 1: *Notiert, wer alles an der Kinderlandverschickung beteiligt war, und findet die Aufgaben heraus.*

Thema 2: *Beschreibt, inwiefern die aktuelle Lage in Deutschland der Kinderlandverschickung der Nationalsozialisten in die Hände spielte.*

Untersuchen

Thema 1: *Untersucht, inwiefern die Nationalsozialisten auf die Eltern vor der Kinderlandverschickung Einfluss nahmen.*

Thema 2: *Findet heraus, welche Gefühle die Kinder und die Eltern vor und während der Kinderlandverschickung hatten.*

Einordnen

Thema 1: *Beurteilt, ob es Staat und Partei nur darum ging, die Kinder vor Bomben auf ihre Heimatstädte zu schützen.*

Thema 2: *Beurteilt, welche Gründe aus Elternsicht für und gegen eine Kinderlandverschickung sprechen.*

Präsentieren

Thema 1: *Um Eltern und Kinder nicht zu beunruhigen, wurden ihre Briefe oft zensiert. Überlegt, welche Themen nicht angesprochen werden durften. Verfasst einen Brief (Kinder- oder Elternperspektive) vor und nach der Zensur.*

Thema 2: *Erstellt Rollenkarten für: Schwester (6), kommt in eine Gastfamilie – Bruder (13), kommt in ein KLV-Lager – Mutter, Mann an der Front – Lehrer, organisiert an seiner Schule die KLV. Führt eine Diskussion über die KLV durch.*

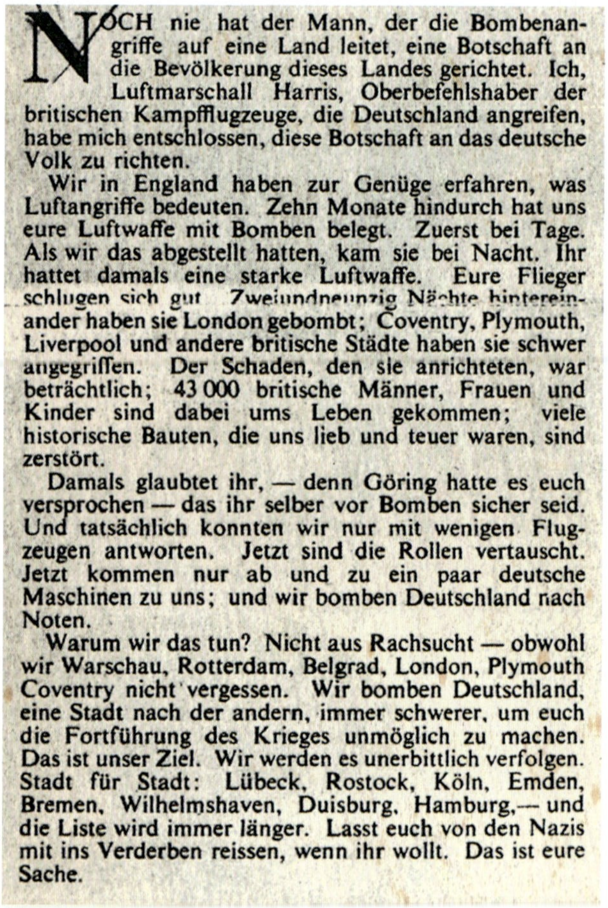

NOCH nie hat der Mann, der die Bombenangriffe auf eine Land leitet, eine Botschaft an die Bevölkerung dieses Landes gerichtet. Ich, Luftmarschall Harris, Oberbefehlshaber der britischen Kampfflugzeuge, die Deutschland angreifen, habe mich entschlossen, diese Botschaft an das deutsche Volk zu richten.

Wir in England haben zur Genüge erfahren, was Luftangriffe bedeuten. Zehn Monate hindurch hat uns eure Luftwaffe mit Bomben belegt. Zuerst bei Tage. Als wir das abgestellt hatten, kam sie bei Nacht. Ihr hattet damals eine starke Luftwaffe. Eure Flieger schlugen sich gut. Zweiundneunzig Nächte hintereinander haben sie London gebombt; Coventry, Plymouth, Liverpool und andere britische Städte haben sie schwer angegriffen. Der Schaden, den sie anrichteten, war beträchtlich; 43 000 britische Männer, Frauen und Kinder sind dabei ums Leben gekommen; viele historische Bauten, die uns lieb und teuer waren, sind zerstört.

Damals glaubtet ihr, — denn Göring hatte es euch versprochen — das ihr selber vor Bomben sicher seid. Und tatsächlich konnten wir nur mit wenigen Flugzeugen antworten. Jetzt sind die Rollen vertauscht. Jetzt kommen nur ab und zu ein paar deutsche Maschinen zu uns; und wir bomben Deutschland nach Noten.

Warum wir das tun? Nicht aus Rachsucht — obwohl wir Warschau, Rotterdam, Belgrad, London, Plymouth Coventry nicht vergessen. Wir bomben Deutschland, eine Stadt nach der andern, immer schwerer, um euch die Fortführung des Krieges unmöglich zu machen. Das ist unser Ziel. Wir werden es unerbittlich verfolgen. Stadt für Stadt: Lübeck, Rostock, Köln, Emden, Bremen, Wilhelmshaven, Duisburg, Hamburg,— und die Liste wird immer länger. Lasst euch von den Nazis mit ins Verderben reissen, wenn ihr wollt. Das ist eure Sache.

M1 Warnung an die deutsche Bevölkerung
Britisches Flugblatt, 1942
Während des Bombenkrieges gegen Deutschland warf die britische Royal Air Force etwa 6 Milliarden Flugblätter über Deutschland ab.

M2 Abfahrt
Foto aus Wuppertal, um 1942/43
Bis Sommer 1943 waren freiwillige Meldungen die Regel, danach wurden ganze Schulen verlegt. Da Eltern nicht gegen die Schulpflicht verstoßen durften, stand die Freiwilligkeit nur noch auf dem Papier.

M 3 „Bitte Mutti, bring mich weg!“
Die Kinderlandverschickung sollte freiwillig sein. Entsprechend emotional war die Werbung, wie auf diesem Propagandaplakat von 1944 aus dem „Gau Moselland“.

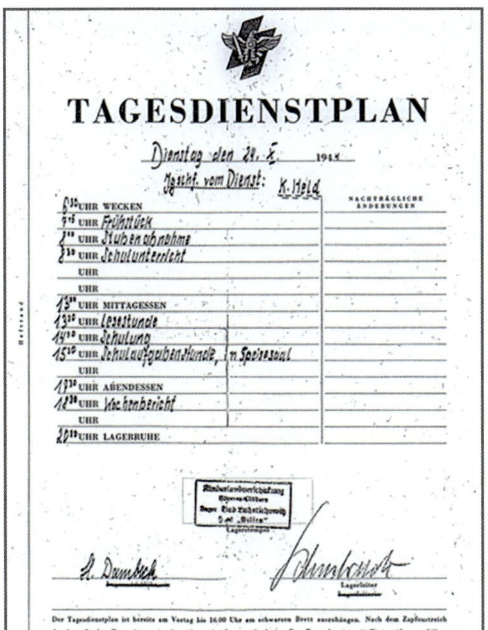

TAGESDIENSTPLAN

Dienstag den 24. X. 1944
Jgschf. vom Dienst: K. Held

6³⁰ UHR WECKEN
7¹⁵ UHR Frühstück
8⁰⁰ UHR Stubenabnahme
8³⁰ UHR Schulunterricht
UHR
UHR
13⁰⁰ UHR MITTAGESSEN
13³⁰ UHR Lesestunde
14³⁰ UHR Schulung
15³⁰ UHR Schulaufgabenstunde, im Speisesaal
UHR
17³⁰ UHR ABENDESSEN
18³⁰ UHR Wochenbericht
UHR
20³⁰ UHR LAGERRUHE

NACHTRÄGLICHE ÄNDERUNGEN

H. Dumbeck
Lagerleiter

Der Tagesdienstplan ist bereits am Vortag bis 16.00 Uhr am schwarzen Brett auszuhängen. Nach dem Zapfenstreich des betreffenden Tages ist er in den Akten des Lagers abzulegen. Der Tagesplan ist mit Tintenstift auszufüllen.

M 4 Durchstrukturierter Tagesablauf
Die KLV bot den Kindern nicht nur Schutz vor Bomben. Hier ein Tagesdienstplan des KLV-Jungenlagers „Haus Pilsen“ in Bad Luhaschowitz (Böhmen) der Klassen 1 und 2 der Mittelschule Duisburg-Hamborn.

Merkblatt für die Eltern!

Auf Anordnung des Führers wird die Kinderlandverschickung der NSV nun auch im Winter 1940/41 weiter durchgeführt. Sie dient der gesundheitlichen Fürsorge solcher Kinder, die durch häufigen nächtlichen Flieger-Alarm und das Aufsuchen unzureichender Luftschutzräume in der kalten Jahreszeit besonders gefährdet sind.

Zur Vorbeugung derartiger gesundheitlicher Schäden sind umfassende Vorbereitungen getroffen. Die Erholungsmaßnahme betrifft aufgrund **freiwilliger** Meldungen:

Mütter und Kleinkinder sowie Schulkinder bis 10 Jahre zur Unterbringung in Familienpflegestellen durch die NSV

ferner Schulkinder im Alter von 10–14 Jahren zur Aufnahme in Lagereinrichtungen der HJ.

In allen Fällen ist für eine **einwandfreie Unterkunft** Gewähr gegeben. Sämtliche Gaststellen sind auf ihre Eignung geprüft, die Lagereinrichtungen (für jeweils ca. 50 Kinder eines Schulganges) unterstehen der Kontrolle der HJ. und werden durch Lagerführer und Lehrer geleitet. Die Unterbringung ist auf unbestimmte Zeit vorgesehen unter **Fortsetzung des Schulunterrichtes** im Aufnahmeort. Schulbücher und sonstiges Unterrichtsmaterial sind mitzunehmen.

Mit Rücksicht auf eine längere Aufenthaltsdauer und die kalte Jahreszeit ist die Bekleidungsfrage von besonderer Bedeutung.

Als **Mindestausrüstung** sollen die Kinder mitnehmen:

1 warmer Zivilanzug (Mädel ein warmes Winterkleid)
1 Wintermantel (falls nicht vorhanden oder auch zusätzlich 1 Regenmantel oder Umhang)
1 Kopfbedeckung (Mütze, Kappe, Kapuze usw.)
2 Paar derbe Schuhe oder Stiefel (zum Wechseln bei nassem Wetter)
1 Paar Hausschuhe
1 Paar warme Handschuhe
mindestens 3 Paar Strümpfe
1 Pullover oder 1 Wolljacke
2–3 Garnituren Unterwäsche
2 Nachthemden oder Schlafanzüge
ausreichend Taschentücher
Zahnbürste und Zahnpasta.

etwas Taschengeld (ca. 3,– RM) für Porto.

Auch der Jungvolkdienstanzug bzw. Jungmädeldienstkleidung ist, soweit vorhanden, ebenfalls mitzubringen, desgleichen **Sportzeug, Schuhputzzeug und Handtücher** für den Lageraufenthalt.

Fehlende Kleidungsstücke müssen unter Benutzung der Kleiderkarte in jedem Fall vor Abreise durch die Eltern beschafft werden. In besonderen Notfällen ist die NSV-Ortsgruppe zu Rate zu ziehen.

M 5 „Merkblatt für die Eltern“
Informationsblatt, Ende 1940
Organisiert wurde die KLV vom „Reichsjugendführer“ Baldur von Schirach. Bei der Durchführung halfen HJ und NS-Lehrerbund. Kinder bis zehn Jahre kamen in sogenannte Pflegefamilien, ältere in ein KLV-Lager.

E r k l ä r u n g .

Jch bin durch . . . . erneut auf die Gefahren hingewiesen worden, denen ich meine Kinder durch Zurückhaltung im Luftnotstandsgebiet aussetze.

Dabei wurde ich wiederum dringend ersucht, meine Kinder auf dem Wege der Kinderlandverschickung in Sicherheit bringen zu lassen und ihnen eine geordnete Schulausbildung zu ermöglichen.

Trotzdem weigere ich mich, die mir von Partei und Staat gebotene Hilfe und Fürsorge für Leben und Gesundheit meiner Kinder in Anspruch zu nehmen.

Jch erkläre ausdrücklich, daß ich infolge meiner Weigerung die volle Verantwortung für Leben und Sicherheit meiner Kinder selbst übernehme und die Schuld allein trage, wenn sie in Zukunft durch feindliche Luftangriffe Leben und Gesundheit verlieren.

(Ort und Datum) ---------------------
(Name)

M 6 Ausübung von Druck
Vorgefertigtes Schreiben, Ruhrgebiet, Ende 1943
Trotz Angst vor Bomben und massiver Werbung hatten viele Eltern Bedenken, ihre Kinder wegzugeben. Wer keine Verwandten auf dem Land hatte, behielt seine Kinder deshalb oft zu Hause. Auf diese Eltern wurde Druck ausgeübt.

Überall Gewalt und Not

M1 Sterben im Ghetto
Foto vom 19. September 1941
Der in Warschau stationierte deutsche Soldat Heinrich Jöst besuchte 1941 das Ghetto und machte dort private Fotos. Zu diesem Bild hielt er fest, dem sterbenden Kind sei von Passanten nicht geholfen worden, weil es zu viele solcher Kinder gegeben habe.
Beschreibe deine Empfindungen, wenn du diese Fotografie siehst. Erläutere, was dir dieses Foto über die Zustände im Ghetto verrät.

Ausbeutung bis zur Vernichtung

Die Devise der deutschen Besatzer lautete: beherrschen, verwalten, ausbeuten. Oberstes Ziel war es, alle Potenziale für die deutsche Kriegswirtschaft nutzbar zu machen. Je länger der Krieg dauerte, desto mehr war die deutsche Bevölkerung auf Einfuhren angewiesen. Nahrung, Rohstoffe und Maschinen wurden rücksichtslos aus den besetzten Gebieten abtransportiert.

Auch Millionen Menschen wurden wie Material ins Reich **deportiert**, also verschleppt. 1944 arbeiteten im Deutschen Reich rund 7,6 Millionen Zwangsarbeiter, darunter auch Kinder. Sie lebten meist in Lagern unter unwürdigen Bedingungen. Kriegsgefangene und Zwangsarbeiter ersetzten die in die Wehrmacht eingezogenen Deutschen, produzierten Waffen und sorgten dafür, dass die Deutschen nicht hungerten.

Aber auch alle, die aus rassischen, politischen oder sozialen Gründen nicht in das nationalsozialistische Schema eines Deutschen passten, wurden in **Konzentrationslagern** inhaftiert. Unter unmenschlichen Haftbedingungen mussten sie sich buchstäblich zu Tode arbeiten: Die Nationalsozialisten vernichteten die Häftlinge durch Arbeit.

Ghettos

In Osteuropa sollte „Lebensraum" für deutsche Bauern geschaffen werden. 31 Millionen Bewohner Polens und der sowjetischen Westgebiete sollten vertrieben oder vernichtet werden und bis dahin als Arbeitssklaven dienen.

In den besetzten Gebieten richteten die Deutschen über 1000 **Ghettos** ein, abgesperrte Wohnbezirke, in die alle Juden ziehen mussten.

Ab Oktober 1941 wurden auch Juden aus dem Deutschen Reich mit Sammeltransporten in Ghettos deportiert. Die Lebens- und Arbeitsbedingungen dort waren grausam und verschlimmerten sich mit dem Krieg. Schon bald wurden die Ghettos für die Juden zur Zwischenstation auf dem Weg in die Vernichtungslager.

Unterstützung in den eroberten Gebieten

In den west- und nordeuropäischen Staaten bemühten sich die deutschen Besatzer um Zusammenarbeit mit den einheimischen Führungsschichten. In Ländern wie Holland, Frankreich und Norwegen gab es faschistische Gruppen, die mit den Besatzern kollaborierten, also mit ihnen zusammenarbeiteten.

In Osteuropa wurden deutsche Truppen in den erst 1940 von der Sowjetunion eroberten baltischen Gebieten sowie in der Ukraine als „Befreier" begrüßt. Doch die Bereitschaft vieler Balten und Ukrainer zur Zusammenarbeit endete, als sie erkannten, dass ihre Hoffnung auf Freiheit und Unabhängigkeit nicht erfüllt wurde.

Widerstand

In allen besetzten Gebieten gab es von Anfang an Widerstand, wie in Frankreich die Résistance. Mit Flugblättern, Streiks und Sabotage versuchten die Widerstandsgruppen, die Fremdherrschaft zu schwächen. Dabei nahmen sie brutale Gegenmaßnahmen in Kauf: **Partisanen** wurden erschossen oder gehenkt. Orte wie Oradour-sur-Glane, Lidice oder Kalavryta, in denen die Widerstandskämpfer angeblich Unterschlupf gefunden hatten, machten die Deutschen dem Erdboden gleich und brachten ihre Bewohner um.

Internettipp:
Zur Planung und Praxis der Beherrschung des eroberten Raums siehe Mediencode 31054-48

Deportation Konzentrationslager Ghetto Partisanen

M2 Das „Erntefest"-Massaker

Heinrich Himmler ordnet im November 1943 die Zerstörung der Arbeitslager Majdanek und Poniatowa an. Er gibt der Aktion den Namen „Erntefest". Insgesamt werden etwa 42 000 Juden ermordet. Ein Beteiligter sagt später vor Gericht aus:

Ich selbst habe mit meiner Gruppe Sperrposten unmittelbar vor der Grube gestellt. Bei der Grube handelte es sich um große zickzackförmig angelegte Splittergräben, die etwa 3 m breit und 3 bis 4 m tief waren. Von meinem Posten aus konnte ich beobachten, wie sich die Juden in der letzten Baracke [...] entkleiden und aller Wertsachen entledigen mussten und dann durch unser Postenspalier in die Gräben [...] bis zur Exekutionsstelle vorgetrieben und hier von SD[1]-Leuten mit Maschinenpistolen vom Grabenrand aus erschossen [wurden]. Da ich mich als Gruppenführer freier bewegen konnte, bin ich einmal direkt zur Exekutionsstelle hingegangen und habe gesehen, dass sich die jeweils neuankommenden Juden auf ihre bereits erschossenen Vorgänger legen mussten und dann mit einer Salve aus der MP gleichfalls erschossen wurden. Dabei achteten die SD-Leute darauf, dass die Juden so erschossen wurden, dass es im Leichenstapel Abstufungen gab, die es den Neuhinzukommenden ermöglichten, sich noch in 3 m Höhe auf den Leichenstapel zu legen.

Nach: Christopher R. Browning, Ganz normale Männer. Das Reserve-Polizeibataillon 101 und die „Endlösung" in Polen, übers. von J. P. Krause, Hamburg 1999, S. 187

[1] SD: Sicherheitsdienst der SS

M3 Widerstand im Warschauer Ghetto

Foto vom April 1943

Auch in den Ghettos kam es zu Widerstand. Deportationen konnten durch Aufstände wie im Warschauer Ghetto ab dem 19. April 1943 zwar um einige Tage aufgeschoben, aber nicht verhindert werden.

M4 Jüdische Zwangsarbeiter im Ghetto Minsk

Foto von 1942 oder 1943

Das Ghetto Minsk wurde im Juli 1941 eingerichtet. Anfangs lebten hier 60 000 Juden. Registrierte Bewohner erhielten etwa 200 g Brot am Tag. Männer, die zur Arbeit in Fabriken, Versorgungslagern der Wehrmacht und beim Straßenbau gezwungen wurden, bekamen dort manchmal mittags eine Suppe.

M5 Hinrichtung sowjetischer Partisanen

Foto vom Januar 1943

Gefangene sowjetische Partisanen wurden von Wehrmachtsoldaten durch den Strang hingerichtet. Dieses Bild entstand trotz des Fotografierverbots.

1. *Erschließe anhand der Quellen die Lebensumstände in einem Ghetto.*
2. *Informiere dich über Orte, die von Nationalsozialisten vernichtet wurden. Wähle einen Ort und stelle die Umstände in einem Vortrag vor.*
3. *Das sog. „Erntefest"-Massaker (M2) war das Ende der „Aktion Reinhardt". Informiere dich über die Aktion und erstelle einen Kurzvortrag.*

Flucht und Vertreibung

M1 „Freiheit? Foto vom 19. September 1941
An Bord der „President Harding" gelangten 50 jüdische Kinder von Wien nach Philadelphia, wo sie in Pflegefamilien aufgenommen wurden.
Überlege, ob die Kinder das neue Leben in den USA als Freiheit empfunden haben.

Erzwungene Emigration

Viele deutsche Juden weigerten sich lange, Deutschland zu verlassen. Sie fühlten sich als Deutsche und waren in der Kultur verwurzelt, viele hatten im Ersten Weltkrieg für ihre Heimat gekämpft. Durch die „Gleichschaltung" wurde den Juden jedoch die Existenz erschwert und spätestens nach der Reichspogromnacht war die Wende zur Vernichtung der Lebensgrundlagen vollzogen.
Nach dem „Anschluss" Österreichs wurde in Wien eine „Zentralstelle für jüdische Auswanderung" eingerichtet, 1939 auch in Berlin. Nach Zahlung der sogenannten „Reichsfluchtsteuer", die bereits seit 1933 von jüdischen Ausreisenden zu entrichten war, wurde gegen 5% Vermögensabgabe ein Pass ausgestellt, weitere Reisevorbereitungen wurden gegen horrende Bezahlung zugesichert.

Schwierigkeiten mit den Emigrationsländern

Die zur **Emigration** bereiten Juden hatten so mehr oder weniger ihr gesamtes Vermögen verloren. Während der Ausreise in ein neues Land mussten sie aber erkennen, dass die zugesagten Vorbereitungen weder Visa noch weiterführende Schiffspassagen oder Einreiseformalitäten beinhalteten. Dies mussten z. B. fast tausend Passagiere der St. Louis erfahren, die im Mai 1939 von Hamburg nach Havanna reisten, um von dort in die USA einzureisen.

Ein großes Hindernis war der Umstand, dass viele Länder aufgrund der Weltwirtschaftskrise ihre Einreisebestimmungen verschärft und Einwanderungsquoten festgelegt hatten. Zudem gab es auch im Ausland Vorbehalte gegen Juden. Aufgrund des großen roten „J", das deutsche Behörden in ihre Pässe stempelten, hatten sie es besonders schwer, ein Aufnahmeland zu finden.
Beispielhaft muss Großbritannien hervorgehoben werden: Die Regierung ermöglichte etwa 10000 jüdischen Kindern und Jugendlichen, die so oft zu den einzigen Überlebenden ihrer Familien wurden, die Einreise und Aufnahme in Pflegefamilien.
In der neuen Heimat mussten die Emigranten mit weitreichenden Problemen zurechtkommen. Fehlende berufliche Qualifikationen sowie mangelnde Sprachkenntnisse führten häufig in die Arbeitslosigkeit oder zu nur gering bezahlten Tätigkeiten. Gerade Schriftsteller, deren Instrument die Sprache ist, hatten Schwierigkeiten.

Auswanderungsverbot

Am 21. September 1939 gab Reinhard Heydrich, Chef des SS-Sicherheitsdienstes, den Befehl, alle Juden Polens vom Land in größeren Städten zu konzentrieren. Es folgte eine Zwangsumsiedlung in abgegrenzte Stadtviertel oder Lager. Die größten der so entstandenen Ghettos befanden sich in Warschau, Lodz, Krakau und Lublin. Der Wohnraum dort war bei Weitem nicht ausreichend, es herrschten Hunger und tödliche Krankheiten.
Nach dem Sieg über Frankreich 1940 trat Heydrich für den sogenannten Madagaskar-Plan ein. Er sah vor, alle Juden nach Madagaskar umzusiedeln und dort ein Groß-Ghetto einzurichten. Der Überfall auf die Sowjetunion zerschlug diese Pläne, da sich nun zu viele Juden in den von den Nationalsozialisten beherrschten Gebieten befanden. Eine Umsiedlung wurde so unmöglich. Nachdem am 23. Oktober 1941 ein Auswanderungsverbot festgelegt wurde, gab es keine Möglichkeit mehr, Deutschland auf legalem Weg zu verlassen. Die verbliebenen Juden waren der Vernichtung ohne Fluchtweg ausgesetzt.

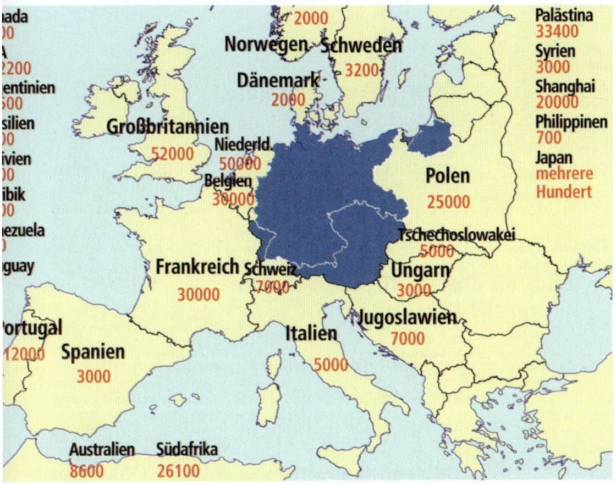

M 2 Emigration aus Deutschland
Bevor ab dem 23. Oktober 1941 die legale Emigration für Juden unmöglich wurde, suchten sie weltweit nach einer neuen Heimat.

M 4 „Die Geistige Emigration"
Ölgemälde, 211 x 343 cm
Arthur Kaufmann (1888 - 1971) versammelt in seinem Gemälde Zeitgenossen, die wie er aus dem nationalsozialistischen Deutschland in die USA geflohen waren.

M 3 Emigranten-Monolog (1945)

Mascha Kaléko wird 1907 in Galizien geboren. Ihre Gedichte werden von den Nationalsozialisten zur unerwünschten Literatur erklärt. 1938 emigriert sie in die USA.

Ich hatte einst ein schönes Vaterland –
so sang schon der Flüchtling Heine.
Das seine stand am Rheine,
das meine auf märkischem Sand.

Wir alle hatten einst ein (siehe oben!).
Das fraß die Pest, das ist im Sturz zerstoben.
O Röslein auf der Heide,
dich brach die Kraftdurchfreude.

Die Nachtigallen wurden stumm,
sahn sich nach sicherm Wohnsitz um,
und nur die Geier schreien
hoch über Gräberreihen.

Das wird nie wieder, wie es war,
wenn es auch anders wird.
Auch wenn das liebe Glöcklein tönt,
auch wenn kein Schwert mehr klirrt.

Mir ist zuweilen so, als ob
das Herz in mir zerbrach.
Ich habe manchmal Heimweh.
Ich weiß nur nicht, wonach.

Mascha Kaléko, Emigranten-Monolog, in: Verse für Zeitgenossen, Reinbek bei Hamburg 1978, S. 53

M 5 Nicht „Auswanderung", sondern Flucht

Der Historikerin Juliane Wetzel schreibt 1996 zur Emigration aus Deutschland:

„Es war nie Auswanderung, immer Flucht". So beurteilte die jüdische Schriftstellerin Adrienne Thomas […] die Reaktion der deutschen Juden auf die NS-Verfolgung. Die jüdischen Emigranten aus Deutschland können nicht mit den freiwilligen Auswanderungen früherer Zeiten verglichen werden. […] Die Regierung eines Landes, das sie als Heimat betrachtet und geliebt haben, schob sie mit Schimpf und Schande ab.

Nach: Juliane Wetzel, Auswanderung aus Deutschland, in: Wolfgang Benz (Hrsg.), Die Juden in Deutschland 1933 - 1945, München [4]1996, S. 413 ff.

Internettipp:
Eine interaktive Karte zur Politik der Zielländer für jüdische Flüchtlinge findest du unter **31054-49**

1. *Werte die Grafik M2 aus.*
2. *Beurteile anhand der Quellen, wie die Emigranten das Leben in ihrer neuen Heimat empfunden haben.*
3. *Informiere dich über das Schicksal der Passagiere der St. Louis, die am 13. Mai 1939 den Hamburger Hafen mit dem Ziel Havanna verließ, und verfasse einen Kurzvortrag.*
4. *Finde heraus, wer auf dem Triptychon M4 abgebildet ist, und überlege, welche Folgen die Auswanderung dieser Menschen für Deutschland hatte.*

Geheime Gedanken, erinnertes Leben

Eine Autobiografie ist die Beschreibung der eigenen Lebensgeschichte. Dabei wird nicht immer das komplette Leben erzählt, sondern besonderer Wert auf die Lebensabschnitte gelegt, die eine besondere Bedeutung für den Verfasser bzw. die Verfasserin haben.
Ein Tagebuch ist eine Sonderform der Autobiografie. Die Einträge fanden regelmäßig statt, manchmal sogar Tag für Tag. Außerdem sind sie nach dem Entstehungsdatum zeitlich geordnet. Der Inhalt ist in den meisten Fällen privater Natur, und nicht immer war den Schreibern bewusst, dass ihre Tagebücher später als historische Quelle genutzt werden würden

Um eine Autobiografie gewinnbringend zu untersuchen, kannst du folgendermaßen vorgehen:

Schritt 1: Vorarbeit

- Informiere dich über den Verfasser bzw. die Verfasserin.
- Bestimme den historischen Kontext, in dem der Verfasser bzw. die Verfasserin lebte.

Schritt 2: Lektüre

Lies die Autobiografie und beantworte dabei Leitfragen, die du dir stellst. Mögliche Leitfragen können sein:

- Wer hat die Autobiografie verfasst, was erfährt man über ihn/sie?
- Inwiefern wird das Leben des Verfassers bzw. der Verfasserin von politischen Ereignissen beeinflusst?
- Was wird über das alltägliche Leben erzählt?
- Sind die Erfahrungen des Verfassers bzw. der Verfasserin typisch für die historische Situation?
- Wurde die Autobiografie privat verfasst oder war sie von vornherein zur Veröffentlichung bestimmt?
- Wer veröffentlichte den Text und was war das damit verbundene Anliegen?
- Welche Wirkung erzielt der Text beim Leser?

Schritt 3: Auswertung

- Fasse die Antworten auf die Leitfragen zu einem strukturierten Text zusammen.
- Ergänze deine Informationen bei Bedarf durch zusätzliche Recherchen, beispielsweise in der Bücherei.

M1 Anne stellt sich vor
Seite aus Annes Tagebuch aus dem Jahr 1942 (Ausschnitt)

M2 Die Aufzeichnungen gewinnen Bedeutung

Am 29.3.1944 schreibt Anne Frank in ihr Tagebuch:

Liebe Kitty!
Gestern Abend sprach Minister Bolkestein im Sender Oranje darüber, dass nach dem Krieg eine Sammlung von Tagebüchern und Briefen aus dieser Zeit herauskommen soll. Natürlich stürmten alle gleich auf mein Tagebuch los. Stell dir vor, wie interessant es wäre, wenn ich einen Roman vom Hinterhaus herausgeben würde. [...] Es muss ungefähr zehn Jahre nach dem Krieg schon seltsam erscheinen, wenn erzählt wird, wie wir Juden hier gelebt, gegessen und gesprochen haben.

Anne Frank, Tagebuch, Frankfurt a. M. 1988, S. 233f.

Kontext-Informationen „Anne Frank“:

Menschen in der ganzen Welt kennen Anne Franks Lebensgeschichte. Ausgangspunkt für die Gewinnung von Informationen ist natürlich Annes Tagebuch, das sie vom 12. Juni 1942 bis zum 1. August 1944, drei Tage vor ihrer Verhaftung, führte.
Zur Spurensuche lädt das Firmengebäude von Otto Frank ein, zu dem auch das Hinterhaus gehörte, in dem sich Anne mit ihrer Familie versteckte. Dieser Gebäudekomplex ist inzwischen ein Museum. Nutze dessen Internetseite annefrank.org oder die entsprechende App, um dich über Anne und ihr Leben zu informieren.

So könnte eine Auswertung aussehen:

Anne, ein deutsches Mädchen jüdischen Glaubens, wanderte 1934 mit ihrer Familie von Frankfurt nach Amsterdam aus, um der NS-Herrschaft zu entkommen. Anne besuchte den Kindergarten und die Schule, ihr Vater betrieb eine Firma. Mit der Eroberung der Niederlande 1940 durch die Deutschen begannen auch hier Ausschreitungen gegen Juden. Als Annes Schwester 1942 in ein Arbeitslager deportiert werden sollte, tauchte die Familie in einem Hinterhaus unter. Sie wurde von der Sekretärin versorgt. Das Versteck war sehr beengt. Anne versuchte sich durch ihr Tagebuch abzulenken. Was sie ihrer erfundenen Freundin „Kitty" schrieb, war als private Aufzeichnung gedacht. Als Anne im Radio hörte, dass die holländische Exilregierung um Aufzeichnungen zur deutschen Besatzung bat, schrieb Anne Teile ihres Tagebuchs um. Nach zwei Jahren wurde das Versteck verraten. Anne wurde in die KZ Auschwitz und Bergen-Belsen gebracht, wo sie im März 1945 starb. Ihr Vater überlebte und veröffentlichte Annes Tagebuch nach dem Krieg, um ihren Wunsch zu erfüllen, eine Schriftstellerin zu werden. Annes Tagebuch ist besonders interessant, weil es Gedanken einer „normalen" Jugendlichen wiedergibt.

Internettipp:
Die Homepage des Anne Frank Hauses in Amsterdam bietet eine Zeitleiste zu Annes Leben und einen 3D-Rundgang durch das Haus. 31054-50

M3 Volksdeutscher

Der in Peine geborene jüdische Junge Salomon Perel wird nach einer Flucht vor den Nationalsozialisten von der Wehrmacht aufgegriffen. Dort gibt er sich als Volksdeutscher Josef Perjell aus:

Ich bebte am ganzen Körper. Ich hob meine zitternden Arme, und der stahlhelmbewehrte Wachposten näherte sich mir, um mich systematisch zu durchsuchen. Ich sah mich schon sterben, blieb aber stocksteif stehen und brach nicht in Schluchzen aus. [...] Die lähmende Angst verflog. Auch meine bleischwere Zunge löste sich. [...] „Ich bin kein Jude, ich bin Volksdeutscher." [...] Überraschend höflich bat man mich, beiseite zu treten. [...] Während ich wartete, hörte ich das metallische Klirren der Schaufeln, die die Gräber meiner Brüder [gemeint sind andere Juden] aushoben, hörte ich ganz nah die Maschinengewehrsalven.

Sally Perel, Ich war Hitlerjunge Salomon, Berlin [5]2004, S. 28 f.

M4 Das Ghetto

In den Ferien fährt Sally als Hitler-Junge nach Lodz. Er hofft, im Ghetto seine Eltern zu sehen:

Ich kletterte auf einen Trümmerhaufen. Von dort konnte ich zum ersten Mal in das Ghetto schauen. Ich erstarrte. Hinter dem hohen Palisadenzaun bewegten sich graue Gestalten. Sie gingen langsam und gebeugt. Dieser furchtbare Anblick! Mir wurde schwarz vor Augen, mich würgte es. Die Tränen liefen mir herunter [...]. Einmal noch meine geliebten Eltern sehen, damit sich ihr Bild in mir einbrenne!

ebda., S. 141

M5 Ein Opfer?

Nach dem Sieg der Alliierten fühlt sich Sally wie wiedergeboren. Trotzdem plagen ihn Zweifel:

Beim Verlassen des Gebäudes stieß ich auf ein riesiges Schild „Hilfskomitee für die Opfer des Nationalsozialismus". Ich hatte Skrupel hineinzugehen. Ich kämpfte mit mir. Gehörte ich auch zur Kategorie der Opfer?

ebda. S. 181

M6 „Ich war Hitlerjunge Salomon"
Autobiografie von Salomon Perel
Das Foto zeigt den Autor umgeben von Kameraden an der HJ-Schule Braunschweig, 1942

Internettipp:
Kurze Autobiografien von Überlebenden des NS-Terrors findest du hier: 31054-51

Jetzt bist du dran:

1. *Gehe nach dem angegebenen Schema vor und untersuche die Autobiografie „Ich war Hitlerjunge Salomon" von Sally Perel.*
2. *Nachbereitung: Anne und Salomon waren beide Juden, aber ihre Lebenswege unterschieden sich sehr. Nimm Stellung, ob man auch Salomon Perel als Opfer des Nationalsozialismus bezeichnen kann.*

Völkermord

M 1 Auschwitz-Birkenau
Foto von 1995
Das Torhaus von Auschwitz-Birkenau mit seiner charakteristischen Fassade und den hineinführenden Zuggleisen ist wie kein anderes Gebäude zum Sinnbild des Holocaust geworden.
Beschreibe das Bild. Wie wirkt es auf dich?

Internettipp:
Vertiefende Informationen über den Holocaust bietet Mediencode 31054-52

Vorbereitung und Entscheidung

Nachdem Pläne zur Deportation aller Juden aufgegeben werden mussten, befahl SS-Führer Heinrich Himmler, wahrscheinlich 1941, sich nach neuen Methoden umzusehen, mit denen Massentötungen vorgenommen werden konnten. Er wollte damit die psychische Belastung der Männer der bisherigen Erschießungskommandos beseitigen.

Verwaltung und Ausführung

Am 20. Januar 1942 trafen sich in einer Villa am Berliner Wannsee hohe Beamte, SS-Offiziere und Staatssekretäre aus dem Innen-, Justiz- und Außenministerium mit Reinhard Heydrich. Der Leiter des Reichssicherheitshauptamtes, das für die „praktische Durchführung der **Endlösung**" zuständig war, informierte die Teilnehmer über die bereits begonnenen Maßnahmen gegen elf Millionen Juden in Europa. Der Kontinent sollte nun systematisch durchkämmt und „judenfrei" gemacht werden.
Von Berlin aus organisierte SS-Führer Adolf Eichmann, der Leiter des Judenreferates, die Massendeportationen der Opfer aus allen europäischen Staaten. Schon während des Transports wurden viele ermordet oder sie verhungerten. An den Transporten und der folgenden Vernichtung war allerdings nicht nur die SS beteiligt, sondern unter anderem auch die Reichsbahn, die Sonderzüge zur Verfügung stellte, Industriebetriebe, die das Giftgas und die Bestandteile der Gaskammern lieferten, und Ärzte. Dr. Josef Mengele führte äußerst grausame Menschenversuche an Häftlingen, besonders an Zwillingen, durch.

Vernichtungslager

Vernichtungslager unterschieden sich erheblich von den bis dahin existierenden Konzentrationslagern. Das erste Vernichtungslager war Ende 1941 in Chelmno an der Weichsel im Generalgouvernement Polen errichtet worden. Dort brachte man die Opfer in umgebauten Lastwagen mit Abgasen um. Große Vernichtungslager entstanden in den Folgemonaten in Belzec, Sobibor und Treblinka.
Um die Jahreswende 1942/43 wurde **Auschwitz** bei Krakau im Süden des heutigen Polen zum zentralen Tötungsort für die Juden. Neben dem seit 1940 bestehenden Stammlager, vor allem für polnische Häftlinge, entstand in Auschwitz-Birkenau ein riesiges Barackenlager für Zwangsarbeiter. Seit August/September 1941 kam es im Stammlager zu Massenmorden mit dem Giftgas Zyklon B. Ab Ende Juni 1942 begannen in Auschwitz „Selektionen". Wer bei seiner Ankunft der SS nicht arbeitsfähig erschien, häufig Frauen und Kinder, wurde sofort in den Gaskammern umgebracht. Das galt für etwa 75 Prozent der Ankömmlinge. Die anderen wurden durch Zwangsarbeit vernichtet. Die Lebenserwartung der Häftlinge betrug in Auschwitz etwa fünf bis sechs Monate.

Holocaust

Von den etwa sechs Millionen jüdischen Opfern aus rund 20 Staaten wurde über eine Million in Auschwitz getötet. Die meisten Opfer stammten mit etwa drei Millionen aus Polen und mit etwa einer Million aus der Sowjetunion. Für diesen systematischen Völkermord wird heute der Begriff **Holocaust** benutzt. Die Juden verwenden dafür die hebräische Bezeichnung **Shoa**.

M 2 Erfüllung der Prophezeiung

Joseph Goebbels berichtet am 13.12.1941 in seinem Tagebuch über eine Rede Hitlers vom Vortag:

Bezüglich der Judenfrage ist der Führer entschlossen, reinen Tisch zu machen. Er hat den Juden prophezeit, dass, wenn sie noch einmal einen Weltkrieg herbeiführen würden, sie dabei ihre Vernichtung erleben würden. Der Weltkrieg ist da, die Vernichtung des Judentums muss die notwendige Folge sein. Diese Frage ist ohne jede Sentimentalität zu betrachten. Wir sind nicht dazu da, Mitleid mit den Juden, sondern nur Mitleid mit unserem deutschen Volk zu haben.

Die Tagebücher von Joseph Goebbels, hrsg. v. Elke Fröhlich, Teil II, Bd. 2, München u. a. 1996, S. 498 f.

M 3 Methode des Massenmordes

Dr. André Lettich, ein französischer Arzt, der im Juli 1942 nach Auschwitz deportiert worden ist, berichtet, wie die Menschen in die Gaskammern getrieben und umgebracht worden sind:

„Ihr kommt von der Reise, ihr seid schmutzig, ihr werdet ein Bad nehmen, zieht euch schnell aus." Man verteilte Handtücher und Seife, und plötzlich erwachten die Rohlinge und zeigten ihr wahres Gesicht: Mit starken Hieben zwang man diese Menschenherde, [...] sommers wie winters nackt herauszugehen und so die paar hundert Meter Entfernung bis zum „Duschraum" zurückzulegen. [...] An der Decke konnte man sogar Duschbrausen bemerken, die verkittet waren, jedoch niemals Wasser durchlaufen ließen. Diese armen Unschuldigen waren zusammengepfercht, die einen gegen die anderen gepresst, und da brach Panik aus, [...] jedoch stellten Kolbenschläge und Revolverschüsse schnell die Ruhe wieder her, und alle betraten schließlich die Todeskammer. Die Türen wurden geschlossen, und zehn Minuten danach [...] warf sodann SS-Unterscharführer Moll das Gas ein. Die Schreie, die man hören konnte, waren fürchterlich; aber einige Augenblicke später herrschte vollständige Stille. Zwanzig bis fünfundzwanzig Minuten darauf wurden Türen und Fenster zur Lüftung geöffnet und die Leichen sofort in Gruben zum Verbrennen geworfen; aber die Zahnärzte hatten vorher jeden Mund nachgeprüft, um die Goldzähne auszuziehen. Man vergewisserte sich auch, ob die Frauen nicht etwa in ihren intimen Körperteilen Schmuck versteckt hatten, und ihr Haar wurde abgeschnitten und für industrielle Zwecke methodisch zusammengebündelt.

Eugen Kogon u. a. (Hrsg.), Nationalsozialistische Massentötungen durch Giftgas. Eine Dokumentation, Frankfurt a. M. 1983, S. 210 f.

M 4 „Aussortierung"

Foto vom Mai 1944

Das Bild stammt vermutlich vom SS-Mann Ernst Hoffmann und trägt im Original die Überschrift „Aussortierung". Es zeigt die Selektion ungarischer Juden an der Rampe des Vernichtungslagers Auschwitz-Birkenau.

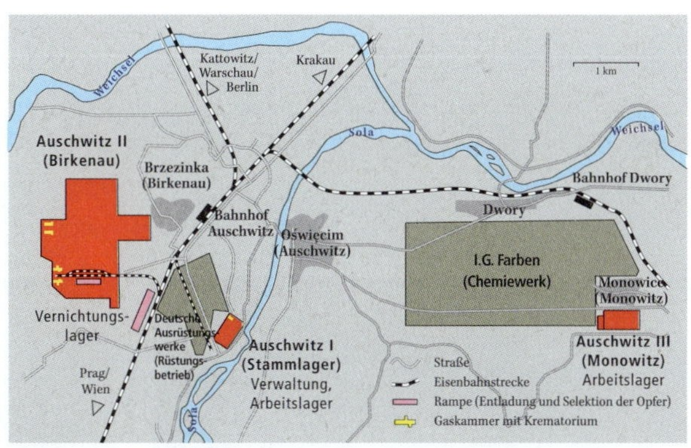

M 5 Der Lagerkomplex Auschwitz

1. *Nimm Stellung zu Hitlers Aussage, die Juden hätten den Weltkrieg herbeigeführt.*
2. *Beurteile, ob Hitlers Verantwortung für die Judenvernichtung andere Täter entlastet.*
3. *Überlege, was das Foto M4, obwohl es eine Situationsaufnahme ist, und auch die Quelle M3 nicht vermitteln können.*
4. *Suche die im Darstellungstext angegebenen Ortsnamen der Vernichtungslager auf der Karte M3, S. 113. Notiere, was dir auffällt.*

Ort des Leidens, Orte der Erinnerung

Im heutigen Niedersachsen befanden sich an über 100 Orten Konzentrationslager, Haftstätten und Hinrichtungsorte für Häftlinge und andere Opfer des Nationalsozialismus. Eines der bekanntesten Opfer ist Anne Frank, die im Konzentrationslager Bergen-Belsen starb. Hier wurde 1952 eine Gedenkstätte eingeweiht. Sie dient seitdem als Ort der Erinnerung an die Opfer des „Dritten Reiches". Der Besuch einer Gedenkstätte ist keine Exkursion wie jede andere: Du sammelst Informationen über Opfer und Täter, gedenkst aber gleichzeitig auch des Leides und der Toten. Das erfordert Respekt, angemessenes Verhalten sowie eine besondere Vor- und Nachbereitung.

Dabei kannst du in diesen drei Schritten vorgehen:

1. Planung

Informiere dich über das Konzentrationslager (Internet, Bibliothek, angefordertes Informationsmaterial). Wähle danach allein oder in einer Kleingruppe einen Themenschwerpunkt aus, der dich besonders interessiert und den du während des Besuchs besonders berücksichtigst. Mögliche Schwerpunkte:

- das Lagerareal
- die Vorgeschichte, die zur Entstehung des Lagers geführt hat
- die Geschichte der Gedenkstätte von der Errichtung bis heute
- das Lagerleben und die Haftbedingungen
- Schicksale einzelner Häftlinge oder Häftlingsgruppen
- die Täter und ihre Taten
- die Strafverfolgung der Täter
- die Befreiung des Lagers

Informiere die Klasse über das, was du über dein Thema herausgefunden hast, da es nicht sinnvoll ist, dies in der Gedenkstätte selbst zu tun. Dort ist jeder mit seinen eigenen Gedanken beschäftigt.

Schritt 2: Durchführung des Besuchs

Konzentriere dich auf die Führung bzw. deinen Rundgang. Widme dich den Ausstellungsstücken, den Zeitzeugenaussagen, der Gestaltung der Gedenkstätte usw. Halte Eindrücke und Empfindungen in Wort und Bild fest, damit du später darauf zurückgreifen kannst. Achte aber darauf, den Besuch nicht nur durch das Kameraobjektiv zu erleben. Dokumentiere stattdessen nur Details, die für dich persönlich oder dein Thema relevant sind. Nimm dir Zeit für deine Eindrücke und gib sie auch den anderen.

Schritt 3: Auswertung und Präsentation

Tausche dich mit anderen aus, inwiefern sich eure Eindrücke vor Ort von den Recherchen während der Vorbereitung unterschieden.

Falls noch Fragen offen geblieben oder neue aufgetaucht sind, recherchiere noch einmal.

Gestalte deinen Teil der Präsentation. Achte auf ein ausgewogenes Text-Bild-Verhältnis. Versuche, nicht nur Fakten zu präsentieren, sondern auch Eindrücke. Stehe für Fragen zur Verfügung. Mögliche Formen der Präsentation sind PowerPoint-Vortrag – Fotoausstellung – Collage – Plakate – Lesung mit Fotoeindrücken – …

M1 Dokumentationszentrum
Das Besondere am Bau des Dokumentationszentrum ist, dass es zwar außerhalb des früheren Lagergeländes steht, aber an der Stelle des ehemaligen Außenzauns einige Meter in das ehemalige Lager hineinragt, allerdings ohne den Boden zu berühren.

M2 Massengrab
Eines der insgesamt 13 Massengräber, die nach der Befreiung auf dem ehemaligen Lagergelände angelegt wurden.

M 3 Haus der Stille
Innenansicht
In dieser „begehbaren Skulptur" ist es jedem möglich, sich auf sich selbst und seine Gedanken zu konzentrieren.

M 4 Dokumentation
Im Dokumentationszentrums der Gedenkstätte werden Registrierungsfotos polnischer Kriegsgefangener gezeigt, die nach der Niederschlagung des Warschauer Aufstandes in das KZ Bergen-Belsen gebracht wurden.

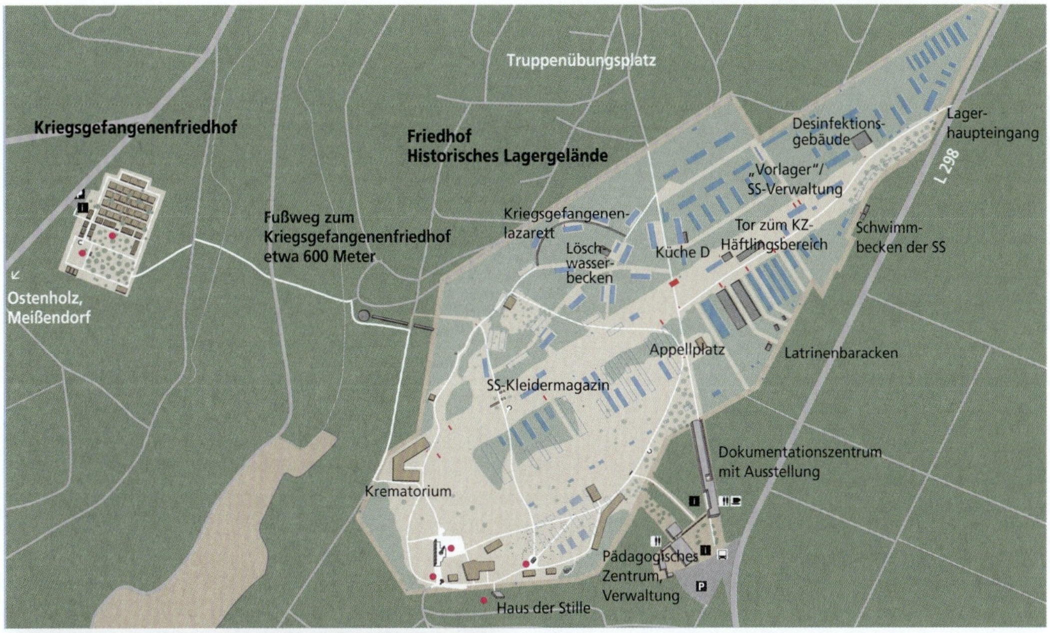

M 5 Gedenkstätte Bergen-Belsen
Gesamtplan

Internettipp:
Eine KZ-Aufseherin aus Bergen-Belsen erinnert sich (nicht). Das Video kannst du ansehen unter 31054-53

M 6 Waggon
Der Eisenbahnwaggon ist von Soldaten der Bundeswehr restauriert worden. In solchen Wagen sind die meisten Häftlinge nach Bergen-Belsen transportiert worden.

Jetzt bist du dran: eine KZ-Gedenkstätte besuchen:
Geht nach dem angegebenen Schema vor und bereitet euch auf euren Besuch in Bergen-Belsen vor. Zusätzlich könnt ihr Folgendes berücksichtigen:

1. *Vorbereitung: Erörtert die Aussage, dass Gedenken Wissen und Respekt benötigt.*
2. *Nachbereitung: Diskutiert, ob es den Opfern angemessen ist, eine Gedenkstätte auf dem Ort ihres Leidens und Sterbens zu errichten.*

Die Deutschen und der Holocaust

Bis heute wird in der Forschung diskutiert, was die deutsche Bevölkerung vom Holocaust wusste. Viele beteuerten im Nachhinein, dass die Judenverfolgung das Werk eines kleinen Kreises gewesen sei und die „Normalbevölkerung" keine Kenntnis von den schrecklichen Ereignissen gehabt hätte. Auch heute ist es schwer zu sagen, wie viele Deutsche vom Holocaust wussten.

Vorschläge für Forschungsthemen:

Thema 1: *Was wussten die Deutschen von der Judenvernichtung?*

Thema 2: *Welche Einstellungen zur Judenpolitik der Nationalsozialisten existierte?*

Aber vielleicht fallen euch ja noch andere Fragen ein.

Beschreiben

Thema 1: *Beschreibt, auf welchen Wegen die Bevölkerung von dem Umgang mit den Juden erfahren konnte.*

Thema 2: *Stellt anhand der Quellen zusammen, was über die Juden von wem formuliert wurde.*

Untersuchen

Thema 1: *Arbeitet anhand der Quellen heraus, welches Wissen über den Umgang mit Juden bei wem vorhanden war..*

Thema 2: *Arbeitet anhand der Quellen heraus, welche „Vorteile" sich einzelne Bevölkerungsteile von der negativen Behandlung der Juden versprachen.*

Einordnen

Thema 1: *Leitet Erklärungsversuche ab, warum über die Judenverfolgung häufig geschwiegen wurde.*

Thema 2: *Leitet Erklärungsversuche ab, warum der Holocaust stattfinden konnte.*

Präsentieren

Thema 1: *Erstellt eine Wandausstellung zum Thema: „Was hat die deutsche Bevölkerung über die Judenvernichtung gewusst?". Benutzt Bilder und erklärende Texte.*

Thema 2: *Organisiert eine Diskussionsrunde zum Thema: „Die Frage, wie viel der Einzelne wissen konnte, verkehrt sich in die Frage, wie viel der Einzelne wissen wollte."*

M1 Judenfeindlichkeit in Deutschland

In seinem Buch „Hitlers willige Vollstrecker" vertritt der US-amerikanische Politologe Daniel Jonah Goldhagen 1996 Positionen, die heftige Debatten auslösen.

Bereits lange vor dem Machtantritt der Nationalsozialisten in Deutschland [hatte sich] eine bösartige und gewalttätige […], auf Ausgrenzung, Ausschaltung und Beseitigung gerichtete Variante des Antisemitismus durchgesetzt. […] Als die Nationalsozialisten schließlich die Macht übernommen hatten, fanden sie sich an der Spitze einer Gesellschaft wieder, in der Auffassungen über Juden vorherrschten, die sich leicht für die extremste Form der „Beseitigung" mobilisieren ließen. […] Die Juden galten zunehmend als Verkörperung und Symbol für alles, was die deutsche Gesellschaft für schlecht hielt. […] Moderne deutsche Antisemiten glaubten […], dass ohne die Vernichtung der Juden auf der Welt kein Frieden möglich sei.

Daniel Jonah Goldhagen, Hitlers willige Vollstrecker. Ganz gewöhnliche Deutsche und der Holocaust. Berlin 1996, S. 39 und 103f.

M2 Ein leichtes Wort?

Spätestens seit der Wannseekonferenz haben hohe NSDAP-Funktionäre von den Plänen zum Judenmord gewusst. Nach und nach sind auch die unteren Ebenen eingeweiht worden. Am 6. Oktober 1943 erklärt Heinrich Himmler vor Gau- und Reichsleitern:

Der Satz „Die Juden müssen ausgerottet werden" mit seinen wenigen Worten, meine Herren, ist leicht ausgesprochen. Für den, der durchführen muss, was er fordert, ist es das Allerhärteste und Schwerste, was es gibt. […] Sie wissen nun Bescheid, und Sie behalten es für sich. Man wird vielleicht in ganz später Zeit sich einmal überlegen können, ob man dem deutschen Volk etwas darüber sagt. Ich glaube, es ist besser, wir – wir insgesamt – haben das für unser Volk getragen, haben die Verantwortung auf uns genommen […] und nehmen dann das Geheimnis mit in unser Grab.

Bradley F. Smith und Agnes F. Peterson (Hrsg.), Heinrich Himmler – Geheimreden 1933 - 1945, Frankfurt a. M. 1974, S. 169ff.

M3 Regimekritische Tagebücher

Friedrich Kellner hält regimekritische Gedanken zum Nationalsozialismus umfangreich in seinen Tagebüchern fest.

23. Oktober 1941: Ein in Urlaub befindlicher Soldat berichtet als Augenzeuge fürchterliche Grausamkeiten in dem besetzten Gebiet in Polen. Er hat gesehen, wie nackte Juden u. Jüdinnen, die vor einem langen, tiefen Graben

aufgestellt wurden, auf Befehl der SS von Ukrainern in den Hinterkopf geschossen wurden u. in den Graben fielen. Der Graben wurde dann zugeschaufelt. Aus den Gräben drangen oft noch Schreie!

25. September 1942: Die sogenannte „Bereinigung“ Europas von Juden wird ein dunkles Kapitel in der Menschheitsgeschichte bleiben. Wenn wir in Europa soweit sind, dass wir Menschen einfach beseitigen, dann ist Europa rettungslos verloren.

Friedrich Kellner, Vernebelt, verdunkelt sind alle Hirne. Tagebücher 1939 - 1945, hrsg. v. Sascha Feuchert u. a., Bd. 1, Göttingen 2011, S. 191f. und 314

M 4 Gartengespräche

Informationsquellen sind Zeitung, Rundfunk und alltägliche Gespräche, wie Karl Dürkefälden hier von einer Gartengemeinschaft berichtet:

Für den 30. August 1942 hatte sich die [hannoversche] Gartengemeinschaft, der meine Schwiegereltern angehörten, verpflichtet, Verwundete einzuladen und Kuchen und dergleichen zu verabreichen. Bei dieser Gelegenheit sagte der Verwundete [...]: „Wir haben in Russland Zehntausende Juden umgelegt.“ [...] An allen Stellen, wo Deutsche hinkamen, ist mit den Juden grausam umgegangen [worden]. So hörte ich, dass bei dem Einrücken der deutschen Soldaten in Weißrussland Tausende von Juden zusammengeschossen wurden. [...] Als ich am 26. Juli 1942 in Bornhausen war, konnte die alte Tante Rollwage nicht darüber zur Ruhe kommen, dass man in einem Nachbarorte eine 81- oder 83-jährige Jüdin fortgeholt hatte. Die Jüdin war arisch verheiratet.

Sibylle Obenhaus und Herbert Obenhaus (Hrsg.), Schreiben, wie es wirklich war! Aufzeichnungen Karl Dürkefäldens aus den Jahren 1933 - 1945, Hannover 1985, S. 107ff.

M 5 Opferwissen

Georges Wellers, jüdischer Partner in einer sogenannten „Mischehe“, ist seit 1941 in Lagern interniert gewesen. Nach dem Krieg erklärt er:

Es mag erstaunlich erscheinen, aber bis zum Schluss wussten wir im Lager so gut wie nichts über das Schicksal der Deportierten. Wir wussten, dass Radio London über die Schrecken der Gaskammern und anderer Methoden der Vernichtung von Juden berichtete, aber wir konnten es nicht glauben. Wir hielten diese Dinge für Übertreibungen der englischen Propaganda und schenkten ihnen keine große Beachtung.

Ahlrich Meyer, Das Wissen um Auschwitz. Täter und Opfer der „Endlösung“ in Westeuropa, Paderborn 2010, S. 158

M 6 Öffentliche Versteigerung

Foto einer Serie aus Lörrach, Winter 1940

In den Kriegsjahren fanden fast täglich Versteigerungen von jüdischem Besitz statt, der bei Deportationen zurückgelassen werden musste. Es herrschte ausgelassene Stimmung: Einige Beteiligte sehen in die Kamera und lachen.

M 7 Schweigen

Eine 1943 in die Stadt Auschwitz versetzte deutsche Lehrerin beschreibt in ihren Erinnerungen die Hemmungen, Informationen über die Geschehnisse im Vernichtungslager weiterzugeben:

Irgendwann einmal musste die Wahrheit ja herauskommen. [...] Nur jetzt, jetzt, während des Krieges – jetzt – wo alles auf dem Spiel stand, wo alles davon abhing, dass die Front und die Heimat durchhielten, durfte das Bild der Führung nicht beschmutzt, nicht der Kampfgeist geschwächt werden. Es ging ja um Deutschland! Nur jetzt nichts sagen. Nichts davon würde ich meinem Bruder, nichts den Freunden schreiben, die die schwersten Kämpfe zu bestehen hatten.

Norbert Frei, 1945 und wir. Das Dritte Reich im Bewusstsein der Deutschen, München 2005, S. 158

M 8 Deportation aus Birkenfeld

Foto, Februar 1942

Deportationen fanden meist am hellen Tag statt. Die Juden mussten vor der Abfahrt zu öffentlichen Sammelstellen kommen, etwa zum Marktplatz, zur Turnhalle oder zum Bahnhof. Die Vorbereitungen der Deportation verursachten viel Unruhe und Aufsehen in der Stadt.

Nicht alle Deutschen waren Nazis

M1 Der Ort des Attentats
Foto vom Juli 1944
Der Ort des Attentats vom 20. Juli 1944 in der Wolfsschanze wird von Göring und Bormann besichtigt.
Erörtere, welchen Eindruck dieses Bild auf die deutsche Bevölkerung gemacht haben könnte.

Internettipp:
Informationen zum Widerstand gegen die nationalsozialistische Herrschaft findest du unter 31054-54

Widerstand gegen das NS-Regime

Seit Beginn des NS-Regimes gab es Menschen, die wegen ihrer entgegengesetzten Überzeugungen **Widerstand** gegen den Nationalsozialismus übten, sei es durch Kritik an der Herrschaft, Fluchthilfe oder Attentate. Aber die Zahl der Widerständler war gering, verglichen mit der breiten Masse der von Hitler überzeugten Deutschen.
Je nach gesellschaftlicher Gruppe unterschieden sich Anlässe und Ziele des Widerstandes. Gerade im Militär gab es zu Beginn der nationalsozialistischen Herrschaft viel Zustimmung zu Hitlers Plänen. Bekannt gewordene Verbrechen und besonders die militärischen Misserfolge brachten jedoch Einzelne zum Umdenken. Dennoch gab es Skrupel, sich gegen Hitler zu stellen, da alle Angehörigen des Militärs durch Eid an ihn gebunden waren.

Der Kreisauer Kreis

Seit 1940 fanden sich Hitler-Gegner aus unterschiedlichen politischen und weltanschaulichen Lagern im Kreisauer Kreis zusammen. Dazu gehörten adlige Gutsbesitzer, hohe katholische und evangelische Würdenträger, Diplomaten, Militärs, aber auch Sozialdemokraten und Gewerkschafter. Treibende Kraft war Helmuth James Graf von Moltke. Sein Gut Kreisau gehörte zu den geheimen Treffpunkten. Im Vordergrund der Pläne stand die politische, geistige und soziale Neuordnung Deutschlands und Europas sowie Hitlers Sturz. Einige Teilnehmer waren bereit, sich an Aktionen zu seiner Absetzung zu beteiligen.

Das Attentat vom 20. Juli 1944

Mitglieder des Kreisauer Kreises nahmen über Ludwig Beck Kontakt mit Offizieren der Wehrmacht auf. Beck hatte schon zuvor vergeblich versucht, Teile der Generalität zum Widerstand gegen Hitlers Kriegspläne aufzufordern. Danach war Beck zum Mittelpunkt der militärisch-bürgerlichen Opposition geworden.
Die Wende des Krieges brachte weitere Offiziere dazu, einen Anschlag auf Hitler zu riskieren. Zu den Verschwörern gehörten Henning von Tresckow und **Claus Schenk Graf von Stauffenberg**, seit 1944 Chef des Stabes beim Ersatzheer. Stauffenberg entschloss sich im Sommer 1944, das Attentat auszuführen und so einen Staatsstreich einzuleiten.
Am 20. Juli brachte er zu einer Lagebesprechung in seiner Aktentasche eine Bombe mit und stellte sie in Hitlers Nähe auf. Danach verließ er den Raum. Wenige Minuten später erfolgte die Explosion. Elf Männer wurden schwer verletzt, vier starben, Hitler jedoch blieb unverletzt, weil die Aktentasche vor der Detonation zur Seite gerückt worden war. Im sicheren Glauben, Hitler sei tot, flog Stauffenberg nach Berlin, um die Übernahme der Regierung durch Beck zu sichern.

Reaktion Hitlers

Nach dem gescheiterten Attentat reagierte Hitler umgehend. Er verharmloste den Umfang, während Stauffenberg und drei beteiligte Offiziere noch in derselben Nacht im Hof des Bendlerblocks standrechtlich erschossen worden waren. Bei den anschließenden Verfolgungen wurde weder vor Folterung noch vor Demütigung haltgemacht. In Schauprozessen wurden etwa 200 Todesurteile gefällt. Etwa 7 000 Personen wurden verhaftet, 5 000 verurteilt. Auch die Familien der Verschwörer wurden verfolgt.

M 2 Den entscheidenden Wurf wagen

Generalmajor Hennig von Tresckow, ein Freund Stauffenbergs, fordert im Juni 1944:

Das Attentat auf Hitler muss erfolgen, um jeden Preis. Sollte es nicht gelingen, so muss trotzdem der Staatsstreich versucht werden. Denn es kommt nicht mehr auf den praktischen Zweck an, sondern darauf, dass die deutsche Widerstandsbewegung vor der Welt und vor der Geschichte unter Einsatz des Lebens den entscheidenden Wurf gewagt hat. Alles andere ist daneben gleichgültig.

Peter Steinbach und Johannes Tuchel (Hrsg.), Widerstand in Deutschland 1933 - 1945. Ein historisches Lesebuch, München ³2000, S. 326

M 3 Der geplante Aufruf

Nach Stauffenbergs Anschlag sollte folgender Aufruf verkündet werden:

Unser Ziel ist die wahre, auf Achtung, Hilfsbereitschaft und soziale Gerechtigkeit gegründete Gemeinschaft des Volkes. Wir wollen Gottesfurcht anstelle von Selbstvergottung, Recht und Freiheit anstelle von Gewalt und Terror, Wahrheit und Sauberkeit anstelle von Lüge und Eigennutz. Wir wollen unsere Ehre und damit unser Ansehen in der Gemeinschaft der Völker wiederherstellen.

Wir wollen mit besten Kräften dazu beitragen, die Wunden zu heilen, die dieser Krieg allen Völkern geschlagen hat, und das Vertrauen zwischen ihnen wieder neu beleben. [...]

Wir wollen der Hoffnungslosigkeit, dass dieser Krieg noch unendlich weitergehen müsse, ein Ende machen. Wir erstreben einen gerechten Frieden, der an die Stelle der Selbstzerfleischung und Vernichtung der Völker friedliche Zusammenarbeit setzt. Ein solcher Friede kann sich nur auf Achtung vor der Freiheit und der Gleichberechtigung aller Völker gründen. [...]

Helfe jeder mit, das Vaterland zu retten!

Gerd R. Ueberschär, Für ein anderes Deutschland, Frankfurt a. M. ²2006, S. 391f.

M 4 Hitlers Reaktion

Schon in der Nacht nach dem Attentat hält Hitler im Rundfunk diese Ansprache::

Deutsche Volksgenossen und -genossinnen!

Ich weiß nicht, zum wievielten Male nunmehr ein Attentat auf mich geplant und zur Ausführung gekommen ist. [...] Die Bombe, die von dem Oberst Graf von Stauffenberg gelegt wurde, krepierte zwei Meter an meiner rechten Seite. Sie hat eine Reihe mir teurer Mitarbeiter sehr schwer verletzt, einer ist gestorben. Ich selbst bin völlig unverletzt [...]. Ich fasse das als eine Bestätigung des Auftrages der Vorsehung auf, mein Lebensziel weiter zu verfolgen, so wie ich es bisher getan habe. [...] Ich bin der Überzeugung, dass wir mit dem Austreten dieser ganz kleinen Verräter- und Verschwörerclique nun endlich aber auch im Rücken der Heimat die Atmosphäre schaffen, die die Kämpfer der Front brauchen. [...] Diesmal wird so abgerechnet, wie wir das als Nationalsozialisten gewohnt sind.

Völkischer Beobachter, Berliner Ausgabe, 22. Juli 1944

▸ ***Geschichte In Clips:*** Zum Attentat des Georg Elser auf Adolf Hitler siehe Clip-Code **31054-55**

M 5 Demütigung der Verschwörer
Foto vom 8. August 1944
Feldmarschall Erwin von Witzleben wurde bei seinem Prozess vor dem „Volksgerichtshof" der Gürtel weggenommen. So war er gezwungen, seine Hose festzuhalten. Noch am selben Tag wurde er hingerichtet.

1. *Sammle Gründe, warum der Widerstand in der Bevölkerung wenig Rückhalt erfuhr.*
2. *Forsche nach, welche Personen im Widerstand tätig waren. Wähle eine aus und stelle sie vor.*
3. *Diskutiere, ob angesichts der gescheiterten Attentate und vergeblichen Flugblätter der Widerstand umsonst war. Du kannst M2 als Ausgangspunkt nehmen.*

Lachen im Unrechtsstaat?

Eine Diktatur unterdrückt jede „ersthafte" politische Opposition, die ihr gefährlich werden kann. Ein Ausweg, um seinen Unmut zu äußern, ist der politische Witz. Im Witz kann ein Erzähler das Personal der Diktatur lächerlich machen, Grundelemente des Regimes kritisieren oder sogar seine Verbrechen benennen und anklagen.
Im nationalsozialistischen Reich entstanden unzählige politische Witze. Nach Ende des NS-Staates wurden sie oft unkritisch als Beweis für einen weit verbreiteten, hoch riskanten Widerstand in der Bevölkerung angesehen. Das Erzählen eines Witzes hätte bereits ausgereicht, in ein KZ zu kommen oder sein Leben zu verlieren.
Neuere Forschung hat dies widerlegt: Das Erzählen politischer Witze ging quer durch alle Gruppen, selbst NS-Anhänger und -Funktionäre erzählten offen die deftigsten Witze. Tatsächlich konnten politische Witze als Verstoß gegen das „Heimtückegesetz" bestraft werden. Ersttäter wurden jedoch meist nur verwarnt. Erst in der Spätphase des Krieges kam es zu sehr harten Urteilen.
Die Androhung von Strafe verdrängte aber satirische Äußerungen in den privaten Kreis. Man überlegte sich gut, wem man welchen Witz erzählte. Der „Flüsterwitz" ist ein Merkmal aller Diktaturen.

So kannst du politische Witze auswerten:

Schritt 1: Erschließung

- Welche Personen, Ereignisse und Zeiten werden im Witz genannt?
- Was muss ich wissen/recherchieren, um den Witz zu verstehen?
- Welche sprachlichen Mittel werden für den Humor eingesetzt?
- Worin liegt die Komik dieses Witzes?

Schritt 2: Einordnung

- Wer oder was wurde durch den Witz angegriffen oder kritisiert?
- Warum war es vielleicht riskant, den Witz offen zu erzählen?
- Welche Haltung nimmt der Erzähler des Witzes zu den erzählten Einzelheiten ein?

Schritt 3: Bewertung

- Ist dieser Witz ein Zeichen für Widerstand, für Verdrängung, für heimliche oder offene Zustimmung?
- Blendet der Witz andere, vielleicht wichtigere Einzelheiten der Diktatur aus? Verharmlost er vielleicht sogar die Diktatur?
- Für wie zersetzend oder rebellisch könnten die Machthaber den Witz eingeschätzt haben?
- Inwiefern war der Witz ein Ventil, der Erzähler und Zuhörer entlastete und vor tieferem Nachdenken schützte?

M1 Wunderwaffen

Dieser Witz wird seit Ende 1944 erzählt:

Tünnes trifft Schäl. „Na Schäl, du trägst immer noch Zivil?" – „Sicher, Tünnes, ich bin doch UK!" – „So? Wofür denn dat?" – „Kriegswichtig, streng geheim!" – „Mir kannste dat schon sagen!" – „Ich bin bei der Vergeltung!" – „Bei der Vergeltung? Wie sieht die denn aus?" – „Also, Tünnes, stell dir mal Eichenstämme vor, Durchmesser 70 cm!" – „Ja und?" – „Jetzt stell dir die mal vor, von oben bis unten mit Sprengstoff gefüllt. Stell dir dat mal vor, wenn die losgehen! Kannste dir dat vorstellen?" – „Ja, aber wat machst du denn dabei?" – „Aber nicht verraten, Tünnes: Ich pflanze die Bäume!"

Nach: Hans-Jochen Gamm, Der Flüsterwitz im Dritten Reich. München 1963, S. 93

Zivil: Zivilkleidung im Gegensatz zur Uniform

UK: Abkürzung für „unabkömmlich". Durch „UK-Stellung" wurden Zivilisten vor der Einberufung in den Krieg verschont, wenn sie in der Heimat eine „kriegswichtige Funktion" erfüllten.

Vergeltung: Im Oktober 1944 kündigte Propagandaminister Goebbels den Bau von „Vergeltungswaffen" an, die eine Wende im Weltkrieg bringen und den deutschen „Endsieg" herbeiführen würden.

So könnte eine Analyse aussehen:

Der Witz spielt an auf die Ankündigung der NS-Propaganda, den aussichtslosen Krieg durch „Wunderwaffen" noch gewinnen zu können. Seine Form ist ein Dialog zwischen einem Unwissenden (Tünnes) und einem Eingeweihten (Schäl). Dieser scheint Teil der (geheimen) Rüstung zu sein. Die im Vertrauen offenbarte Tätigkeit ist aber erkennbar absurd, denn die Bäume, die er pflanzt, sind erst in Jahrzehnten so groß, wie er sie beschreibt.
Der Witz belegt Misstrauen in die Propaganda vom „Endsieg". Wer ihn erzählt, rechnet wohl nicht mit dem Erfolg von Wunderwaffen.
Die Regimekritik liegt in der pessimistischen Einstellung zur deutschen Lage: Der Witz war geeignet, Zweifel am Sieg zu erwecken. Ob sich der Erzähler die genannten Vergeltungswaffen eigentlich wünscht, bleibt jedoch offen.

M2 Göring in Rom
1935 schickt Hitler Franz von Papen nach Rom, um den Papst für den Nationalsozialismus zu gewinnen. Doch von Papen hat keinen Erfolg. Auch Goebbels ist nicht sehr erfolgreich, er bringt nur einen kleinen Beitrag für das Winterhilfswerk mit. Da wird Göring auf den Weg geschickt. Drei Tage später empfängt Hitler ein Telegramm von Göring aus Rom: „Auftrag ausgeführt. Papst tot. Vatikan brennt. Tiara passt. Dein Heiliger Vater."

M3 Volksstimmung 1942
Hitler möchte direkt erfahren, wie das Volk über ihn denkt. Er verschafft sich eine Perücke, schneidet sich den Bart ab und begibt sich auf die Straße. Den ersten, den er trifft, fragt er: „Wie denken Sie über den Führer?" Der Mann flüstert: „Das kann ich Ihnen hier auf der Straße nicht sagen" und führt Hitler in eine Seitengasse, betritt mit ihm ein Hotel, geht mit ihm in ein Zimmer, sieht dort unters Bett, verschließt die Tür, kontrolliert die Schränke und deckt das Telefon mit einem Kissen zu. Dann nähert er sich Hitler und flüstert ihm ins Ohr: „Ich sympathisiere mit dem Führer."

M4 Der Krieg
Im vollgestopften Luftschutzkeller sagt ein Luftschutzwart: „Wenn wir den uns aufgezwungenen Krieg bloß nicht angefangen hätten!"

M5 Im Frühjahr 1933
„NSDAP" heißt „Na, suchst Du auch Pöstchen?"

M6 Bombenschäden
Ein Essener und ein Berliner unterhalten sich über das Ausmaß der Bombenschäden. Der Berliner sagt, das letzte Bombardement der Reichshauptstadt sei so schlimm gewesen, dass noch fünf Stunden nach dem Angriff die Fensterscheiben aus den Häusern gefallen seien. Der Essener antwortet daraufhin, das bedeute noch gar nichts, denn in seiner Stadt seien noch 14 Tage nach dem letzten Angriff die Bilder des Führers aus dem Fenster geflogen.

M7 Zehn kleine Meckerlein ...
Zehn kleine Meckerlein, die saßen einst beim Wein;
der eine machte Goebbels nach, da waren es nur noch neun!
Neun kleine Meckerlein, die hatten was gedacht;
dem einen hat man's angemerkt, da waren es nur noch acht!
Acht kleine Meckerlein, die hatten was geschrieben;
dem einen hat man's Haus durchsucht, da waren es nur noch sieben!
Sieben kleine Meckerlein, die fragten einmal „Schmeckt's?";
der eine sagte „Schlangenfraß", da waren es nur noch sechs.
Sechs kleine Meckerlein, die schimpften auf die Pimpfe;
der eine sagte „Lausepack", da waren es nur noch fünfe.
Fünf kleine Meckerlein, die saßen am Klavier;
der eine spielte Mendelssohn[1], da waren es nur noch vier.
Vier kleine Meckerlein, die kannten Dr. Ley[2];
der eine wusste was von ihm, da waren es nur noch drei.
Drei kleine Meckerlein, die nannten Mythos „Dreck";
da holte PG[3] Rosenberg[4] gleich zwei von ihnen weg.
Ein kleines Meckerlein ließ dies Gedicht mal sehn;
man brachte es nach Dachau hin, da waren es wieder – zehn.

M8 Warenhäuser 1944
Welche Stadt hat die meisten Warenhäuser? Berlin. Wo man auch hinschaut – überall waren Häuser!

Internettipp:
Weitere Flüsterwitze aus der NS-Zeit findest du unter Mediencode 31054-56

M9 Mitgliederwerbung
Wer der Partei fünf neue Mitglieder zuführt, darf selbst austreten. Wer zehn neue Mitglieder wirbt, bekommt sogar eine Bescheinigung, dass er nie in der Partei gewesen ist.

M2 - M10: Rudolph Herzog, Heil Hitler, das Schwein ist tot, Frankfurt a. M. 2006.

M10 Von Hand zu Hand
Eine geheime Druckerei in den Niederlanden veröffentlichte 1943 diese Mappe mit einer Variante von M7.

[1] Mendelssohn: Felix Mendelssohn Bartholdy (1809-1847), deutscher Komponist, wegen seiner jüdischen Herkunft in der NS-Zeit in Deutschland nicht aufgeführt
[2] Dr. Ley: Robert Ley, Leiter der „Deutschen Arbeitsfront", mächtiger NS-Funktionär
[3] PG: „Parteigenosse" (NSDAP-Mitglied)
[4] Rosenberg: Alfred Rosenberg, NS-Theoretiker, Verfasser der rassistischen Schrift „Mythus des 20. Jahrhunderts"

Jetzt bist du dran:

1. *Bearbeite einen der politischen „Flüsterwitze" nach dem Schema links und beurteile sein „regimekritisches" Potenzial.*
2. *Erörtere, warum nach dem Krieg die Meinung entstehen konnte, das Erzählen solcher Witze sei ein Akt des passiven Widerstandes.*

Die deutsche Niederlage

M1 Landung in der Normandie
Foto vom Juni 1944
In einer ersten Welle setzten in der Nacht zum 6. Juni 1944 über 3 100 Landungsboote von Großbritannien nach Frankreich über. Sie wurden geschützt von 1 200 Kriegsschiffen und 7 500 Flugzeugen. Bis Ende Juni war die alliierte Streitmacht in der Normandie auf etwa eine Million Soldaten angewachsen.
Hitler lehnte es ab, die in der Normandie kämpfenden Einheiten zu verstärken. Erörtere, was die Soldaten dabei wohl empfanden.

Bomben auf Deutschland

Die Stimmung in der Bevölkerung verschlechterte sich zusehends. Obwohl die Propagandamaschinerie nach wie vor auf Hochtouren lief, stand nicht mehr jeder bedingungslos hinter Hitler und seinen Parolen vom „Endsieg“. Soldaten desertierten, Bürgermeister weigerten sich, ihre Städte zu verteidigen, um sie so vor der Zerstörung zu schützen. Immer gingen Standgerichte der SS gegen die eigene Bevölkerung vor. Gleichzeitig wurde Deutschland immer mehr zum Kriegsschauplatz. Fast täglich flogen alliierte Bomber Luftangriffe und versetzten die Bevölkerung in ständige Angst. Die meisten Großstädte und Industriegebiete wurden in Schutt und Asche gelegt.

Vormarsch im Osten und Westen

Im Juni 1944 hatte die Rote Armee die deutsche Ostfront durchbrochen. Eine zweite Front im Westen sollte deutsche Kräfte binden, um das Vorrücken der sowjetischen Armee im Osten zu erleichtern. Die Regierungschefs der USA, Großbritanniens und der Sowjetunion, die „Großen Drei“, trafen eine Vereinbarung über den Invasionsplan „Overlord“.
Am 6. Juni 1944 landeten die alliierten Truppen in der Normandie. Dieser **D-Day**, so der Code-Name für den Stichtag des Unternehmens, sollte die Entscheidung herbeiführen. Da Hitler die Invasion lange als Täuschungsmanöver einschätzte, konnten die heftig Widerstand leistenden deutschen Truppen den Vormarsch der Alliierten nicht aufhalten. Im März 1945 setzten Briten und Amerikaner, die auch von französischen Verbänden unterstützt wurden, über den Rhein. Auch im Osten eroberte die Rote Armee die verloren gegangenen Gebiete zurück. Am 27. Januar befreite sie das Konzentrationslager Auschwitz. Viele Schlesier, Pommern und Ostpreußen flohen aus Angst vor der Gewalt der russischen Soldaten nach Westen.

Kapitulation

Hitler beging am 30. April 1945 in seinem Bunker in Berlin Selbstmord. Am 2. Mai wurde die Reichshauptstadt von der Roten Armee eingenommen. Der von Hitler zu seinem Nachfolger bestimmte Großadmiral Karl Dönitz musste am 8. Mai die **bedingungslose Kapitulation** Deutschlands aussprechen, die das Ziel der Alliierten war. Damit war die nationalsozialistische Herrschaft ebenso beendet wie der Krieg in Europa. Japan kapitulierte erst am 2. September 1945, nachdem die Amerikaner Atombomben auf Hiroshima und Nagasaki abgeworfen hatten.

M2 Soldaten der Roten Armee hissen die Sowjetflagge auf dem Reichstag
Fotomontage von Jewgenij Chaldej vom 2. Mai 1945
Das Bild zeigt nicht den historischen Moment am Abend des 30. April 1945. Der russische Armeefotograf hat für das Bild zwei Fotos übereinandergelegt. Das Hissen der Flagge wurde nachgestellt. Außerdem wurde ein Foto mit den dunklen Rauchschwaden verwendet.

D-Day bedingungslose Kapitulation

M 3 Hannover nach der Kapitulation
Foto von Margaret Bourke-White, Frühjahr 1945
Wie Hannover sahen 1945 viele deutsche Städte aus.

M 4 Engländer in Norddeutschland

Der Lehrer Franz Josef H. erlebt als Kind in einer norddeutschen Kleinstadt die letzten Kriegstage:

Gegen Abend endlich – nicht ein einziger Schuss war gefallen – trauten wir uns in den Ort zurück. Weiße Betttücher hingen aus vielen Fenstern […]. Ein englischer Soldat begleitete mit einem Akkordeon den Gesang seiner Kameraden. Welch ein Empfang! Zigaretten gab's für die Erwachsenen, Schokolade für die Kinder. Es dauerte nicht lange, bis wir Kinder uns mit den netten, stets zu Späßen aufgelegten englischen Soldaten angefreundet hatten. Erstes – grundständiges – Englisch bahnte sich an: „Hallo, boys and girls! – Have you Schockolät? Yes, no! – Sing ‚Die Fahne hoch!'" Köstlich amüsierten sich die Kerle, wenn sie uns dazu bringen konnten, Nazilieder aus dem Kindergarten zu singen – gegen Schokolade natürlich.

Bewahren und verändern, Jahresbericht 1984/85 des Erasmus-Grasser-Gymnasiums München, S. 23ff.

M 5 Gewalttaten sowjetischer Soldaten

Der Bauer Karl Tiffert aus Lossen in Niederschlesien erinnert sich sieben Jahre nach Kriegsende an den Einfall der sowjetischen Armee:

Am 4. Februar 1945, Sonntag, nachdem die Russen über die Oder gesetzt waren, kam es in und um Lossen zu Gefechten […]. Als die ersten russischen Panzer mit Infanterie ankamen, waren wir sofort Uhren, Ringe und andere Sachen los. Kurz darauf kam Infanterie an, und da war der Teufel los. Sofort wurden die ersten Frauen vergewaltigt, von Kindern von 12 Jahren bis zur Greisin über 80 Jahre, was ich selbst aus nächster Nähe gesehen habe. Mein zweites Dienstmädchen, Helene T., wurde von den Russen dreizehnmal hintereinander gebraucht. […] Setzte sich ein Mann für sie ein, wurde er erschossen oder erschlagen. […] Es gab fast keine Frau, die nicht geschändet wurde. Eine Greisin, Frau Rahn, viermal gebraucht. Frau Schneidermeister Pfeifer aus Jeschen erhängte aus Verzweiflung ihre drei Kinder im Alter von acht bis dreizehn Jahren und sich dann selbst. Aus dem Dorf Jeschen wurden fast restlos alle männlichen Personen verschleppt und sind verschollen, ebenso aus Lossen, die da waren. Die meisten sind verschollen. […] Das Vieh war im Ganzen in einigen Stunden alles raus, sodass alle Wirtschaften bis auf einige Katzen leerstanden. Sämtliches Inventar wurde demoliert. Die evangelische Kirche war total ausgeräumt, in der katholischen Tabernakel[1] erbrochen und sämtliche kirchlichen Sachen lagen verstreut im Park und Dorf im Dreck. Viele Gebäude angezündet.

Theodor Schieder (Hrsg.), Dokumentation der Vertreibung der Deutschen aus Ost-Mitteleuropa, Bd. I/1: Die Vertreibung der Deutschen aus den Gebieten östlich der Oder-Neiße, Bonn 1954, S. 432

Internettipp:
Wie der Krieg in Norddeutschland zu Ende ging, erfährst du unter 31054-57

[1] Tabernakel: kunstvoller Schrank, in dem in katholischen Kirchen die geweihten Hostien aufbewahrt werden

1. *Recherchiere, wie die letzten Kriegstage in deinem Heimatort verliefen.*
2. *Nenne Gründe, warum der Fotograf das Hissen der Flagge nachgestellt und nachträglich Rauchschwaden eingefügt hat (M2).*
3. *Erkläre, warum sich das Verhalten der sowjetischen und britischen Soldaten so stark voneinander unterschied (M4 und M5).*
4. *Nimm auf der Grundlagen der Quellen Stellung dazu, ob du den 8. Mai 1945 für die Deutschen als Tag der Besetzung durch feindliche Mächte oder als Tag der Befreiung von der Naziherrschaft einschätzt.*
5. *Informiere dich über*
   a) das Kriegsende in Japan,
   b) die Entwicklung und den Einsatz der Atombombe und
   c) die Bedingungen der Kapitulation Japans.
   Bereite einen anschaulichen Vortrag vor.

Das weiß ich – das kann ich!

Am Anfang dieses Kapitels steht die Leitfrage:
Wie veränderte der Zweite Weltkrieg das Gesicht Europas und der Welt?
Mit den Arbeitsfragen zu den fünf Kategorien auf S. 112 kannst du sie nun beantworten:

Gesellschaft

Spätestens nach der Reichspogromnacht wurden die Lebensgrundlagen der Juden in Deutschland vernichtet. Wer sich die „Reichsfluchtsteuer" leisten konnte, emigrierte ins Ausland, obwohl viele Länder ihre Einreisebestimmungen verschärften. Im Oktober 1941 wurde ein Auswanderungsverbot festgelegt.
Die breite Masse der Deutschen war von Hitler überzeugt. Nur eine geringe Zahl von Menschen leisteten dem Regime Widerstand. Zu ihnen zählten die Mitglieder der „Weißen Rose", die mit Flugblättern protestierten, der Kreisauer Kreis sowie die Offiziere um Graf von Stauffenberg, die am 20. Juli 1944 ein Attentat auf Hitler und die Beendigung der NS-Herrschaft versuchten.

Begegnung

Im August 1941 bildete sich mit Großbritannien, den USA und der Sowjetunion an der Spitze eine Anti-Hitler-Koalition. In der Atlantik-Charta hatten sie ihre politischen Grundlagen erklärt. Nach dem japanischen Angriff auf Pearl Harbor Anfang Dezember 1941 erklärten die USA Japan den Krieg. Hitler stellte sich auf die Seite Japans, worauf der Krieg zum globalen Krieg wurde.
Luftangriffe der Alliierten machten Deutschland zum Kriegsschauplatz. Nach dem Durchbruch der Roten Armee im Osten landeten die Alliierten am D-Day in der Normandie, um eine weitere Front zu schaffen. Nach der Einnahme Berlins am 2. Mai 1945 durch die Rote Armee erfolgte die bedingungslose Kapitulation der deutschen Wehrmacht.

Herrschaft

Hitler wollte ein „Großdeutsches Reich" einrichten und „Lebensraum" im Osten erobern. Mit dem Angriff auf Polen begann am 1. September 1939 der Zweite Weltkrieg. Im Hitler-Stalin-Pakt war die Aufteilung Polens zuvor vereinbart worden. Großbritannien und Frankreich erklärten daraufhin Deutschland den Krieg. Im Westen gelangen den Deutschen in einem „Blitzkrieg" große Erfolge. Im Osten begann am 22. Juni 1941 mit Hitlers Angriff auf die Sowjetunion ein Vernichtungskrieg gegen die slawische und jüdische Bevölkerung. Angebliche Widerständler wurden als Partisanen hingerichtet.

Weltdeutung und Religion

Während des Krieges wurden aus rassistischen Motiven etwa sechs Millionen europäische Juden und Angehörige anderer Minderheiten in den Konzentrations- und Vernichtungslagern systematisch ausgebeutet und ermordet. Häufig wurden sie zuvor unter menschenunwürdigen Bedingungen in Ghettos zusammengepfercht. Einer der Hauptverantwortlichen für den Holocaust neben Hitler war Himmler. Das Vernichtungslager Auschwitz steht heute als Symbol für den systematischen Genozid.

Wirtschaft und Umwelt

Der Krieg wurde von deutscher Seite weitgehend mit Krediten finanziert. Man hoffte im Falle des Sieges auf reiche Entschädigung durch die eroberten Gebiete.
Damit die deutsche Kriegswirtschaft funktionierte, wurden Millionen Zwangsarbeiter und Kriegsgefangene unter menschenunwürdigen Bedingungen eingesetzt.

Kompetenz-Test
Einen Fragebogen, mit dem du überprüfen kannst, was du schon kannst und was du noch üben solltest, findest du unter 31054-58

1. *Ergänze die einzelnen Kategorien mithilfe der Doppelseiten von Kapitel 4 um weitere zentrale Begriffe oder Aspekte, die dir wichtig erscheinen.*
2. *Wähle eine der Kategorien aus und erarbeite einen Kurzvortrag über den Zusammenhang zwischen dieser Kategorie und der Leitfrage zum Kapitel.*

M1 Propaganda im Kleinformat
Im Frühjahr 1943 war bereits abzusehen, dass das Deutsche Reich den Krieg nicht mehr gewinnen konnte. Dennoch sollte der Durchhaltewille mit allen Mitteln gestärkt werden. Der „Wehrmachtssatz“ der Deutschen Reichspost erschien am 21. März 1943. Szenen mit Soldaten im Einsatz zeichnen ein Bild des Kriegsgeschehens, wie es die Machthaber verbreiten wollten.

M2 Stilles Gedenken
Im Rahmen des 31. Weltjugendtages in Krakau besuchte Papst Franziskus am 29. Juli 2016 die Gedenkstätte Auschwitz. Anders als seine Vorgänger schwieg Franziskus während des Besuches und verharrte an zentralen Orten wie der Todeswand, dem Galgen und den Ruinen der Krematorien im stillen Gebet. Frühere Häftlinge lobten dieses zurückhaltende Auftreten.

M3 Vergebung?
Anlässlich einer Holocaust-Konferenz 1991 in Berlin schreibt der jüdische Autor Dennis Prager zum Thema des Nachdenkens über den Holocaust:
Im Judentum kann man nicht im Namen eines anderen vergeben. Nur derjenige, der verletzt wurde, kann vergeben. Wenn jemand meinem Freund etwas Böses zufügt, darf nicht etwa ich an seiner Stelle dem Übeltäter verzeihen. Deshalb kann kein Jude den Deutschen im Namen der von den Nazis Ermordeten vergeben. Das Thema der Vergebung ist kein Thema für uns. Es ist nicht unsere Aufgabe, dafür zu sorgen. Weder Deutsche noch Juden sollten auch nur einen Gedanken daran verschwenden. Das wirkliche Thema lautet: Was haben wir aus dem Holocaust gelernt?
www.obrist-impulse.net/was-wir-aus-dem-holocaust-lernen-sollten (8.6.2017)

1. *Erkläre anhand der Briefmarken M1, welche Rolle die Propaganda für die Durchsetzung der Ziele der Nationalsozialisten spielte.*
2. *Lernen aus der Vergangenheit? Erstelle eine Präsentation zu der Frage, ob aus den Schrecken des Zweiten Weltkrieges und des Holocaust gelernt wurde.*
3. *Wie seine Vorgänger besuchte auch Papst Franziskus die Gedenkstätte Auschwitz (M2). Erkläre, welche Bedeutung es heute hat, wenn das Oberhaupt der katholischen Kirche für die Opfer der Shoa betet.*
4. *Die Aktion Sühnezeichen setzt sich für den deutsch-polnischen bzw. christlich-jüdischen Dialog ein. Informiere dich über diese Aktionen und deren Zusammenarbeit mit der Internationalen Jugendbegegnungsstätte Auschwitz bzw. Oświęcim. Bereitet in der Klasse eine Podiumsdiskussion vor: Aus welchen Gründen haltet ihr solche Initiativen über 70 Jahre nach dem Ende des Zweiten Weltkrieges für sinnvoll bzw. nicht sinnvoll? Bezieht die Aussagen des Autors Dennis Prager (M3) in eure Überlegungen ein.*

5
Deutschland nach 1945

Das Brandenburger Tor ist das wohl bekannteste Wahrzeichen Berlins. Am 30. Januar 1933 feierten die Nationalsozialisten hier ihre Machtübernahme. 1945 war das Tor durch den Zweiten Weltkrieg stark beschädigt. Wieder aufgebaut wurde es dank seiner Lage genau an der Grenze zwischen West- und Ost-Berlin das Symbol der deutschen Teilung. Bis zum 13. August 1961 war das Tor offen, dann errichtete die DDR eine Mauer um ganz Berlin. Niemand sollte die DDR verlassen. Wer es doch versuchte, musste damit rechnen, erschossen zu werden. Am 9. November 1989 öffnete die DDR die Mauer, das Brandenburger Tor war wieder durchlässig in beide Richtungen. Wie die Mauer verschwand auch die DDR, Deutschland wurde wieder ein Staat und das Brandenburger Tor zum Symbol der Wiedervereinigung am 3. Oktober 1990.

Ⓜ **Das Brandenburger Tor von Osten**
Fotos von 1972 (links) und 1992 (rechts)
Von August 1961 bis November 1989 konnten Ostberliner sich dem Tor nur auf 200 m nähern.

Kaum ein Berlin-Besucher verzichtet darauf, durch das Brandenburger Tor zu gehen. Was mögen die Motive sein? Würdet ihr das auch tun?

Fragen an … Deutschland nach 1945

Stell Dir vor, dass mitten durch deinen Heimatort eine Grenze verläuft, die du nicht passieren darfst. In beiden Hälften des Ortes wohnen Verwandte und Freunde, aber besuchen dürfen sie sich nicht. In beiden Hälften wird anders gearbeitet und gefeiert, mit anderem Geld bezahlt und andere Musik gehört. Und jeder Ortsteil sagt von sich: „Nur wir machen es richtig, die da drüben sind unsere Feinde!"
Das klingt wenig erfreulich, oder? Aber genau dies haben die Bürger von Berlin und – im Großen – die Deutschen nach dem Zweiten Weltkrieg vier Jahrzehnte lang erlebt. Deutschland war entlang einer Linie, die von seinen Kriegsgegnern gezogen worden war, in zwei Teile gespalten. Dass die beiden Hauptmächte, die Sowjetunion und die Vereinigten Staaten von Amerika, grundlegend andere Vorstellungen von Politik, Wirtschaft und Gesellschaft haben, hast Du bereits erfahren. Und als sich die USA mit ihren Verbündeten und die UdSSR bald nach dem Krieg nicht mehr verständigen konnten, wurde Deutschland zu einem geteilten Land, in dem jede der Seiten ihr Gesellschaftsmodell verwirklichte.
Du weißt natürlich, dass es heute nur ein einziges Deutschland gibt. Eines der beiden Deutschlandmodelle hat sich also als weniger erfolgreich erwiesen, das andere als überlegen.
Dieses jüngste Kapitel der deutschen Geschichte verspricht also spannend zu werden. Wir werden uns fragen, wie es zu dieser Teilung kam, welche Auswirkungen sie auf die Deutschen hatte, welche Vorstellungen in beiden Teilen herrschten und mit welchen Mitteln man miteinander stritt.
Wir werden fragen, warum eines der Systeme unterging, wer oder was zu seiner Auflösung beitrug und wie er verlief. Und schließlich dürfen wir fragen: Gibt es noch heute Spuren der deutschen Teilung? Können wir aus ihr etwas lernen? Und war der Verlauf der Geschichte dieses Mal gerecht oder ungerecht?

Leitfrage

Warum gab es 40 Jahre lang zwei deutsche Staaten? Und warum gibt es heute nur noch ein Deutschland?

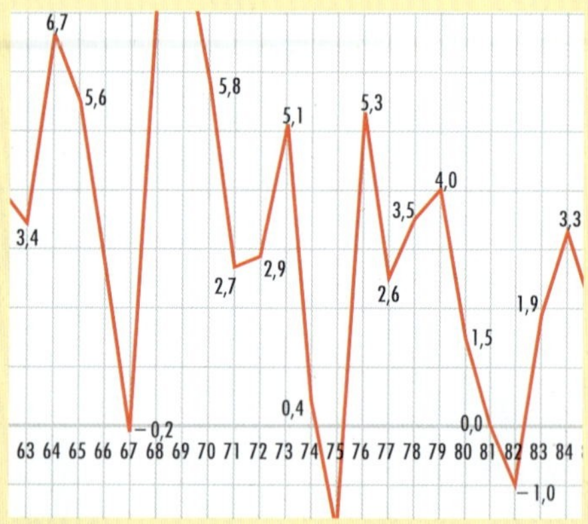

Herrschaft

Die USA und die Sowjetunion kämpften um die Vorherrschaft in der Welt.
Wodurch sahen die Verantwortlichen ihr Handeln gerechtfertigt? Welche Mittel setzten sie ein, um ihre Macht zu sichern und auszubauen? …

Wirtschaft und Umwelt

Der Kalte Krieg war auch eine Auseinandersetzung um die richtige Wirtschaftsordnung.
Inwieweit konnten die Weltmächte ihre wirtschaftliche Kraft für ihre Zwecke einsetzen? Welche wirtschaftlichen Folgen hatte der Konkurrenzkampf? …

8. Mai 1945: Bedingungslose Kapitulation der deutschen Wehrmacht

23. Mai 1949: Gründung der Bundesrepublik Deutschland
7. Oktober 1949: Gründung der Deutschen Demokratischen Republik

1940 | **1950** | **1960**

1939-1945: Zweiter Weltkrieg

17. Juni 1953: Volksaufstand in der DDR niedergeschlagen

13. August 1961: Bau der Berliner Mauer

M Zwei Deutschland
Die Karte zeigt die Gliederung der Bundesrepublik Deutschland in Bundesländer (seit 1949) und die Gliederung der Deutschen Demokratischen Republik in Bezirke (seit 1952)

Begegnung

Auf mehreren Kriegskonferenzen hatten die Alliierten Ziele für eine Nachkriegsordnung festgelegt.
Kam es trotz der wachsenden Differenzen zu Kontakten auf Ebene der Regierungen? Gab es Begegnungen von Menschen unterschiedlicher Systeme? …

Weltdeutung / Religion

Der Kalte Krieg war ein Krieg der Worte und der Propaganda.
Welche Mittel setzten die Supermächte ein, um ihre eigene Weltanschauung zu verbreiten? …

Gesellschaft

Der Konflikt zwischen Ost und West hatte weltweite Auswirkungen auf die Menschen.
Welchen Stellenwert besaß das Individuum im jeweiligen politischen System? Wie veränderte der Kalte Krieg das gesellschaftliche Klima? …

Oktober 1925: Vertrag von Locarno

9. November 1989: Fall der Berliner Mauer

3. Oktober 1990: Beitritt der DDR zur Bundesrepublik

1970 1980 1990 1995

…tudenten- **1972**: „Neue Ostpolitik": **seit 1990**:

Überleben in Ruinen

M1 Notwohnung
Foto vom November 1946
Stellt Probleme zusammen, die nach einem verlorenen Krieg von einer Gesellschaft bewältigt werden müssen.

Lesetipps:
- Willi Fährmann, Die Stunde der Lerche, Würzburg 2010
- Klaus Kordon, Ein Trümmersommer. Roman, Weinheim [18]2013

Das Trümmerfeld

Weite Teile Europas lagen 1945 in Trümmern. Not und Hunger gehörten zum Alltag der Überlebenden. In den früher von Deutschen besetzten Gebieten der Sowjetunion und den Staaten Ostmitteleuropas waren die Schäden gewaltig. Deutschland schien im Mai 1945 nicht mehr zu bestehen. Millionen Deutsche waren bei Kriegsende unterwegs. Familien waren zerrissen, Frauen suchten ihre Männer, Eltern ihre Kinder, Kinder ihre Angehörigen. Flüchtlinge, Vertriebene und Ausgebombte waren auf der Suche nach einem Dach über dem Kopf. Kleine und große Nazis bemühten sich unterzutauchen. Hinzu kamen zehn bis zwölf Millionen Displaced Persons. Das waren unter anderem die ausländischen Zwangsarbeiter und Kriegsgefangenen, die während des Krieges ins Deutsche Reich verschleppt worden waren, um in der Rüstungsindustrie und in der Landwirtschaft zu arbeiten, und nun in ihre Heimat zurückkehren wollten. Straßen, Schienen und Brücken waren zerstört, Flüsse nicht passierbar, zahllose Lokomotiven, Waggons und Kraftfahrzeuge unbrauchbar.

Not und Hunger

In den zerbombten Städten herrschte Wohnungsnot. Kohle, Gas, Wasser und Strom fehlten. Die Hauptlast in dieser unmittelbaren Nachkriegszeit trugen die Frauen. Viele Männer waren gefallen. Elf Millionen deutsche Soldaten befanden sich bei Kriegsende in Gefangenschaft. Die Frauen mussten nicht nur für die Kinder und Alten sorgen, sondern auch die Trümmer beseitigen.
Die Bevölkerung konnte nur unzureichend mit Lebensmitteln versorgt werden. Lebensmittelkarten und Bezugsscheine gab es in Deutschland seit Kriegsbeginn. War die durchschnittliche Kalorienration einer Person kurz vor Kriegsende bereits von 3 000 auf etwa 2 000 Kalorien abgesunken, halbierte sie sich bis Mitte 1946 noch einmal. Für einen „Normalverbraucher" hieß dies beispielsweise, dass er täglich mit zwei Scheiben Brot, etwas Margarine, einem Löffel Milchsuppe und zwei Kartoffeln auskommen musste. Fehlende Maschinen und Düngemittel bewirkten schlechte Ernten. Bis 1948 machten viele Männer und Frauen mit Hungermärschen und -streiks auf ihre Not aufmerksam. Die Einfuhr von Nahrung und Kohle durch die Besatzungsmächte rettete vielen das Leben.

Der Schwarze Markt

Güter waren knapp, weil die Hersteller sie für Ersatzgeschäfte benötigten: Sie tauschten sie gegen Rohstoffe oder Lebensmittel für sich und ihre Belegschaften ein. Neben diesem „grauen" entstand der verbotene „schwarze" Markt. Dort wurden vor allem knappe Lebensmittel zu hohen Preisen verkauft oder gegen Wertsachen getauscht. So hätte ein Facharbeiter einen Monatslohn von etwa 250 Reichsmark hergeben müssen, um ein Pfund Butter zu erhalten. Mit Zigaretten hingegen konnte man auf dem Schwarzen Markt fast alles bekommen.

1. *Fasse zusammen, mit welchen Problemen Frauen unmittelbar nach Ende des Zweiten Weltkrieges zu kämpfen hatten.*
2. *Verfasse einen Brief aus Sicht eines der Kinder, die in der Notwohnung leben mussten (M1). Darin schildert es seinen Tagesablauf.*

M 2 „Trümmerfrauen"
Foto von Herbert Hensky aus dem Berliner Stadtbezirk Prenzlauer Berg von 1945
Die Behörden zogen seit Sommer 1945 die arbeitsfähige Bevölkerung zur Beseitigung der Trümmer heran. In einigen Besatzungszonen wurden die Frauen zu Aufräumarbeiten verpflichtet.

M 4 Verteilung von CARE-Paketen
Foto, um 1946 / 47
Im November 1945 wurde in den USA eine Vereinigung zur Organisation von Hilfssendungen (engl. Cooperative for American Remittance to Europe; abgekürzt CARE) zur Linderung der Nachkriegsnot in den europäischen Ländern gegründet. Von 1946 bis 1949 wurden rund fünf Millionen CARE-Pakete in die westlichen Zonen geschickt, um Not und Hunger zu lindern.

M 3 „Eindruck völliger Hoffnungslosigkeit"

Angela Limerick vom Britischen Roten Kreuz berichtet in einem Reisetagebuch aus Berlin:

Dienstag, 13. November 1945: Wir begannen unsere Tour in der Stadtmitte, die wirklich einen traurigen Anblick bietet. [...] Linkerhand sahen wir den ausgebrannten Reichstag und fuhren dann durch das große Brandenburger Tor, den Eingang zur Russischen Zone. [...] Man fragt sich, wann die Straßen und Plätze wohl jemals geräumt sein werden. Nazifrauen werden zu dieser Arbeit gezwungen, aber ohne richtiges Werkzeug und Transportmittel ist es eine unlösbare Aufgabe. Die Frauen bilden eine Kette, reichen die Eimer voll Schutt von Hand zu Hand, oder sie laden ihn in kleine Handwagen, da es sonst keine Transportmittel gibt. [...] Die Gesichter der Leute auf der Straße vermitteln den Eindruck völliger Hoffnungslosigkeit und Depression. [...] Auf dem Rückweg passieren wir den Schwarzmarkt, auf dem Menschenmassen öffentlich jede Art von Ware zu exorbitanten[1] Preisen kaufen und verkaufen. Ab und zu gibt es eine Razzia, aber der Markt öffnet immer wieder schnell.

Zit. nach: Mike Dennis und Johannes Steinert, Deutschland 1945-1990. Von der bedingungslosen Kapitulation zur Vereinigung, Schwalbach/Ts. 2005, S. 51 f.

Internettipp:
Zur Nachkriegszeit siehe Mediencode 31054-59

[1] exorbitant: gewaltig übertrieben

1. *Erläutere, warum die Sowjetunion die Nachkriegsnot in der SBZ nicht in dem Umfang lindern konnte wie die Vereinigten Staaten (M4).*
2. *Informiere dich über die unmittelbare Nachkriegssituation in deinem Schul- oder Wohnort. Schreibe einen Bericht.*
3. *Unterscheide, welche Probleme beim Kampf ums Überleben die Bevölkerung (zum Teil) selbst bewältigen konnte und bei welchen sie auf Unterstützung von außen angewiesen war (M1 - M4, Verfassertext).*

Deutschland unter alliierter Herrschaft

M 1 Die Alliierten in Berlin
Foto vom Juni 1945
Diskutiert, was es bedeutet, dass 1945 in der ehemaligen Reichshauptstadt nebeneinander die Flaggen von vier siegreichen Kriegsgegnern hängen.

Die Konferenz von Potsdam

Im Sommer 1945 kamen die Regierungschefs der USA, der UdSSR und Großbritanniens in Potsdam zusammen, um über die Zukunft Deutschlands zu entscheiden. Ihr Hauptziel war es, „Deutschland daran zu hindern, je wieder eine Bedrohung des Weltfriedens zu werden". Darüber hinaus hielten die „Großen Drei" an folgenden gemeinsamen Besatzungszielen fest:

- die Entwaffnung und Entmilitarisierung,
- den Abbruch bzw. Abbau kriegswichtiger Industrieanlagen (Demontage),
- die Entlassung von Nationalsozialisten aus Ämtern in Staat und Gesellschaft (Entnazifizierung) und die Verurteilung von Kriegsverbrechern,
- die Demokratisierung des politischen Lebens (z. B. Zulassung von Parteien, Wiederaufbau der lokalen Selbstverwaltung nach demokratischen Grundsätzen) sowie
- die Dezentralisierung (Aufteilung) der bisherigen zentralen Verwaltung und Zerschlagung der großen Konzerne.

Gemeinsame Interessen?

Einig waren die Siegermächte bei der Entmilitarisierung. Es sollte kein deutsches Militär mehr geben und alle Kriegswaffen mussten an die Siegermächte abgegeben werden. Einig war man sich auch darin, vorläufig keine deutsche Zentralregierung einzurichten.

Bei anderen Punkten hatten die Sieger jedoch ganz unterschiedliche Vorstellungen. So konnte nach Ansicht der UdSSR ein Land, in dem Wirtschaftsunternehmen und Banken großen Einfluss besitzen, keine Demokratie sein. Zur Demokratisierung gehörte für sie daher unbedingt die Verstaatlichung großer Konzerne. In einer westlichen Demokratie hingegen soll der Mensch seine Persönlichkeit in Gesellschaft und Wirtschaft frei entfalten. Besonders wichtig sind daher freie Wahlen. Diese gab es im sowjetischen Machtbereich nicht. In einer sozialistischen „Volksdemokratie" sollte die kommunistische Partei die „wahren Interessen" der Menschen durchsetzen, notfalls gegen eine Mehrheit und mit Gewalt.

Streit um Land

Streit drohte in Potsdam auch wegen der Festlegung neuer Grenzen in Europa. Bereits auf den Kriegskonferenzen hatten die Westmächte akzeptiert, dass die Sowjetunion die 1939 eroberten Teile Polens und das Gebiet um Königsberg übernehmen und Polen auf Kosten des Deutschen Reiches entschädigt werden sollte. Eine genaue Bestimmung der polnischen Westgrenze war offengeblieben. Inzwischen hatte die Sowjetunion vollendete Tatsachen geschaffen und die Gebiete östlich von Oder und Görlitzer Neiße (Oder-Neiße-Linie) Polen übertragen.

Auf der Konferenz kam es zu einem Kompromiss: Die Oder-Neiße-Linie sollte „bis zur endgültigen Festlegung" durch einen zukünftigen Friedensvertrag mit Deutschland als polnische Westgrenze anerkannt werden. Gleichzeitig billigten die Siegermächte damit die bereits begonnene „wilde" Ausweisung der deutschen Bevölkerung aus den inzwischen russischen und polnischen Gebieten sowie aus Ungarn und der Tschechoslowakei.

Die Herrschaft der Sieger

Offiziell übernahmen die Siegermächte mit der Berliner Erklärung vom 5. Juni 1945 die „oberste Regierungsgewalt in Deutschland, einschließlich aller Befugnisse der deutschen Regierung, des Oberkommandos der Wehrmacht und der Regierungen, Verwaltungen oder Behörden der Länder, Städte und Gemeinden". Nach der Konferenz von Potsdam wurde Frankreich in den Kreis der Siegermächte aufgenommen. Die jetzt vier Befehlshaber der Siegerstreitkräfte bildeten den Alliierten Kontrollrat in Berlin, die oberste Regierungsbehörde. Alle ganz Deutschland betreffenden Maßnahmen sollten hier einstimmig festgelegt werden.

Jede Besatzungsmacht richtete in ihrer Zone eine eigene Militärregierung ein. Berlin, die Hauptstadt des ehemaligen Deutschen Reiches, wurde in vier Sektoren geteilt. Sie sollte von den Besatzungsmächten gemeinsam verwaltet werden.

Entnazifizierung

Die wichtigsten noch lebenden Vertreter des NS-Regimes stellten die Alliierten 1945 im Nürnberger „Hauptkriegsverbrecherprozess" gemeinsam vor Gericht. Als problematisch erwies sich dagegen eine Verurteilung der zahlreichen „kleinen Nazis" und Mitläufer, weil ihre Arbeitskraft für den Wiederaufbau genutzt werden sollte. Es blieben kaum Richter, Unternehmer, Polizisten oder Lehrer übrig, wenn man alle ehemaligen Mitglieder der NSDAP ins Gefängnis steckte.

Briten, Amerikaner und Franzosen verzichteten daher auf eine umfangreiche Entnazifizierung. Stattdessen setzten die Westalliierten auf „Umerziehung". Durch Maßnahmen wie das Anschauen von Filmen und den Besuch von Konzentrationslagern sollten die Deutschen über die nationalsozialistischen Verbrechen aufgeklärt werden und sich zu Demokraten wandeln.

In der sowjetischen Zone dagegen wurden die Nazis viel konsequenter verfolgt und bestraft. Die Russen nutzten die umfassende Entnazifizierung auch dafür, missliebige Personen auszuschalten und in die wichtigen Positionen in Verwaltung und Wirtschaft moskautreue Kommunisten einzusetzen.

M 2 Alliierte Einigkeit? Die Teilnehmer der Potsdamer Konferenz
Foto vom 17. / 18. Juli 1945 (Ausschnitt)

1. *Fasse zusammen, in welchen Fragen es bei der Behandlung Deutschlands Uneinigkeit zwischen den Großmächten gab.*
2. *Erkläre, welche Gründe es für die Meinungsverschiedenheiten gab.*
3. *Begründe, warum die westlichen Alliierten die Entnazifizierung weniger konsequent verfolgten als die Sowjetunion.*
4. *Diskutiert die verschiedenen Auffassungen von „Demokratie" in Ost und West.*

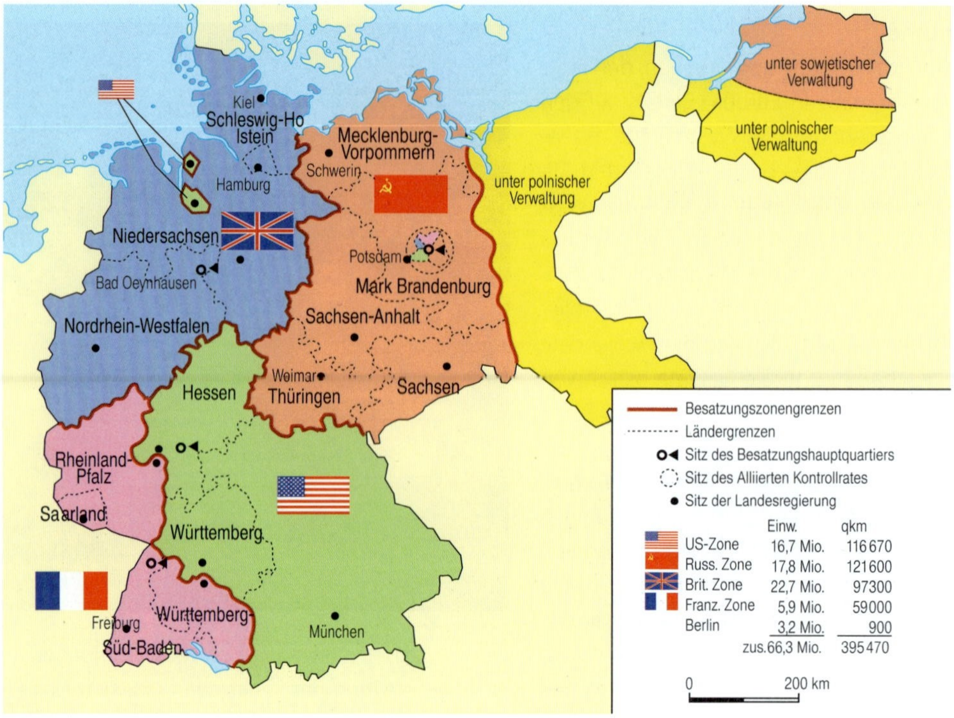

M3 Die Besatzungszonen
Die Karte zeigt schon die Grenzen der bis Januar 1957 gebildeten deutschen Länder. Lies dazu S. 154.

M4 Ziele der Besetzung

In einer Richtlinie der amerikanischen Regierung vom April 1945 für den Militärgouverneur und Oberbefehlshaber der US-Streitkräfte, General Dwight D. Eisenhower, heißt es:

Deutschland wird nicht besetzt zum Zwecke seiner Befreiung, sondern als ein besiegter Feindstaat. […] Ziel ist nicht die Unterdrückung, sondern die Besetzung Deutschlands, um gewisse wichtige alliierte Absichten zu verwirklichen. Bei der Durchführung der Besetzung und Verwaltung müssen Sie gerecht, aber fest und unnahbar sein. Die Verbrüderung mit deutschen Beamten und der Bevölkerung werden Sie streng unterbinden.

Zit. nach: Herbert Michaelis u. a. (Hrsg.), Ursachen und Folgen. Vom deutschen Zusammenbruch 1918 und 1945 bis zur staatlichen Neuordnung in der Gegenwart, Bd. 24, Berlin o. J., S. 26 f.

M5 Neue Vorgaben für den (Geschichts-) Unterricht

Im Kontrollrat sitzen Vertreter aller vier Siegermächte und legen gemeinsam Bestimmungen für alle vier Zonen fest. Auszüge aus der Kontrollratsdirektive Nr. 54 vom 25. Juni 1947:

5. Alle Schulen müssen es sich besonders angelegen sein lassen, den Sinn für staatsbürgerliche Verantwortung zu entwickeln, und das Schwergewicht auf die demokratische Weltanschauung legen, und zwar durch die Auswahl der Schulbücherprogramme und des Unterrichtsmaterials sowie durch die Schulorganisation selbst.
6. Die Schulprogramme müssen sich zum Ziel setzen, Achtung und Verständnis gegenüber anderen Nationen zu entwickeln.

Zit. nach: Klaus-Jörg Ruhl (Hrsg.), Neubeginn und Restauration, München 1982, S. 316

1. *Verfasse eine Rede, in der du amerikanischen Soldaten die Richtlinie (M4) erläuterst.*
2. *Nenne die vier Grundsätze der Alliierten in Potsdam.*
3. *Erkläre, warum die Alliierten neue Schulbücher einführten (M5).*
4. *Beurteile, welche Bereiche in Schule und Verwaltung für eine Umerziehung sonst noch geändert werden müssen.*
5. *In der Sowjetischen Besatzungszone gab es trotz der gemeinsamen Kontrollratsdirektive ganz andere Schulbücher als in den Westzonen. Erkläre diese Entwicklung.*

Flucht und Vertreibung

Millionen verlieren ihre Heimat

Die Nationalsozialisten hatten im Krieg etwa neun Millionen Menschen in den von ihnen beherrschten Teilen Europas „eingedeutscht“, „umgevolkt“ oder verschleppt. Allein 1,2 Millionen Polen mussten ihre Heimat verlassen und ins „Generalgouvernement“ übersiedeln. Auch die Sowjets hatten ganze Volksgruppen um tausende Kilometer verschoben, so die Krimtataren oder die Wolgadeutschen.

Mit dem Ende des Zweiten Weltkrieges begann eine neue, noch gewaltigere Vertreibungswelle. Sie bedeutete für viele Millionen Polen, Tschechen, Slowaken, Ukrainer, Weißrussen, Litauer, Ungarn und Deutsche den Verlust der Heimat. Für zwölf bis 14 Millionen Deutsche wurden Flucht und Vertreibung zum bitteren Schicksal. Es wird geschätzt, dass ein bis zwei Millionen Menschen dabei ums Leben kamen und etwa eine Million in die Sowjetunion deportiert wurde.

Misshandelt und vertrieben

Schon vor Kriegsende waren über fünf Millionen Menschen aus den deutschen Ostgebieten vor der Roten Armee geflohen. Angesichts der deutschen Kriegsverbrechen, der zerstörten Heimat und der Millionen ziviler Opfer riefen viele russische Offiziere zu Rache und Vergeltung auf. Zahllose Zivilisten wurden getötet, verschleppt, misshandelt und vergewaltigt. Raub und Plünderungen waren üblich.

Auf Flucht und „wilde“ Vertreibungen folgten von Behörden angeordnete Ausweisungen und Zwangsumsiedlungen von Deutschen aus ihren Heimatgebieten östlich von Oder und Neiße sowie aus anderen Siedlungsgebieten Ost- und Südosteuropas.

Auf der Potsdamer Konferenz war zwar im Juli 1945 vereinbart worden, dass die „Ausweisungen“ in „ordnungsgemäßer und humaner Weise erfolgen“ sollten, trotzdem kam es weiterhin zu vielen gewaltsamen Vertreibungen. Erst 1947 mündeten sie in eine „geordnete Umsiedlung“. Die Flüchtlinge und Vertriebenen besaßen nur noch das, was sie auf dem Leib trugen oder mitschleppen konnten. Für die Aufnahmegebiete bedeutete dieser Zustrom von Menschen eine Verschärfung der schon katastrophalen Ernährungs- und Wohnsituation. Deshalb lehnte dort die Bevölkerung anfangs die Eingliederung der Flüchtlinge und Vertriebenen ab.

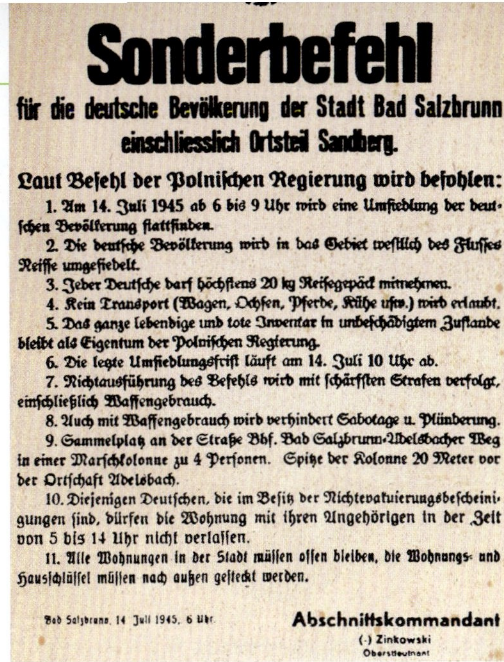

Sonderbefehl

für die deutsche Bevölkerung der Stadt Bad Salzbrunn einschliesslich Ortsteil Sandberg.

Laut Befehl der Polnischen Regierung wird befohlen:

1. Am 14. Juli 1945 ab 6 bis 9 Uhr wird eine Umsiedlung der deutschen Bevölkerung stattfinden.
2. Die deutsche Bevölkerung wird in das Gebiet westlich des Flusses Neiße umgesiedelt.
3. Jeder Deutsche darf höchstens 20 kg Reisegepäck mitnehmen.
4. Kein Transport (Wagen, Ochsen, Pferde, Kühe usw.) wird erlaubt.
5. Das ganze lebendige und tote Inventar in unbeschädigtem Zustande bleibt als Eigentum der Polnischen Regierung.
6. Die letzte Umsiedlungsfrist läuft am 14. Juli 10 Uhr ab.
7. Nichtausführung des Befehls wird mit schärfsten Strafen verfolgt, einschließlich Waffengebrauch.
8. Auch mit Waffengebrauch wird verhindert Sabotage u. Plünderung.
9. Sammelplatz an der Straße Bhf. Bad Salzbrunn-Adelsbacher Weg in einer Marschkolonne zu 4 Personen. Spitze der Kolonne 20 Meter vor der Ortschaft Adelsbach.
10. Diejenigen Deutschen, die im Besitz der Nichtevakuierungsbescheinigungen sind, dürfen die Wohnung mit ihren Angehörigen in der Zeit von 5 bis 14 Uhr nicht verlassen.
11. Alle Wohnungen in der Stadt müssen offen bleiben, die Wohnungs- und Hausschlüssel müssen nach außen gesteckt werden.

Bad Salzbrunn, 14. Juli 1945, 6 Uhr.

Abschnittskommandant
(-) Zinkowski
Oberstleutnant

M1 „Sonderbefehl“ vom 14. Juli 1945

Die Form des Anschlages lehnte sich an die deutschen Anordnungen aus der Besatzungszeit an, die sich an die polnische Bevölkerung richteten.

Erläutere die Konsequenz des Sonderbefehls für die betroffenen Deutschen. War er gerecht?

Von den Flüchtlingen und Vertriebenen, die um 1950 in der Bundesrepublik und der DDR lebten, kamen aus

– den ehemals deutschen Gebieten östlich von Oder und Neiße	etwa 7,00 Mio.
– der Tschechoslowakei	etwa 3,00 Mio.
– dem Polen der Vorkriegsgrenzen	etwa 1,40 Mio.
– der bis 1939 unter der Verwaltung des Völkerbundes stehenden Freien Stadt Danzig	etwa 0,30 Mio.
– Jugoslawien	etwa 0,30 Mio.
– Ungarn	etwa 0,20 Mio.
– Rumänien	etwa 0,13 Mio.

M2 Herkunft der deutschen Flüchtlinge und Vertriebenen

Nach: Klaus J. Bade u. a. (Hrsg.), Enzyklopädie Migration in Europa, Paderborn

▸ ***Geschichte In Clips:***
Zu Flucht, Vertreibung und Umsiedlung im Umfeld des Zweiten Weltkrieges siehe Clip-Code **31054-60**

1. *Erkläre, warum Millionen von Menschen aus unterschiedlichen Volksgruppen unter Flucht und Vertreibung litten.*
2. *Stelle dar, worunter konkret diejenigen zu leiden hatten, die ihre Heimat verloren.*
3. *Mit euren Familien seht ihr den Aushang mit dem „Sonderbefehl“ (M1). Was bedeuten die Anweisungen für euch? Wie reagiert ihr darauf? Spielt die Szene nach.*

M3 Handwagen aus Schlesien
Auf diesem Wagen transportierte eine vertriebene deutsche Familie 1946 ihre ganze Habe.

M4 Ausweisungsbescheid

Die Sudetendeutschen aus Radisch, Kreis Kaplitz, erhalten im April 1946 folgenden Ausweisungsbescheid:

Sie sind zum Transfer in Ihre Heimat (d. h. heim ins Reich) bestimmt worden und werden am 21. 2. 46 um 10 Uhr in die Sammelstelle in Kaplitz abtransportiert.

Zum Mitnehmen sind: 2 Decken, 4 Wäschegarnituren, 2 gute Arbeitsanzüge, 2 Paar gute Arbeitsschuhe, 1 guter Arbeitsmantel (Winterrock), 1 Essschale, 1 Tasse und 1 Essbesteck, 2 Handtücher und Seife, Nähzeug (Nadel und Zwirn), Lebensmittelkarten und die amtlichen Personenausweise und Dokumente.

Weiter können Sie Gegenstände Ihres Personenbedarfes, etwa unverderbliche Lebensmittel und Ähnliches mitnehmen. Alle Ihre Sachen dürfen das Gesamtgewicht von 50 kg pro Person nicht überschreiten.

Sämtlicher Schmuck, Wertgegenstände, Geld und Einlagebücher (außer der Reichsmark) schreiben Sie auf und geben Sie in einem Sack mit Ihrem Namen und der Anschrift an dem Ort der Zusammenkunft ab. [...]

Es wird dringendst darauf hingewiesen, dass nichts von Ihrem Eigentum verkauft, verschenkt, geborgt oder sonst wie veräußert werden darf. Die Nichtbefolgung dieser Anordnung wird bestraft.

Zit. nach: Rolf Messerschmidt, „Wenn wir nur nicht lästig fallen ..." Aufnahme und Eingliederung der Flüchtlinge und Vertriebenen in Hessen (1945 - 1955), Frankfurt am Main 1991, S. 41

M5 Vertreibung aus Oberschlesien

Ein Pfarrer aus Leobschütz (Oberschlesien) berichtet um 1950 über die Praxis der „Umsiedlung":

Am 26. September 1945, frühmorgens gegen 5:00 Uhr, begann die Razzia gegen die Deutschen. Die polnische Miliz drang in die Häuser ein und jagte alle Deutschen auf die Straße. Die wenigsten hatten noch Zeit und Gelegenheit, etwas von ihren wenigen Habseligkeiten mitzunehmen. [...] Nachdem man 70 bis 80 Personen wie Vieh in einem Wagen zusammengepfercht hatte, begann die Fahrt gegen 8:00 Uhr abends. Die polnische Miliz war dem Transport als Bewachung beigegeben. Niemand wusste, wohin die Fahrt geht. Am 28. September 1945 kam der Transport in Neiße O/S an und wurde vier Tage auf einem toten Gleis stehen gelassen. Da keine Lebensmittel mitgenommen waren, sich auch so niemand um die Verpflegung kümmerte, schrien die Menschen vor Hunger nach Brot. Aber keiner gab es ihnen. Soweit die Wagen von der polnischen Miliz geöffnet wurden, konnten die hungernden Menschen heraus und suchten sich Rüben und Kartoffeln auf den nächstliegenden Feldern. Dabei wurden viele, besonders alte Frauen, von der polnischen Miliz mit Gummiknüppeln geschlagen. Pater Ludwig begrub in den Wallen der Festung Neiße die ersten sieben Toten. Sie waren buchstäblich verhungert. Auf der 15-tägigen Fahrt starben 88 Menschen am Hunger und durch Erschöpfung, weitere 280 Personen starben an den Folgen der Ausweisung wenige Wochen später.

Zit. nach: Bundesministerium für Vertriebene (Hrsg.), Dokumentation der Vertreibung der Deutschen aus Ost-Mitteleuropa, Bd. I/2, bearbeitet von Theodor Schieder (1954), Neudruck München 1984, S. 708 f.

1. *Erläutere den „Sonderbefehl" (M1) und die in M4 und M5 genannten Maßnahmen. Setze dich mit den Folgen für die Betroffenen auseinander.*
2. *Recherchiere, ob und wie in deinem Wohn- oder Schulort an die Herkunft der Flüchtlinge und Vertriebenen erinnert wird.*
3. *In Berlin soll ein „Zentrum gegen Vertreibungen" entstehen. Informiere dich über die Ziele und die aktuellen Planungen.*

Internettipp:
Informationen zu Flucht und Vertreibung findest du unter Mediencode 31054-61

Lesetipps:
- Gudrun Pausewang, Auf einem langen Weg, Ravensburg [8]2009
- Elisabeth Zöller, Wir hatten trotzdem Glück. Die Geschichte einer Flucht, Frankfurt am Main 2010

Filmtipp:
Die Flucht; Regie: Kai Wessel, 2007

Schicksale hinter Pfeilen und Kreisen

Geschichtskarten fassen auf den ersten Blick, ähnlich wie Statistiken, historische Sachverhalte objektiv zusammen. Sie stellen dabei ein Thema für eine bestimmte Zeit und für einen festgelegten Raum dar.

Die Unterschiede zwischen Geschichtskarten zu einem Thema in verschiedenen Büchern oder Atlanten scheinen zunächst nur ästhetischer oder gestalterischer Art zu sein. Aber der Eindruck kann trügen, wie die beiden Karten zum Thema „Flüchtlinge und Vertriebene" zeigen. Beachte bei einem Vergleich:

- Legende und Karteneinträge (Informationsgehalt)
- Aufbau und Struktur der Karte
- Farbgebung und Übersichtlichkeit (grafische Gestaltung)

M1 Deutsche Flüchtlinge und Vertriebene 1945 bis 1950

Karte nach: Haus der Heimat des Landes Baden-Württemberg (Hrsg.), Umsiedlung, Flucht und Vertreibung der Deutschen als internationales Problem, Stuttgart 2005, S. 73

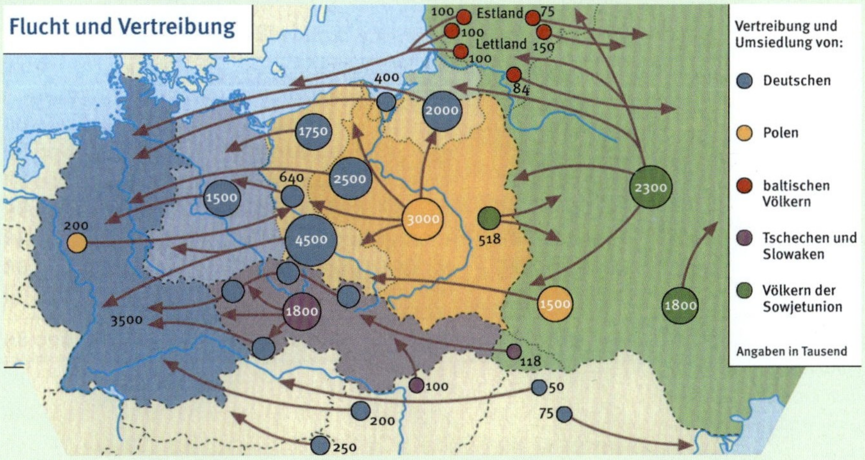

M2 Flucht und Vertreibung

Aus dem Begleittext zu der Karte

Die Potsdamer Konferenz sanktionierte 1945 die Vertreibung der Deutschen aus den ehemaligen deutschen Ostgebieten, der Tschechoslowakei (Sudetenland) und Ungarn. Von den Potsdamer Absprachen nicht gedeckt, verschob die UdSSR zur Korrektur ihrer eigenen Westgrenze von 1921 bis 1939 unter Annexion polnischer Ostgebiete das polnische Staatsgebiet auf Kosten der deutschen Ostgebiete nach Westen. Die angestammte Bevölkerung wurde vertrieben.
[...]
Auch in Jugoslawien (1946/47), in Bulgarien und der Türkei (1950 - 1952) kam es zur Vertreibung nationaler Minderheiten. Insgesamt 30 Millionen Europäer verloren in diesem Zuge ihre bisherige Heimat (60 Prozent davon Deutsche).

Karte und Text aus: Ernst Bruckmüller und Peter Claus Hartmann (Hrsg.), Putzger. Historischer Weltatlas, Berlin [103]2001, S. 176f.

Lesetipp:
Zwangsumsiedlung, Flucht und Vertreibung 1939 - 1959. Atlas zur Geschichte Ostmitteleuropas, Bonn 2009

1. *Vergleiche die beiden Karten (M1 und M2). Wie wird das Thema „Flucht und Vertreibung" jeweils dargestellt? Welche inhaltlichen Schwerpunkte werden gesetzt?*
2. *Recherchiere nach älteren Karten zum Thema „Flucht und Vertreibung" und vergleiche sie mit M1. Achte darauf, ob die Karten mit „dramatischen Gesten" wie dicken Pfeilen und auffallenden Farben arbeiten.*
3. *Prüfe, ob die Karten die Herkunftsländer der Opfer nennen.*

Neubeginn unter den Besatzungsmächten

M1 Auszug zur Landverteilung
Foto vom September 1945
In der Sowjetischen Besatzungszone verloren durch die Bodenreform etwa 7 000 Großgrundbesitzer ihr Land, ohne dafür eine Entschädigung zu erhalten. Das Land wurde an etwa 500 000 Landarbeiter, landlose Bauern, Flüchtlinge und Vertriebene verteilt.
Begründe, warum die Landverteilung mit einem Festumzug begangen wurde. Warum wurde die sowjetische Flagge mitgeführt?

▸ ***Geschichte In Clips:*** Zur Gründung der SED siehe Clip-Code **31054-62**

[1] Siehe S. 156 f. und 236 f.

Gründung von Ländern

Um die eigene Verwaltung zu entlasten, übergaben die Alliierten in ihren Zonen bald auch wieder politische Verantwortung an Deutsche. Diese mussten sich aber an die Vorgaben der jeweiligen Besatzungsmacht halten. Schon 1945 wurden in den Besatzungszonen „Länder" als Verwaltungseinheiten geschaffen, aus denen die heutigen Bundesländer hervorgingen. Am 1. November 1946 löste die britische Militärregierung die Länder Braunschweig, Hannover, Oldenburg und Schaumburg-Lippe auf und bildete daraus das neue Land „Niedersachsen". Am 9. Dezember trat in Hannover der erste Landtag zusammen. Er war nicht gewählt, sondern von der Besatzungsverwaltung eingesetzt. Am 20. April 1947 wurde er durch eine frei gewählte Volksvertretung abgelöst. Am 13. April 1951 trat die „Vorläufige Niedersächsische Verfassung" in Kraft.

Parteigründungen

Auch politische Parteien der Deutschen wurden von den Alliierten wieder zugelassen. Die SPD knüpfte an ihre Tradition in der Weimarer Republik an. Die anderen politischen Richtungen formierten sich in neuen Parteien. Konservative und christliche Politiker versammelten sich in der Christlich Demokratischen Union (CDU) bzw. in Bayern in der Christlich Sozialen Union (CSU), die Liberalen im Westen in der Freien Demokratischen Partei (FDP), im Osten in der Liberal-Demokratischen Partei Deutschlands (LDPD).

Entwicklung der SBZ

In der sowjetischen Zone wollte die russische Besatzungsmacht die Rolle der KPD stärken und erzwang 1946 die Vereinigung von KPD und SPD zur **SED** (Sozialistische Einheitspartei Deutschlands). Bald zeichnete sich dann in der Sowjetischen Besatzungszone (SBZ) jene Entwicklung ab, die sich schon in Ungarn, Rumänien und der Tschechoslowakei angekündigt hatte. Alle wesentlichen Machtpositionen wurden von den Russen an moskautreue SED-Mitglieder übergeben. Ein großer Teil der Industriebetriebe wurde verstaatlicht und schon 1945 wurde in einer Bodenreform landwirtschaftlicher Großgrundbesitz enteignet. Die CDU in der SBZ und die LDPD wurden in eine Koalition unter Führung der SED gedrängt.

Unterschiedliche Besatzungspolitik

Die Sowjetunion forderte eine Wiedergutmachung ihrer enormen Kriegsschäden. Diese sollte vor allem durch Demontagen erfolgen. Dieser Politik stellten sich die USA entgegen. Die Amerikaner erkannten bald nach Kriegsende, dass eine weitere Schwächung Deutschlands nicht in ihrem Interesse lag: Deutschland war mit seiner großen Bevölkerung und seiner starken Wirtschaft ein bedeutender Handelspartner. Die Westzonen bekamen deshalb auch Hilfe aus dem **Marshall-Plan**[1]. In der SBZ wurden dagegen Industrieanlagen abgebaut und in die Sowjetunion gebracht.

1. *Beschreibe das unterschiedliche Vorgehen der USA und der UdSSR in ihren Zonen.*
2. *Arbeite Unterschiede und Gemeinsamkeiten mit der Weimarer Republik heraus bezüglich Parteien und Ländern.*
3. *Begründe, warum der Marshall-Plan auch den Vereinigten Staaten nützte.*

M2 Die SPD fordert

Aus dem Aufruf der SPD vom 15. Juni 1945:

Wiederaufbau der Wirtschaft unter Mitwirkung der kommunalen Selbstverwaltung und der Gewerkschaften. [...] Verstaatlichung der Banken, Versicherungsunternehmungen und der Bodenschätze, Verstaatlichung der Bergwerke und der Energiewirtschaft. Erfassung des Großgrundbesitzes und der lebensfähigen Großindustrie und aller Kriegsgewinne für die Zwecke des Wiederaufbaus. Beseitigung des arbeitslosen Einkommens aus Grund und Boden und Mietshäusern. [...] Anpassung des Rechts an die antifaschistisch-demokratische Staatsauffassung. Staatlicher Schutz der Person. Freiheit der Meinungsäußerung in Wort, Bild und Schrift unter Wahrung der Interessen des Staates und der Achtung des einzelnen Staatsbürgers. Gesinnungsfreiheit und Religionsfreiheit.

Zit. nach: Ossip K. Flechtheim (Hrsg.), Dokumente zur parteipolitischen Entwicklung in Deutschland seit 1945, Bd. III, Berlin 1963, S. 1 - 4

M3 Ziele der CDU

Plakat aus Nordrhein-Westfalen von 1946

Das Plakat zeigt zwei Kirchen im westfälischen Soest, den katholischen Patrokli-Dom (rechts) und die evangelische St. Petri-Kirche (links).

M4 Vereinigungsparteitag von KPD und SPD

Foto vom 21. April 1946

Wilhelm Pieck hält die Fahne der SED, rechts neben ihm steht Otto Grotewohl. An der Wand (von links nach rechts) die Bilder von Friedrich Engels, August Bebel und Karl Marx.

M5 Postenbesetzung in der SBZ

Im Mai 1945 werden deutsche Exilkommunisten unter der Führung von Walter Ulbricht aus der Sowjetunion nach Berlin geschickt, um dort beim Aufbau der Verwaltung zu helfen. Wolfgang Leonhard ist einer von ihnen und erinnert sich später:

Ulbricht erklärte uns: „Die Bürgermeister sollen in den Arbeiterbezirken in der Regel Sozialdemokraten sein. In den bürgerlichen Vierteln [...] müssen wir an die Spitze einen bürgerlichen Mann stellen. [...] [Er] muss aber gleichzeitig auch ein Antifaschist sein und ein Mann, mit dem wir gut zusammenarbeiten können. [...] Und nun zu unseren Genossen. Der erste stellvertretende Bürgermeister, der Dezernent für Personalfragen und der Dezernent für Volksbildung – das müssen unsere Leute sein. Dann müsst ihr noch einen ganz zuverlässigen Genossen in jedem Bezirk ausfindig machen, den wir für den Aufbau der Polizei brauchen. [...] In klassischem Sächsisch gab er uns die letzte abschließende Direktive: „Es ist doch ganz klar: Es muss demokratisch aussehen, aber wir müssen alles in der Hand haben."

Wolfgang Leonhard, Die Revolution entlässt ihre Kinder, Frankfurt am Main o. J., S. 356 - 358

1. *Arbeite Gemeinsamkeiten und Unterschiede der Ziele von SPD und CDU heraus (M2 und M3).*
2. *Erkläre die Strategie der deutschen Exilkommunisten unter Walter Ulbricht (M5).*
3. *Beschreibe die Mittel, mit denen auf dem Foto M4 die Vereinigung von SPD und KPD zur SED dargestellt wird.*

Eine trennende Entwicklung

M 1 „Freie Bahn ..."
Plakat (71 x 51 cm), um 1949

M 2 „Hinaus!"
Plakat (61 x 42 cm) von 1948

Arbeite die unterschiedliche Sicht der Plakate auf den Marschall-Plan heraus.

Filmtipp:
Willkommen, Mr. Marshall; Regie: Luis García Berlanga, Spanien 1952

Vorentscheidungen

Während die westlichen Besatzungsmächte eine freie Wirtschafts- und Eigentumsordnung wollten, wurden in der SBZ mit Unterstützung vieler Bürger schon im Herbst 1945 die Weichen für eine sozialistische Entwicklung gestellt. 7000 Großgrundbesitzern wurde ihr Land entschädigungslos entzogen und an 500000 Landarbeiter, landlose Bauern, Flüchtlinge und Vertriebene verteilt. Ein Drittel des enteigneten Bodens erhielten die Länder, Kreise und Gemeinden. Gleichzeitig setzte die entschädigungslose Verstaatlichung von etwa 9000 Unternehmen ein.

Demontagen

In der Frage der Demontage großer Industriebetriebe und Reparationsleistungen entwickelten die Alliierten keine einheitliche Linie. Die Sowjets wiederum, die ihr zerstörtes Land aufbauen mussten, pochten auf rasche und hohe Wiedergutmachungsleistungen sowie einen dauerhaften Einfluss auf die deutsche Wirtschaft. Die Franzosen, die im 20. Jh. zweimal von deutschen Truppen überfallen worden waren, wollten Deutschland langfristig schwächen. Amerikaner und Briten hingegen wollten die Selbstversorgung Deutschlands wiederherstellen und so die Bezahlung der Besatzungskosten erreichen. Sie stellten daher eine rasche Ankurbelung der Wirtschaft in ihren Zonen über ihre Reparationsansprüche. Die Demontage von Industriebetrieben wurde bald verringert und 1951 ganz eingestellt. Den amerikanischen Wandel kündigte US-Außenminister James F. Byrnes in einer Rede am 6. September 1946 in Stuttgart an. Darin bot er dem deutschen Volk erstmals öffentlich Hilfe an.

Aus drei mach' eins!

Um die katastrophale Wirtschaftslage zu bessern, forderten die Amerikaner im Alliierten Kontrollrat die Verschmelzung der eigenen Besatzungszone mit einer oder mehreren anderen Zonen. Nur die Briten stimmten einem Zusammenschluss zu.
Am 1. Januar 1947 trat das britisch-amerikanische Abkommen über die Bildung des „Vereinigten Wirtschaftsgebietes" (Bizone) in Kraft. Dort wurden neue Verwaltungen u. a. für Wirtschaft, Ernährung, Finanzen unter deutscher Leitung eingerichtet. Wenig später floss Geld aus dem Marshall-Plan in die Bizone. Es führte dazu, dass sich die Wirtschaft dort rascher von den Kriegsfolgen erholte.
Die Annahme des amerikanischen Wiederaufbauprogramms durch Frankreich band die französische Zone enger an die westlichen Besatzungsmächte. Im Frühjahr 1948 wurde so aus der Bizone eine Trizone.
Stalin lehnte den Marshall-Plan ab. Er befürchtete eine politische und wirtschaftliche Einmischung der USA. Daher zwang er die unter seinem Einfluss stehenden Staaten in Ostmitteleuropa und die Verantwortlichen in der SBZ, dieses Angebot abzulehnen.

1. *Gib die unterschiedlichen Absichten der Alliierten bei der Gestaltung der Wirtschaft wieder.*
2. *Erkläre, was den Zusammenschluss der westlichen Besatzungszonen begünstigte.*
3. *Beurteile, ob die Befürchtung Stalins, der Marshall-Plan bedeute eine Einmischung der USA, gerechtfertigt ist.*

M3 Amerikanischer Kurswechsel

Am 6. September 1946 sagt der amerikanische Außenminister Byrnes in Stuttgart:

Wir haben gelernt, dass Frieden und Wohlergehen unteilbar sind und dass Frieden und Wohlergehen in unserem Land nicht auf Kosten des Friedens und Wohlergehens eines anderen Volkes erkauft werden können. [...]

Es liegt weder im Interesse des deutschen Volkes noch im Interesse des Weltfriedens, dass Deutschland eine Schachfigur oder ein Teilnehmer in einem militärischen Machtkampf zwischen dem Osten und dem Westen wird. [...]

Gleich den Völkern anderer verwüsteter Länder sollte das deutsche Volk den Wiederanfang mit einer Friedenswirtschaft machen, die nicht imstande ist, ihm mehr als den durchschnittlichen europäischen Lebensstandard zu gewähren. [...]

Dieses war der Grundsatz der Reparationen, wie Präsident Truman ihm in Potsdam zugestimmt hat. [...]

Während wir darauf bestehen werden, dass Deutschland die Grundsätze des Friedens, der gutnachbarlichen Beziehungen und der Menschlichkeit befolgt, wollen wir nicht, dass es der Vasall irgendeiner Macht oder irgendwelcher Mächte wird oder unter einer in- oder ausländischen Diktatur lebt. Das amerikanische Volk hofft, ein friedliches und demokratisches Deutschland zu sehen, das seine Freiheit und Unabhängigkeit erlangt und behält. [...]

Die Vereinigten Staaten können Deutschland die Leiden nicht abnehmen, die ihm der von seinen Führern angefangene Krieg zugefügt hat. Aber die Vereinigten Staaten haben nicht den Wunsch, diese Leiden zu vermehren oder dem deutschen Volk die Gelegenheit zu verweigern, sich aus diesen Nöten herauszuarbeiten, solange es menschliche Freiheit achtet und vom Wege des Friedens nicht abweicht.

Das amerikanische Volk wünscht, dem deutschen Volk die Regierung Deutschlands zurückzugeben. Das amerikanische Volk will dem deutschen Volk helfen, seinen Weg zurückzufinden zu einem ehrenvollen Platz unter den freien und friedliebenden Nationen der Welt.

Zit. nach: Hans-Dieter Kreikamp (Hrsg.), Quellen zur staatlichen Neuordnung Deutschlands 1945-1949, Darmstadt 1994, S. 133, 135, 140 und 142

	Angaben in Milliarden Dollar
Großbritannien	3,44
Frankreich	2,81
Italien	1,52
Westzonen/Bundesrepublik	1,41
weitere 13 Staaten erhielten	4,73
insgesamt	13,91

M4 Marshall-Plan-Hilfe 1948 - 1952

Nach: Bundesminister für den Marshall-Plan (Hrsg.), Wiederaufbau im Zeichen des Marshall-Planes 1948 - 52, Bonn 1953, S. 158

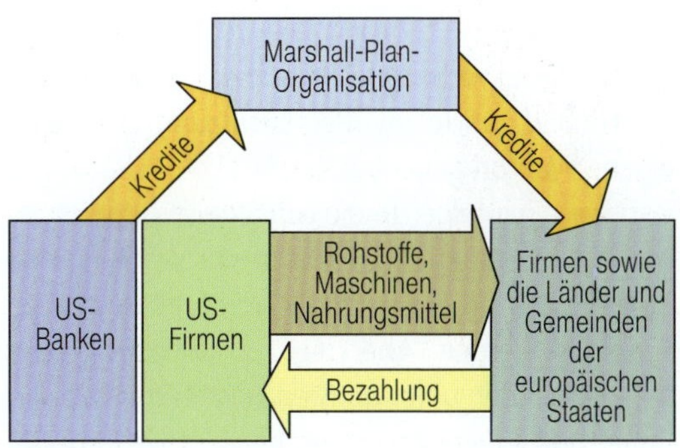

M5 Der Marshall-Plan

CD-ROM-Tipp:
Geschichte zum Hören. Der Weg in die Zweistaatlichkeit 1945 - 1949, Köln: Deutschlandradio 2009

1. *Erläutere, was Byrnes meint, wenn er sagt, dass von der „erfolgreichen Lösung" der Probleme in Deutschland „nicht nur das künftige Wohlergehen Deutschlands, sondern auch Europas" abhänge (M3). Ziehe auch M4 hinzu.*
2. *Diskutiert, welche Schlüsse westdeutsche Politiker aus Byrnes' Rede ziehen konnten (M3).*
3. *Erläutere mit der Grafik die Funktion des Wiederaufbauprogramms (M5).*

Aus vier Zonen werden zwei Staaten

M 1 Die „Mütter des Grundgesetzes“
Foto von 1949
Hätte es im Parlamentarischen Rat nicht diese vier Frauen gegeben, so wäre der heutige Artikel 3 des Grundgesetzes: „Männer und Frauen sind gleichberechtigt“ vielleicht nicht angenommen worden. Helene Wessel (Zentrum), Helene Weber (CDU), Friederike Nadig (SPD) und Elisabeth Selbert (SPD) arbeiteten über Parteigrenzen hinweg am Gleichberechtigungsartikel.

Stelle eine Vermutung auf, warum es nicht die „Mütter der Weimarer Verfassung“ gab.

Internettipp:
Informationen zum Parlamentarischen Rat findest du unter Mediencode 31054-63

Währungsreform und Berlin-Blockade

Vor allem die USA wollten einen raschen Wiederaufbau der deutschen Wirtschaft. Daher führten die Westmächte ohne Abstimmung mit der UdSSR in der Trizone 1948 eine neue Währung ein (Währungsreform): die D-Mark. Die UdSSR protestierte gegen diese Verletzung ihrer Rechte als Siegermacht und führte in ihrer Besatzungszone eine eigene Währung ein.
Darüber hinaus sperrte die UdSSR alle Zufahrtswege nach West-Berlin. So sollten die Westalliierten unter Druck gesetzt und zu Verhandlungen gezwungen werden. Aber die 2,2 Millionen West-Berliner wurden unter größten Anstrengungen von Briten und Amerikanern aus der Luft versorgt. Im Mai 1949 brach die Sowjetunion die Blockade ab.

Der Weg zur Bundesrepublik

Im selben Zeitraum trieben Großbritannien und die USA die Gründung eines deutschen Weststaates voran. Am 1. Juli 1948 erhielten die elf Regierungschefs der westlichen Besatzungszonen von den drei Militärgouverneuren den Auftrag, eine Verfassung für einen westdeutschen Staat ausarbeiten zu lassen. Dieser sollte nach dem Muster der westlichen Demokratien Grundsätze berücksichtigen wie Volkssouveränität, parlamentarische Demokratie, Rechtsstaatlichkeit, Bundesstaatlichkeit und Gewaltenteilung und den Bürgern Grundrechte garantieren.
Eine Gruppe von Sachverständigen erstellte den Verfassungsentwurf. Er wurde in einem durch die Länderparlamente gewählten „Parlamentarischen Rat“ diskutiert und schließlich genau vier Jahre nach der Kapitulation des Deutschen Reiches verabschiedet. Nachdem er von den Militärgouverneuren genehmigt worden war, trat er am 23. Mai 1949 als „**Grundgesetz** für die Bundesrepublik Deutschland“ in Kraft. Damit war der westdeutsche Staat gegründet. Nach der ersten Bundestagswahl am 14. August wurde **Konrad Adenauer** von der Christlich Demokratischen Union (CDU) Bundeskanzler. Erster Bundespräsident wurde Theodor Heuss von der Freien Demokratischen Partei (FDP). Aus den westlichen Besatzungszonen war ein Staat unter alliierter Aufsicht geworden.

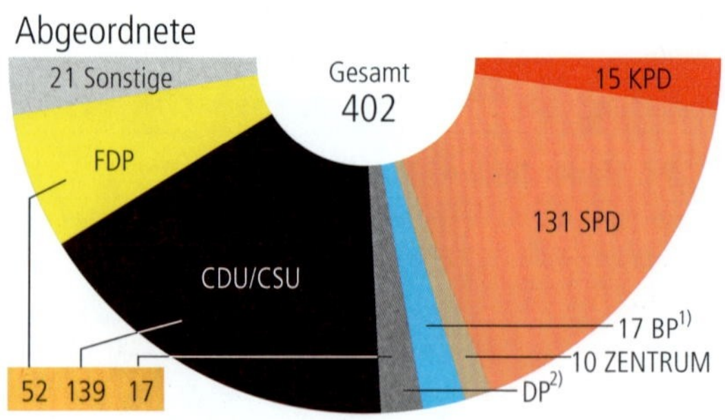

1) Bayernpartei
2) Deutsche Partei

M 2 Das Ergebnis der ersten Bundestagswahl vom 14. August 1949
Obwohl rund 65 Prozent aller Wahlberechtigten Frauen waren, wurden nur 28 Frauen in den ersten Bundestag gewählt.

M3 Fackelzug zur Gründung der DDR in Ost-Berlin
Foto von Erich Zühlsdorf vom 7. Oktober 1949 (Ausschnitt)

Eingeschränkte Souveränität

Die Besatzungsherrschaft war damit noch nicht beendet. Die bisherige Militärregierung der Siegermächte wurde durch die Alliierte Hohe Kommission ersetzt. Sie sollte die Bundes- und Landesregierungen kontrollieren und war auch zuständig für die Außen- und Sicherheitspolitik.

Ein „neues Deutschland"?

Am 29. und 30. Mai 1949, drei Wochen nach der Veröffentlichung des westdeutschen Grundgesetzes, wurde die Verfassung der Deutschen Demokratischen Republik (DDR) verabschiedet. Für die Herrschaftspraxis der SED hatte diese Verfassung keine Bedeutung. Auf die verbrieften Freiheitsrechte (z. B. die Meinungsfreiheit) konnte sich kein DDR-Bürger berufen. Ihre Macht sicherte sich die SED-Führung durch

- die Steuerung der Blockparteien und die Festschreibung der Verteilung der Volkskammersitze unabhängig von Wahlen;
- die fehlende Unabhängigkeit der Justiz gegenüber der unumschränkt herrschenden SED (und der Regierung);
- die Strafandrohung wegen „Boykotthetze gegen demokratische Einrichtungen und Organisationen", eine Verfassungsbestimmung, mit der die SED unbequeme Kritiker mundtot machen konnte.

Moskaus Einfluss

Stalin wartete mit der bis in alle Einzelheiten vorbereiteten ostdeutschen Staatsgründung noch die ersten Wahlen und die Regierungsbildung in der Bundesrepublik ab, um dem Westen die „Schuld" an der Teilung Deutschlands geben zu können.

Nach einer langen Besprechung führender SED-Funktionäre mit dem sowjetischen Diktator in Moskau wurde Anfang Oktober 1949 verkündet, dass „mit der Bildung der volksfeindlichen Separatregierung in Bonn […] in Deutschland eine neue Lage entstanden" sei, die zum Handeln zwinge. Am 7. Oktober 1949 erklärte sich ein aus gefälschten Wahlen hervorgegangener Deutscher Volksrat zur Provisorischen Volkskammer. Dieses Scheinparlament beauftragte Otto Grotewohl mit der Regierungsbildung. Der damit gegründete zweite deutsche Staat, die DDR, blieb unter sowjetischer Vormundschaft. Wichtige Entscheidungen wurden in Moskau getroffen, die sowjetische Geheimpolizei verfolgte wirkliche und vermeintliche Gegner des stalinistischen Herrschaftssystems im Osten Deutschlands.

Internettipp:
Informationen zur Entstehung beider deutscher Staaten siehe unter Mediencode 31054-64

1. *Skizziere den Weg bis zur Gründung der beiden deutschen Staaten.*
2. *Beurteile, wie groß jeweils der Anteil an demokratischer Mitbestimmung bei den Gründungen war.*
3. *Informiere dich darüber, warum die Verfassung für den deutschen Weststaat „Grundgesetz" genannt wurde.*
4. *Untersuche das Foto M3 nach dem auf S. 246 vorgestellten Schema.*

IM Bewußtsein seiner Verantwortung vor Gott und den Menschen, von dem Willen beseelt, seine nationale und staatliche Einheit zu wahren und als gleichberechtigtes Glied in einem vereinten Europa dem Frieden der Welt zu dienen, hat das Deutsche Volk in den Ländern

BADEN · BAYERN · BREMEN
HAMBURG · HESSEN
NIEDERSACHSEN
NORDRHEIN-WESTFALEN
RHEINLAND-PFALZ
SCHLESWIG-HOLSTEIN
WÜRTTEMBERG-BADEN und
WÜRTTEMBERG-HOHENZOLLERN

um dem staatlichen Leben für eine Übergangszeit eine neue Ordnung zu geben, kraft seiner verfassunggebenden Gewalt dieses Grundgesetz der Bundesrepublik Deutschland beschlossen.
Es hat auch für jene Deutschen gehandelt, denen mitzuwirken versagt war.
Das gesamte Deutsche Volk bleibt aufgefordert, in freier Selbstbestimmung die Einheit und Freiheit Deutschlands zu vollenden.

M 4 Präambel des Grundgesetzes
Verkleinerte Wiedergabe des Originals von 1949

M 5 Auszug aus dem Besatzungsstatut

Im Besatzungsstatut regeln die Westalliierten 1949 das Verhältnis der Bundesrepublik zu den Besatzungsbehörden der Siegermächte. Auszüge daraus:

3. […] Die Besatzungsbehörden behalten sich jedoch das Recht vor, entsprechend den Weisungen ihrer Regierungen die Ausübung der vollen Gewalt ganz oder teilweise wieder zu übernehmen, wenn sie dies für unerlässlich erachten für die Sicherheit oder zur Aufrechterhaltung der demokratischen Ordnung in Deutschland, oder um den internationalen Verpflichtungen ihrer Regierungen nachzukommen. […]

4. Die Bundesrepublik Deutschland und die [Bundes-]Länder haben die Befugnis, nach ordnungsmäßiger Mitteilung an die Besatzungsbehörden […] Gesetze zu erlassen und Maßnahmen zu ergreifen, es sei denn, dass die Besatzungsbehörden ausdrücklich anders bestimmen oder dass solche Gesetze oder Maßnahmen mit den [von den] Besatzungsbehörden selbst getroffenen Entscheidungen oder Maßnahmen unvereinbar sind.

Johannes Hohlfeld (Hrsg.), Dokumente der deutschen Politik und Geschichte, Bd. VI, Berlin/München o. J., S. 343ff.

M 6 Die Bundesregierung erklärt

Die Ausgangslage seiner Politik beschreibt Bundeskanzler Adenauer am 20. September 1949 in seiner ersten Regierungserklärung:

Der Fortschritt gegenüber den Verhältnissen, die seit 1945 bei uns bestanden, auch gegenüber den Zuständen des nationalsozialistischen Reiches, ist groß. Zwar müssen wir uns immer bewusst sein, dass Deutschland und das deutsche Volk noch nicht frei sind, dass es noch nicht gleichberechtigt neben den anderen Völkern steht, dass es – und das ist besonders schmerzlich – in zwei Teile zerrissen ist. Aber wir erfreuen uns doch einer wenigstens relativen staatlichen Freiheit. Unsere Wirtschaft ist im Aufstieg. Wir haben vor allem aber wieder den Schutz der Persönlichkeitsrechte. Niemand kann bei uns, wie das im nationalsozialistischen Reich der Fall war und wie es jetzt noch in weiten Teilen Deutschlands, in der Ostzone, zu unserem Bedauern der Fall ist, durch Geheime Staatspolizei oder ähnliche Einrichtungen der Freiheit und des Lebens beraubt werden. Diese Güter: Rechtsschutz, Schutz der persönlichen Freiheit, die wir lange Jahre nicht besaßen, sind so kostbar, dass wir trotz allem, was uns noch fehlt, uns darüber freuen müssen, dass wir diese Persönlichkeitsrechte wieder besitzen.

Zit. nach: Jürgen Weber (Hrsg.), Das Jahr 1949 in der deutschen Geschichte. Die doppelte Staatsgründung, Landsberg 1997, S. 237 und 243

M 7 Rückseite der 50-Pfennig-Münze (Bundesrepublik)

M 8 Die SED und die Macht

In einer Sitzung des SED-Parteivorstandes sagt das Berliner Vorstandsmitglied Gerhart Eisler am 4. Oktober 1949:

[Als] Marxisten müssen wir wissen: Wenn wir eine Regierung gründen, geben wir sie niemals wieder auf, weder durch Wahlen noch andere Methoden. (*Walter Ulbricht: Das haben einige noch nicht verstanden!*) – Daher müssen wir ihnen zeigen, dass die Massen bei uns sind, wenn wir eine Regierung bilden, jene Massen, die wollen, dass sie an der Regierung sind, und die sehr ungehalten gegen jene Leute sind, die das verhindern wollen. (*Beifall.*)

Zit. nach: Siegfried Suckut, Die Entscheidung zur Gründung der DDR. Die Protokolle der Beratungen des SED-Parteivorstandes am 4. und 9. Oktober 1949, in: Vierteljahrshefte für Zeitgeschichte, 39. Jg. (1991), S. 161

M 9 „Verfassung der deutschen demokratischen Republik / Durch das Volk / Mit dem Volk / Für das Volk"
Plakat vom März 1949

M 10 Propagandaplakat zur ersten Volkskammerwahl in der DDR am 15. Oktober 1950
In der Einheitsliste der „Nationalen Front" waren alle Parteien und Massenorganisationen vereinigt. Die Führung hatte die SED.

M 11 Aus der DDR-Verfassung

Die Verfassung vom 7. Oktober 1949 beginnt mit folgenden Worten:

Von dem Willen erfüllt, die Freiheit und die Rechte des Menschen zu verbürgen, das Gemeinschafts- und Wirtschaftsleben in sozialer Gerechtigkeit zu gestalten, dem gesellschaftlichen Fortschritt zu dienen, die Freundschaft mit allen Völkern zu fördern und den Frieden zu sichern, hat sich das deutsche Volk diese Verfassung gegeben.

Art. 1: Deutschland ist eine unteilbare demokratische Republik; sie baut sich auf den deutschen Ländern auf. [...] Es gibt nur eine deutsche Staatsangehörigkeit.

Art. 2: Die Farben der Deutschen Demokratischen Republik sind Schwarz-Rot-Gold. Die Hauptstadt der Republik ist Berlin.

1. *Arbeite heraus, welche Grenzen das Besatzungsstatut der Bundesrepublik setzt (M5).*
2. *Nenne die in M4 und M8 genannten Ziele. Erkläre die Unterschiede.*
3. *Bewerte Adenauers Regierungserklärung (M6) aus Sicht der Bundesrepublik und der entstehenden DDR.*
4. *Erkläre, was das Münzbild über den neuen Staat aussagen sollte (M7).*
5. *Bewerte, ob die Aussagen des SED-Parteivorstandes (M8) mit den Zielen der DDR-Verfassung (M11) vereinbar waren.*
6. *Zeige auf, inwiefern die „Nationale Front" dazu beitragen konnte, dass die SED ihre Herrschaft stabilisierte (M10).*
7. *Analysiere das Plakat (M9).*

Nach sowjetischem Vorbild: die DDR

M1 „Von den Sowjetmenschen lernen …"

Das Plakat wurde vom „Amt für Information der DDR" nach sowjetischen Vorlagen um 1952 herausgegeben.

Beurteile, was das Plakat über die Beziehungen der DDR zur Sowjetunion aussagt.

„Die Partei hat immer recht!"

Nach der Gründung der DDR setzte die SED unter der Führung von **Walter Ulbricht** den eingeschlagenen undemokratischen Weg fort. Die SED-Spitze wollte den Staatsapparat zentral lenken. Dazu löste sie im Juli 1952 Länder und Landtage auf. Die DDR wurde in Bezirke gegliedert. Das Ergebnis war eine „Volksdemokratie": ein sozialistischer Zentralstaat nach sowjetischem Muster.

Die Blockparteien durften bestehen bleiben, um demokratische Verhältnisse vorzutäuschen. Doch ihre Parteibüros, Zeitungen und Mitgliederentwicklung wurden kontrolliert.

Wahlen in der DDR waren Propagandaveranstaltungen: Die Wähler erhielten eine von der SED vorbereitete Kandidatenliste, die sie nur mit „Ja" oder „Nein" entweder bestätigen oder ablehnen konnten. Eine Auswahl war nicht möglich. Gewählt wurde meist offen und ohne Benutzung der Wahlkabinen. Wer nicht oder geheim wählte, machte sich verdächtig. So verzeichnete die SED stets hohe „Wahlerfolge".

Auch in der SED selbst wurden „Abweichungen" nicht zugelassen. In der ersten großen „Säuberungsaktion" mit öffentlichen Schauprozessen gegen frühere Sozialdemokraten wurden aus der SED etwa 150 000 Parteimitglieder ausgeschlossen.

Aufbau des Sozialismus

1950 trat die DDR dem **Rat für Gegenseitige Wirtschaftshilfe (RGW)**[1] bei. Die Wirtschaftspläne waren damit abhängig von den Vorgaben Moskaus.

Nach sowjetischem Vorbild wurde die Güterproduktion von der Regierung zentral geplant und durch Fünfjahrespläne gelenkt, die Mengen und Preise festsetzten und Rohstoffe zuteilten. Dabei hatten die Konsumbedürfnisse der Menschen hinter dem Aufbau der Schwerindustrie, der chemischen Industrie und der Energiewirtschaft zurückzustehen. Folge des starren Systems waren ständige Engpässe in der Belieferung der Industrie (z. B. mit Ersatzteilen) sowie in der Versorgung der Bevölkerung mit Gütern des täglichen Lebens.

Die nach 1945 einsetzende Verstaatlichung von Industrie und Handel wurde vorangetrieben. Die „Volkseigenen Betriebe" erwirtschafteten 1947 etwas über ein Drittel, 1950 bereits mehr als die Hälfte aller Güter und Dienstleistungen, später über 90 Prozent.

Um die Produktivität zu erhöhen, wurden die Bauern aufgefordert, ihr Land, ihre Maschinen und Viehbestände in Landwirtschaftliche Produktionsgenossenschaften (LPG) einzubringen. Wer gegen diese Form der Enteignung war, wurde massiv unter Druck gesetzt.

Ohne Opposition

In der DDR gab es von Anfang an Widerstand gegen die rücksichtslose Politik der Parteiführung, aber keine eigentliche Opposition – weder in der Volkskammer noch außerhalb. Dazu fehlte die „vierte Gewalt": freie und unabhängige Medien. Presse, Funk und Fernsehen wurden zentral gelenkt und zensiert.

[1] Siehe auch S. 236

Walter Ulbricht   Rat für Gegenseitige Wirtschaftshilfe (RGW)   Ministerium für Staatssicherheit

M 2 Stacheldrahtzäune entlang der innerdeutschen Grenze
Foto vom Juli 1952 aus dem Harz
1952 wurde entlang der Zonengrenze eine fünf Kilometer breite, militärisch gesicherte Sperrzone eingerichtet, um die anhaltende Fluchtbewegung zu stoppen. Die genaue Zahl der Opfer an dieser Grenze bis zum 12. August 1961 ist unbekannt. Die Angaben schwanken zwischen 101 und 407 Todesopfern.

Die SED-Führung versuchte, das Fehlen der Opposition so zu rechtfertigen: Ihre Politik, die allein dem Wohl des Volkes diene, brauche keinen Widerspruch. Eine Opposition sei letztlich verbrecherisch, da sie in der DDR nur gegen diejenigen Kräfte gerichtet sein könne, die die „wahren" Interessen der Bevölkerung kennen und vertreten würden: die Partei- und Staatsführung.

Umgang mit Andersdenkenden

Um Opposition von vornherein auszuschließen, wurden die Menschen so früh wie möglich in die von der SED kontrollierten Parteien und Massenorganisationen eingebunden und vom 1950 eingerichteten **Ministerium für Staatssicherheit** (MfS) überwacht, eingeschüchtert und bestraft. Die Stasi, so die Abkürzung für die Geheimpolizei, die auch geheimdienstliche Aufgaben (Spionage) im Ausland betrieb, unterstand allein der SED-Spitze. Eine parlamentarische Kontrolle bestand nicht. Dies unterschied das MfS von den Sicherheitsdiensten in demokratisch regierten Staaten. Wer Kritik an den politischen Entscheidungen und wirtschaftlichen Maßnahmen der SED übte oder Flugblätter gegen Missstände verteilte, riskierte schlimmste Strafen. Allein 1950 wurden in der DDR über 78 000 Menschen wegen politischer Vergehen verurteilt, in einigen Fällen sogar zum Tode. Die Justiz war in diesen Fällen ein willfähriges Instrument der SED. Opposition wurde bestraft. Richter wurden zu Befehlsempfängern der SED.

Im Mai 1952 beschloss der DDR-Ministerrat, ein Sperrgebiet an der innerdeutschen Grenze einzurichten. Nur die Grenze in Berlin blieb wegen der gemeinsamen Kontrolle der Stadt durch vier Siegermächte durchlässig. Trotzdem ließen der anhaltende politische Druck auf die Bevölkerung und die sich verschlechternden Lebensbedingungen zwischen Januar 1951 und April 1953 etwa 450 000 (von 18 Millionen) Menschen aus der DDR in den Westen fliehen.

1. *Arbeite die Maßnahmen heraus, die belegen, dass in der DDR eine Diktatur errichtet wurde.*
2. *Vergleiche die Maßnahmen mit den Aussagen des Plakates M9 auf S. 161.*
3. *Informiere dich über die Grundrechte der Meinungs- und Pressefreiheit in der Bundesrepublik.*

- Beginn der Verstaatlichung von Industrie, Handel und Landwirtschaft in der SBZ
- Gründung des Ministeriums für Staatssicherheit
- SED löst Länder und Landtage auf; Ziel: ein sozialistischer Zentralstaat
  Einrichtung eines Sperrgebietes an der

M3 „Stalin, das ist der Frieden"
Das Plakat (83,3 x 58,5 cm) wurde 1952 vom „Amt für Informationen" herausgegeben.

M4 „Unser Gruß dem Genossen Stalin ..."

Der Vorstand der SED verkündet zum 70. Geburtstag von Stalin am 14. Dezember 1949 u. a. folgende Losungen für die Parteiarbeit:

- Es lebe Stalin, der beste Freund des deutschen Volkes!
- Die Deutsche Demokratische Republik dankt Stalin für sein Vertrauen!
- Das deutsche Volk grüßt Stalin, den bewährten Führer der Weltfriedensbewegung!
- Stalin ist unser großer Helfer im Kampf um die Einheit Deutschlands und einen gerechten Frieden!
- Stalin lehrte uns höchste Wachsamkeit gegenüber allen Agenten der Volksfeinde!
- Wir danken Stalin für seine großzügige Hilfe beim Aufbau der deutschen Friedenswirtschaft!

Zit. nach: Ernst Deuerlein (Hrsg.), DDR 1945 - 1970. Geschichte und Bestandsaufnahme, München 1971, S. 105 f.

M5 Aufgaben des MfS

In den Richtlinien für die Stasi heißt es:

§1 Das Ministerium für Staatssicherheit (MfS) [...] gewährleistet [...] die staatliche Sicherheit und den Schutz der Deutschen Demokratischen Republik. [...]

§2 Die Hauptaufgaben des MfS zum Schutz der Souveränität, bei der allseitigen politischen, militärischen, ökonomischen und kulturellen Stärkung der Deutschen Demokratischen Republik, der Sicherung der sozialistischen Errungenschaften und der Staatsgrenze bestehen darin:

a) Feindliche Agenturen zu zerschlagen [...] und andere politisch-operative Maßnahmen gegen die Zentren des Feindes durchzuführen [...];

c) Straftaten, insbesondere gegen die Souveränität der Deutschen Demokratischen Republik, den Frieden, die Menschlichkeit und Menschenrecht [...] aufzudecken, zu untersuchen und vorbeugende Maßnahmen auf diesem Gebiet zu treffen [...];

e) Die staatliche Sicherheit in der Nationalen Volksarmee und den bewaffneten Organen zu gewährleisten;

f) [...] die Staatsgrenze mit spezifischen Mitteln und Methoden zu schützen und [...] den grenzüberschreitenden Verkehr zu sichern. [...]

Zit. nach: Matthias Judt (Hrsg.), DDR-Geschichte in Dokumenten, Berlin 1997, S. 467 f.

M6 Den Vater „abgeholt"

Joachim Gauck, früher Pfarrer in Rostock, 1990 - 2000 Leiter der Bundesbehörde für die Unterlagen des ehemaligen Staatssicherheitsdienstes der DDR und 2012 - 2017 Bundespräsident, erinnert sich an das Schicksal seines Vaters:

Meinem Vater wurde angelastet, dass er zeitweise zu einer Schiffsbesatzung gehört hatte, von der ein Kollege in den Westen geflohen war, dem die Russen Geheimdienstkontakte unterstellten. Weil dieser ehemalige Kollege zu einigen Mitgliedern der Schiffsbesatzung wieder Kontakt aufgenommen hatte, wurden alle Mannschaftsmitglieder festgenommen, die man noch finden konnte. Jetzt musste man ihnen nur etwas anhängen. Bei einer Hausdurchsuchung fanden die Russen bei meinem Vater eine legal aus Hamburg eingeführte Fachzeitschrift für Fragen der Schifffahrt.

Dem russischen Richter in Schwerin reichte das Wort „Hamburg“ für einen Schuldspruch von zweimal 25 Jahren Zwangsarbeit in Sibirien. Davon ahnte meine Mutter, die mit ihren vier Kindern zurückgeblieben war, nichts. [...]
Erst nach zweieinhalb Jahren erhielten wir das erste Lebenszeichen von meinem Vater – eine Postkarte, wie sie Kriegsgefangene schickten. Er war in einem Lager in der Nähe des Baikalsees und arbeitete als Sklavenarbeiter im Wald.

Joachim Gauck, Die Stasi-Akten. Das unheimliche Erbe der DDR, Hamburg 1991, S. 42ff. (gekürzt)

M 8 Propagandaplakat an einer Hausmauer in Ost-Berlin
Foto von 1952
„Neues Deutschland“ war die offizielle Tageszeitung der SED.

M 7 Eintritt in die Genossenschaft

Führende Vertreter der Bezirksorganisation Gera schreiben am 6. April 1960 an Walter Ulbricht:
Mit großer Freude können wir Ihnen heute mitteilen, dass sich mit dem heutigen Tage alle Bauern des Bezirkes Gera für den Weg der genossenschaftlichen Produktion und des sozialistischen Lebens entschieden haben. Der freiwillige Zusammenschluss unserer Bauern zu vollgenossenschaftlichen Dörfern, ihr Schritt in die sozialistische Zukunft ist eine eindeutige Absage an das Adenauer-Regime, ist die unmissverständliche Antwort der Bauern unseres Grenzbezirkes auf die Bonner Blitzkriegsstrategie.
Der ehemalige Einzelbauer Willi R. aus R. [...] sagte bei seinem Eintritt in die Genossenschaft: „Dem Adenauer und seinen Blitzkriegern müssen auch wir Bauern die richtige Antwort geben. Unsere Antwort heißt: LPG[1] – Sozialismus – Frieden! [...] Und wenn Adenauer und seine Minister [...] meinen, wir wären in die LPG gezwungen worden, dann sollen sie einmal nach R. kommen. Wir werden ihnen schon den Marsch blasen, damit ihnen ihre Kriegs- und Eroberungsgelüste für immer vergehen.“ [...]
Mit Freude und Stolz schauen unsere Genossenschaftsbauern einer gesicherten und reichen sozialistischen Perspektive entgegen. Sie haben den festen Willen, die großen Ziele des Siebenjahrplanes zu erreichen, um auf diesem Weg den deutschen Militarismus zu bändigen und den Sozialismus zum Siege zu führen.

Zit. nach: Matthias Judt (Hrsg.), DDR-Geschichte in Dokumenten. Beschlüsse, Berichte, interne Materialien und Alltagszeugnisse, Berlin 1997, S. 119f.

1. *Erläutere, was die SED mit dem Plakat und den Losungen (M3 und M4) erreichen wollte.*
2. *Bewerte die Aufgaben des Ministeriums für Staatssicherheit (M5) im Hinblick auf die Selbstbezeichnung der DDR als Demokratie.*
3. *Zeige die Absicht der Propaganda an der Hausmauer (M8) auf und beschreibe die Mittel dafür.*
4. *Arbeite heraus, wie die Bundesrepublik Deutschland in dem Brief (M7) beschrieben wird.*
5. *Stelle Vermutungen an, warum der Brief verfasst wurde (M7).*
6. *Entgegen der Darstellung in dem Brief haben sich einige Bauern nur unter Druck der LPG angeschlossen. Nenne mögliche Gründe dafür.*
7. *Erkläre den Begriff „Willkürherrschaft“ mithilfe der Erinnerungen (M6).*

[1] LPG: Landwirtschaftliche Produktionsgenossenschaft

Der 17. Juni 1953

M1 Steine gegen sowjetische Panzer
Foto von Wolfgang Albrecht vom 17. Juni 1953
Szenen wie diese in der Leipziger Straße in Ost-Berlin ereigneten sich am 17. Juni 1953 an vielen Orten in der DDR.
Ein Journalist befragt nach dieser Szene die beiden Steinewerfer. Entwickle ein kurzes Interview.

Volksaufstand

Nachdem Stalin am 5. März 1953 gestorben war, erwarteten viele Menschen in der DDR eine Verbesserung der Lage. Doch die Hoffnungen sanken, als die Verantwortlichen im Mai 1953 die Arbeitsnormen in den „Volkseigenen Betrieben" um zehn Prozent erhöhten. Bei gleichem Lohn sollte also mehr gearbeitet werden. Daraufhin kam es zu Unruhen unter den Arbeitern.

Obwohl die Partei- und Staatsführung die Arbeitsnormerhöhung kurzfristig zurücknahm, legten Berliner Bauarbeiter am 16. Juni ihre Arbeit auf den Baustellen in der Stalinallee nieder. Aus dem Streik entwickelte sich ein Volksaufstand. Am 17. Juni und den folgenden Tagen demonstrierten und streikten die Menschen im gesamten Land. Sie forderten „Nieder mit der SED", „Freie Wahlen", „Freilassung aller politischen Häftlinge", „Rücktritt der Regierung", „Abzug der Besatzungstruppen aus Deutschland" und „Wiedervereinigung".

Die in der DDR stationierten sowjetischen Soldaten sicherten der SED die Herrschaft. Die Sowjets verhängten in 167 von 217 Stadt- und Landkreisen den Ausnahmezustand. Es galt das Kriegsrecht. Panzer fuhren auf und öffentliche Versammlungen wurden verboten. Unterstützt von Volkspolizei und Staatssicherheitsdienst schlugen die sowjetischen Soldaten den Aufstand nieder.

Die Bilanz des Aufstandes

Zwischen dem 16. und 21. Juni 1953 beteiligten sich rund eine Million Menschen in mehr als 700 Orten an Streiks, Demonstrationen oder Kundgebungen. In über 1 000 Betrieben und Genossenschaften ruhte die Arbeit. Aus zwölf Haftanstalten wurden etwa 1 500 Häftlinge befreit. Bei den Unruhen kamen zwischen 40 und 50 Menschen ums Leben. Etwa 15 000 Personen wurden festgenommen. Bis Ende Januar 1954 wurden über 1 500 Demonstranten verurteilt, davon zwei zum Tode.[1]

Die SED machte für den Aufstand „westliche Kriegstreiber" verantwortlich. Dagegen protestierte die Bundesregierung. Sie und die Westmächte hatten sich während des Aufstandes zurückgehalten, weil sie einen Krieg vermeiden wollten. Nur wenige Wochen nach dem Ereignis erklärten die Abgeordneten des Deutschen Bundestages auf Anregung der SPD den 17. Juni zum Tag der deutschen Einheit. Bis 1990 hielt man an dem Gedenktag fest.

1. *Erkläre, warum aus der Unzufriedenheit über schlechtere Arbeitsbedingungen ein politischer Aufstand wurde.*
2. *Von dem Foto M1 werden oft nur Ausschnittvergrößerungen (siehe Unterlegungen) veröffentlicht. Beschreibe, wie sie die Wirkung des Bildes verändern.*
3. *Begründe, warum der Volksaufstand die Schwäche des Regimes offenlegte.*

[1] Die DDR schaffte die Todesstrafe erst im Juli 1987 ab.

▸ ***Geschichte In Clips:*** Zum „Volksaufstand" siehe Clip-Code **31054-65**

Internettipp:
Informationen und Materialien zum 17. Juni 1953 siehe unter Mediencode 31054-66

Lesetipp:
Erich Loest, Sommergewitter, Göttingen 2005

CD-ROM-Tipp:
17. Juni 1953. Zeitzeugen berichten, Köln: Deutschlandradio 2003

M2 Aufgebrochene Gefängnistore in Jena
Foto vom 17. Juni 1953
Am Vormittag des 17. Juni waren etwa 1 500 Menschen in die Jenaer Untersuchungshaftanstalt eingedrungen und hatten 61 Häftlinge befreit.

M3 „Es lebe die Junirevolution"

Ein Höhepunkt der Kundgebung vom 17. Juni auf dem Görlitzer Marktplatz ist folgende Ansprache:

Görlitzer! Die meisten von euch werden mich kennen. Ich bin der alte Latt. Seit 1904 habe ich der Sozialdemokratischen Partei angehört und ich habe in meinem Leben nun drei Revolutionen mitgemacht: die Revolution von 1918, die von 1945 und heute die Revolution vom 17. Juni 1953. Görlitzer, ich muss offen bekennen, das ist die größte Freude meines Lebens, dass ich diesen Tag erleben durfte. Acht Jahre lang waren wir gefesselt und geknebelt, acht Jahre lang durften wir nicht so sprechen, wie wir dachten. Nun ist das alles vorbei. Die Stunde der Freiheit hat geschlagen: […] die SED und ihre Funktionäre sollen sich aus dem Staube machen, bevor sie der gerechte Zorn der 18 Millionen trifft. Görlitzer, es lebe die Junirevolution von 1953.

Zit. nach: www.17juni53.de/forum/forum/dach.html (29. 09. 2009)

M4 Agenten und Provokateure

In einem DDR-Geschichtsbuch von 1983 für die Klasse 10 heißt es:

Am 17. Juni 1953 gelang es Agenten verschiedener imperialistischer Geheimdienste, die von West-Berlin aus zahlreich in die Hauptstadt und einige Bezirke der DDR eingeschleust worden waren, in der Hauptstadt und in verschiedenen anderen Orten der Republik einen kleinen Teil der Werktätigen zu zeitweiligen Arbeitsniederlegungen und Demonstrationen zu bewegen. In einigen Städten plünderten Gruppen von Provokateuren und Kriminellen. Sie legten Brände, rissen Transparente herunter, misshandelten und ermordeten Funktionäre der Arbeiterbewegung, holten verurteilte Kriegsverbrecher aus Gefängnissen und forderten den Sturz der Arbeiter-und-Bauern-Macht. Doch der junge sozialistische Staat bestand unter Führung der Partei auch diese Belastungsprobe. Die Mehrheit der Arbeiterklasse und der Bevölkerung stand zu ihrem Staat. […] Durch das entschlossene Handeln der fortgeschrittensten Teile der Arbeiterklasse und ihrer Verbündeten gemeinsam mit sowjetischen Streitkräften und bewaffneten Organen der DDR brach der konterrevolutionäre Putsch innerhalb von 24 Stunden zusammen. Der Versuch, die DDR und den Sozialismus auf deutschem Boden gewaltsam zu beseitigen, war gescheitert.

Rudolf Dau u. a., Geschichte. Lehrbuch für Klasse 10, Berlin (Ost) 1983, S. 129 f.

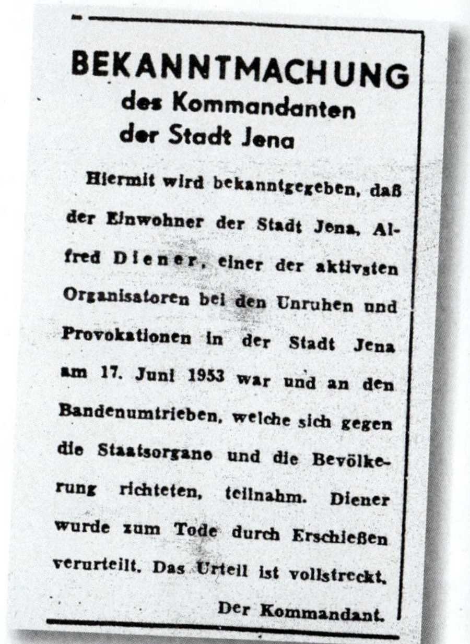

BEKANNTMACHUNG
des Kommandanten
der Stadt Jena

Hiermit wird bekanntgegeben, daß der Einwohner der Stadt Jena, Alfred Diener, einer der aktivsten Organisatoren bei den Unruhen und Provokationen in der Stadt Jena am 17. Juni 1953 war und an den Bandenumtrieben, welche sich gegen die Staatsorgane und die Bevölkerung richteten, teilnahm. Diener wurde zum Tode durch Erschießen verurteilt. Das Urteil ist vollstreckt.

Der Kommandant.

M5 Der Kommandant der Stadt Jena gibt bekannt
Die Bekanntmachung erschien am 20. Juni 1953 in der Jenaer „Volkswacht" und wurde auch in anderen Zeitungen verbreitet.

1. *Die Rede M3 macht deutlich, worum es den Aufständischen ging. Nenne die zentralen Forderungen.*
2. *Der Redner (M3) bezeichnet die Ereignisse vom 17. Juni als „Revolution". Erläutere sein Revolutionsverständnis und beurteile es. Berücksichtige dabei auch M2.*
3. *Erläutere die Motive für die Bekanntmachung (M5).*
4. *Prüfe die Darstellung zum 17. Juni im DDR-Lehrbuch (M4). Beachte dabei auch die Wortwahl.*
5. *Erläutere die Absicht des Textes (M4).*

Welche Wirtschaftsordnung schafft Wohlstand?

M1 Ein alternativer Blick auf das Wirtschaftswunder
Karikatur aus der DDR, 1967
Die Karikatur will aussagen: Bei uns in der DDR ... Ergänze!

Konkurrenz der Wirtschaftsordnungen

In der UdSSR gab es kein Privateigentum an wichtigen Produktionsmitteln. Alle Fabriken sollten dem Staat gehören, der in einer **Planwirtschaft** bestimmte, was – in welcher Stückzahl – produziert werden soll. Die Bezahlung der Menschen richtete sich im Wesentlichen nach ihrer Arbeitszeit und den Bedürfnissen ihrer Familien (z. B. Kinder). Große Einkommensunterschiede sollte es nicht geben. In der westlichen Welt herrschte die Marktwirtschaft, in der die Unternehmer frei entscheiden können, was sie in ihren Fabriken produzieren wollen. Über ihren Erfolg entscheidet der von Konkurrenz geprägte „**Markt**". Nur wer seine Produkte mit Gewinn verkaufen kann, verdient Geld und kann seine Arbeiter bezahlen.

Soziale Marktwirtschaft

In der Bundesrepublik gab es ab 1951 einen rasanten Wirtschaftsaufschwung. Er war kein „Wirtschaftswunder", wie er genannt wurde. Gründe für den Aufschwung waren, dass die Allierten und die deutsche Regierung die Wirtschaftsbetriebe förderten, die Gewerkschaften nur maßvolle Löhne forderten und die Menschen etwas leisten wollten. 1960 herrschte in der Bundesrepublik praktisch Vollbeschäftigung: Die Arbeitslosenquote lag bei nur 1,3 Prozent (zum Vergleich Juli 2015: 6,4 Prozent). Die Vollbeschäftigung ging mit einem nie dagewesenen Wohlstand einher.

Dafür sorgte auch die **Soziale Marktwirtschaft**. Neben den Prinzipien der Marktwirtschaft gilt hier, dass der Staat und Sozialversicherungen die Menschen gegen Alter, Krankheit und Arbeitslosigkeit absichern. Wichtig für den wirtschaftlichen Aufschwung der Nachkriegsjahre waren aber auch der Zustrom gut ausgebildeter Flüchtlinge aus der DDR, das Anwerben ausländischer „Gastarbeiter" sowie die Vorteile des zollfreien Warenverkehrs innerhalb der Europäischen Gemeinschaften (EGKS, EU).[1]

Planwirtschaft

In der DDR lag die Arbeitslosenquote nahezu bei null Prozent. In der dortigen Planwirtschaft wurde jede Arbeitskraft eingesetzt. Verglichen mit den kapitalistischen Staaten im Westen mussten sich die Menschen in der DDR und Osteuropa jedoch mit einem deutlich niedrigeren Lebensstandard zufrieden geben. Importierte „Luxus"-Produkte wie Kaffee, Schokolade und Bananen gab es fast gar nicht zu kaufen, für andere Waren des täglichen Bedarfs musste man mitunter stundenlang Schlange stehen.

1. *Benenne die Unterschiede zwischen Planwirtschaft und Marktwirtschaft.*
2. *Stelle Vermutungen an, warum der Aufschwung in der Bundesrepublik als „Wirtschaftswunder" bezeichnet wurde, und informiere dich anschließend darüber im Internet.*
3. *Die DDR-Regierung hat es immer als Vorteil ihres Wirtschaftssystems ausgegeben, dass es keine Arbeitslosigkeit gibt. Diskutiert darüber.*

[1] Siehe S. 174 f.

	Kapitalismus	sozialistische Planwirtschaft
Grundidee	Von einer unsichtbaren Hand (dem Markt) gelenkt, führen Privateigentum und Wettbewerb zum Wohl der Gesellschaft. Dabei herrschen das Konkurrenzprinzip und das Ziel der Gewinnmaximierung. Staatliche Eingriffe bringen diese Ordnung aus dem Gleichgewicht.	Das Risiko von Fehlinvestitionen und Arbeitslosigkeit ist dank Planung minimal. Indem man sich auf gesamtwirtschaftliche Ziele wie den Bau von Wohnungen konzentriert, erreicht man diese – theoretisch – schneller.
Einflussnahme durch den Staat	Der Staat schafft lediglich die Rahmenbedingungen, etwa für den Außenhandel.	Der Staat plant die Produktion, z. B. in Fünfjahresplänen (fünf Jahre im Voraus).
Steuerung	Der Markt steuert sich selbst (Marktwirtschaft): Die Nachfrage bedingt das Angebot von Waren und Arbeitskraft.	durch die Staatliche Plankommission in Berlin, die zentrale Planbehörde
Produktionsmittel (Fabriken usw.)	in Privateigentum	in Staatseigentum

M 2 Kapitalismus und sozialistische Planwirtschaft im Vergleich

Nach: Manfred Schwarz, Die DDR zwischen Mauer, Trabi und Club-Cola, Hamburg 2009, S. 36

M 3 Reichtum?
Werbefoto aus der Bundesrepublik von 1958

M 4 Wirtschaftliche und staatliche Zwänge

In einem Vermerk über den Einfluss der Preisfestsetzungen auf die Produktion industrieller Konsumgüter in Karl-Marx-Stadt (DDR) vom 15. November 1960 heißt es unter anderem:

[Eine Privatfirma] hatte vor [...] der Lohnerhöhung Kaffeetöpfe aus Porzellan hergestellt, für die ein Industrieabgabepreis von 0,60 DM bis 0,63 DM festgelegt ist. Nach den Lohnerhöhungen kann dieser Betrieb den gleichen Artikel nur für 0,70 DM bis 0,71 DM fertigen. Dieser Preis wurde aber nicht genehmigt. Die GHG[1] bekommen keine Kaffeetöpfe [mehr] aus diesem Betrieb.

[Ein anderer Privatbetrieb] stellt Herrenhosenträger [...] her. Bei der Produktion entstehen bei den Gummibändern Abschnitte, die für Kinderhosenträger verwendet werden können, für die großer Bedarf besteht. [...] Das Zentralreferat erklärt, dass [nur] der gleiche Preis wie für Herrenhosenträger genehmigt werden kann, weil der „Gebrauchswert" der gleiche wäre. [...] Zu diesem Preis will der Betrieb die Träger nicht herstellen, weil er meint, dass das Betrug ist. Es wurde dem Betrieb empfohlen, anstelle Kinderhosenträgern Sockenhalter zu fertigen.

Zit. nach: Matthias Judt (Hrsg.), DDR-Geschichte in Dokumenten. Beschlüsse, Berichte, interne Materialien und Alltagszeugnisse, Berlin 1997, S. 134

[1] GHG: Großhandelsgesellschaft

▸ ***Geschichte In Clips:*** Zur Wirtschaft in der Frühphase der DDR siehe Clip-Code **31054-67**

Lesetipp:
Inge Barth-Grözinger, Stachelbeerjahre, Stuttgart 2011 (zeitgeschichtlicher Roman, der rückblickend über das Jahr 1962 erzählt)

1. *Erkläre, was zu den Schwierigkeiten in M4 führte.*
2. *Vergleiche M4 mit einem Wirtschaftsbetrieb in einer Marktwirtschaft.*
3. *Nennt Kritikpunkte jeweils zu Kapitalismus und Planwirtschaft (M2).*
4. *Erklärt, inwiefern sich die Soziale Marktwirtschaft der Bundesrepublik vom Kapitalismus unterscheidet, wie er in M2 beschrieben wird.*
5. *Beurteile M3: Ist das Foto Ausdruck von Reichtum?*
6. *Begründe, warum ein derartiges Werbefoto der sozialistischen Ideologie in der DDR widersprochen hätte (M3).*

Zeichner kommentieren ihre Zeit

Hinweis: Die Überschrift spielt auf ein Theaterstück des Briten John Osborne von 1956 an.

Geburtstagstorte mit zehn Kerzen: Hinweis auf das Jahr 1958.

Fotoalbum

Ein lachender und gutgenährter Junge mit Pausbacken deutet auf sein „Foto“ von 1948.
Hinweis: Die Zipfelmütze kennzeichnet den Jungen als „typischen Deutschen“ („Deutscher Michel“).

Ein lachendes und gutgenährtes Mädchen mit Pausbacken zeigt auf ihr „Foto“ von 1948.
Hinweis: Der Kopf sieht wie eine 1-D-Mark-Münze (Eichenlaub und Ziffer) aus.

Ein dicker Mann mit einer Zigarre im Mund hält zwei Kinder im Arm.
Hinweis: Die Person stellt Wirtschaftsminister Ludwig Erhard dar; er gilt als der „Vater“ des westdeutschen „Wirtschaftswunders“.

Name des Zeichners und Hinweis auf das Entstehungsjahr der Karikatur: 1958

M „Blick zurück – nicht im Zorn“
Karikatur von Hanns-E. Köhler aus der Wochenzeitung „Die Zeit“ vom 19. Juni 1958
„Och, guck' mal, Onkel Ludwig, das waren wir, vor zehn Jahren!“

Was wollen Karikaturen?

Sie kommentieren und bewerten politische oder gesellschaftliche Ereignisse, Zustände und Entwicklungen. Sie spitzen Meinungen zu und beziehen Stellung. Da sie in zeitlicher Nähe zu einem bestimmten Geschehen entstehen, sind sie historische Quellen. Worüber die Zeitgenossen lachten oder sich ärgerten, was ihnen gefiel oder was sie ablehnten, erkennen wir aber später selten auf Anhieb. Einerseits, weil die Zeichner gerne Symbole und Zeichen benutzen, die es zu entschlüsseln gilt. Andererseits, weil sie ohne Wissen über den historischen Kontext nicht angemessen verstanden werden können.

Um die Aussage einer Karikatur zu begreifen, muss sie analysiert werden. Dabei helfen Antworten auf folgende Fragen:

- Wer hat die Karikatur gezeichnet? Wann und wo wurde sie erstmals veröffentlicht?
- Welche Symbole, Zeichen und Personifikationen verwendet der Zeichner? Was beabsichtigt er damit?
- Auf welches Ereignis, welche Entwicklung und/oder welche Personen bezieht sich das Bild?
- Welche Absicht verfolgt der Zeichner?
- Wie bewertest du die Aussage der Karikatur?

Beschreibung

Siehe die Hinweise an der Karikatur.

Erste Hinweise zur Analyse

Die Karikatur stammt vom 19. Juni 1958. Die westdeutsche Bevölkerung feiert den zehnten Geburtstag der „D-Mark“. Die Überschrift deutet die Skepsis von 1948 gegenüber der Sozialen Marktwirtschaft an. Der „Deutsche Michel“ und die „D-Mark“ blicken mit Ludwig Erhard auf die Entwicklung von 1948 bis 1958 zurück – „nicht im Zorn“. Alle drei sind fröhlich, geht es ihnen doch viel besser als vor zehn Jahren. Sie sind wohlgenährt und machen einen rundum zufriedenen Eindruck.

1. *Recherchiere (z. B. im Internet) über den Zeichner und die politische Haltung der Zeitung, in der die Karikatur veröffentlicht wurde.*
2. *Skizziere die wirtschaftliche Entwicklung zwischen 1948 und 1958.*
3. *Interpretiere die Karikatur. Wie beurteilt der Zeichner die Entwicklung von 1948 bis 1958? Wie bewertest du die Aussage? Berücksichtige dabei alle dir vorliegenden und recherchierten Informationen.*

Die Bundesrepublik wird Partner in Westeuropa

Aussöhnung und Zusammenarbeit

Bundeskanzler Konrad Adenauer war überzeugt, dass die Bundesrepublik Deutschland nur als Teil der westeuropäischen Staatengemeinschaft überleben könne. Die Berlin-Blockade hatte ihn darin bestätigt.[1]

In der engen Verbindung mit den Westmächten – besonders mit den USA – sah Adenauer die Chance, für Westdeutschland eine größere Eigenständigkeit zu gewinnen und die seit dem Zerfall der Viermächte-Verwaltung bestehende Teilung Deutschlands zu beseitigen und damit die deutsche Frage zu lösen.

Zu den wichtigsten Zielen des ersten Bundeskanzlers gehörte die Überwindung des deutsch-französischen Gegensatzes. Er wusste, dass eine Aussöhnung nur möglich war, wenn die Bundesrepublik auf das Sicherheitsbedürfnis Frankreichs Rücksicht nahm.

Der französische Außenminister Robert Schuman unterstützte Adenauers Politik. Er schlug am 9. Mai 1950 vor, die Montan-Industrie (Bergbau, Eisen- und Stahlproduktion) beider Staaten einer gemeinsamen Behörde zu unterstellen. Zugleich sollte dieser Zusammenschluss weiteren westeuropäischen Staaten offenstehen. Die Bemühungen führten 1951 zur Gründung der Europäischen Gemeinschaft für Kohle und Stahl (EGKS; auch Montanunion[2] genannt). Mitglieder der Gemeinschaft wurden Frankreich, Italien, Belgien, Luxemburg, die Niederlande und die Bundesrepublik Deutschland.

M1 Konrad Adenauer vor dem Kapitol in Washington, D. C.
Foto vom 9. April 1953
Adenauers Besuch in den USA wurde als Zeichen der Wiederaufnahme Deutschlands in die „Völkergemeinschaft der freien Welt“ gewertet.
Beurteile die Bedeutung des Fotos für die Menschen in Westdeutschland.

Wiederbewaffnung und Souveränität

Ohne sein Kabinett vorab zu informieren, bot Adenauer den Amerikanern 1952 die Wiederbewaffnung der Bundesrepublik im Rahmen eines westlichen Bündnisses an. Als Gegenleistung erwartete er von den drei westlichen Siegermächten die Aufhebung des Besatzungsstatuts sowie eine Sicherheitsgarantie. Um eine weitere kommunistische Machtausdehnung in Europa und Fernost zu verhindern, waren die Amerikaner bereit, die Wiederbewaffnung des ehemaligen Kriegsgegners zu akzeptieren.

Im Mai 1952 wurden die Weichen für das Ende des Besatzungsstatuts und die Wiederbewaffnung gestellt. Die Bundesrepublik sollte einer Europäischen Verteidigungsgemeinschaft (EVG) beitreten. Im Gegenzug gab der Vertrag über die Beziehungen zwischen der Bundesrepublik Deutschland und den Drei Mächten (Deutschlandvertrag) der Bundesrepublik die Souveränität.

[1] Siehe S. 158.
[2] Siehe dazu S. 174.

M 2 „Großmutter, was machst du für verlockende Angebote? – … Damit ich dich besser fressen kann“
Karikatur aus der Gewerkschaftszeitung „Welt der Arbeit“ vom 10. Mai 1952
Beschriftung: „Bundes-Republik“ (links), „Sowjetische Vorschläge: Souveränität – Abzug aller Besatzungstruppen – eigene Wehrmacht“

Die Stalin-Noten

Kurz vor der Unterzeichnung des Deutschland- und EVG-Vertrages schlug Stalin am 10. März 1952 den westlichen Siegermächten vor, einen Friedensvertrag abzuschließen und eine gesamtdeutsche Regierung zu bilden. Dabei nannte er eine Bedingung: Ein vereintes Deutschland dürfte kein militärisches Bündnis eingehen. Dem ersten Angebot folgten weitere.

Auf Stalins Vorschläge reagierten die Westmächte mit der Forderung nach freien Wahlen, aus denen eine gesamtdeutsche Regierung hervorgehen sollte. Außerdem lehnten sie und alle politischen Kräfte in der Bundesrepublik ein neutrales Gesamtdeutschland ab. Ihrer Meinung nach wäre es der Sowjetunion schutzlos ausgeliefert gewesen.

Die letzten Schritte zur Souveränität

Frankreich teilte die Furcht vor der Sowjetunion, war aber gegen westdeutsche Truppen. Die Mehrheit der französischen Nationalversammlung lehnte daher im August 1954 den EVG-Vertrag ab. Die Frage des deutschen Verteidigungsbeitrages und die Eingliederung der Bundesrepublik in den Westen waren wieder offen.

Das Ende dieser Krise brachten nach zähen Verhandlungen die sogenannten Pariser Verträge. Sie sahen die Aufnahme der Bundesrepublik in die NATO und das Ende der Besatzungsherrschaft vor. Gleichzeitig sollte Bonn sich mit der Stationierung westlicher Truppen auf deutschem Boden einverstanden erklären und auf atomare, biologische oder chemische Massenvernichtungswaffen verzichten.

Darüber hinaus verpflichtete sich die Bundesrepublik, die Wiedervereinigung oder eine Änderung bestehender Grenzen nicht gewaltsam anzustreben. Trotz des Widerstandes in der Bevölkerung gegen die Wiederbewaffnung wurden die Pariser Verträge vom Bundestag angenommen. Am 5. Mai 1955 traten sie in Kraft. Im Jahr darauf wurde die allgemeine Wehrpflicht wieder eingeführt.

1. *Arbeite die Grundüberzeugungen und politischen Richtlinien Bundeskanzler Adenauers heraus.*
2. *Stellt in Partnerarbeit die Argumente für und gegen die Annahme der Vorschläge Stalins 1952 gegenüber.*
3. *Bewertet, welche Argumente eurer Meinung nach schwerer wiegen.*
4. *Interpretiere die Karikatur (M2). Welche Gefahren werden beschworen? Hinweise zur Analyse findest du auf S. 170.*

M3 Integration Europas

Bundeskanzler Konrad Adenauer in einer Rede vor dem Deutschen Bundestag am 12. Juli 1951 zur EGKS:

Man hat […] erkannt, dass man die Integration Europas nicht mit Reden, mit Erklärungen herbeiführen kann, sondern dass man sie nur herbeiführen kann durch gemeinsame Interessen und durch gemeinsames Handeln. Darin liegt die ganz große Bedeutung dieses Vertrages. Dieser Vertrag nötigt die europäischen Länder, die ihm angehören, zusammen zu handeln. […] Das ist – ich betone das nachdrücklich –, wie mir scheint, ein Vorgang von welthistorischer Bedeutung, ein Vorgang, der das Ende des Nationalismus in all diesen Ländern bedeutet. Ich bin der festen Überzeugung, dass, wenn dieser Anfang einmal gemacht worden ist, wenn hier sechs europäische Länder, wie ich nochmals betone: freiwillig und ohne Zwang einen Teil ihrer Souveränität auf ein übergeordnetes Organ übertragen, man dann auch auf anderen Gebieten diesem Vorgang folgen wird und dass damit wirklich der Nationalismus, der Krebsschaden Europas, einen tödlichen Stoß bekommen wird.

Verhandlungen des Deutschen Bundestags, I. Wahlperiode 1949, 161. Sitzung vom 12. Juli 1951, Stenographische Berichte, Bd. 8, S. 6499ff.

M5 „Vereinte Abwehr“
Plakat, um 1952
Herausgegeben hat das Plakat ein privates „Komitee ‚Sichert Heimat und Freiheit‘“.

M4 „… zurzeit die sicherste Lösung“

Der britische Staatsminister im Foreign Office schreibt am 22. Juni 1953 an den Premierminister Winston Churchill:

Deutschland ist der Schlüssel zum Frieden in Europa. Ein geteiltes Europa bedeutet ein geteiltes Deutschland. Deutschland wiederzuvereinigen, solange Europa geteilt ist, ist – selbst wenn dies machbar wäre – gefahrvoll für uns alle. Deshalb fühlen alle – Dr. Adenauer, die Russen, die Amerikaner, die Franzosen und wir selbst – im Grunde ihres Herzens, dass ein geteiltes Deutschland zurzeit die sicherste Lösung ist. Aber keiner von uns wagt dies, wegen seiner Auswirkungen auf die öffentliche Meinung in Deutschland, auch offen zuzugeben. Deshalb unterstützen wir alle öffentlich ein vereintes Deutschland, jeder allerdings aufgrund seiner eigenen Bedingungen.

Zit. nach: Manfred Görtemaker, Geschichte der Bundesrepublik Deutschland, München 1999, S. 323

1. *Nenne Adenauers Argumente für die europäische Einigung (M3).*
2. *Erörtere, warum viele führende Politiker die Wiedervereinigung zum damaligen Zeitpunkt ablehnten (M4).*
3. *Begründe, ob das Propagandaplakat (M5) aus West- oder Ostdeutschland stammt.*
4. *Stellt die Positionen für und gegen Westintegration und Wiederbewaffnung in einem Streitgespräch gegenüber.*
5. *Verfasse Schlagzeilen zum NATO-Beitritt der Bundesrepublik in ost- und westdeutschen Zeitungen.*

Auf dem Weg in ein neues Europa

M1 Zerstörung der Grenzschranken
Foto vom deutsch-französischen Grenzübergang St. Germanshof/Wissembourg, 7. August 1950
300 Studenten aus acht europäischen Ländern hatten sich verabredet: Sie überrumpelten die Zöllner, zerbrachen Schlagbäume, hissten eine Europaflagge und forderten ein europäisches Parlament und eine europäische Regierung.
Erörtere, was an dieser Aktion revolutionär war.

Die Motive

Wenige Jahre nach dem Kriegsende meint der amerikanische Außenminister John Foster Dulles: „Europa muss sich vereinigen oder untergehen." Die Gründe für diesen Meinungswandel nach dem Krieg waren:

- die Einsicht der Siegermächte, dass das zerstörte Europa nur gemeinsam wiederaufgebaut werden könne
- der beginnende Kalte Krieg
- das Interesse Großbritanniens und Frankreichs, Deutschland in eine westeuropäische Ordnung einzubinden, um neue Sonderwege zu verhindern
- die Hoffnung, ein einiges Westeuropa könne zu einer „dritten Kraft" zwischen den USA und der Sowjetunion werden

Die Zukunftspläne wurden beeinflusst von Europavorstellungen der Zwischenkriegszeit und der Widerstandskämpfer gegen die NS-Herrschaft. Ein Zusammenschluss der Staaten blieb aber zunächst aus, weil die Regierungen nach 1945 ihre nationale Unabhängigkeit nicht für eine vage Europa-Idee aufgeben wollten. Hinzu kam, dass die Form einer künftigen Verbindung umstritten war: Sollte es ein europäischer Bundesstaat oder ein Staatenbund werden? Diese Frage erweist sich bis in die Gegenwart als Schlüsselproblem des Vereinigungsprozesses.

Start mit dem Europarat

Der erste politische Zusammenschluss westeuropäischer Staaten nahm Ende der 1940er-Jahre konkretere Formen an. Im August 1949 fand dann die Gründungssitzung des Europarates in Straßburg statt. Großbritannien, Frankreich, Irland, Italien, Dänemark, Norwegen, Schweden und die drei Beneluxstaaten hatten Politiker ihrer Parlamente entsandt.[1]

Der Europarat sollte die politische und kulturelle Einigung Westeuropas vorantreiben. Da er aber keine Gesetzgebungsrechte erhielt, blieb ihm nur die Möglichkeit, freiwillige zwischenstaatliche Abkommen (Konventionen) zu verabschieden. Zu den wirkungsvollsten Abkommen der ersten Jahre zählten:

- die Europäische Konvention zum Schutz der Menschenrechte und Grundfreiheiten (1950) und
- die Sozialcharta (1961).

Europa einigt sich wirtschaftlich

1951 einigten sich Frankreich und die Bundesrepublik sowie Italien und die Beneluxstaaten auf die **Montanunion**. Durch eine gemeinsame Kontrolle der Kohle- und Stahlindustrie hoffte man, militärische Konflikte in Westeuropa auszuschließen. Denn: ohne Kohle kein Stahl, ohne Stahl keine Panzer. Damit gaben europäische Staaten erstmals wirtschaftliche Zuständigkeiten an eine supranationale europäische Behörde ab. Es war der erste große Schritt bei der **Europäischen Integration**.

[1] Die Türkei und Griechenland wurden 1949, die Bundesrepublik Deutschland 1951 Mitglieder des Europarates.

Der Erfolg veranlasste die Mitglieder, die Gemeinschaft auszubauen. Am 25. März 1957 unterschrieben sie in Rom die Verträge über die Europäische Wirtschaftsgemeinschaft (EWG) und die Europäische Atomgemeinschaft (EURATOM). Vereinbart wurden in den Römischen Verträgen

- eine gemeinsame Politik in der Landwirtschaft, der Fischerei und im Verkehr,
- die schrittweise Abschaffung der Zölle bei der Ein- und Ausfuhr von Waren sowie der Kontrollen und Beschränkungen für den Personen-, Dienstleistungs- und Kapitalverkehr,
- eine gemeinsame Zoll- und Handelspolitik gegenüber Staaten außerhalb der EWG sowie
- die Zusammenarbeit bei der friedlichen Nutzung der Atomenergie.

1967 wurden EGKS, EURATOM und EWG zur Europäischen Gemeinschaft (EG) zusammengefasst.

„Lokomotive" der Einigung

Voraussetzung für die europäische Einigung war die deutsch-französische Verständigung. Der französische Staatspräsident **Charles de Gaulle** und der deutsche Bundeskanzler Adenauer trieben sie voran. Sie schufen seit Ende der 1950er-Jahre ein Vertrauensverhältnis. Beide erhofften sich aber auch außenpolitische Vorteile. De Gaulle, der eine Atomstreitmacht aufbauen wollte und gegen den Beitritt Großbritanniens zur EWG war, wünschte sich eine Stärkung Frankreichs auf dem europäischen Kontinent. Adenauer sah in der Verbindung einen zusätzlichen Schutz gegen die kommunistische Bedrohung aus dem Osten.

Höhepunkt der zweiseitigen Beziehungen war der am 22. Januar 1963 in Paris unterzeichnete deutsch-französische Freundschaftsvertrag (Elysée-Vertrag). Er sah nicht nur regelmäßige Beratungen der Staats- und Regierungschefs sowie der Minister beider Länder vor, sondern auch die Zusammenarbeit in der Bildungs-, Kultur- und Jugendpolitik. Kurze Zeit später entstand das Deutsch-Französische Jugendwerk. Es hat zwischen 1964 und 2002 über sechs Millionen Schülern und Studenten Besuche im Nachbarland ermöglicht. Diese enge deutsch-französische Zusammenarbeit entwickelte sich zur „Lokomotive der europäischen Integration", wie der Historiker Edgar Wolfrum urteilt.

M2 Geste der Aussöhnung
Foto vom 8. Juli 1962
Staatspräsident Charles de Gaulle und Bundeskanzler Konrad Adenauer nehmen an einem Gottesdienst in der Kathedrale von Reims teil.

M3 „Von höherer Warte betrachtet"
Karikatur von Fritz Behrendt, 1962

Internettipp:
Zum Deutsch-Französischen Jugendwerk siehe Mediencode 31054-68

1. *Erläutere, warum der gemeinsame Besuch des Gottesdienstes als „Versöhnungsgeste" verstanden wurde (M2). Berücksichtige dabei die Jahre 1792-1815, 1870/71, 1914-1918 und 1939-1945.*
2. *Analysiere die Karikatur (M3). Wer betrachtet hier die „Versöhnungsgeste"?*
3. *Informiert euch im Netz über das Deutsch-Französische Jugendwerk (siehe Internettipp) und diskutiert die Ziele des deutsch-französischen Schüler- und Studentenaustausches.*
4. *Begründe, inwiefern die Einrichtung der ersten europäischen Institutionen der Friedenssicherung dienten.*

M4 Europafahne
Der Europarat einigte sich 1953 auf diese Fahne. Seit 1986 wird sie auch für die Europäische Union verwendet.

M5 „Europas Tragödie“

Winston Churchill hält am 19. September 1946 an der Universität Zürich folgende Rede:

Ich möchte heute über Europas Tragödie zu Ihnen sprechen. Dieser edle Kontinent, der alles in allem die schönsten und kultiviertesten Gegenden der Erde umfasst und ein gemäßigtes, ausgeglichenes Klima genießt, ist die Heimat aller großen Muttervölker der westlichen Welt. Hier sind die Quellen des christlichen Glaubens und der christlichen Ethik. Hier liegt der Ursprung fast aller Kulturen, Künste, philosophischen Lehren und Wissenschaften des Altertums und der Neuzeit. Wäre jemals ein vereintes Europa imstande, sich in das gemeinsame Erbe zu teilen, dann genössen seine drei- oder vierhundert Millionen Einwohner Glück, Wohlstand und Ehre in unbegrenztem Ausmaße. Jedoch brachen gerade in Europa, entfacht durch die teutonischen Nationen in ihrem Machtstreben, jene Reihe entsetzlicher nationalistischer Streitigkeiten aus, welche wir [...] den Frieden zerstören und die Hoffnungen der gesamten Menschheit verderben sahen. [...]

Ich sage Ihnen jetzt etwas, das Sie erstaunen wird. Der erste Schritt zu einer Neuschöpfung der europäischen Völkerfamilie muss eine Partnerschaft zwischen Frankreich und Deutschland sein. Nur so kann Frankreich seine moralische und kulturelle Führerrolle in Europa wiedererlangen. Es gibt kein Wiederaufleben Europas ohne ein geistig großes Frankreich und ein geistig großes Deutschland. Wenn das Gefüge der Vereinigten Staaten von Europa gut und richtig gebaut wird, so wird die materielle Stärke eines einzelnen Staates weniger wichtig sein. Kleine Nationen werden genau so viel zählen wie große, und sie werden sich ihren Rang durch ihren Beitrag für die gemeinsame Sache sichern. Die alten Staaten und Fürstentümer Deutschlands, in einem föderalistischen System zum gemeinsamen Vorteil freiwillig zusammengeschlossen, könnten innerhalb der Vereinigten Staaten von Europa ihre individuellen Stellungen einnehmen. [...] Darum sage ich Ihnen: Lassen Sie Europa entstehen!

Zit. nach: www.europarl.europa.eu/brussels/website/media/Basis/Geschichte/bis1950/Pdf/Churchill_Rede_Zuerich.pdf (21.10.2015)

M6 Keine andere Wahl

Konrad Adenauer wirbt im Mai 1950 für den Beitritt zum Europarat:

Das deutsche Volk ist durch den Zustand, in dem es sich befindet, gezwungen, Anlehnung an andere Mächte zu suchen. Dies können nach Lage der Dinge nur die Völker sein, deren sittliche, wirtschaftliche und soziale Lebensformen den unseren wesensverwandt sind, also die demokratischen und freiheitlichen Völker Europas. [...]
Der Zusammenschluss Europas auf föderativer Grundlage ist im Interesse aller europäischen Länder, insbesondere auch der Bundesrepublik Deutschland, notwendig. Der Europarat ist der Anfang eines solchen Zusammenschlusses.

Zit. nach: Gerhard Brunn, Die Europäische Einigung von 1945 bis heute, Stuttgart 2002, S. 365

M7 Der Elysée-Vertrag

In dem am 22. Januar 1963 zwischen Frankreich und Deutschland geschlossenen Vertrag heißt es unter anderem:

A. Auswärtige Angelegenheiten

Die beiden Regierungen konsultieren sich vor jeder Entscheidung in allen wichtigen Fragen der Außenpolitik und in erster Linie in den Fragen von gemeinsamem Interesse, um so weit wie möglich zu einer gleichgerichteten Haltung zu gelangen. Diese Konsultation betrifft unter anderem folgende Gegenstände:

Fragen der Europäischen Gemeinschaften und der europäischen politischen Zusammenarbeit;

Ost-West-Beziehungen sowohl im politischen als auch im wirtschaftlichen Bereich;

Angelegenheiten, die in der Nordatlantikvertragsorganisation und in den verschiedenen internationalen Organisationen behandelt werden [...].

[...]

Die beiden Regierungen prüfen gemeinsam die Mittel und Wege dazu, ihre Zusammenarbeit im Rahmen des Gemeinsamen Marktes in anderen wichtigen Bereichen der Wirtschaftspolitik, der Energiepolitik, der Verkehrs- und Transportfragen, der industriellen Entwicklung ebenso wie der Ausfuhrkreditpolitik, zu verstärken.

M 8 Bundeskanzler Adenauer und Staatspräsident de Gaulle nach der Unterzeichnung des deutsch-französischen Freundschaftsvertrages
Foto vom 22. Juni 1963

B. Verteidigung

I. Auf diesem Gebiet werden nachstehende Ziele verfolgt:

Auf dem Gebiet der Strategie und der Taktik bemühen sich die zuständigen Stellen beider Länder, ihre Auffassungen einander anzunähern, um zu gemeinsamen Konzeptionen zu gelangen. Es werden deutsch-französische Institute für operative Forschung errichtet.

Der Personalaustausch zwischen den Streitkräften wird verstärkt; er betrifft insbesondere die Lehrkräfte und Schüler der Generalstabsschulen; der Austausch kann sich auf die zeitweilige Abordnung ganzer Einheiten erstrecken.

[...]

C. Erziehungs- und Jugendfragen

[...]

a) Sprachunterricht

Die beiden Regierungen erkennen die wesentliche Bedeutung an, die der Kenntnis der Sprache des anderen in jedem der beiden Länder für die deutsch-französische Zusammenarbeit zukommt. Zu diesem Zweck werden sie sich bemühen, konkrete Maßnahmen zu ergreifen, um die Zahl der deutschen Schüler, die Französisch lernen, und die der französischen Schüler, die Deutsch lernen, zu erhöhen.

[...]

b) Frage der Gleichwertigkeit der Diplome

Die zuständigen Behörden beider Staaten sollen gebeten werden, beschleunigt Bestimmungen über die Gleichwertigkeit der Schulzeiten, die Prüfungen, der Hochschultitel und -diplome zu erlassen.

c) Zusammenarbeit auf dem Gebiet der wissenschaftlichen Forschung

Die Forschungsstellen und die wissenschaftlichen Institute bauen ihre Verbindungen untereinander aus [...].

[...]

Es wird ein Austausch- und Förderungswerk der beiden Länder errichtet [...]. Diesem Werk wird ein deutsch-französischer Gemeinschaftsfonds zur Verfügung gestellt, der der Begegnung und dem Austausch von Schülern, Studenten, jungen Handwerkern und jungen Arbeitern zwischen beiden Ländern dient.

Zit. nach: www.kas.de/upload/dokumente/Elysee-Vertrag.pdf (08.12.2015)

1. *Stelle fest, in welcher Funktion Churchill seine Rede hielt (M5). Beurteile, inwiefern das für die Interpretation der Rede wichtig ist.*
2. *Erkläre zunächst den Begriff „Föderalismus“ und fasse Churchills und Adenauers Vorstellungen thesenartig zusammen (M5 und M6).*
3. *Informiere dich über die Symbolik der Europafahne (M4).*
4. *Erkläre, warum im Elysée-Vertrag viele Bestimmungen zur politischen Zusammenarbeit vage gehalten sind (M7).*
5. *Begründe, warum die Anerkennung von Schulabschlüssen für die Verbesserung von Beziehungen zwischen Staaten wichtig ist (M7).*

„Der Westen tut nichts!“

„Niemand hat die Absicht, eine Mauer zu errichten.“

M1 **Der DDR-Staatsratsvorsitzende Walter Ulbricht am 15. Juni 1961 auf einer internationalen Pressekonferenz in Ost-Berlin**

▸ ***Geschichte In Clips:*** Zum „Mauerbau“ siehe Clip-Code **31054-69**

Der Weg zum Mauerbau

Seit 1952 hatte die DDR ihre Grenze zur Bundesrepublik gesichert. In Berlin war der Übergang vom sowjetischen Sektor in den Westen dagegen offen geblieben. Er bot vielen Ostdeutschen ein „Schlupfloch“ in den Westen. Als die steigende Abwanderung für die DDR zu einem wachsenden wirtschaftlichen und sozialen Problem wurde, plante die SED-Führung den Bau einer **Berliner Mauer**, um die Fluchtbewegung zu stoppen. Anfang August 1961 stimmten die Sowjetunion und die übrigen Ostblockstaaten zu.

M2 **Abgeriegelt**
Foto, August 1961
Mit Straßensperren und Befestigungen begann am 13. August der Mauerbau. An der Berliner Mauer starben bis 1989 mehr als 130 Menschen.

Bau der Berliner Mauer

In der Nacht zum 13. August 1961, einem Sonntag, ließ die DDR-Regierung entlang der Berliner Sektorengrenze Stacheldrahtverhaue und Steinwälle hochziehen. Unter militärischer Bewachung errichteten Bautrupps eine Mauer quer durch die Wohngebiete.

Mittwoch, 16. August 1961 · 10 Pf
Bild Zeitung
Der Osten handelt – was tut der Westen?
...denn Zigarren raucht der Mann!
Der Westen tut NICHTS!
Enttäuscht
Präsident Kennedy schweigt...
Macmillan geht auf die Jagd...
... und Adenauer schimpft auf Willy Brandt
Mehr über das Thema Berlin auf der letzten Seite
für moderne menschen
temagin
ein modernes schmerzmittel
Blaue Gillette EXTRA
ein völlig neues Rasiergefühl
10 Klingen DM 2,–

M3 **Titelblatt vom 16. August 1961**

Reaktion der Westmächte

Die Westmächte protestierten und ließen sogar Panzer auffahren, doch sie ergriffen keine Gegenmaßnahmen. Wegen der Gefahr eines Atomkrieges respektierten die USA und die Sowjetunion in Berlin gegenseitig ihre jeweiligen Einflussbereiche.

1. *Die Flucht aus der DDR wurde eine „Abstimmung mit den Füßen“ genannt. Erkläre die Aussage.*
2. *Arbeite heraus, wie die Zeitung die Situation darstellt (M3).*
3. *Prüfe, ob die Vorwürfe in M3 berechtigt waren.*
4. *Diskutiert, ob weitergehende Maßnahmen des Westens sinnvoll gewesen wären.*
5. *Die DDR-Führung durfte den Bau der Mauer erst nach der Zustimmung der Sowjetunion durchführen. Erkläre, warum.*

M4 Einzelheiten zum „Mauerbau"

Am 1. August 1961 treffen sich Ulbricht und Chruschtschow in Moskau und besprechen folgende Einzelheiten der Sperrung der Sektorengrenze in Berlin:

Chruschtschow: „Ich habe eine technische Frage: Wie wird die Kontrolle an den Straßen verwirklicht, deren eine Seite sich in der DDR befindet und die andere in West-Berlin?" Ulbricht: „Wir haben einen bestimmten Plan. In den Häusern, die einen Ausgang nach West-Berlin haben, werden wir diesen Ausgang zumauern. An den anderen Orten werden wir Sperren aus Stacheldraht errichten. Der Draht ist schon herangeschafft worden. Das alles kann man sehr schnell machen. Schwieriger ist es mit dem Transportwesen. Wir bauen die Bahnsteige der S- und U-Bahn um für das Umsteigen nach West-Berlin." Chruschtschow: „Aber wer wird dann denn umsteigen?" Ulbricht: „Jener Teil der Bevölkerung, der die Genehmigung zum Überschreiten [der Grenze] erhält. Beispielsweise wohnen etwa 14 Tausend Leute, unter ihnen viele Vertreter der Intelligenz, in West-Berlin, arbeiten aber bei uns." Chruschtschow: „Ich habe noch eine Frage. Wenn Sie Ihren Leuten erlauben, in West-Berlin zu wohnen, werden dann dort Personen, die bei Ihnen wohnen, arbeiten können?" Ulbricht: „Nein, das wird nicht erlaubt, das ist etwas anderes. Jedoch gibt es bei uns einige Tausend Kinder [...], die in Ost-Berlin wohnen und in West-Berliner Schulen lernen." Chruschtschow: „Das ist zu unterbinden." Ulbricht: „Ja, wir werden sie nicht mehr lassen."

Zit. nach: Manfred Wilke, Ulbricht und der Mauerbau, in: Klaus-Dietmar Henke (Hrsg.), Die Mauer. Errichtung, Überwindung, Erinnerung, München 2011, S. 49-66, hier S. 58f.

M5 Sprung in die Freiheit
Foto von Peter Leibing vom 15. August 1961 (Ausschnitt)
Ein 19-jähriger Volkspolizist flüchtet von Ost- nach West-Berlin.

M6 Letzter Ausweg
Foto vom 24. September 1961
Die 77-jährige Frieda Schulze flieht aus dem 1. Stock ihres Wohnhauses, das unmittelbar an der Grenze steht.

M7 Tod an der Berliner Mauer
Foto von Wolfgang Bera vom 17. August 1962
Der 18-jährige Peter Fechter wird auf der Flucht von Volkspolizisten niedergeschossen. Er verblutet an der Grenze, da ihm niemand hilft.

M8 Nicht der Nabel der Welt?

Die 28-jährige DDR-Schriftstellerin Brigitte Reimann notiert unter dem 19. und 24. August 1961 in ihr Tagebuch:

Übrigens haben wir nicht geweint über diese neue Maßnahme, die eigentlich schon längst fällig gewesen wäre. Warum sollten wir nicht auch mal die Zähne zeigen? [...]
Es wäre schon viel gewonnen, wenn wir uns nicht immer für den Nabel der Welt hielten und die Politik etwas nüchterner betrachteten. Man sollte in größeren Kategorien denken. Es wäre absurd, wenn zwei Weltsysteme übereinander herfielen [...], nur weil die Herren Deutschen nicht mehr nach Belieben durchs Brandenburger Tor spazieren können.

Brigitte Reimann, Die geliebte, die verfluchte Hoffnung. Tagebücher und Briefe 1947-1972, hrsg. von Elisabeth Elten-Krause und Walter Lewerenz, Darmstadt 1984, S. 128

1. *Beschreibe die Planungen (M4). Welche Folgen werden berücksichtigt, welche nicht?*
2. *Diskutiert, wer für den Mauerbau verantwortlich war: Ulbricht oder Chruschtschow (M4)?*
3. *Bewerte die Aussage der Schriftstellerin (M8).*

Erinnerte Geschichte

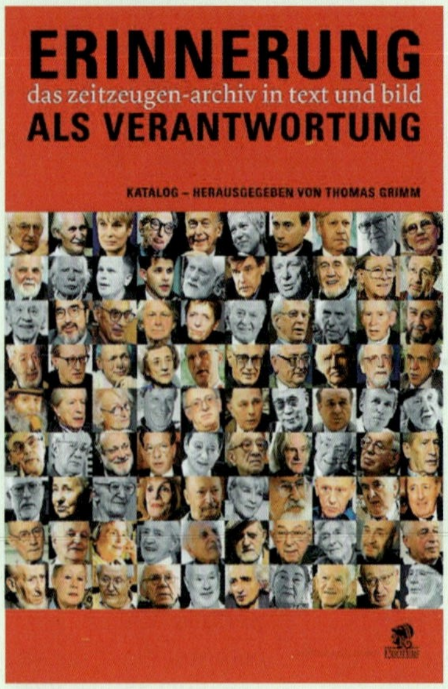

M1 **Erinnerung als Verantwortung**
Umschlag einer Veröffentlichung von 2003

Ein Zeitzeugeninterview führen

Erlebnisse, Erfahrungen, Gedanken und Gefühle von Menschen kannst du durch mündliche Befragungen ermitteln. Diese „oral history" genannte Methode liefert dir neue lebensgeschichtliche Quellen. Zeugen bestimmter Ereignisse findest du vielleicht in der Familie, unter Nachbarn oder Bekannten. Du kannst sie auch in Vereinen, Verbänden und Parteien suchen.

Ein Zeitzeugeninterview musst du gut vorbereiten. Du benötigst Grundkenntnisse deines Themas. Ein Zettel mit persönlichen Angaben zum Interviewten und einigen Leitfragen kann dir helfen, die neuen Informationen während des Gesprächs aufzunehmen und zu ordnen. Fotos aus der zu besprechenden Zeit sind ergiebige Gesprächsanlässe. Wichtig ist es, gut zuzuhören und an der richtigen Stelle gleich nachzufragen. Nur so kannst du den Dingen auf den Grund gehen.

Ein Hilfsmittel für Befragungen sind Tonaufnahmen. Sie halten alles fest, was gesagt wurde. Aber du kannst in ihnen leicht „ertrinken", das heißt, du musst aus vielen allgemeinen Aussagen die für dein Thema wichtigen mühsam heraussuchen. Eine andere Möglichkeit ist es, Stichworte per Hand oder Laptop mitzuschreiben und erst später auszuformulieren. Dabei kann dir allerdings auch etwas entgehen. Deinen Text solltest du deinem Interviewpartner zur Durchsicht und Korrektur vorlegen.

Beachte: Jeder Gesprächspartner kann dir nur subjektiv berichten, also aus seiner persönlichen Sicht. Dazu kommt, dass Ereignisse nicht so im Gedächtnis bleiben, wie sie einmal erlebt worden sind, sondern die Erinnerung durch später Gehörtes, Gelesenes und Gesehenes beeinflusst wird. Da es in der Erinnerung keine objektive Wahrheit gibt, bleibt dir nur, weitere Zeitzeugen zu den Ereignissen zu befragen und die Aussagen mit anderen Quellen zu vergleichen.

Internettipps:
Äußerungen von Zeitzeugen findest du unter dem Mediencode 31054-70

Direkt dabei gewesen?

Noch vor einigen Jahren standen Befragungen von Zeitzeugen nach ihren Erinnerungen an das „Dritte Reich" und die Nachkriegszeit im Mittelpunkt des Interesses. Heute leben nur noch wenige Menschen, die verlässlich über das damalige Geschehen erzählen können. Deshalb solltest du für Zeitzeugenbefragungen ein Thema aus jüngerer Zeit wählen.

Ausweg Erinnerungen

Wenn du keine Gesprächspartner für eine Befragung findest, kannst du auch auf veröffentlichte Erinnerungen (Memoiren) von Zeitzeugen zurückgreifen. Dabei musst du beachten, dass in Erinnerungen immer wieder der Versuch gemacht wird, das eigene Handeln zu entschuldigen. Deshalb hilft auch hier oft nur der Vergleich. Suche daher Aussagen zum selben Ereignis in anderen Memoiren. So kannst du eine „Gesprächsrunde" herstellen, die dir eine vielschichtige Darstellung der Vergangenheit eröffnet.

Themen für Zeitzeugenbefragungen

Auf den folgenden Seiten findest du Zeitzeugenberichte über den Bau der Berliner Mauer vom 13. August 1961.

Zur historischen Einordnung der Ereignisse lies entsprechende Kapitel im Lehrbuch nach.

1. *Untersucht die Materialien auf den folgenden Seiten in Gruppenarbeit. Recherchiert weitere Zeitzeugenaussagen zu den Ereignissen.*
   Notiert dazu auch Fragen an eure Großeltern, Eltern und Verwandten.
   Ordnet dann nach folgenden Fragen:
   - *Wie beurteilen die Zeitzeugen das historische Ereignis?*
   - *Worin unterscheiden sich die Zeitzeugenaussagen?*
2. *Stellt eure Ergebnisse in der Klasse vor, vergleicht sie und diskutiert die Bedeutung von Zeitzeugenberichten als historische Quellen.*

M2 Woran sich ein Arzt und ein Politiker erinnern

a) Ein Ost-Berliner Arzt, der am 14. August 1961 in den Westen geflohen ist, bekennt:

Am 13. August habe ich Tränen gesehen bei Männern, die ich noch nie hatte weinen sehen. Der Schlag traf hart und furchtbar. Die Reaktion war nicht etwa die Weckung eines unmittelbaren Widerstandswillens, sondern regelrechte Depression.

b) Willy Brandt, 1961 regierender Bürgermeister von West-Berlin, notiert 1976:

Es wurde mir schwer, ruhig und beherrscht zu bleiben. [...] Dies war seit der Blockade von 1948 die ernsteste Herausforderung – keine kriegerische und unmittelbare Bedrohung, denn nicht wir wurden von der Außenwelt abgeschnitten wie damals, ein Regime schloss vielmehr sich und seine Bürger gegen uns ab. Dennoch, die fieberhaft betriebene Arbeit der Abriegelung, die waffenstarrenden Wachkommandos an den Grenzen – das war ein Bild der Drohung.

a) Hermann Hertle, Die Berliner Mauer // The Berlin Wall. Monument des Kalten Krieges // Monument oft the Cold War, Bonn 2007, S. 34
b) Willy Brandt, Begegnungen und Einsichten. Die Jahre 1960-1975, Hamburg 1976, S. 10

M4 Briefmarke von 1971
Im August 1971 gab die Post der DDR diese Sondermarke heraus. Mit ihr frankierte Briefe wurden von der Bundespost ins Ursprungsland zurückverfrachtet, weil sie gegen die Postordnung verstießen.

M3 Gerda Langosch

Die Berlinerin Gerda Langosch (geb. 1923) erinnert sich am 19. April 2000 an den Mauerbau:

Am 13. August 1961, einem Sonntag, hörten mein Mann und ich am frühen Morgen die Nachricht im Radio, dass die in der Sowjetischen Besatzungszone und im sowjetischen Sektor Berlins regierende kommunistische Partei (SED) die von den Westalliierten besetzten Gebiete Deutschlands und Sektoren von Berlin durch einen sogenannten „antifaschistischen Schutzwall“ getrennt hat. [...]
Wir erfuhren dann von meiner Mutter, dass sie nach dem Aufstehen beim Frühstückzubereiten aus dem Küchenfenster geschaut hatte und gar nicht begriff, was sie da zu sehen bekam, nämlich die über Nacht aufgestellten sogenannten „Spanischen Reiter“, das waren mit Dornen versehene Drahtrollen, die als vorläufige Grenzbefestigungsanlagen dienten. [...]
Mein Mann begleitete [am Nachmittag einen Bekannten], um auszuprobieren, wie weit er als Ostsektorenbewohner kommen würde. Erstaunlicherweise gelangte er [...] unbehelligt auf die westliche Seite der Boyenstraße, die durch die auf dem Fahrdamm noch sehr durchlässigen „Spanischen Reiter“ in Ost und West geteilt war. In diesem Moment wurde meinem Mann bewusst, dass dies die letzte Chance war, in West-Berlin zu bleiben. Weil ich aber unser erstes Kind erwartete (im 5. Monat schwanger) und ich nicht bei ihm war, kam er – auch ungehindert – wieder zurück und blieb Bürger des Ostsektors bzw. der Deutschen Demokratischen Republik.
Nach dem 13.08.1961 wurden die „Spanischen Reiter“ sehr schnell durch eine bewachte undurchlässige Befestigungsanlage (Betonmauer) ersetzt, durch die es, ohne in Lebensgefahr zu geraten, kein Durchkommen weder von Ost- nach West-Berlin noch umgekehrt gab.

Zit. nach: www.dhm.de/lemo/forum/kollektives_gedaechtnis/081/index.html (20.03.2007)

Protestbewegungen in West und Ost

M 1 Demonstration in West-Berlin
Foto vom 18. Februar 1968
Auf einer Demonstration gegen den Vietnam-Krieg führen Studenten Poster ihrer Vorbilder mit. V. l. n. r.: der nordvietnamesische Präsident Ho Chi Minh, die sozialistische Politikerin Rosa Luxemburg, der kubanische Revolutionär Che Guevara und der Begründer des Sowjetkommunismus Lenin.
Weise anhand der vier Personen nach, dass es den Demonstranten nicht nur um Kritik am Krieg in Vietnam ging. Nutze das Personenregister.

▸ ***Geschichte In Clips:***
Zur Herrschaft Honeckers in der DDR siehe Clip-Code **31054-71**

Lesetipp:
Sabine Carbon und Barbara Lücker, Willy – Die spannende Geschichte eines deutschen Bundeskanzlers, Berlin 2007

Aufruhr in vielen Ländern

In den 1960er-Jahren lehnte sich ein großer Teil junger Menschen, meist Studentinnen und Studenten, gegen die politischen Zustände und die Elterngeneration auf. Die ersten Proteste gab es in den USA. Dort wollten Afroamerikaner, aber auch viele Weiße die Benachteiligung von Schwarzen im Beruf und im öffentlichen Leben nicht mehr hinnehmen. Gesetze sollten nun endlich für die Gleichberechtigung aller Menschen sorgen. Heftig protestiert wurde auch gegen den Krieg der USA in Vietnam.[1] Es gab aber nicht nur lautstarke Proteste: Pop-Musik, lange Haare und Wohngemeinschaften, auch ohne Ehe, prägten einen neuen Lebensstil, den die Älteren ablehnten.
Einen Höhepunkt erreichte die Bewegung 1968, was zur Bezeichnung **„68er-Bewegung"** führte.

Proteste in der Bundesrepublik

Auch in der Bundesrepublik stellte die Jugend in den 1960er-Jahren kritische Fragen. Vor allem wollte sie von den Eltern und Großeltern wissen: „Wie habt ihr euch eigentlich im Krieg und während der nationalsozialistischen Herrschaft verhalten?" Die jungen Westdeutschen kritisierten, dass es den meisten nur um ein angenehmes Leben und Wohlstand gehe. Außerdem seien viele, die im NS-System hohe Positionen innehatten, nicht bestraft worden. Den älteren Generationen in der Bundesrepublik warfen die Jüngeren vor, dass sie noch immer unterwürfig wären und ihre Kinder auch zu blindem Gehorsam erziehen würden.
Aus gewalttätigen Gruppen der „68er-Bewegung" ging die RAF (Abkürzung für Rote Armee Fraktion), eine Vereinigung linksextremer Terroristen, hervor. Sie verübte bis in die 1990er-Jahre Terroranschläge.

Machtwechsel in der Bundesrepublik

1969 kam es zum Machtwechsel: Als erster Sozialdemokrat wurde **Willy Brandt** Kanzler. Die SPD wollte mehr Mitbestimmung der Bürger und gleiche Chancen für alle durchsetzen. Deshalb wollte sie vor allem die Jugend, die Arbeiter und die Frauen unterstützen.
1970 beschloss der Bundestag, das Wahlmindestalter von 21 auf 18 Jahre herabzusetzen. Gesamtschulen sollten Kinder aus allen gesellschaftlichen Schichten gleichermaßen fördern.
Allein zwischen 1970 und 1975 verdoppelten sich die Sozialausgaben. Gründe dafür waren vor allem Kindergeld[2] und höhere finanzielle Unterstützung für Schüler und Studenten aus weniger wohlhabenden Familien.

Machtwechsel in der DDR

1971 wurde Walter Ulbricht als mächtigster Mann von der SED-Führung gestürzt. Nun regierte **Erich Honecker**. Er wollte den Bürgerinnen und Bürgern mehr Wohlstand und mehr Konsumgüter bieten. Der Staat ließ mehr Wohnungen bauen und erhöhte die Renten. Durch diese Maßnahmen stiegen aber die Staatsschulden stark an.

[1] Siehe S. 242 f.
[2] Die Eltern bekommen für jedes Kind einen festen Betrag überwiesen, bis die Ausbildung des Kindes abgeschlossen ist.

„68er-Bewegung" Willy Brandt Erich Honecker Emanzipation

Die Atomkraft – eine saubere Energie?

Nach dem Zweiten Weltkrieg setzte ein Großteil der Menschen noch große Hoffnungen in die Atomkraft. In der Bundesrepublik – wie auch in der DDR – errichtete man zahlreiche Atomkraftwerke, kurz AKWs. Sie lieferten große Mengen an Energie und waren relativ billig. Die Gefahren und die Folgen (z. B. Atommüll, der viele Jahrtausende strahlt) wurden unterschätzt. Nach 1970 aber wuchs die Zahl der Menschen, die auf die Risiken der Kernenergie hinwiesen. Nach der Reaktorkatastrophe von Tschernobyl 1986 nahmen die Proteste zu.[1]

Bürgerbewegungen

In den 1970er-Jahren bildeten sich in der Bundesrepublik neben der Anti-AKW-Bewegung weitere Bürgerbewegungen: Die Friedensbewegung forderte Abrüstung und eine Welt ohne Gewalt, die Umweltschützer protestierten gegen die wachsende Umweltverschmutzung in den Industriestaaten und die Frauenbewegung setzte sich für die völlige Gleichberechtigung von Mann und Frau (**Emanzipation**) ein.

Im Oktober 1981 kamen in der bislang größten Demonstration in der Bundesrepublik rund 300 000 Menschen in der damaligen Hauptstadt Bonn zusammen, um gegen das atomare Wettrüsten der Supermächte zu demonstrieren.[2]

Die Politik reagiert

Viele Anhänger der Bürgerbewegungen schlossen sich 1980 der neu gegründeten Partei „Die Grünen" an, um ihre Ziele auf parlamentarischem Wege zu erreichen.

Nach und nach reagierten auch die anderen Parteien auf den Bewusstseinswandel. Besonders umstritten war die Nutzung der Kernenergie.

Umweltbewusstsein – auch in der DDR?

Auch in der DDR entwickelte sich seit Ende der 1970er-Jahre langsam ein Umweltbewusstsein. Die Umwelt- und Friedensbewegung wurde aber unterdrückt. Demonstrationen ohne staatliche Genehmigung etwa waren strikt untersagt, denn die Staatspartei SED behauptete von sich, dass sie sich ausreichend um das Wohl der Bevölkerung kümmere und sich immer für den Frieden einsetze.

M2 Erste Fahrraddemonstration in Ost-Berlin
Foto vom 4. Juli 1982
Die Demonstration organisierten Jugendliche. Sie wollten auf die zunehmende Umweltzerstörung und Luftverschmutzung aufmerksam machen.

Die großen Probleme wurden „unter den Teppich gekehrt".

Es bildeten sich kleine oppositionelle Gruppen und Diskussionskreise, oft unter dem Schutz der evangelischen Kirche. Ihre Mitglieder galten als „Staatsfeinde" und wurden zum Teil von Stasi-Mitarbeitern ausspioniert.

[1] Bei dem Unfall in der Ukraine im Jahr 1986 handelte es sich um den ersten GAU („Größter anzunehmender Unfall") in einem Atomkraftwerk.
[2] Siehe S. 249, M4.

1. *Vergleiche die neuen politischen Grundhaltungen, die junge Menschen zum großen Teil ab Ende der 1960er-Jahre hatten, mit den vorher in der Bundesrepublik vorherrschenden.*
2. *Zeige an den Beispielen M1 und im Verfassertext, welche Auswirkungen das auf den Politikstil hatte.*
3. *Joschka Fischer war von 1998 bis 2005 deutscher Außenminister. Als junger Mensch hat er an „68er"-Demonstrationen teilgenommen. Er sagte: „Wir wurden verdroschen, aber wir haben auch kräftig ausgeteilt. Ich habe da nie etwas verschwiegen." Diskutiert darüber, ob jemand, der sich an gewaltsamen Auseinandersetzungen beteiligt hat, einen hohes politisches Amt bekommen darf.*
4. *Vergleiche die Mittel und Möglichkeiten von oppositionellen Gruppen in der DDR und der Bundesrepublik.*

Höhepunkt der Protestbewegung („68er-Bewegung") • Willy Brandt wird Bundeskanzler • Erich Honecker entmachtet Walter Ulbricht • Gründung der Partei „Die Grünen"

M3 „Volksempfinden“

Ein Leserbrief von 1967:

Wir, die arbeitende Bevölkerung, haben es satt, uns von den dummen Jungen, die erst einmal hinter den Ohren trocken werden sollen, terrorisieren zu lassen. Wann greift die Polizei endlich mit einem harten Besen durch? Diese Lümmel, die auf Kosten der Steuerzahler ein nicht gerade schlechtes Leben führen, sollte man einmal für ein Jahr ins Arbeitshaus sperren, damit sie wieder zur Vernunft kommen. [...] Sie [die Studenten] sind nichts, sie haben nichts (außer einem wirren Kopf) und wollen uns beibringen, was Demokratie ist. Ich habe in der Bekanntschaft einen Studenten, der am Sonnabend auch seinen Mund groß aufmachen musste. Er will Lehrer werden. Gott behüte meine Kinder vor solchen Pädagogen.

Kai Hermann, Die Revolte der Studenten, Hamburg 1967, S. 133

Lesetipp:
Friedrich Christian Delius, Amerikahaus und der Tanz der Frauen, Frankfurt am Main 1999

Internettipp:
Zur „68er-Bewegung“ siehe Mediencode **31054-72**

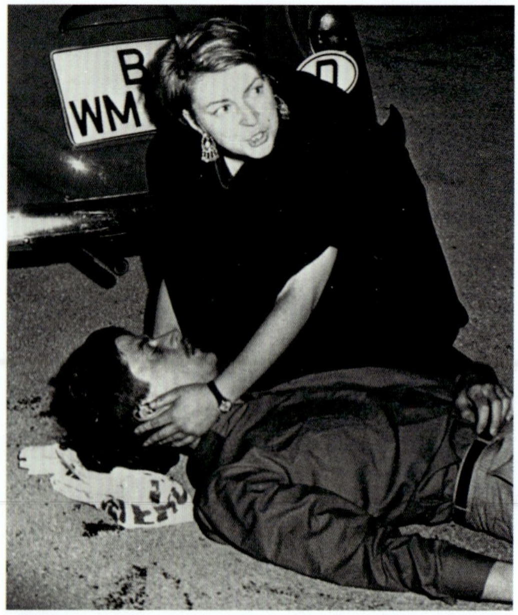

M6 Benno Ohnesorg
Bild vom 2. Juni 1967
Das Foto zeigt den von einem Polizisten erschossenen Studenten Benno Ohnesorg und eine Studentin, die zu Hilfe geeilt ist. Bei Protesten gegen den autoritär regierenden Schah von Persien war es zu gewaltsamen Auseinandersetzungen zwischen Demonstranten und der Polizei gekommen.

M4 Kommune 1 in Berlin
Foto von 1968
Die Wohngemeinschaft bildeten sechs Männer und drei Frauen. Sie war eine Alternative zur Kleinfamilie und bestand von Januar 1967 bis November 1969.

M5 Generationskonflikte in der Familie

Die Autorin Sabine Bode berichtet über ihre Jugend in den 1960er-Jahren:

In vielen Familien liefen die Generationskonflikte verblüffend gleichförmig ab. Es war kein Witz, sondern eines Vaters tiefer Ernst, wenn er beim Abendbrot die Worte ausstieß: „Solange du die Füße unter meinen Tisch stellst ...“ Was dann folgte, war eine Anordnung in der Art:

„... wirst du dir die Haare schneiden lassen“ (zum Sohn).

„... bist du pünktlich um Mitternacht zu Hause“ (zur Tochter).

„... nimmst du an keiner Demonstration teil“ (zu beiden).

Was einem drohte, wenn man nicht gehorchte, musste er gar nicht erst aussprechen. Dann gab es kein Geld mehr. Für mich war es eine leere Drohung, ich brauchte sein Geld nicht, weshalb er seine Autorität mit dem Satz untermauerte: „Wenn es dir nicht passt, dann geh doch nach drüben!“ Unter solchen Bedingungen ist es leicht, Nestflüchter zu werden.

Sabine Bode, Die deutsche Krankheit – German Angst, München [2]2008, S. 129

1. *Ordne die Ziele und Proteste der „68er“ nach Gruppen (M1-M6, Verfassertext).*
2. *Gestaltet Plakate mit Parolen, die für die Ziele der „68er“ werben.*
3. *Verfasse eine Antwort auf den Leserbrief (M3) aus der Sicht eines politisch aktiven Studenten.*

M7 Frieden schaffen ohne Waffen?

Bundeskanzler Helmut Kohl äußert am 13. Oktober 1982 in seiner Regierungserklärung vor dem Deutschen Bundestag zur Frage der Abrüstung sowie zur Verhandlungsstrategie der NATO-Staaten gegenüber der UdSSR:

Frieden schaffen ohne Waffen[1]: Das ist ein verständlicher Wunsch, ein schöner Traum, aber er ist vor allem eine lebensgefährliche Illusion. Frieden schaffen nur durch Waffen: Das wäre eine tödliche Verblendung. Frieden schaffen mit immer weniger Waffen: Das ist die Aufgabe unserer Zeit. Wir unterstützen deshalb die im Bündnis[2] abgestimmten Initiativen, die in ihrer Gesamtheit das bisher umfassendste Rüstungskontrollangebot an die sowjetische Seite darstellen. [...] Nur wenn die Sowjetunion weiß, daß sie mit einer Stationierung amerikanischer [Raketen-] Systeme ab Ende 1983 in Europa fest rechnen muß, kann mit ihrer Bereitschaft gerechnet werden, zu guten Verhandlungsergebnissen beizutragen.

Zit. nach: www.1000dokumente.de/index.html?c=dokument_de&dokument=0144_koh (15.07.2017)

M9 „Schwerter zu Pflugscharen"

Gusseiserne Nachbildung einer Bronzeskulptur von Jewgeni Wutschetitsch von 1959, DDR 1980er-Jahre

Dieses Protestsymbol trugen viele Anhänger der Friedensbewegung in der DDR als Aufnäher an ihrer Kleidung.

M10 „Die Grünen"

Wahlplakat von 1982

In Seveso ereignete sich 1976 ein schwerer Unfall in einer Chemiefabrik; in der Nähe des Ortes Gorleben befindet sich ein Atommülllager.

Lesetipps:

- Katja Hildebrandt, Zwischen uns die Mauer, Stuttgart 2006
- Susanne Buddenberg und Thomas Henseler, Grenzfall, Berlin 2011

Internettipps:

- Zu den Anfängen der Umweltschutzbewegung siehe Mediencode 31054-73
- Zur Jugendopposition in der DDR siehe Mediencode 31054-74

M8 „Wenn es regnet, siehst du das Gift"

Die 20-jährige Lydia äußert sich Anfang der 1980er-Jahre in einem Interview zum Einsatz von Gift in der Landwirtschaft. Dieses Gespräch darf in der DDR nicht veröffentlicht werden. Es erscheint später in der Bundesrepublik.

Was uns auch immer aufregt, ist, dass sie nicht an die Umwelt denken. Wenn wir Gift spritzen, gegen Insekten, Schorf und was es so gibt, geht das nur nach Leistung, also wie viel du gespritzt hast. Du musst am Tag deine zweitausend Liter spritzen, also immer voll auf die Düse!, sonst schaffst du das nicht. Obwohl für den Fleck vielleicht ein Viertel von dem Gift reichen würde. Und das Gift geht in den Boden, ins Grundwasser, und dann schluckst du das selber. Wenn's regnet, siehst du das Gift richtig langlaufen. Darüber macht sich in unserer Betriebsleitung keiner Gedanken. Hauptsache, die Menge ist weg!

Zit. nach: Gabriele Eckart. So sehe ick die Sache, Köln 1984, S. 36

[1] „Frieden schaffen ohne Waffen" war eine Parole der Friedensbewegung.

[2] Gemeint ist die NATO.

1. *Fasse zusammen, mit welchen Argumenten Kohl für die Nachrüstung plädiert (M7).*
2. *Erkläre, was M8 über das Wirtschaftssystem der DDR verrät.*
3. *Erörtere, warum das Motiv der Bronzeskulptur M9 in der DDR so populär war.*
4. *Erstelle eine Liste mit den größten Sorgen und Problemen, die dich und deine Klassenkameraden heute bewegen. Vergleiche dann mit den 1970er- und 80er-Jahren.*
5. *„Manchmal muss man protestieren!" Nimm Stellung zu dieser Aussage.*
6. *Analysiere die Wirkung, die das Plakat auf den Leser ausüben soll (M10). Beachte dabei besonders die verwendeten Farben.*

Identitätsbildung durch Sport

M1 **„Wunder von Bern" (1954)**
Das Foto entstand, als Helmut Rahn im Endspiel zwischen Deutschland und Ungarn den Ausgleich zum 2:2 erzielte. Danach erzielte derselbe Spieler auch den Siegtreffer für die deutsche Nationalmannschaft.

Wir gegen die Anderen

Auch im Sport sollte sich in der Zeit des Kalten Krieges die Überlegenheit der eigenen Weltanschauung und des eigenen „Lagers" zeigen. Sportliche Erfolge sollten aber auch dazu beitragen, dass die Menschen auf ihren Staat stolz waren und sich mit ihm und seiner Weltanschauung identifizierten. Auf beiden Seiten des „Eisernen Vorhangs" registrierte man daher z. B. bei Weltmeisterschaften oder Olympischen Spielen aufmerksam, wer die meisten Medaillen errungen hatte. Leistungssport und Spitzensportler wurden gefördert, um eine positive Bilanz erzielen zu können.

Immer wieder gerieten internationale Sportwettkämpfe ins Fahrwasser außenpolitischer Konflikte. Um das eigene Lager und seine Identität zu stärken, boykottierte man dann auch sportliche Großereignisse, die in Städten des feindlichen Blocks ausgetragen wurden. So fuhren z. B. 1980 nach dem Einmarsch der UdSSR in Afghanistan die Mannschaften aus 65 nichtkommunistischen Nationen nicht zu den Olympischen Spielen in Moskau. Die UdSSR revanchierte sich 1984, indem sie und 13 weitere sozialistische Staaten den Spielen in Los Angeles fernblieben.

Eine besondere Form der Identitätsstiftung auf beiden Seiten von Grenze und Mauer waren immer auch die sportlichen Vergleiche zwischen den Mannschaften der DDR und der Bundesrepublik. Hier gab es obendrein eine Besonderheit: Die Regierungen der Bundesrepublik verhinderten bis 1972 erfolgreich, dass aus der DDR Mannschaften mit eigener Hymne und Flagge sowie den Staatssymbolen der DDR (Hammer und Sichel) antraten. Auf diese Weise sollte eine gesamtdeutsche Identität möglichst lange aufrechterhalten werden.

Vom Wunder zum Sommermärchen

Auch für das Selbstbewusstsein der Bundesrepublik spielten sportliche Erfolge und Großereignisse eine wichtige Rolle. Als 1954 Deutschland die Fußballweltmeisterschaft gewann, sprach man nicht nur von einem „Wunder", weil der sportliche Außenseiter den Favoriten schlug. Nur neun Jahre nach dem Ende des Zweiten Weltkrieges hatten viele (West-)Deutsche auch wieder das Gefühl: „Wir sind wieder wer!" und gleichzeitig die Hoffnung, trotz NS-Zeit, Holocaust, Weltkrieg und Niederlage jetzt „wieder dazuzugehören".

Die Olympischen Sommerspiele in München nutzte die Bundesrepublik 1972, ein völlig anderes Bild von „den Deutschen" zu zeigen als 1936 in Berlin zur Nazi-Zeit. Es sollten heitere Spiele sein, ohne kämpferische Selbstdarstellung. Das zeigten bereits die allseits gelobten Sportstätten und das olympische Dorf. Zwar überschattete ein Attentat palästinensischer Terroristen auf die israelische Mannschaft die Spiele, doch das Bild von einem „anderen, neuen, friedlichen Deutschland" blieb und erfüllte auch viele Bundesbürger mit Stolz. Die Fußballweltmeisterschaft 2006 wurde gar zum „Sommermärchen", als die Deutschen mit ihrem weltoffenen Patriotismus, ihrer Gastfreundschaft und ihrer Begeisterungsfähigkeit in anderen Ländern viel Sympathien gewannen.

1. *Stelle dar, welchen Anteil die Organisatoren und das Publikum am Gelingen von sportlichen Großveranstaltungen haben.*
2. *In den letzten Jahren wurde die Möglichkeit diskutiert, Großveranstaltungen in Ländern, in denen Menschenrechte missachtet werden, zu boykottieren. Beurteile, ob das sinnvoll ist und ob sportliche Großveranstaltungen unpolitisch sind.*

M 2 Gesamtdeutsche Identität im internationalen Leistungssport

1955 Die Bundesregierung protestiert gegen die provisorische Aufnahme der DDR in das Internationale Olympische Komitee (IOC).

1956 Die Bundesregierung setzt durch, dass künftig zu Olympischen Spielen und anderen internationalen Sportwettkämpfen eine gemeinsame deutsche Mannschaft fährt; man einigt sich auf die „Ode an die Freude" als gemeinsame Hymne.

1959 Polizei verhindert, dass Athleten aus der DDR bei der internationalen Vier-Schanzen-Tournee mit den Emblemen der DDR (Hammer und Sichel) an den Start gehen. Die Mannschaften der UdSSR, ČSSR und DDR protestieren und reisen ab.

1960 Die Bundesregierung verhindert, dass die DDR bei den Olympischen Sommerspielen in Rom ihre Staatsflagge hisst. Die gemeinsame deutsche Mannschaft trägt die Flagge „Schwarz-Rot-Gold mit den olympischen Ringen".

1961 Nach dem Bau der Berliner Mauer bricht das westdeutsche Nationale Olympische Komitee alle innerdeutschen Sportbeziehungen ab. Der Deutsche Sportbund verbietet seinen Mitgliedern, in die DDR zu reisen oder Sportler aus der DDR zu empfangen.

1965 Die DDR wird Vollmitglied des IOC.

1968 Bei den Olympischen Sommerspielen in Mexiko treten erstmals zwei deutsche Mannschaften an, allerdings immer noch mit der Hymne von 1956 und unter der Olympiaflagge von 1960.

1972 Bei den Olympischen Winterspielen in Sapporo/Japan treten erstmals zwei deutsche Mannschaften mit jeweils eigenen Fahnen, Hymnen und Emblemen an.

M 3 Olympia-Stadion München 1972

Medaillenspiegel					
Platz	Land	Gold	Silber	Bronze	Gesamt
1	Sowjetunion	55	31	46	132
2	Deutsche Demokr. Republik	37	35	30	102
3	Vereinigte Staaten	36	31	27	94
4	Südkorea	12	10	11	33
5	BR Deutschland	11	14	15	40

M 4 Medaillenbilanz der Olympischen Sommerspiele 1988, Seoul

1. *Sportliche Großereignisse und internationale Wettkämpfe können ein Mittel der Identitätsstiftung sein. Stelle Belege für diese These aus Darstellung und Materialien zusammen und beurteile dieses Phänomen.*
2. *Boykott internationaler Wettkämpfe? Führt eine Pro- und Kontra-Diskussion.*
3. *„Wunder von Bern" – „Olympische Spiele 1972 in München": Setzt das „Sommermärchen" der Fußballweltmeisterschaft 2006 diese Reihe fort? Recherchiere und argumentiere für deine Beweisführung.*

Krisen in Ost- und Westdeutschland

M 1 Titelblatt des Nachrichtenmagazins „Der Spiegel" vom 6. Dezember 1982
Noch nie seit 1954 waren in der Bundesrepublik so viele arbeitslos: 2,03 Millionen Menschen.
Erläutere das Titelbild.

Stimmungswechsel

Der Nahost-Konflikt führte nach 1973 zu einer ersten Ölkrise.[1] Folge der gestiegenen Energiekosten waren Wachstumsschwächen der Wirtschaft (Stagnationen). Die Bürger in Ost und West forderten von der Politik, die soziale Sicherheit und den Massenkonsum weiter zu garantieren.

In der Bundesrepublik erreichte das Haushaltsdefizit vor allem wegen erhöhter Sozialausgaben eine Rekordhöhe. Die Aufgabe der Stabilisierung fiel dem Finanzminister **Helmut Schmidt** (SPD) ab 1974 als neuem Bundeskanzler zu. Er verstand sich als „Krisenmanager", der den Staat durch schwierige Zeiten zu führen hatte, darunter den Terrorismus der RAF. Da sich die Konjunktur trotz weiterer Staatsverschuldung nicht verbessern ließ, wurden die Sozialleistungen gekürzt und gleichzeitig den Unternehmern Steueranreize für Investitionen gegeben. Dennoch stieg ab 1980 die Arbeitslosenzahl über eine Million.

Die „Wende" in Bonn

Der FDP fiel die Reformpolitik nicht entschlossen genug aus. Sie forderte Kürzungen der Ausbildungsförderung und der Arbeitslosenhilfe sowie die Reform der Krankenversicherung. Außerdem wollte sie die Altersgrenze für Rentner anheben.

Als die SPD-Basis diesen Kurswechsel nicht mittrug und ihrem Kanzler Schmidt auch wegen des von ihm angeregten NATO-Doppelbeschlusses[2] das Vertrauen entzog, entschied sich die FDP zum Koalitionswechsel. Am 1. Oktober 1982 bestimmte der Deutsche Bundestag erstmals in seiner Geschichte durch ein konstruktives Misstrauensvotum[3] einen neuen Kanzler. Gewählt wurde der CDU-Vorsitzende **Helmut Kohl**. Er verkündete eine „Wende", um die Beschäftigungskrise zu überwinden.

Durch stärkeres Sparen und noch mehr Investitionsanreize für die Unternehmer strebte die CDU/FDP-Regierung Erfolge an. Trotz weltwirtschaftlicher Erholung gelang ihr dies nur teilweise. Im Februar 1985 wurden 2,6 Millionen Arbeitslose gezählt. Die Ursachen lagen in der steigenden Zahl der Erwerbsfähigen, die auf den Arbeitsmarkt drängten, sowie in der weiteren Modernisierung der Betriebe. Durch die Rationalisierung, u.a. durch verstärkten Einsatz von Maschinen, wurden weniger Arbeitskräfte benötigt. Trotz zwei Millionen neuer Arbeitsplätze sank die Zahl der Arbeitslosen kaum.

Auch die notwendigen Reformen der Renten- und Krankenversicherung unterblieben. Und trotz aller Einsparungen im sozialen Bereich stiegen die Staatsausgaben und wuchsen die Staatsschulden.

Die DDR erstarrt

Auch die DDR musste höhere Preise für das von der Sowjetunion bezogene Erdöl zahlen und steigerte deshalb den umweltschädlichen Abbau heimischer Braunkohle. Für Honecker kam es aber nicht infrage, den Massenkonsum durch drastisches Sparen einzuschränken. Fehlende Investitionen in die Produktionsanlagen und technologischer Rückstand (Computerindustrie) waren die Folge. Die DDR fiel immer weiter hinter den Wes-

[1] Im Oktober führten Ägypten, Syrien und weitere arabische Staaten Krieg gegen Israel. Dadurch, dass mehrere der wichtigsten Erdöl liefernden arabischen Staaten ihre Fördermengen drosselten, setzten sie pro-israelische Staaten wie die Bundesrepublik unter Druck. Die Preise für Erdöl stiegen enorm.

[2] Siehe S. 248.

[3] Bei einem konstruktiven Misstrauensvotum entscheidet der Bundestag, ob der amtierende Bundeskanzler im Amt bleibt oder ein von der Opposition vorgeschlagener Gegenkandidat Regierungschef wird.

Lesetipp:
Barbara Bollwahn, Der Klassenfeind + ich, Hamburg 2009

Helmut Schmidt   Helmut Kohl

ten zurück. Viele Ostdeutsche resignierten und stellten trotz Repressalien Ausreiseanträge.
Die wirtschaftliche Krise vergrößerte die Staatsverschuldung. 1983 half die Bundesregierung der DDR mit einem Milliardenkredit aus der Schuldenklemme heraus, wofür sie einen Teil der Sicherungsanlagen an der Grenze abbaute. 1989 mussten die ostdeutschen Ökonomen die Zahlungsunfähigkeit ihres Staates eingestehen. Das taten sie natürlich nicht öffentlich.

Druck erzeugt Gegendruck

Der Machtanspruch der SED nahm keine Rücksicht auf Menschen- und Bürgerrechte – trotz ihrer Verankerung in der Verfassung. Zensur, Wahlbetrug, Reisebeschränkungen sowie Eingriffe in das Post- und Fernmeldegeheimnis waren alltäglich.
„Schild und Schwert" der Partei war das Ministerium für Staatssicherheit (MfS) unter Erich Mielke. Die Stasi kontrollierte, überwachte und schüchterte die Bevölkerung ein.
Offener Widerspruch gegen die SED war in der DDR immer gefährlich. Regimekritiker wie der international anerkannte Naturwissenschaftler Robert Havemann und der Liedermacher Wolf Biermann – überzeugte Kommunisten – wurden in den 1970er-Jahren wegen ihres öffentlichen Eintretens für die Meinungsfreiheit mit Berufsverbot bestraft, ständig überwacht und bedroht und im Fall Biermann auch in die Bundesrepublik ausgebürgert (1976). Künstler und Schriftsteller, die dagegen protestierten, wurden teilweise genauso behandelt oder kamen ins Gefängnis.
Nach der Unterzeichnung der KSZE-Schlussakte 1975[1] entstanden in der DDR neue Gruppen von Regimekritikern. Sie organisierten sich in Friedensseminaren, Umweltschutz-, Frauen- und Menschenrechtsinitiativen. Häufig trafen sie sich im Schutz der evangelischen Kirche, die ihre Räume zur Verfügung stellte.
Immer dringlicher und mutiger forderten die Gruppen in den 1980er-Jahren von der SED mehr Rechte. Bürgerrechtler, kritische Marxisten, Anhänger der Friedens- oder Umweltbewegung, engagierte Christen und Übersiedlungswillige, aber auch unangepasste Jugendliche wie Punks – alle galten in der DDR als „Staatsfeinde". Stasi-Mitarbeiter versuchten sie zu zermürben und auszuschalten. Personen wurden verhaftet und gegen ihren Willen ausgebürgert. Überall wurden Spitzel in Gruppen eingeschleust. Verdächtige verloren ihren Arbeitsplatz, wurden bei Freunden in Misskredit gebracht, bedroht und erpresst. Dennoch: Die Zahl der Oppositionellen und Sympathisanten wuchs ständig.

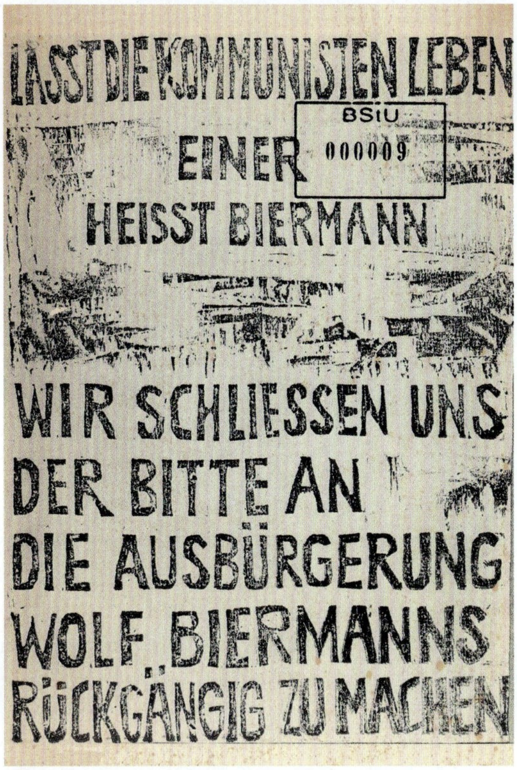

M 2 Vom MfS beschlagnahmtes Flugblatt von 1976
Die Ausbürgerung Wolf Biermanns im November 1976 löste eine Protestwelle aus. Zwölf namhafte Schriftsteller der DDR unterschrieben eine Petition dagegen; 400 weitere DDR-Bürger solidarisierten sich mit ihnen. Als Folge der Ausbürgerung registrierte das MfS: 1096 Flugblätter, 101 vorläufig festgenommene Personen und 180 Aktionen in den Bezirken Halle, Potsdam, Gera, Dresden, Karl-Marx-Stadt (heute: Chemnitz), Berlin und Leipzig.

1. *Fasse zusammen, welche Ursachen die Krisen in der Bundesrepublik hatten.*
2. *Begründe, warum Honecker trotz schwieriger Lage den Massenkonsum in der DDR nicht einschränken wollte.*

[1] Siehe S. 248 f.

Internettipp:
Informationen zum MfS siehe unter Mediencode 31054-75

Filmtipps:
- Das Leben der Anderen; Regie: Florian Henckel von Donnersmarck, 2006
- Das Haus; Regie: Thomas Heise, 1984/85 (DVD 2011)
- Volkspolizei; Regie: Thomas Heise, 1984/85 (DVD 2011)

Erste Ölkrise
Helmut Schmidt wird Bundeskanzler
KSZE-Schlussakte
Zulauf für Oppositionelle in der DDR
Helmut Kohl wird durch konstruktives Misstrauensvotum Bundeskanzler
1970 1975 1980 1985 1990

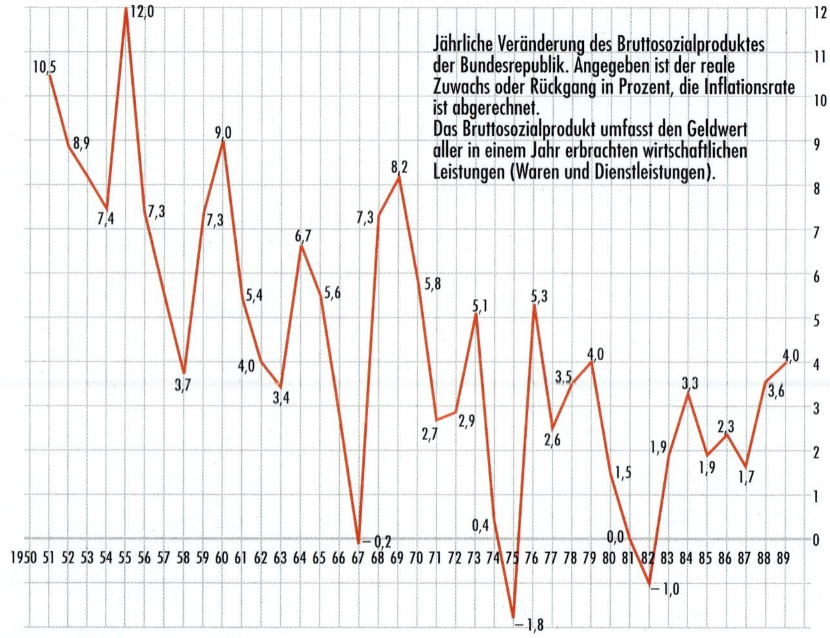

M 4 Das Wirtschaftswachstum der Bundesrepublik Deutschland

Daten nach: Bundesministerium für Wirtschaft (Hrsg.), Leistung in Zahlen bzw. Wirtschaft in Zahlen, verschiedene Jahrgänge

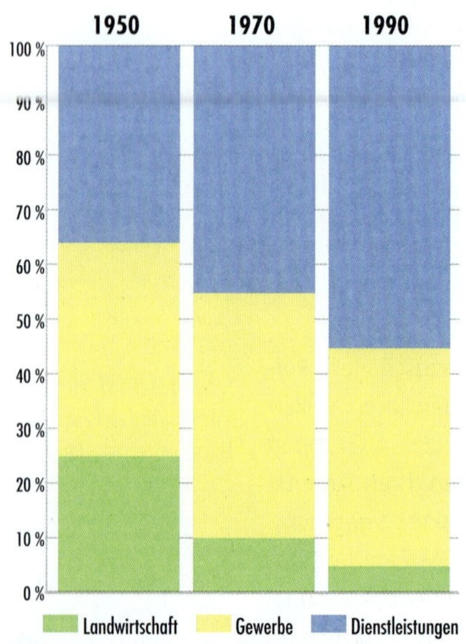

M 3 Erwerbstätige nach Wirtschaftsbereichen in der Bundesrepublik Deutschland

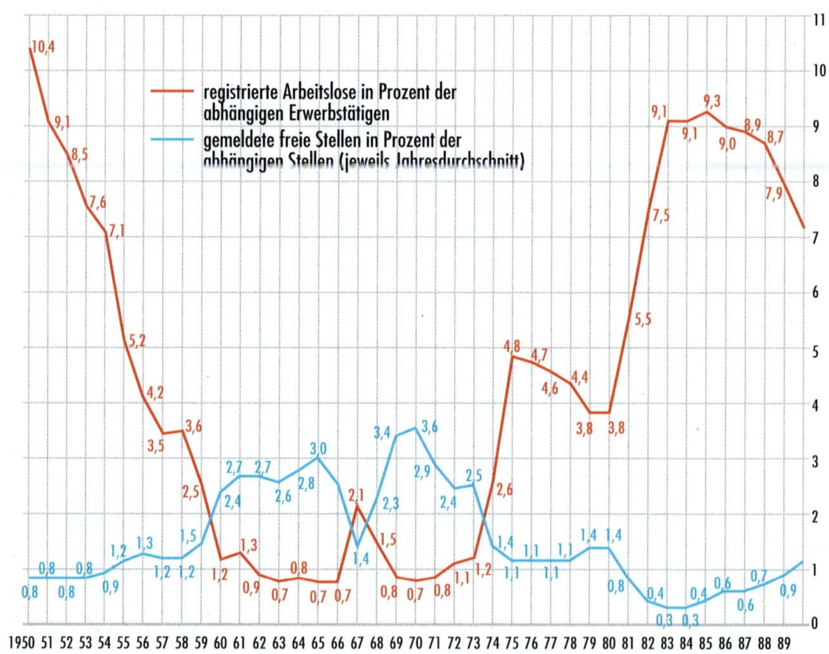

M 5 Der Arbeitsmarkt in der Bundesrepublik Deutschland

Daten nach: Jahresgutachten 1979, Tab. 9 und Bundesministerium für Wirtschaft (Hrsg.), Wirtschaft in Zahlen, Jg. '87 und '92

„Frieden schaffen ohne Waffen"

„DDR – eingesperrt"

„DDR – KZ"

„Wir sind mündig, doch wir haben nichts zu sagen"

„Das Leben hat doch keinen Sinn, wenn ich Kanonenfutter bin"

M 6 Losungen aus Rostock

In der Nacht vom 2. auf den 3. September 1985 stellt die Rostocker Polizei diese in signalroter Farbe geschriebenen Losungen auf Plakatwänden, Mauern, Schaufenstern und an Straßenbahnhaltestellen fest. Nach der Spurensicherung werden sie umgehend beseitigt. Gleichzeitig beginnen umfangreiche Ermittlungen.

M 7 Aus den Akten des MfS

In einem Bericht des Staatssicherheitsdienstes vom 22. Oktober 1985 heißt es zu dem Vorfall (siehe M6):

Die seit dem 3. September 1985 durchgeführten Ermittlungen der Kriminalpolizei im Zusammenwirken mit der KD Rostock [Kreisdienststelle des MfS] und der Abt. XX konzentrierten sich vorwiegend auf den Personenkreis, der am 1. 9. 1985 am Ehrenmal beim HdA [Haus der Armee] eine Demonstration durchführte. Durch die DVP [Deutsche Volkspolizei] wurden ca. 90 Befragungen durchgeführt. Den befragten Personen wurden grundsätzlich Schriftproben abverlangt. Weiterhin wurden von 16 verdächtigen Personen Geruchskonserven angefertigt. Die Vergleichsarbeit des Schriftsachverständigen der DVP erbrachte keine Hinweise auf einen möglichen Täter. Die Auswertung der Geruchskonserven ist noch nicht abgeschlossen.

In einer Broschüre der Bundesbeauftragten für die Unterlagen des Staatssicherheitsdienstes der ehemaligen DDR zu den Stasi-Akten wird das weitere Vorgehen des MfS beschrieben, das aus den Unterlagen rekonstruiert werden kann.

Um die Täter zu identifizieren, werden demnach mehr als zehn Inoffizielle Mitarbeiter (IM) eingesetzt, Verdächtige beobachtet, abgehört und überwacht. Der Verdacht richtet sich bald gegen die Bauzeichnerin und „Hausfrau" Ute (geb. 1966), die Studentin Dörte (geb. 1968) und den Tankwart Gunnar (geb. 1966) aus dem Kreis der Evangelischen Andreas-Kirchengemeinde Rostock-Evershagen. Ute erhält eine Freiheitsstrafe von einem Jahr und sechs Monaten, ihre beiden „Komplizen" Bewährungsstrafen; Dörte wird außerdem nach Inkrafttreten des Urteils von der Medizinischen Fachschule ausgeschlossen.

Ausschlaggebend für das Strafmaß gegen Ute ist ihr Antrag auf Ausreise aus der DDR vom 6. Juni 1985.

Während der U-Haft nimmt das MfS „operativen Kontakt" zu Gunnar auf, um ihn als IM zu gewinnen. Unter den Bedingungen der Haft und dem Druck des MfS erklärt er sich zunächst „auf der Basis der Wiedergutmachung" dazu bereit. Das MfS will ihn im Bereich der Andreas-Kirchengemeinde einsetzen. Es kommt nicht dazu. Gunnar verweigert sich dem MfS wie auch den „Erziehungsmaßnahmen" und lehnt eine angepasste Lebensweise ab. Er stellt einen Übersiedlungsantrag in die Bundesrepublik Deutschland. Am 11. Dezember 1986 kommt er zum zweiten Mal in Haft und wird wegen „staatsfeindlicher Hetze" zu einer Strafe von drei Jahren verurteilt. Am 12. August 1987 wird er in den Westen entlassen.

Zit. nach: Der Bundesbeauftragte für die Unterlagen des Staatssicherheitsdienstes der ehemaligen DDR (Hrsg.), „DDR – eingesperrt". Jugendliche im Stasi-Visier am Beispiel des Operativen Vorgangs (OV) „Signal". Quellen für die Schule 3, 5. korrigierte Aufl., Berlin 2013, S. 15

M 8 Geruchsprobe

Foto aus dem Archiv der Behörde, die die Akten und den Nachlass der Stasi verwaltet

In solchen Gläsern verwahrte die Stasi Gegenstände, anhand derer Hunde die gesuchten Personen aufspüren konnten.

Internettipp:
Zur Stasi siehe Mediencode 31054-76

1. *Beschreibe den Konjunkturverlauf (M4).*
2. *Vergleiche die Entwicklung mit M5.*
3. *Informiere dich über den Wandel der Wirtschaftsstruktur in deiner Region. Setze dich mit den Folgen auseinander.*
4. *Erörtere die Inhalte der einzelnen Losungen (M6).*
5. *Das MfS legte allein für diesen „Operativen Vorgang" 16 Aktenbände mit 2 727 Seiten an. Nimm zu diesem Vorgehen des MfS, den Strafmaßen und den betroffenen Personen Stellung (M6 und M7).*
6. *Recherchiert in Arbeitsgruppen nach weiteren Beispielen von Verfolgungen Jugendlicher durch das MfS und verfasst entsprechende Berichte. Informationen findet ihr auch unter Mediencode 31054-77.*

Zwei deutsche Konsumgesellschaften

M1 VW 1300
Modell von 1967
Der Volkswagen wurde von 1938 bis 2003 stetig weiterentwickelt, ohne seine Grundform zu verändern. Ende der 1960er-Jahre kostete der VW in der Bundesrepublik etwa fünf Bruttomonatsgehälter eines Industriefacharbeiters.

M2 Trabant P 60
Modell von 1962
Der Trabi wurde von Mitte der 1950er-Jahre bis 1990 kaum verändert produziert. Der Preis entsprach etwa dem Jahreseinkommen eines DDR-Industriefacharbeiters.

Erkläre, was der Auto-Vergleich über die beiden deutschen Konsumgesellschaften aussagt.

Gegensätzliche Wirtschaftssysteme

Beide deutsche Staaten waren fortgeschrittene Konsumgesellschaften, in denen das jahrzehntelange Wachstum der Industrie einen hohen Wohlstand ermöglichte. Dabei erwies sich die marktwirtschaftliche Bundesrepublik der planwirtschaftlichen DDR als klar überlegen. Technische Erneuerungen wurden im Westen schneller und effektiver umgesetzt als im Osten. Während sich der Export ostdeutscher Waren auf den Ostblock konzentrieren musste, exportierte der Westen in die ganze Welt.

Soziale Sicherheit in der DDR

In der DDR gab es keine direkte Arbeitslosigkeit, obwohl hier die Erwerbstätigkeit der Frauen bedeutend höher war als in der Bundesrepublik. Doch die Arbeitskräfte wurden hier oft nicht produktiv eingesetzt – und deutlich geringer bezahlt als im Westen.
Durch teure Subventionen der Preise im Grundbedarf wie für Brot und Mieten wollte die SED-Führung den Bürgern soziale Sicherheit vermitteln.

Die Bundesrepublik – ein „Modell"?

In der Bundesrepublik wuchs die Produktivität[1] der Arbeitnehmer, und die Einkommen der gut ausgebildeten Erwerbstätigen stiegen. Aber Mitte der 1960er-Jahre sank das Wirtschaftswachstum und die Zahl der Arbeitslosen stieg. Nach dem Willen der regierenden Großen Koalition aus SPD und CDU/CSU sollten Regierung, Opposition, Bundesrat, Banken, Gewerkschaften und Arbeitgeberverbände sowie Vertreter der Städte und Gemeinden, zusammenarbeiten, um die Probleme zu lösen. So sollten soziale Sicherheit und wirtschaftliches Wachstum gleichzeitig gesichert werden. Durch gezielte Unterstützung und Förderung der Arbeitslosen und sozial Schwachen wurde ein hoher sozialer Standard erzielt. Die Kehrseite der positiven sozialen Atmosphäre war allerdings eine wachsende Staatsverschuldung.

Die DDR – ein diktatorischer Wohlfahrtsstaat?

Glaubte man der SED, wurde „alles getan für das Wohl der Menschen, für das Glück des Volkes, für die Interessen der Arbeiterklasse und aller Werktätigen" (Sozialpolitisches Programm von 1972).

[1] Produktivität: Wirtschaftsleistung im Verhältnis zu den Kosten

M 3 Plattenbausiedlung in Schwedt an der Oder
Foto von 1971

Unter Honecker versuchte die SED, den Bedürfnissen nach Konsum und sozialer Sicherheit besser als bisher gerecht zu werden. Die Mindestlöhne und Renten stiegen, Urlaub wurde verlängert und bis 1990 sollte es endlich genug Wohnungen geben. Doch blieb das Warenangebot immer hinter den Wünschen zurück. Verfallende Häuser in den historischen Innenstädten, Warteschlangen vor den Geschäften und zeitweilige Unterversorgung mit Konsumgütern kennzeichneten den „real existierenden Sozialismus".

Privater Konsum im Vergleich

In der Ausstattung mit hochwertigen Konsumgütern wie Autos oder Unterhaltungselektronik behielt der Westen einen deutlichen Vorsprung, auch wenn der Osten meist im Abstand einiger Jahre nachzog. Noch 1989 mussten Ostdeutsche allerdings bis zu zwölf Jahre auf ein neues, aber technisch rückständiges Auto warten. Urlaubsreisen wurden seit den 1960er-Jahren üblich. Die Bundesbürger konnten ihre Ferienorte je nach Einkommen frei wählen. Dagegen blieb der Horizont der Ostdeutschen begrenzt: Für Reisen in den Westen gab es kaum Genehmigungen. Während in der Bundesrepublik der „Traum vom Eigenheim" vom Staat gefördert wurde, lebten die meisten DDR-Bürger in beengten Hochhauswohnungen („Plattenbauten") oder unsanierten Altbauten zur Miete.

Grenze der Leistungsfähigkeit

Die DDR lebte seit den 1970er-Jahren ständig über ihre finanziellen Verhältnisse. Zu den Subventionen für die „sozialistischen Errungenschaften" kamen die gewaltigen Ausgaben für das Militär und den Sicherheitsapparat zur Überwachung und Einschüchterung der Bevölkerung. Die zentral gelenkte Planwirtschaft war immer weniger in der Lage, auf die steigenden Rohstoffpreise und die beschleunigte technische Entwicklung (z.B. im Bereich der Mikroelektronik) zu reagieren. Wirtschaftliche Einbußen und Rückstände waren die Folge.
Die hohen Staatsschulden konnten in der DDR nur notdürftig gedeckt werden: durch Waffenexporte und Müllimporte, Kredite aus dem Westen sowie geheim gehaltene Einnahmen für die Freilassung politischer Gefangener. Für etwa 34 000 Häftlinge zahlte die Bundesrepublik von 1963 bis 1989 3,56 Mrd. DM (= 1,8 Mrd. Euro) an die DDR.

Internettipp:
Wirtschaft und Konsum in Westdeutschland und Ostdeutschland im Vergleich: Mediencode 31054-78

1. *Erkläre die Zusammenhänge zwischen Leistungsfähigkeit der Wirtschaft, Arbeitslosigkeit und Wohlstand der Bevölkerung.*
2. *Diskutiert, wie wichtig hoher Konsum für die Akzeptanz eines Staates bzw. einer Regierung ist bzw. sein sollte.*

M4 Preisunterschiede 1985

	DDR (Mark)	Bundesrepublik (DM)
Miete	75,00[1]	411,00[2]
Strom (75 kWh)	7,50	31,60
Straßenbahn/Bus	0,20	2,07
Brot (1 kg)	0,52	3,17
Rinderbraten (1 kg)	9,80	17,19
Kartoffeln (5 kg)	0,85	4,94
Kaffee (500 g)	35,00	8,93
Damenstrumpfhose	14,00	5,23
Kühlschrank	1 425,00[3]	559,00[4]
Radio-Recorder	1 160,00	194,00
Farbfernseher	4 900,00[5]	1 593,00[6]
Waschmaschine	2 300,00	981,00
Taschenrechner	123,00	25,00

[1] 2-Zimmer-Wohnung; [2] 3-Zimmer-Wohnung; [3] 125 l; [4] 160 l; [5] 51 cm; [6] 66 cm

Nach: Ulrich Bongertmann, Deutschland 1949-1990, in: Praxis Geschichte 3/2005, S. 14

M5 Ausstattung privater Haushalte mit langlebigen Gebrauchsgütern

	1960 *DDR*	1962 *Bundesrepublik*	1965 *DDR*	1973 *Bundesrepublik*	1975 *DDR*	1988 *Bundesrepublik*	1988 *DDR*
Von je 100 Haushalten besaßen:							
PKW	3	27	8	55	26	68	52
Kühlschränke	6	52	26	93	85	104	99
Gefrierschränke	–	3	–	28	4	72	43
Fernsehgeräte	17	36	49	89	82	97	96
Farbfernsehgeräte	–	–	–	15	3	87	52

Angaben auf- bzw. abgerundet nach: Klaus Schroeder, Der SED-Staat. Geschichte und Strukturen der DDR, München 1998, S. 577; Statistisches Bundesamt (Hrsg.), Statistisches Jahrbuch 1988, passim; Statistisches Bundesamt (Hrsg.), Datenreport 1992, München 1992, S. 130

M6 Preise in der DDR von 1989
Die Preise hatten nichts mit den Kosten für die Herstellung oder die Bereitstellung von Gütern und Leistungen zu tun.

M7 Verbrauchsausgaben 1989

Von den Verbrauchsausgaben einer vierköpfigen Arbeitnehmerfamilie mit mittlerem Einkommen sind bestimmt für:

	in der Bundesrepublik Deutschland	*in der DDR*
Angaben in %		
Miete, Heizung, Strom, Gas	24	6
Ernährung	20	30
Genussmittel	6	11
Verkehr, Auto, Post	16	9
Möbel, Hausrat	8	11
Bildung und Unterhaltung	8	12
Bekleidung und Schuhe	8	12
Persönliche Ausstattung	7	6
Körper- und Gesundheitspflege	3	3

Angaben nach: Globus Infografik 8008

M 8 Neue Kaufhalle in Berlin-Hellersdorf (Ostberlin)
Foto vom Februar 1986

M 9 Beschwerden

1987 teilt ein Bürger dem Ministerium für Handel und Versorgung in Ost-Berlin mit:

Wegen eines beabsichtigten Kaufes eines Waschvollautomaten [...] suchten meine Frau und ich die einschlägigen Verkaufseinrichtungen [...] unter Verwendung von zwei Urlaubstagen vergeblich auf. Die in den Verkaufseinrichtungen ausgestellten Geräte stellen nur Beratungsmuster dar. Wie uns von den mit dem Verkauf beauftragten Mitarbeitern übereinstimmend mitgeteilt wurde, werden zu unbestimmbaren Zeiträumen lediglich 4 - 5 Maschinen angeliefert, die natürlich sofort verkauft sind. Alle Menschen, die tagsüber ehrlich ihrer Arbeit nachgehen, haben so ständig das Nachsehen.

Zit. nach: Annette Kaminsky, Wohlstand, Schönheit, Glück. Kleine Konsumgeschichte der DDR, München 2001, S. 150

M 10 „Heute keine Ware“
Schild eines DDR-Blumenladens, 1975

1. *In der DDR wurde folgender Witz erzählt: „Warum kostet eine S-Bahn-Fahrkarte bei uns 20 Pfennig und im Westen 2 Mark?“ „Bei uns musst du zehnmal fahren, um etwas zu kriegen.“ Erkläre die Pointe.*
2. *Eine durchschnittliche DDR-Arbeitnehmerfamilie hatte 1989 – nach Kaufkraft in DM umgerechnet – ein Nettoeinkommen von rund 2 000,00 DM; eine vierköpfige Arbeitnehmerfamilie kam in der Bundesrepublik mit allen Nebeneinnahmen, Gratifikationen und Kindergeld auf etwa 4 000,00 DM netto. Vergleiche vor diesem Hintergrund die Preisunterschiede (M4), die Ausstattung privater Haushalte (M5) und die Verbrauchsausgaben (M7).*
3. *Erläutere, was M4 und M6 über das Wirtschaftssystem der DDR aussagen.*
4. *Vergleiche das Foto M8 mit den anderen Quellen und Materialien zur Versorgungslage in der DDR. Stelle daraufhin Vermutungen über den Zweck des Fotos an.*

Alltag und Familie im Westen

M 1 Waschmittelwerbung aus den 1960er-Jahren

Arbeite heraus, welche Schlüsse auf das Alltagsleben in Westdeutschland diese Anzeige erlaubt.

Medien

Das Radio war bis Anfang der 60er-Jahre das wichtigste Medium der Bundesbürger. 1960 besaßen fast 63 % von ihnen ein Radiogerät. Sendungen wurden oft gemeinsam im Familienkreis verfolgt. Besonders beliebt waren damals Hörspiele, die teils von namhaften zeitgenössischen Autoren verfasst worden waren. Das Endspiel der Fußballweltmeisterschaft in Bern 1954[1], dessen Sieg für das Selbstbewusstsein des jungen deutschen Staates von großer Bedeutung war, verfolgten die meisten an den Radiogeräten und nur eine Minderheit an den insgesamt 20 000 Fernsehern, die es damals gab. Bevor die überwiegende Mehrheit der bundesdeutschen Haushalte mit TV-Geräten ausgestattet war – 1969 waren es 84 % –, boomten Kinos. Die dort gezeigten Filme sollten vorwiegend eine Gegenwelt zur schwierigen Zeit nach dem Weltkrieg und in den ersten Jahren des „Wirtschaftswunders" schaffen. Es dominierten Heimatfilme, Komödien und Krimis. Beliebt waren auch synchronisierte ausländische Filme, vor allem aus den USA. Das Fernsehen wirkte sich tief greifend auf das Familienleben, Freizeit- und Konsumverhalten der Deutschen aus. Es wurde zur wichtigsten Freizeitbeschäftigung. Was im TV zu sehen war, bestimmte Moden und die Einstellung der Menschen.

Unerfüllte Forderungen

Das Grundgesetz von 1949 schreibt die Gleichberechtigung von Mann und Frau sowie den Schutz von Ehe und Familie fest. Trotzdem hatten Frauen im Vergleich zu Männern schlechtere Ausbildungschancen, waren ihre Gehälter bei gleichen Leistungen niedriger, ihre Pflichten als Ehefrauen im Haushalt größer als die der Männer und ihre Rechte in der Ehe geringer. Mitverantwortlich für diese Verhältnisse war ein althergebrachtes Frauen- sowie Ehe- und Familienverständnis, das von einer kinderreichen Familie und einer nicht berufstätigen Ehefrau ausging. Erwerbstätigkeit verheirateter Frauen wurde in der Bundesrepublik in den 1950er- und 60er-Jahren gesellschaftlich nur akzeptiert, wenn das Einkommen des Mannes zum Unterhalt der Familie nicht ausreichte.

Familie und Beruf

Andererseits war Wirtschaftswachstum ohne Frauen nicht möglich: Sie wurden als qualifizierte Arbeitskräfte und als Mitverdienende gebraucht. Die Durchschnittsfamilie benötigte das zusätzliche Einkommen, um sich die gestiegenen Konsumansprüche – von der Urlaubsreise über das Auto bis zum Eigenheim – erfüllen zu können. In diesem Zusammenhang wurden die Verantwortlichen in der Gesellschaft verstärkt aufgefordert, die Berufstätigkeit von Müttern durch die Einrichtung von mehr Kindergärten und Ganztagsschulen möglich zu machen.

[1] Siehe S. 186.

Eine neue Frauenbewegung entsteht im Westen

Parallel zur „68er-Bewegung“ pochten Frauen in der westlichen Welt stärker auf ihre Gleichberechtigung (Emanzipation) und die Verbesserung ihrer schulischen und beruflichen Möglichkeiten. Ihre Forderungen fanden nur allmählich Gehör in der Politik.

Dazu trug die Anfang der 1970er-Jahre in der Bundesrepublik entstandene autonome, von Parteien und Verbänden unabhängige Frauenbewegung bei. Sie nutzte die Medien, um Missstände anzuprangern. Besondere Resonanz fand 1971 die Aktion zur Abschaffung des Abtreibungsverbotes (§ 218 Strafgesetzbuch). Zahlreiche Frauen bekannten öffentlich, abgetrieben zu haben. Sie forderten mehr Aufklärung und das Recht auf Schwangerschaftsabbruch. Viele Christen und besonders die katholische Kirche lehnen dies bis heute ab. In der DDR wurde 1972 die Abtreibung innerhalb der ersten zwölf Schwangerschaftswochen freigegeben (Fristenlösung). In der Bundesrepublik wurde nach heftigen gesellschaftlichen Diskussionen und einem Urteil des Bundesverfassungsgerichts 1976 die Abtreibung unter vom Gesetz festgelegten Bedingungen erlaubt (Indikationenlösung).

Erste Reformen

1977 trat eine Reform des Ehe- und Scheidungsrechts in der Bundesrepublik in Kraft. Erst jetzt durften Ehefrauen eine Berufstätigkeit aufnehmen, ohne zuvor den Ehemann um Erlaubnis zu fragen. Eheliche Rechte und Pflichten wurden weitgehend geschlechtsneutral geregelt und damit das überlieferte Leitbild der Hausfrauenehe rechtlich aufgegeben. Ehescheidungen sind seitdem vom Verschulden des Einzelnen abgekoppelt, es gilt das „Zerrüttungsprinzip“. Außerdem wurde das Namensrecht reformiert: Erstmals war es Eheleuten möglich, den Namen der Frau als Familiennamen zu führen.

Die Diskussion um die Emanzipation und Verbesserung der Situation der Frau ist seitdem nicht mehr verstummt. Trotz weiterer Verbesserungen klafft bis heute zwischen dem Bekenntnis zu mehr Gleichberechtigung und den tatsächlichen Verhältnissen eine Lücke.

M 2 „Wir haben abgetrieben“
Titelblatt einer westdeutschen Illustrierten vom 6. Juni 1971
In der Zeitschrift bekannten 374 Frauen öffentlich, dass sie abgetrieben hatten. Angeregt hatte diese Aktion gegen das geltende Abtreibungsrecht die Journalistin Alice Schwarzer nach französischem Vorbild. Sie wurde mit der 1977 gegründeten Frauenzeitschrift „Emma“ zur bekanntesten Vertreterin der neuen deutschen Frauenbewegung.

1. *Diskutiert, welche Rolle Radio und Fernsehen heute haben, und vergleicht mit deren Bedeutung früher.*
2. *Fasse zusammen, welche konkreten Forderungen für eine soziale und rechtliche Besserstellung von Frauen erhoben wurden. Welche wurden umgesetzt?*
3. *Erörtere, was die Gründe und Voraussetzungen dafür waren, dass die Frauenbewegung entstand.*

Zeitleiste 1945–1985:
- 1949: Das Grundgesetz schreibt die Gleichberechtigung von Mann und Frau fest
- In beiden deutschen Staaten bleibt – trotz Erwerbstätigkeit der Frauen in der DDR – das traditionelle Frauen- und Familienverständnis vorherrschend
- Emanzipationsbewegung, Diskussion um Abtreibungsrecht in der Bundesrepublik
- 1977: Reform des Ehe- und Scheidungsrechts in der Bundesrepublik

1945 | 1950 | 1955 | 1960 | 1965 | 1970 | 1975 | 1980 | 1985

M3 Die Küche – das Reich der Hausfrau?

Wer in den 1950ern heiratet, bekommt in vielen Standesämtern das „Hausbuch für die deutsche Familie“ als Geschenk. Dieses Nachschlagewerk enthält eine Reihe von Tipps zu Erziehung und Haushaltsführung, die uns heute eine Menge über die damalige Zeit verraten:

Die Küche ist das eigentliche Reich der Hausfrau. Damit man rasch und ohne zu großen Kraftverbrauch darin arbeiten kann, muss sie zweckmäßig eingerichtet sein. Sie soll auch freundlich wirken, da die Hausfrau einen guten Teil des Tages in ihr verbringt. [...] In einer kalten Küche bewährt sich ein Kohleherd, besonders wirtschaftlich ist ein Dauerbrandherd. Man kombiniert den Kohleherd mit Gas und Strom. [...] Wenn Strom oder Stadtgas nicht vorhanden sind, kocht man billig mit Propangas. Die Herde haben heute fast alle Backöfen. Eine große Erleichterung sind Backöfen mit Temperaturregler. Man hat meist 8 Einstellungsmöglichkeiten, und auch dem Ungeübten gelingt mit ihrer Hilfe der Kuchen.

Hausbuch für die deutsche Familie, ohne Autor, Frankfurt am Main 1956, S. 109f.

Internettipp:
Zur Alltagsgeschichte der Bundesrepublik Deutschland bis 1989 siehe 31054-79

M4 „Emma“ Titelbild der ersten Ausgabe vom Januar/Februar 1977
Die zweite Frau von links ist die Begründerin der Zeitschrift, Alice Schwarzer.

M5 Das „Recht“ der Frau

Das westdeutsche Bürgerliche Gesetzbuch (BGB) führt in seiner bis 1977 gültigen Fassung zum Ehe- und Familienrecht an:

§ 1355. Der Ehe- und Familienname ist der Name des Mannes. Die Frau ist berechtigt, durch Erklärung gegenüber dem Standesbeamten dem Namen des Mannes ihren Mädchennamen hinzuzufügen; die Erklärung muss öffentlich beglaubigt werden.
§ 1356. Die Frau führt den Haushalt in eigener Verantwortung. Sie ist berechtigt, erwerbstätig zu sein, soweit dies mit ihren Pflichten in Ehe und Familie vereinbar ist. Jeder Ehegatte ist verpflichtet, im Beruf oder Geschäft des anderen Ehegatten mitzuarbeiten [...].

M6 Weibliche Erwerbsquote in der Bundesrepublik Deutschland

Anteil der Erwerbspersonen[1] an 100 Frauen

1950	1960	1970	1980
31,3	33,6	30,2	32,6

[1] In der Bundesrepublik werden als „Erwerbspersonen“ sowohl die Erwerbstätigen als auch die Erwerbslosen gezählt.

Nach: Statistisches Bundesamt (Hrsg.), Datenreport 2002, Bonn ²2003, S. 89

1. *Schreibt in Partnerarbeit den Text M3 so um, dass er heutigen gängigen Vorstellungen entspricht.*
2. *Verfasse einen Artikel, wie wohl der ideale Familienvater der 1950er-Jahre war.*
3. *Begründe, warum die Bestimmungen zum Eherecht (M5) nicht mit heutigen Vorstellungen übereinstimmen. Ändere die Paragrafen nach deinen Vorstellungen. Recherchiere heute geltende Paragrafen und vergleiche.*
4. *Stelle Vermutungen an, warum für die Erstausgabe der „Emma“ dieses Titelbild gewählt wurde (M4).*
5. *Stellt in einem Rollenspiel eine klassische familiäre Konfliktsituation in den 1950er-Jahren dar. Diskutiert anschließend in der Klasse, ob sich das Leben von Mädchen und Frauen heute verbessert hat.*
6. *Recherchiere, wie sich die weibliche Erwerbsquote (M6) weiter entwickelt hat.*

Alltag und Familie im Osten

M1 Zum Internationalen Frauentag 1980
Ausschnitte aus einem Werbedruck

Vergleiche mit M1 auf S. 196. Begründe, warum der Quellenwert dieser Werbung anders bewertet werden muss.

Weibliche Erwerbstätigkeit

Der „Aufbau des Sozialismus“ sollte auch die Gleichberechtigung der Frau ermöglichen. Dazu zählte die Eingliederung der Frauen in den Arbeitsprozess. Aus dem in der DDR-Verfassung garantierten „Recht auf Arbeit“ wurde bald die „Pflicht zur Arbeit“.

Die Erwerbstätigkeit der Frauen war in der DDR wirtschaftlich notwendig. Ehefrauen mussten erwerbstätig sein, weil das durchschnittliche Einkommen der Männer so niedrig war, dass Familien davon kaum leben konnten.

Zahlreiche sozialpolitische Maßnahmen machten die Erwerbstätigkeit der Frauen möglich. Zum Beispiel wurden kostenlose Einrichtungen zur Kinderbetreuung unterhalten, Familiengründungen finanziell gefördert und in den 1970er-Jahren ein voll bezahltes „Babyjahr“ eingeführt. Diese Regelungen sollten den Frauen helfen, Beruf und Familie miteinander zu vereinbaren, und eine ausreichende Geburtenrate sichern.

Fehlende Gleichberechtigung

Alle Maßnahmen brachten den Frauen in der DDR keine wirkliche Gleichberechtigung. Die Männer überließen den meist voll berufstätigen Ehefrauen rund drei Viertel der Hausarbeit. Das durchschnittliche Monatseinkommen der Frauen lag – wie im Westen – um 25 bis 30 Prozent unter dem der Männer.

Die Führungspositionen in Partei und Staat blieben Frauen ebenfalls weitgehend verschlossen. Von den 26 Mitgliedern des Politbüros waren 1988 nur zwei Frauen, lediglich eine leitete ein Ministerium: Margot Honecker stand an der Spitze des „Ministeriums für Volksbildung“.

Internettipp:
Zur Alltagsgeschichte der DDR bis 1989 siehe 31054-80

Das Grundgesetz schreibt die Gleichberechtigung von Mann und Frau fest
In beiden deutschen Staaten bleibt – trotz Erwerbstätigkeit der Frauen in der DDR – das traditionelle Frauen- und Familienverständnis vorherrschend
Emanzipationsbewegung, Diskussion um Abtreibungsrecht in der Bundesrepublik
Reform des Ehe- und Scheidungsrechts in der Bundesrepublik

1945 1950 1955 1960 1965 1970 1975 1980 1985

M2 Feier der Jugendweihe in Ost-Berlin
Foto vom 15. April 1979
Lehrer gratulieren den Schülern der 8. Klasse der Karl-Grünberg-Oberschule in der Kongresshalle am Alexanderplatz zur Jugendweihe.
Während die in der DDR schwach vertretene katholische Kirche eine Teilnahme von Kommunionsempfängern ablehnte, konnten evangelische Jugendliche sowohl zur Konfirmation als auch zur Jugendweihe gehen.

Radio, Film und Fernsehen in der DDR

Wie in der Bundesrepublik war auch in Ostdeutschland das Radio in den 1950er-Jahren das wichtigste Massenmedium. Das SED-Regime kontrollierte Radio und TV, die es bald aktiv als politische Medien nutzte. Aber das Westfernsehen prägte die Meinung, denn trotz Verbot und Störsendern wurde es fast überall gesehen.

Auch der Film unterstand staatlicher Aufsicht. Seit 1952 kontrollierte ein Staatliches Komitee für Filmwesen die Drehbücher, die Herstellung und den Vertrieb von Kinoproduktionen, die Filmwerbung sowie sämtliche Filmtheater der DDR. Die wichtigste Produktionsfirma war die 1946 gegründete DEFA (Deutsche Film-AG). Der DEFA wurden Themen verordnet, die vom Sozialismus und von der Arbeiterbewegung handeln sollten. Das Publikum bevorzugte dagegen Filmklassiker aus der Vorkriegszeit, Produktionen aus der Bundesrepublik und später aus den USA, aber auch Filme aus den übrigen Ostblockländern.

„Nischengesellschaft"

Trotz bescheidener Fortschritte gelang es der SED nie, die Mehrheit der Bevölkerung für sich zu gewinnen. Freie Wahlen blieben daher undenkbar. Die von der Partei unter dem Motto „Arbeite mit, plane mit!" ständig geforderten Aktivitäten, entsprachen nicht dem Willen der Mehrheit. Die Menschen passten sich allerdings an, um persönliche Nachteile zu vermeiden. In der Öffentlichkeit „beteten" sie die Parolen der SED nach, insgeheim dachten viele anders. Die Familien schauten oft Westfernsehen, doch durften die Kinder darüber in der Schule nicht sprechen. So entstand allmählich eine „Nischengesellschaft". Man zog sich in die Privatsphäre, in den Freundeskreis und die Schrebergärten („Datschen") zurück. Weitere „Ausweichräume" boten ansonsten nur noch die Kirchen. In diesen „Nischen" lebten die DDR-Bürger ohne Risiko, oft in gegenseitiger Hilfe solidarisch und „geborgen".

1. *Arbeite Unterschiede und Gemeinsamkeiten heraus bei der Rolle der Frau in der Bundesrepublik und der DDR.*
2. *Erkläre, warum die Versuche des DDR-Regimes, die Medien zu kontrollieren, scheiterten.*
3. *Erörtere, ob der Begriff „Nischengesellschaft" passend ist. (Eine Nische ist eine kleine Einbuchtung in einer Wand.)*
4. *Erläutere, warum die Jugendweihe der DDR-Staatsordnung diente (M2).*

M 3 „Gleiche Leistung – gleicher Lohn“
SED Plakat, 1954

M 4 Ideal und Wirklichkeit in der DDR

Die westdeutsche Journalistin Ulrike Petzold schreibt 1983 über die Gleichberechtigung in der DDR:

Die arbeitende Frau und Mutter ist das Gleichberechtigungsideal in der DDR. Emanzipation, so erklärt „Für Dich“[1], sei Befreiung der Arbeit vom Kapital; folglich kann die Gleichberechtigung der Frau nur durch ihre Teilnahme am Produktionsprozess gewährleistet werden.
„Für Dich“ ist bemüht, dieses Ideal von Blaumann, Arbeitsfreude, Verantwortung, Mutterschaft und Friedensliebe zu pflegen. Einer Leserin, die Zweifel anmeldete und vorschlug, Mütter für die ersten drei Jahre von der Arbeit freizustellen, werden die Leviten gelesen[2]: Sie sei wohl der „bürgerlich-kapitalistischen Apologetik“[3] aufgesessen, mahnt ein „kampferprobter Kommunist und erfahrener Journalist“. Für immer mehr Frauen sei die Arbeit nämlich zu einem echten Bedürfnis geworden, weil sie sich „in der Weite des Arbeitskollektivs voller entfalten können“.

Ulrike Petzold, Für dich, Genossin, in: Die Zeit, Nr. 30 vom 22. Juli 1985

M 5 Ein anderes Frauenbild
Bronzestatue (Höhe: 98 cm) von 1971
Die Fischwerkerin Anni Paaz wurde mit diesem Denkmal im Fischkombinat Rostock als vorbildliche Werktätige geehrt.

(in Prozent)[4]

1955	1970	1980
52,5	66,1	73,2

M 6 Anteil der weiblichen Erwerbstätigen an der weiblichen Bevölkerung in der DDR
Nach: Gunnar Winkler (Hrsg.), Frauenreport '90, Berlin 1990, S. 63

[1] Für Dich: eine in der DDR verlegte illustrierte Frauenzeitschrift
[2] Leviten lesen: jemanden tadeln
[3] Apologetik: Rechtfertigung einer Lehre oder Anschauung
[4] Die Mitarbeiter der Armee, Polizei, Staatssicherheit, Parteien und sonstigen Organisationen wurden nicht berücksichtigt.

Deutsche Jugend nach 1945

M1 „Die Halbstarken“
Filmplakat von 1956

M2 Schulbeginn in der „Wilhelm-Pieck-Schule“ in Ost-Berlin
Foto vom 4. September 1951

„Wer die Jugend gewinnt, dem gehört die Zukunft“

Schon vor der Gründung der beiden deutschen Staaten im Mai und Oktober 1949 wurden die Weichen für zwei unterschiedliche Gesellschaftssysteme gestellt. In den westlichen Besatzungszonen setzten die Verantwortlichen auf „Demokratie“, „Freiheit“ und einen raschen wirtschaftlichen Aufbau (u. a. durch den Marshall Plan), in der sowjetischen dagegen auf eine neue kommunistische Gesellschaft. Die Erziehung der Jugend sollte diesen Zielen dienen.

Erziehung zum Sozialismus

In der DDR wurden die Schüler auf die kommunistische Weltanschauung und die deutsch-sowjetische Freundschaft eingeschworen. Die Erziehung zur „sozialistischen Persönlichkeit“ gehörte seit 1952 zum offiziellen Erziehungsziel der Schule. Alle Unterrichtsfächer hatten dieser Vorgabe zu folgen. Zugleich bemühte sich das SED-Regime, die jungen Menschen dem familiären Einfluss zu entziehen, sie politisch zu manipulieren und für ihre Zwecke zu benutzen. Dazu diente die Ganztagsschule sowie die einzig zugelassene Jugendorganisation in der DDR: die Freie Deutsche Jugend. Sie war die „Kampfreserve der SED“, und ihr gehörten 98 Prozent aller Schüler an. Wer ihr fernblieb, verbaute sich seine Zukunft. Von den jungen Leuten wurde eine öffentliche Parteinahme für den sozialistischen Staat gefordert. Nicht nur bei Wahlen[1], sondern auch bei der Jugendweihe oder den 1. Mai-Demonstrationen. Die Einstellung zum eigenen Staat sollte „Hass und Verachtung gegen über den westdeutschen Imperialisten und Militaristen“ einschließen, wie es in einer Schrift von 1971 hieß. Der 1978 eingeführte Wehrkundeunterricht diente diesem Ziel.
Vergleichbare Instrumentalisierungen gab es im Westen nicht. Hier konnten sich die Jugendlichen freiwillig in kirchlichen Einrichtungen (Kolpingfamilien, kath. Jugend, ev. Gemeindejugend, Pfadfinder) zusammenfinden oder in den Jugendorganisationen der Parteien engagieren.

[1] Das Wahlalter lag in der DDR seit 1949 bei 18 Jahren, in der Bundesrepublik wurde es erst 1970 von 21 auf 18 gesenkt.

M 3 **Die „Beatles" in München**
Foto von Gerhard Rauchwetter vom 23. Juni 1966

▸ ***Geschichte In Clips:*** Zu Jugend in der DDR siehe Clip-Code **31054-81**

„Trau keinem über 30!"

Die im Westen stationierten Soldaten und das „Wirtschaftswunder" prägten die Lebenswelt der Jugendlichen in der jungen Bundesrepublik. Dabei kamen Rundfunk und Kino besondere Bedeutung zu. Amerikanische Filme beeinflussten die „Halbstarkenbewegung" der 1950er-Jahre. Sie rebellierte gegen die bürgerliche und spießig empfundene Gesellschaft. Zum Entsetzen der älteren Generation fand dann auch noch Rock'n'Roll als Musik- und Tanzstil zahlreiche jugendliche Anhänger. In den 1960er-Jahren wurde die Jeans zum beliebtesten Kleidungsstück. Sie vermittelte ebenso wie die Musik der Beatles und Rolling Stones ein neues Lebensgefühl. Während die Eltern- und Großelterngeneration über den sittlichen Verfall der Jugend klagte, schlossen sich Schüler und Studenten den Protestbewegungen an. Später setzten sich viele junge Leute für mehr Frauenrechte und den Umweltschutz ein. Einige flüchteten sich auch in die Hippie-Bewegung, wieder andere schlossen sich religiösen Sekten an. In den 1970er-Jahren wurde diese „Mode" überlagert von der Punk-Bewegung, die aus den britischen Industrierevieren stammte und ursprünglich ein Protest gegen Jugendarbeitslosigkeit und soziale Ungerechtigkeit war. Mit dem Schlagwort „No Future" definierte sich die Jugendbewegung in den 1980er-Jahren. Sie fand ihren Ausdruck in Musikstilen wie Techno und Rave.

Ein „gespaltenes Leben"

Obwohl das DDR-Regime sich um eine lückenlose Kontrolle der Jugend bemühte, gelang es ihm nicht, sie auf Dauer für sich zu gewinnen. Während der Aufbauphase des sozialistischen Staates fand es noch den Rückhalt bei denen, die dem neuen Arbeiter- und Bauernstaat ihren sozialen Aufstieg verdankten. Spätere Generationen erlebten dann den Widerspruch zwischen dem in der Schule verkündeten und dem real existierenden Sozialismus. Sie sahen ihre Handlungsmöglichkeiten durch die ständige Bevormundung beschnitten und verlangten mehr Selbstständigkeit und Reisefreiheit. Viele lebten, wie der DDR-Schriftsteller Werner Heiduczek beobachtete, ein „gespaltenes Leben" – ein offizielles und ein privates. Die Jugendkultur in der DDR folgte den westlichen Leitbildern und Modeströmungen. Der „Wohlfahrtsstaat" schaffte es nicht, die Konsumbedürfnisse der Jugend zu befriedigen. Die SED empfand sogar bestimmte Trends als Bedrohung: In den 1960er-Jahren verfolgte sie die Beat-Bewegung und in den 80er-Jahren die Punker. Trotz Überwachung und Gängelung konnte sich eine alternative Kultur- und Musikszene entwickeln. Darüber hinaus bot die evangelische Kirche seit den 1970er-Jahren den Jugendlichen den Freiraum, sich in Friedens-, Umwelt-, Menschenrechts- und Dritte-Welt-Gruppen zu engagieren.

M4 „Bääh!"
Karikatur von Heinz Behling auf dem Titelblatt der DDR-Satire-Zeitschrift „Eulenspiegel", 1989
Der Schüler hält ein Zeugnis in der Hand (in allen Fächern Note „1").

Schule und Bildung nach 1945

1945 waren etwa 71 Prozent der Lehrer Angehörige der NSDAP.

In der Sowjetischen Besatzungszone wurden diese Lehrer mehrheitlich entlassen. Etwa 40 000 „Neulehrer" wurden in Schnellkursen von vier bis acht Monaten ausgebildet und holten später zum Teil das Studium nach.

In den westlichen Besatzungszonen blieben die alten Lehrer größtenteils im Dienst; ersetzt wurden meist nur die Lehrbücher mit nationalsozialistischen Inhalten.

Vorschulische Bildung und Erziehung

Während in der Bundesrepublik die Mütter ihre Kinder meist bis zu deren Einschulung betreuten, gingen die Kinder in der DDR schon früh in Betreuungseinrichtungen. Dadurch konnten die Eltern berufstätig sein.[1] Außerdem sollten die Kinder in den Einrichtungen schon früh zu guten DDR-Bürgern erzogen werden. Sie sollten vor allem gegenseitiges Helfen und die Anpassung an die Normen der Gruppe lernen.

Die meisten Kinder gingen bereits ein halbes Jahr nach der Geburt in die Krippe. Ab dem vierten Lebensjahr wurde im Kindergarten auf die Schule vorbereitet. Vermittelt wurden dabei auch politische Inhalte. Ziel war die Bindung an Partei und Staat.

[1] Siehe S. 199.

M5 Wehrunterricht
Jungen der 10. Klasse in einem Ausbildungslager.

Schule und Freizeit in der DDR

Während ihrer Schulzeit war die Mehrheit der Kinder und Jugendlichen Mitglied in den staatlichen Massenorganisationen, zunächst bei den „Pionieren", ab dem 14. Lebensjahr dann bei der Freien Deutschen Jugend (FDJ). Beide waren auch an den Schulen tätig und übernahmen die Nachmittags- bzw. Freizeitbetreuung. Zum Schulalltag gehörte Arbeit in der Industrie und in der Landwirtschaft.

Schule und Freizeit in der Bundesrepublik

In der Bundesrepublik gab es keine staatlichen Massenorganisationen, die die Kinder und Jugendlichen kontrollierten. Ein Großteil der Kinder und Jugendlichen war in (Sport-)Vereinen aktiv. Ansonsten konnten sie über ihre Freizeitgestaltung selbst bestimmen, sofern die Eltern zustimmten.

Im Laufe der Zeit änderte sich der Erziehungsstil. In den 1950er- und 60-Jahren erzogen die Eltern, auch mithilfe von Schlägen, ihre Kinder meist dazu, christliche Moralvorstellungen und bürgerliche Tugenden zu befolgen, und erwarteten meist unbedingten Gehorsam. Ab den 1970er-Jahren wurde dieser autoritäre Stil zunehmend abgelehnt.

Schule und Studium

Nicht jeder konnte studieren: In beiden Staaten zählte dabei nicht nur die Leistung. Die DDR wollte schon früh, die Bundesrepublik besonders ab den 1970er-Jahren, dass mehr Kinder aus einfachen sozialen Verhältnissen studieren konnten. Dennoch kam die Mehrzahl der Studierenden aus einem wohlhabenden oder gebildeten Elternhaus. In der DDR durften Jugendliche, die gegenüber Staat und Regierung kritisch eingestellt waren, nicht studieren.

1. *Erkläre, warum der DDR-Regierung die Erziehung der jungen Menschen so wichtig war.*
2. *Arbeite heraus, warum es der DDR-Regierung nicht gelang, den Großteil der Jugendlichen für ihre Vorstellungen zu gewinnen.*
3. *Erkläre die Zunge(n) in M4.*
4. *Beschreibe, wie Jugendliche in Ost und West ihre Ablehnung von Vorstellungen von Staat und Eltern ausdrückten.*
5. *Nenne Gemeinsamkeiten und Unterschiede im Verhalten von Jugendlichen früher und heute.*

M6 Kampf um die Jugend

Der Funktionär Paul Verner stellt im April 1948 auf einer Tagung des SED-Parteivorstandes fest:

Die Jugendpolitik unserer Partei und der Freien Deutschen Jugend muss sich in drei Richtungen bewegen, wenn Demokratie und Fortschritt eine noch wesentlich breitere Basis in der Jugend finden sollen. Einmal in der Richtung der politischen Aufklärung und Erziehung, zweitens in der Richtung der stärkeren Einbeziehung der Jugend für die Lösung der Aufgaben des wirtschaftlichen Aufbaus [...]. Drittens in der Richtung der wesentlich breiteren Entfaltung der kulturellen Tätigkeit [...]. Dem reaktionären Gedankengut müssen wir stärker als bisher das neue, das bessere und erstrebenswertere Ideal gegenüberstellen, um das Sehnen der Jugend zu entfachen und ihnen einen neuen Weg zu zeigen. Das Bessere und Höhere, das wir vor sie stellen müssen, kann nur unsere sozialistische Weltanschauung, unser Weltbild sein.

Zit. nach: Ulrich Mählert und Gerd-Rüdiger Stephan, Blaue Hemden – Rote Fahnen. Die Geschichte der Freien Deutschen Jugend, Opladen 1996, S. 62 f.

M7 Unter amerikanischem Einfluss

Der Historiker Arne Andersen schreibt über die 1950er-Jahre in Westdeutschland:

Die US-Soldaten hatten ihr Image in den Besatzungsjahren durch Kaugummis, Süßigkeiten, Schokolade, Lebensmittel und Zigaretten geprägt [...]. Bei der jungen Generation bildete sich in den ersten Nachkriegsjahren eine deutlich positive Haltung zu den USA heraus. Daran hatten auch die vielen amerikanischen Jugendclubs in der Besatzungszone nicht unerheblichen Anteil, die mit Ausflügen, Tanzveranstaltungen und Sportkursen den deutschen Jugendlichen wieder ein umfangreiches Freizeitprogramm anboten. Nichts war mehr von oben verordnet, und die amerikanischen Beigaben bei Veranstaltungen wie Kakao und Schokolade erhöhten den Reiz der Mitgliedschaft in diesen Clubs beträchtlich.

Arne Andersen, Der Traum vom guten Leben. Alltags- und Konsumgeschichten vom Wirtschaftswunder bis heute, Frankfurt am Main 1997, S. 213 f.

M8 Freizeit
Foto von Josef H. Darchinger, 1959
Mopeds, Rockmusik und Sport interessierten die Jugendlichen in Ost und West.

M9 Jugendpolitik des Bundes

Im Oktober 1957 äußert sich Bundesinnenminister Gerhard Schröder (CDU) über das Verhältnis von Jugend und Staat:

Die untergründigen Nachwirkungen unserer jüngsten Vergangenheit machen es einer staatlichen Hilfe für die Jugend schwieriger als zu anderen Zeiten. Zwar konnten im wirtschaftlichen Bereich die Aufgaben schnell angepackt und gelöst werden. Aber bei allen anderen Fragen, die den jungen Menschen aus ihrem Lebensbereich aufgetragen sind, konnte nur sehr behutsam eine Hilfestellung gegeben werden. Für die kameradschaftliche Erziehung und Selbsterziehung etwa oder für die Entwicklung eines eigenen Lebensbildes sollten die Jugendlichen selbst Weg und Gangart wählen. Denn es liegt uns ja völlig fern, eine „Staatsjugend" heranzuziehen. [...] Unser Staat wird stets zur Initiative ermuntern, er wird für jedes Anliegen ein offenes Ohr haben, er wird anregen und fördern – aber er wird seine Sorge für die Jugend selbstverständlich nie in die Formen der Reglementierung kleiden dürfen, die ihr von totalitären Systemen gegeben werden. Ein anderer als der von uns mit Erfolg beschrittene Weg ist für eine freiheitliche Demokratie nicht gangbar.

Zit. nach: Werner Bührer (Hrsg.), Die Adenauer-Ära. Die Bundesrepublik Deutschland 1949-1963, München 1993, S. 258

M 10 Zelten am Gardasee (Oberitalien)
Foto von 1955

M 13 Besucher des Konzerts von Bruce Springsteen in Ost-Berlin
Foto von Harald Hauswald vom 19. Juli 1988
SED und FDJ versuchten, die Jugendlichen mit Konzerten von westlichen Rockbands für sich zu gewinnen. Nicht ohne Risiko: Auf dem von 160 000 Menschen besuchten Konzert äußerte Bruce Springsteen beispielsweise die Hoffnung, „dass eines Tages alle Mauern fallen".

M 11 Unterschiede zwischen Ost und West?

Ein Schüler aus dem Westen erzählt 1982 nach einem Besuch in der DDR:

In diesen Unterhaltungen zeigte sich bald, dass die Jugendlichen dort genauso sind wie wir, dass sie nur murrend ihre „freiwilligen" Einsätze ableisten und sich gern davor drücken; dass sie in Gegenwart des FDJ-Leiters die richtigen Sätze abspulen und zu Hause oder unter Freunden über ganz anderes reden, die Politik weglassen oder auch mal abweichende Meinungen haben.

Zit. nach: Juliane Köhler, Wie in einem alten Film. Eindrücke einer Klassenfahrt in der DDR; in: Die Zeit Nr. 3 vom 15. Januar 1982, S. 4

M 12 Erfüllte Träume

Horst Hertel (geb. 1936) aus der damaligen DDR berichtet von seiner ersten Jeans:

Eine Jeans war für mich zunächst einmal ein unerfüllter Traum. [...] Anfang der 50er-Jahre, als ich 16 war, bin ich mit meinen Freunden immer nach West-Berlin gefahren. In der Woche vier, fünf Mal, wenn nicht jeden Tag. [...] Da sind wir ins Kino gegangen, für 25 Pfennig[1] West. [...] Jeans waren ja eine richtige Welle. Die kamen aus Amerika, dort waren Cowboys, und die hatten ja auch alle Levi's- oder Lee-Jeans an. Und die Cowboys hatten wir im Film gesehen. [...] Irgendwann hatte ich mir die Jeans zusammengespart, jedenfalls hatte ich sie als Erster. Für mich durfte das nicht irgendeine sein, sondern sie musste schwarz und mit Kupfernieten beschlagen sein [...], und als ich sie endlich hatte, bin ich aus der Hose nicht mehr ausgestiegen, weder am Tage noch nachts. [...] Ich wollte mit den Hosen etwas darstellen. Heute trägt die ja jeder, aber damals war das eindeutig westlich.

Je mehr ich bestaunt wurde, desto mehr bin ich innerlich gewachsen, und alle waren neidisch in der Clique.

Zit. nach: Rebecca Menzel, Jeans in der DDR. Vom tieferen Sinn einer Freizeithose, Berlin 2004, S. 12 f.

Lesetipps:
- Kirsten Boie, Monis Jahr, München 2009
- Sebastian Dehnhardt, Das Wunder von Bern. Die wahre Geschichte, München 2004

Internettipps:
- Eine kurze Geschichte des Fernsehens ist zu finden unter Mediencode 31054-82
- Zum Schulwesen in der DDR siehe Mediencode 31054-83

[1] D-Mark und Pfennig waren bis 2002 die Währung in der Bundesrepublik.

1. *Nenne die Faktoren, die Kindheit und Jugend in den 1950er-Jahren beeinflussten (M6-M9).*
2. *Vergleiche die jugendpolitischen Vorstellungen (M6 und M9) und nimm dazu Stellung.*
3. *Erkläre, inwiefern ein Zelturlaub in Oberitalien für junge Menschen in den 1950er-Jahren etwas ganz Besonderes war (M10).*
4. *Arbeite heraus, warum die Jeanshose eine so große Bedeutung hatte (M12).*
5. *Erläutere, in welchen Bereichen sich das Leben Jugendlicher in Ost und West unterschied (M11, M12, Verfassertext).*
6. *Erörtere, wie sich der Alltag Jugendlicher heute von dem Leben junger Menschen in den 1950er-Jahren unterscheidet.*

Gesten schreiben Geschichte

Das Foto vom Kniefall des Bundeskanzlers Willy Brandt in Warschau von 1970 steht für die Aussöhnung mit dem östlichen Nachbarn. Das Bild von Staatspräsident François Mitterrand und Bundeskanzler Helmut Kohl in Verdun von 1984 ist ein weiteres Beispiel für symbolisches Handeln.
Um beide Gesten deuten zu können, ist es erforderlich, sich über den jeweiligen Ort, die Umstände, die Vorgeschichte und die Reaktion in der Öffentlichkeit zu informieren, beispielsweise in den Erinnerungen der beteiligten Politiker und ihren Biografien. Darüber hinaus ist zu prüfen, mit welchen Mitteln die Fotos die Ereignisse hervorheben.

M1 Bundeskanzler Willy Brandt am Ehrenmal für die Helden des Warschauer Ghettos
Foto von Sven Simon (d. i. Axel Springer jr.) vom 7. Dezember 1970

M2 Titelblatt der Wochenzeitung „Der Spiegel" vom 14. Dezember 1970

M3 Bundeskanzler Helmut Kohl und Staatspräsident François Mitterrand in Verdun
Foto vom 22. September 1984
Die beiden Staatsmänner standen minutenlang auf dem Soldatenfriedhof von Douaumont vor dem mit der deutschen und französischen Fahne bedeckten Sarg.

Lesetipps:
- Willy Brandt, Erinnerungen, Frankfurt am Main 1989
- Adam Krzeminski, Der Kniefall, in: Etienne François und Hagen Schulze (Hrsg.), Deutsche Erinnerungsorte. Eine Auswahl, München 2005, S. 431 - 446
- Michael Wolffsohn und Thomas Brechenmacher, Denkmalsturz? Brandts Kniefall, München 2005
- Helmut Kohl, Erinnerungen. 1982 - 1990, Bd. 2, Stuttgart 2005
- Hans-Peter Schwarz, Helmut Kohl. Eine politische Biographie, Stuttgart [3]2012

1. *Das Titelblatt (M2) hat die Aussage des Fotos (M1) verändert. Erkläre.*
2. *Vergleiche die Gesten der Politiker (M1/2 und M3). Informiere dich über die Motive des Verhaltens. Stelle fest, ob die Gesten spontan oder geplant waren.*
3. *Arbeite die Symbolik der Gesten (M1/2 und M3) heraus.*

Die Neue Ostpolitik

M 1 Willy Brandt in Erfurt
Foto vom 19. März 1970
Vor dem Tagungshotel hatten sich tausende DDR-Bürger versammelt. Sie riefen „Willy, Willy!“ und „Brandt ans Fenster!“.

Einem westdeutschen Journalisten gelingt es, einen der jubelnden DDR-Bürger kurz zu sprechen. Entwirf ein kleines Interview.

„Wandel durch Annäherung“

Die Entspannungspolitik nach der Kuba-Krise von 1962[1] machte es auch den westdeutschen Politikern möglich, das Verhältnis zu den kommunistisch regierten Staaten neu zu gestalten (**Neue Ostpolitik**).

Bundeskanzler Willy Brandt und Außenminister Walter Scheel (FDP) schlossen zwischen 1970 und 1973 die sogenannten Ostverträge mit der Sowjetunion, Polen und der Tschechoslowakei ab. Dabei betonte die Bundesregierung, dass sie „auf einen Zustand des Friedens in Europa hinwirken“ wolle, „in dem das deutsche Volk in freier Selbstbestimmung seine Einheit wiedererlangen“ könne. Brandt und Scheel bestätigten in diesen Verträgen die Nachkriegsordnung, um so den „Eisernen Vorhang“[2] durchlässiger zu machen. Langfristig sollte ein „Wandel durch Annäherung“ zur Überwindung der deutschen und europäischen Teilung beitragen.

Als Gegenleistung erkannte die Sowjetunion nach Verhandlungen mit den Vereinigten Staaten, Großbritannien und Frankreich 1971 im Viermächte-Abkommen die besondere Bindung West-Berlins an die Bundesrepublik an und bestätigte die Viermächte-Verantwortung für ganz Berlin.

Deutsch-deutsche Beziehungen

Da der DDR frei gewählte politische Einrichtungen fehlten, beanspruchten die westdeutschen Regierungen, das ganze deutsche Volk völkerrechtlich zu vertreten. Dieser Alleinvertretungsanspruch war von den Westalliierten bekräftigt worden.

Mit den Ostverträgen wurde eine neue Politik der Bundesrepublik gegenüber der DDR notwendig. Erste Gespräche zwischen Bundeskanzler Brandt und dem Vorsitzenden des DDR-Ministerrates, Willi Stoph, fanden 1970 in Erfurt und Kassel statt. Mit den Begegnungen kam Bewegung in die deutsch-deutschen Beziehungen. 1971 wurde eine Vereinbarung getroffen, die den Verkehr zwischen der Bundesrepublik und West-Berlin erleichterte (Transitabkommen). Es war das erste Abkommen zwischen den beiden deutschen Regierungen.

Der Grundlagenvertrag

Im Mai 1973 billigte der Bundestag nach heftigen Diskussionen den am 21. Dezember 1972 unterschriebenen Grundlagenvertrag. Teile von CSU und CDU glaubten, dass mit ihm die Interessen der Bundesrepublik verraten würden und eine Wiedervereinigung unwahrscheinlicher würde.

Die beiden deutschen Staaten erkannten sich als gleichberechtigte Staaten an. Die Bundesregierung wies aber auf das Recht des deutschen Volkes hin, seine Einheit in „freier Selbstbestimmung“ anzustreben, und stellte fest, dass beide Seiten füreinander kein Ausland waren.

1. *Fasse zusammen, worin der Kurswechsel in der Außenpolitik der Regierung unter Bundeskanzler Willy Brandt bestand.*
2. *Bewerte, ob durch die Ostverträge die Interessen der Bundesrepublik verraten wurden.*
3. *Nenne mögliche Gründe für das Verhalten der Bevölkerung (M1).*

[1] Siehe S. 240 f.

[1] Siehe S. 233, M4.

M 2 „Die Unterschrift des Jahres"
Karikatur von Hanns-Erich Köhler aus der „Frankfurter Allgemeinen Zeitung" vom 8. Dezember 1970
Am 7. Dezember 1970 wurde der „Warschauer Vertrag" unterschrieben. Die Bundesrepublik und Polen stellten darin fest, dass „die bestehende Grenzlinie, deren Verlauf im Kapitel IX der Beschlüsse der Potsdamer Konferenz vom 2. August 1945 [...] festgelegt worden ist, die westliche Staatsgrenze der Volksrepublik Polen bildet" (Artikel 1).

M 3 Aus dem „Moskauer Vertrag"

Am 12. August 1970 akzeptieren Vertreter der Bundesregierung und der Sowjetunion folgende Punkte:

- Sie verpflichten sich, die territoriale Integrität[1] aller Staaten in Europa in ihren heutigen Grenzen uneingeschränkt zu achten;
- sie erklären, dass sie keine Gebietsansprüche gegen irgendjemand haben und solche in Zukunft auch nicht erheben werden;
- sie betrachten heute und künftig die Grenzen aller Staaten in Europa als unverletzlich, wie sie am Tage der Unterzeichnung dieses Vertrages verlaufen, einschließlich der Oder-Neiße-Linie, die die Westgrenze der Volksrepublik Polen bildet, und der Grenze zwischen der Bundesrepublik Deutschland und der Deutschen Demokratischen Republik.

Zit. nach: Dieter Blumenwitz, Denk ich an Deutschland – Antworten auf die Deutsche Frage. Dokumentenband, München 1989, S. 76

M 4 Aus dem Grundlagenvertrag

Am 21. Dezember 1972 wird der „Vertrag über die Grundlagen der Beziehungen zwischen der Bundesrepublik Deutschland und der Deutschen Demokratischen Republik" abgeschlossen.

Artikel 1

[Sie] entwickeln normale gutnachbarschaftliche Beziehungen zueinander auf der Grundlage der Gleichberechtigung. [...]

Artikel 3

[Sie] bekräftigen die Unverletzlichkeit der zwischen ihnen bestehenden Grenze jetzt und in der Zukunft und verpflichten sich zur uneingeschränkten Achtung ihrer territorialen Integrität.

Artikel 4

[Sie] gehen davon aus, dass keiner der beiden Staaten den anderen international vertreten oder in seinem Namen handeln kann. [...]

Artikel 6

[Sie] respektieren die Unabhängigkeit und Selbstständigkeit jedes der beiden Staaten in seinen inneren und äußeren Angelegenheiten. [...]

Artikel 7

[Sie] erklären ihre Bereitschaft, im Zuge der Normalisierung ihrer Beziehungen praktische und humanitäre Fragen zu regeln. Sie werden Abkommen schließen, um auf der Grundlage dieses Vertrages und zum beiderseitigen Vorteil die Zusammenarbeit auf dem Gebiet der Wirtschaft, der Wissenschaft und Technik, des Verkehrs, des Rechtsverkehrs, des Post- und Fernmeldewesens, des Gesundheitswesens, der Kultur, des Sports, des Umweltschutzes und auf anderen Gebieten zu entwickeln und zu fördern.

Zit. nach: Dieter Blumenwitz, Denk ich an Deutschland, a. a. O., S. 103f.

[1] Integrität: Unversehrtheit, Unverletzlichkeit

1. *Willy Brandt fasste seine Politik gegenüber der DDR in der Formel „zwei Staaten, eine Nation" zusammen. Erläutere seine Position mithilfe des Grundlagenvertrages (M4).*
2. *Begründe, warum es wichtig war, dass die Bundesrepublik Deutschland der Volksrepublik Polen eine vom eigenen Territorium weit entfernte Grenze garantierte.*
3. *Bewerte die historische Bedeutung der Ostverträge (M2 und M3).*

Viermächte-Abkommen
Transitabkommen
Ostverträge
Grundlagenvertrag
1970

Die friedliche Revolution in der DDR

M 1 Ohne Worte
Karikatur aus dem „Südkurier" vom 11. August 1989

Der Zeichner hat der Karikatur keinen Titel gegeben. Entwirf einen!

Zuzüge aus der Bundesrepublik in die DDR	
von 1950 bis 1961	400315
von 1962 bis 1989	75072

Flüchtlinge/Übersiedler aus der DDR in den Westen	
von 1950 bis 1961	3854552
von 1962 bis 1988	625751[1]
vom 1.1. bis 9.11.1989	225233[2]

M 2 Flüchtlinge und Übersiedler zwischen DDR und Bundesrepublik von 1950 bis 1989

Nach: Paul Gans und Franz-Josef Kemper (Hrsg.), Mobilität und Migration in Deutschland, Erfurt 1995, S. 6 (ergänzt)

[1] etwa ein Drittel davon unter großer Gefahr als Republikflüchtlinge

[2] Durchschnittsalter der Flüchtlinge/Übersiedler: 23,5 Jahre

Der „Eiserne Vorhang" hebt sich

Die SED-Führung um Erich Honecker sah trotz enormer wirtschaftlicher Probleme keinen Grund, Reformen durchzuführen. Aber am 2. Mai 1989 schnitten ungarische Grenzsoldaten den Stacheldraht an der österreichisch-ungarischen Grenze durch. Hier bekam der „Eiserne Vorhang" sein erstes Loch, durch das Tausende DDR-Bürger in den Westen fliehen konnten.

Ohne Gespür für die brisante Lage fälschte die Parteispitze wie üblich das Ergebnis der Kommunalwahlen vom 7. Mai 1989. Doch erstmals konnten Bürgerrechtsgruppen dies nachweisen.

Als immer mehr Menschenrechtsverstöße an die Öffentlichkeit drangen, solidarisierten sich breite Bevölkerungskreise mit den Oppositionellen und forderten ein Ende der Missstände. Viele DDR-Bürger verloren aber jede Hoffnung auf eine Verbesserung der Verhältnisse. Sie sahen nur noch einen Weg: die Übersiedlung in den Westen.

Reformieren oder ausreisen?

Die Zahl der Ausreiseanträge war seit Mitte der 1980er-Jahre stark gestiegen und lag Mitte 1989 bei rund 250000. Während im September 1989 die Vorbereitungen zum 40. Staatsjubiläum liefen, suchten immer mehr Menschen Zuflucht in der Ständigen Vertretung der Bundesrepublik in Ost-Berlin sowie in den westdeutschen Botschaften in Budapest, Warschau und Prag. Sie wollten die DDR verlassen. Ende September/Anfang Oktober ließ die SED-Führung die „Botschaftsflüchtlinge" ausreisen, damit die Feiern zum 40. Gründungsjubiläum der DDR ungestört stattfinden konnten.

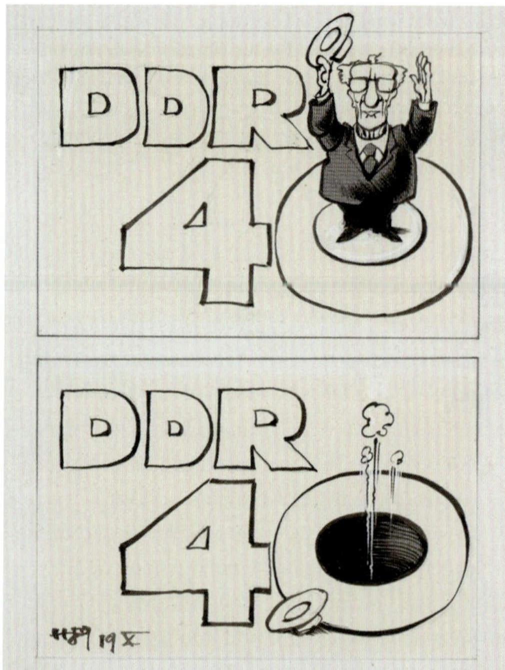

M 3 Zum 40. Geburtstag der DDR
Karikatur von Horst Haitzinger, 19. Oktober 1989

Lesetipps:
- Waldtraut Lewin, Mauersegler – Ein Haus in Berlin – 1989, Ravensburg [6]2010
- Dorit Linke, Jenseits der blauen Grenze, Bamberg 2014
- Anne C. Voorhoeve, Lilly unter den Linden, Ravensburg [8]2013

Michail Gorbatschow

M 4 Montagsdemonstration
Foto aus Leipzig vom 9. Oktober 1989
Obwohl sie die Zerschlagung ihres Protestes befürchten mussten, zogen etwa 70 000 Menschen friedlich durch die Innenstadt.

Die Mauer fällt

Am Montag, den 4. September 1989, demonstrierten etwa 1 200 Menschen nach dem Friedensgebet in der Leipziger Nikolaikirche für Reisefreiheit und Demokratie. Damit setzten die landesweiten Montagsdemonstrationen ein. Während die Machthaber den 40. Jahrestag der DDR am 6. und 7. Oktober vor den Augen der Welt und mit dem sowjetischen Staatschef **Michail Gorbatschow** in Ost-Berlin mit Pomp und Militärparaden feierten, ging die Staatsmacht mit einem Riesenaufgebot bewaffneter Sicherheitskräfte gegen die Demonstranten vor.

In den nächsten Wochen gingen die Menschen trotzdem von Rostock bis Karl-Marx-Stadt (seit 1990 wieder Chemnitz) an jedem Montag auf die Straße. Mit dem Ruf „Wir sind das Volk" protestierten sie gegen den Führungsanspruch der SED und forderten Reise- und Meinungsfreiheit sowie die Zulassung neuer Parteien.

Am 18. Oktober musste der 77-jährige Staatsratsvorsitzende Honecker seine Ämter abgeben. Drei Wochen später trat die gesamte SED-Spitze zurück.

Die letzte Möglichkeit, die eigene Macht zu retten, sah die SED-Spitze in der Öffnung der Grenzen. Am 9. November wurde der Presse mitgeteilt, dass „ab sofort Privatreisen nach dem Ausland […] ohne Vorliegen von Voraussetzungen" beantragt werden können. Von Ost- und West-Berlin zogen daraufhin Tausende an die Mauer. Gegen 23:14 Uhr wurde aufgrund des Ansturms ein erster Übergang geöffnet.

▸ ***Geschichte In Clips:***
Zur Öffnung der Mauer siehe Clip-Code **31054-84**

Internettipp:
Zum Mauerfall siehe Mediencode 31054-85

1. *Erkläre, warum die SED-Führung die Mauer öffnen ließ, obwohl sie zunächst zu inneren Reformen nicht bereit war.*
2. *Stelle Vermutungen an, warum die DDR-Führung während der Feiern zum 40. Jahrestag Protestdemonstrationen nicht sofort gewaltsam auflösen ließ.*

2.5. Grenzöffnung in Ungarn
4.9. erste Montagsdemonstration
18.10. Entmachtung Erich Honeckers
9.11. Grenzöffnung

1989 1990 1991

M 5 Großdemonstration in Ost-Berlin
Foto vom 4. November 1989
Vertreter der Künstlerverbände und Theater hatten die fünfstündige Protestkundgebung auf dem Alexanderplatz organisiert. Zwischen 150 000 und 170 000 Menschen kamen. Ihre Wirkung erhielt die Veranstaltung durch die Liveübertragung im DDR-Fernsehen. Abgesehen davon: Am selben Tag fanden in über 50 weiteren Städten der DDR Kundgebungen statt.

M 6 „Jedes Land wählt seine Lösung"

Im Frühjahr 1987 geht der DDR-Spitzenfunktionär Kurt Hager in einem Gespräch mit Redakteuren des „Stern" über die „Umgestaltung" in der Sowjetunion auch indirekt auf die Situation in der DDR ein:

Stern: „Perestroika", Umgestaltung also auch in der DDR? […]

Hager: Wir deutschen Kommunisten haben dem Land Lenins stets große Achtung und Bewunderung entgegengebracht, und daran wird sich nichts ändern. […] Dies bedeutete jedoch auch in der Vergangenheit nicht, dass wir alles, was in der Sowjetunion geschah, kopierten.

Stern: Ein hartes Wort …

Hager: […] Würden Sie, wenn Ihr Nachbar seine Wohnung neu tapeziert, sich verpflichtet fühlen, Ihre Wohnung ebenfalls neu zu tapezieren?

Stern, H. 16/1987, S. 140

M 7 „Bürger der Stadt Plauen!"

Im sächsischen Plauen ruft die „Initiative zur demokratischen Erneuerung der Gesellschaft" zu einer Demonstration am 7. Oktober 1989 mit folgender Begründung auf:

40 Jahre lang wurde den Menschen in unserem Staat jegliches Mitspracherecht verweigert, sie wurden politisch und ideologisch verdummt, eingelullt, unmündig gemacht und eingeschüchtert. Überall spürt man die Ohnmacht des Volkes, deren Folge meist Resignation und Verweigerung sind, und für viele ist die Ausreise die einzige Alternative. Doch es gibt noch eine zweite Alternative, in der jeder Einzelne von uns seinen Beitrag leisten kann – ja, muss, und die heißt: Schluss mit Resignation und stummem Protest! Wir müssen endlich handeln – aktiven und energischen Widerstand leisten! Veränderungen können nur ERZWUNGEN werden. […] Dieser angeblich „sozialistische" Staat „DDR" […] ist das am perfektesten organisierte und funktionierende Ausbeutersystem in der Geschichte der Menschheit. […] Unsere Forderungen lauten: – Versammlungs- und Demonstrationsrecht; – Streikrecht; – Meinungs- und Pressefreiheit; – Zulassung der Oppositionsgruppe „Neues Forum"; – Freie, demokratische Wahlen; – Zulassung unabhängiger Parteien und Umweltgruppen; – Reisefreiheit für alle. […] BÜRGER! Überwindet Eure Lethargie und Gleichgültigkeit! Es geht um unsere Zukunft! JETZT ODER NIE!!!

Zit. nach: Ilko-Sascha Kowalczuk, Endspiel. Die Revolution von 1989 in der DDR, München 2009, S. 396-398 (Hervorhebungen im Original)

M 8 Losungen vom 4. November 1989

- „Das Volk sind wir, gehen solltet ihr"
- „Eure Politik ist zum Davonlaufen"
- „Pässe für alle – Laufpass für die SED"
- „Visafrei bis Hawaii"
- „Wir fordern freie Wahlen"

Zit. nach: „Initiativgruppe 4. 11. 89" (Hrsg.), 40 Jahre DDR – TschüsSED 4. 11. 89, Bonn 1990, passim

M 9 „Die Grenze ist offen“

Drei Zeitzeugen berichten, wie sie die Grenzöffnung erlebt haben.

a) In einem Bericht von einer Demonstration in Leipzig vom 20. November heißt es:

Am allerschönsten in meinem ganzen Leben war der 9. November. […] Wir gingen zur Friedrichstraße, weil sie im Fernsehen gesagt hatten, dass die Grenze aufgeht. Wir wollten es nicht glauben, und meine Mutter hatte gesagt: „Wenn ihr rüberdürft – ihr geht nicht! Wer weiß, ob das nur für die Ausreiser ist, und ihr dürft vielleicht nicht zurück.“ Dann haben die Menschen dort mit den Grenzern diskutiert. Und Punkt null Uhr kam ein Oberst und sagte: „Die Grenze ist offen.“ Dann sind wir zum [Bahnhof] Zoo gefahren. […] Als wir da ausstiegen, das war ein Aufatmen in mir – jetzt bist du wirklich in der Welt. Die Gedächtniskirche bei Nacht, das war so beeindruckend. Dann kamen die ganzen Ostautos.

Die Leute haben getanzt auf den Autodächern mit Sekt in der Hand. Das war ganz irre. Dann bin ich zu meiner Tante, die vor drei Jahren rübergegangen war. Die wurde leichenblass, denn die dachte, wir sind abgehauen. Aber als wir ihr alles erzählten, hat sie sich sehr gefreut. Wir blieben dann bis um fünf Uhr früh.

b) Der damalige Chefredakteur der „Berliner Zeitung“, Benedict Sedlmaier, erinnert sich 1999:

„Die öffnen noch heute Abend die Mauer??? Das kann doch nicht wahr sein!“ […] So lebte ich meinen Freudenschock an diesem Abend am Redaktionsschreibtisch aus: Eingedeckt von den Reporter-Berichten über den Mauerfall, unterbrochen von Blitz-Besuchen freudetrunkener Politiker, überfallen mit „Congratulation to the Berliners“-Telefonaten aus den USA, gerührt vom Anruf der urlaubenden Ehefrau aus dem Westen: „Ich kehre noch heute nach Berlin zurück.“

c) Horst Linke, ein ehemaliger DDR-Offizier aus Thüringen, erzählt um 1992 einem Journalisten:

Ich war in dieser Nacht „Offizier vom Dienst“ im Regiment Plauen gewesen, da haben sie am späten Abend im Radio gemeldet, dass die Grenzen offen sind. Am nächsten Morgen bin ich zurück nach Probstzella gefahren, immer am Schutzstreifen entlang, weil ich gedacht habe, dass da die Straßen noch nicht so verstopft sind; bin da langgefahren und hab glückliche Gesichter gesehen. Die Leute waren alle begeistert. Ein bissl was Befreiendes war es schon. Ich hab mich auch gefreut. Als ich im Stau stand, bin ich ausgestiegen und hab mit den Leuten gesprochen. Ich hatte Uniform an, aber die waren freundlich. Mich hat keiner beschimpft oder was. Wir waren ja alle irgendwie froh, ich weiß auch nicht …

a) Zit. nach: Vera-Maria Baehr, Wir denken erst seit Gorbatschow, Recklinghausen 1990, S. 34 f.
b) Zit. nach: Hans-Hermann Hertle und Kathrin Elsner, Mein 9. November, Berlin o. J. [1999], S. 224.
c) Zit. nach: Roman Grafe, Die Grenze durch Deutschland, Berlin 2002, S. 360

M 10 Menschen feiern auf der Berliner Mauer
Foto vom 9./10. November 1989

Internettipp:
Zeitzeugenberichte, Fotos, Ton- und Filmdokumente zum 9. November findest du unter Mediencode 31054-86

Lesetipps:
- Rolf Steininger und Heribert Schwan (Hrsg.), Mein 9. November 1989, Düsseldorf 2009
- Alfred Neven DuMont (Hrsg.), Mein 9. November. Der Tag, an dem die Mauer fiel, Köln 2009

1. *Vergleiche die Politik der SED sowie die Situation von 1989 (M1 - M8) mit dem 17. Juni 1953 (siehe S. 166 f.). Nenne wichtige Unterschiede.*
2. *Erkläre die einzelnen Slogans in M8.*
3. *Vergleiche und erkläre die Reaktionen der drei Zeitzeugen (M9).*
4. *Recherchiere weitere Zeitzeugenberichte. Bestimme zuvor einen Adressatenkreis (Politiker, Jugendliche, Frauen …).*

2.5. Grenzöffnung in Ungarn
4.9. erste Montagsdemonstration
18.10. Entmachtung Erich Honeckers
9.11. Grenzöffnung
1989 1990 1991

Die Wiedervereinigung

M1 „Wir sind ein Volk“
Pappschild (180 x 60 cm) vom Dezember 1989
Erläutere den Unterschied zwischen den Slogans „Wir sind das Volk“ und „Wir sind ein Volk“.

„Wir sind ein Volk!“

Ab Mitte November 1989 wurde auf Massenkundgebungen aus dem Slogan „Wir sind das Volk!“ der Ruf „Wir sind ein Volk!“ Nicht mehr die Reform der DDR, sondern die deutsche Einheit wurde Ziel der Demonstrationen.

Der schnelle politische und wirtschaftliche Verfall der DDR und die anhaltend hohen Übersiedlerzahlen setzten die Regierenden in Ost und West unter Zugzwang. Ende November stellte Bundeskanzler Helmut Kohl im Deutschen Bundestag ein Zehn-Punkte-Programm zur Überwindung der Teilung Deutschlands und Europas vor. Am Ende einer stufenweisen Zusammenarbeit beider Länder sollte die Wiedervereinigung der Deutschen stehen.

Doch bereits Ende des Jahres war die DDR aus eigener Kraft zu keiner Reform mehr fähig. Unruhen waren nicht auszuschließen. Losungen bei Massendemonstrationen wie „Kommt die D-Mark, bleiben wir, kommt sie nicht, geh'n wir zu ihr!“ verstand die Bundesregierung als dringliche Aufforderung der DDR-Bürger zum Handeln.

In den ersten freien Volkskammerwahlen am 18. März 1990 entschied sich die große Mehrheit der Bürger für die Parteien, die eine schnelle Einheit befürworteten.

Der erste Schritt zur Vereinigung der gegensätzlichen Gesellschafts- und Wirtschaftssysteme war die Währungs-, Wirtschafts- und Sozialunion am 1. Juli 1990. Sie beruhte auf einem Vertrag, der von den Regierungen in Bonn und Ost-Berlin erarbeitet und von der Volkskammer sowie vom Deutschen Bundestag verabschiedet worden war. Die Soziale Marktwirtschaft und die Deutsche Mark hielten Einzug in die noch bestehende DDR.

Reaktionen des Auslandes

Angesichts der sich anbahnenden Vereinigung erinnerten Politiker und Bürger in Israel und Polen an die deutsche Vergangenheit, vor allem an die beiden Weltkriege, die von Deutschland ausgegangen waren, und die Ermordung der europäischen Juden. Während in den Vereinigten Staaten keine Vorbehalte gegen ein vereintes Deutschland geltend gemacht wurden, beschwor die britische Regierung für kurze Zeit die Gefahr eines „Fourth German Reich“ herauf. Italienische und französische Politiker befürchteten ein Nachlassen des deutschen Einsatzes für die europäische Integration.

Aus zwei mach' eins

Die Wiederherstellung der Einheit Deutschlands war ohne Zustimmung der Siegermächte des Zweiten Weltkrieges nicht möglich. Dies war 1945 in Potsdam festgelegt worden. Besonders problematisch war, dass beide deutsche Staaten Teile gegensätzlicher militärischer und wirtschaftlicher Bündnisse waren.

Aufgrund vorheriger amerikanisch-sowjetischer Vereinbarungen über die zukünftige Mitgliedschaft Gesamtdeutschlands in der NATO erhielt Bundeskanzler Kohl am 15./16. Juli 1990 von Gorbatschow die öffentliche Zusage zur deutschen Einheit. Die Sowjetunion sicherte den Abzug der Roten Armee aus der DDR bis 1994 zu. Dafür versprach der Kanzler, die gesamtdeutschen Streit-

M 2 Einheitsgleichung
Karikatur von Brigitte Schneider aus der Wochenzeitung „Das Parlament“ vom 22. Juni 1990

kräfte zu reduzieren und auf die Herstellung, den Besitz und den Einsatz von ABC-Waffen[1] zu verzichten. Darüber hinaus sagte Kohl der Sowjetunion umfangreiche wirtschaftliche Unterstützung zu.

Danach konnten die Zwei-plus-Vier-Gespräche zwischen den Außenministern der vier Siegermächte und den beiden deutschen Staaten abgeschlossen werden. Am 12. September 1990 wurde der Zwei-plus-Vier-Vertrag unterzeichnet. Dieser Friedensvertrag bestätigte die „endgültigen“ Grenzen des vereinten Deutschland wie die „volle Souveränität über seine inneren und äußeren Angelegenheiten“.

Die staatliche Einheit

Vor der Wiedervereinigung war die Verfassungsfrage zu klären: Sollte die DDR dem Geltungsbereich des Grundgesetzes beitreten? Oder sollte das vereinigte Deutschland eine neue Verfassung erhalten, die dem deutschen Volk zur Abstimmung vorgelegt würde? In einer Sondersitzung der Volkskammer wurde am 23. August 1990 um 2:47 Uhr der Beitritt nach Artikel 23 des Grundgesetzes beschlossen.

Den rechtlichen Rahmen der Vereinigung bildete der am 31. August abgeschlossene Einigungsvertrag. Die staatliche Existenz der DDR endete am 3. Oktober 1990 mit dem Beitritt der fünf „neuen“ Bundesländer Brandenburg, Mecklenburg-Vorpommern, Sachsen, Sachsen-Anhalt und Thüringen zur Bundesrepublik Deutschland, der Auflösung von DDR-Regierung und Volkskammer sowie der Übernahme von 144 Abgeordneten in den gesamtdeutschen Bundestag. An diesem Tag wurde der neue Nationalfeiertag, der Tag der deutschen Einheit, erstmals festlich begangen.

Bei den ersten Landtagswahlen in den fünf neuen Bundesländern vom 14. Oktober und der ersten gesamtdeutschen Wahl vom 2. Dezember 1990 bestätigten die Wählerinnen und Wähler den eingeschlagenen Weg der deutschen Einheit mit stattlichen Mehrheiten für die Politik der Regierungskoalition von CDU/CSU und FDP, die auf eine schnelle Einheit gesetzt und eine rasche Angleichung der Lebensverhältnisse versprochen hatte.

Internettipp:
Zum „Zwei-plus-Vier-Vertrag“ siehe Mediencode 31054-87

[1] ABC-Waffen: Sammelbezeichnung für atomare, biologische und chemische Waffen

1. *Fasse die Gründe für die Ablehnung einer deutschen Wiedervereinigung aus anderen Ländern zusammen.*
2. *Erkläre, warum schon rein rechtlich ein Vertrag zwischen den beiden deutschen Staaten für eine Wiedervereinigung nicht genügte.*
3. *Nimm Stellung, ob es besser gewesen wäre, dem wiedervereinigten Deutschland eine neue Verfassung zu geben.*

M 3 Treffen im Kaukasus
Foto vom 15. Juli 1990
Bei dem Treffen stimmte der sowjetische Staats- und Parteichef Gorbatschow (Mitte) zu, dass das wiedervereinigte Deutschland seine volle Souveränität erhält. Das Foto zeigt ihn bei einem Spaziergang, u. a. mit seiner Frau Raissa und dem deutschen Bundeskanzler Kohl (rechts).

M 4 „Keine Experimente mehr!"

In einem Bericht aus Leipzig vom 20. November 1989 heißt es:

„Ich bin Werkzeugmacher und heiße Hans Teschnau", stellt sich ein Redner vor. Er habe vierzig Jahre Sozialismus ertragen und keine Lust mehr auf neue Varianten. „Keine Experimente mehr! Wir sind keine Versuchskaninchen!", lautet seine Losung. Vor der Tür gebe es schließlich ein funktionierendes Gegenmodell. Freie Marktwirtschaft und Wiedervereinigung seien der einzige Ausweg. Die Reaktion ist eindeutig: langer Beifall und Sprechchöre: „Deutschland, einig Vaterland."

Zit. nach: Christoph Links und Hannes Bahrmann, Chronik der Wende. Die Ereignisse in der DDR zwischen 7. Oktober 1989 und 18. März 1990, Berlin 1999, S. 89

M 5 „Wiedervereinigung jetzt – keine Experimente mehr?"

„Demokratischer Aufbruch", „Neues Forum" und „Sozialdemokratische Partei" formulieren am 1. Dezember 1989 auf einem Flugblatt:

- Wiedervereinigung jetzt – keine Experimente mehr?

Wir sagen: Wiedervereinigung jetzt ist ein unkalkulierbares Experiment, ökonomisch, sozial und politisch!

- Deutschland – einig Vaterland!

Wir sagen: Einheit in Würde und Gleichberechtigung, nicht einfach Einverleibung!
Darum: Thema Nummer 1 für uns ist: Demokratisierung und enge Kooperation mit der Bundesrepublik und mit Europa. In diesem Sinne brauchen wir Konzepte, die die Vereinigung der beiden deutschen Staaten in Zukunft ermöglichen.

Zit. nach: Archiv Bürgerbewegung Leipzig (http://revolution89.de)

M 6 Wahlergebnis der Volkskammerwahl vom 18. März 1990

Wahlbeteiligung: 93,4 %		Stimmen (%)	Mandate
CDU	Christlich-Demokratische Union[1]	40,82	163
SPD	Sozialdemokratische Partei Deutschlands	21,88	88
PDS	Partei des Demokratischen Sozialismus[2]	16,40	66
DSU	Deutsche Soziale Union[1]	6,31	25
BFD	Bund freier Demokraten: Deutsche Forumpartei, Liberaldemokratische Partei[2], Freie Demokratische Partei	5,28	21
Bündnis 90	Neues Forum, Demokratie Jetzt, Initiative Freiheit und Menschenrechte	2,91	12
DBD	Demokratische Bauernpartei Deutschlands[2]	2,18	9
Grüne-UFV	Grüne Partei + Unabhängiger Frauenverband	1,97	8

Nach: Uwe Andersen und Wichard Woyke (Hrsg.), Handwörterbuch des politischen Systems der Bundesrepublik Deutschland, Berlin [2]1995, S. 676

[1] Allianz für Deutschland (CDU, DSU und Demokratischer Aufbruch)
[2] ehemalige Blockparteien

M 7 „Blühende Landschaften“

Aus Anlass des Inkrafttretens der Währungs-, Wirtschafts- und Sozialunion sagt Bundeskanzler Helmut Kohl am 1. Juli 1990:

Es wird harte Arbeit erfordern, bis wir Einheit und Freiheit, Wohlstand und sozialen Ausgleich für alle Deutschen verwirklicht haben. [...] Aber niemandem werden dabei unbillige Härten zugemutet. Den Deutschen in der DDR kann ich sagen [...]: Es wird niemandem schlechter gehen als zuvor – dafür vielen besser. [...]

Durch eine gemeinsame Anstrengung wird es uns gelingen, Mecklenburg-Vorpommern und Sachsen-Anhalt, Brandenburg, Sachsen und Thüringen schon bald wieder in blühende Landschaften zu verwandeln, in denen es sich zu leben und zu arbeiten lohnt. [...]

Und für die Menschen in der Bundesrepublik gilt: Keiner wird wegen der Vereinigung Deutschlands auf etwas verzichten müssen. Es geht doch allenfalls darum, Teile dessen, was wir in den kommenden Jahren zusätzlich erwirtschaften, unseren Landsleuten in der DDR zur Verfügung stellen zu wollen – als Hilfe zur Selbsthilfe. Dies ist für mich ein selbstverständliches Gebot nationaler Solidarität.

Zit. nach: www.helmut-kohl.de/index.php?msg=555 (15.07.2017)

M 8 Angst vor Deutschland?

Der französische Historiker Alfred Grosser äußert sich am 13. September 2000:

Nein, wirklich, [das heutige] Deutschland ist eine Nation wie alle anderen. Eine Nation, mit der wir zu leben lernen müssen. Die Partnerschaften zwischen Städten und Schulen sind die beste Antwort auf die französischen Ängste [vor einem wiedererstarkten Deutschland]. Lasst uns keine Angst haben!

Alfred Grosser, „N'ayons pas peur!“, in: Le Figaro am 13. September 2000, S. 16 (übers. von Ulrich Schnakenberg)

M 9 Kommentare aus dem Ausland

a) Der „Tages-Anzeiger“ aus Zürich schreibt:

Die Hochgefühle der Regierungskoalition werden bald einer nüchternen Stimmungslage weichen müssen. Denn jetzt wird der ganz gewöhnliche Alltag die Phase der historischen Höhenflüge ziemlich rasch ablösen. Außenpolitisch muss das groß gewordene Deutschland seine neue Rolle finden, was nicht einfach sein wird. Innenpolitisch rücken die garstigen Sachthemen wieder in den Vordergrund [...]. Vor allem aber wird die Einheitsfinanzierung die Regierung [...] bald einholen und auch belasten.

b) Der britische „Guardian“ bemerkt:

Das übrige Europa betrachtet die Zukunft Deutschlands mit gemischten Gefühlen. [...] Deutschland ist eine regionale Macht geworden und besitzt ein ähnliches Gewicht wie Japan. Von Moskau bis London hat diese Veränderung ungeahnte Konsequenzen hinsichtlich unserer Position zur europäischen Einigung und darüber hinaus. Man könnte mit Recht sagen, dass Deutschland – genau wie Japan – einen größeren Anspruch auf einen ständigen Sitz im Weltsicherheitsrat[1] als Großbritannien besitzt.

Zit. nach: Frankfurter Rundschau vom 4. Dezember 1990

M 10 Vor dem Reichstagsgebäude
Foto vom 3. Oktober 1990

Internettipp:
Zum Prozess der Wiedervereinigung 1989 bis 1990 siehe 31054-88

[1] Gemeint ist der UN-Sicherheitsrat.

1. *Erläutere, warum die Mehrheit der DDR-Bürger keine Reform der DDR, sondern den Anschluss an die Bundesrepublik Deutschland wollte (M4-M6).*
2. *Erörtere die Rede (M7) aus damaliger und heutiger Sicht.*
3. *Arbeite die Einstellungen der Kommentatoren zur deutschen Wiedervereinigung heraus (M9). Nimm dazu Stellung.*
4. *Erörtere, welche Vorgänge von 1989/90 als „demokratisches Vermächtnis“ für das Handeln künftiger Generationen angesehen werden sollten. Stellt als Grundlage einer Diskussion Thesen zu dem Thema auf.*

18.3.: freie Wahl der Volkskammer
1.7. Währungs-, Wirtschafts- und Sozialunion
23.8.: Beschluss der Volkskammer über den Beitritt zur Bundesrepublik
12.9.: 2+4-Vertrag
3.10.: Beitritt der fünf neuen Bundesländer zur Bundesrepublik
2.12.: Bundestagswahl im vereinten Deutschland

1990 1991

Epochenjahre 1948/49 – 1968/69 – 1989/90

M 1 Vom Bruder zum entfernten Verwandten
Karikatur von Hanns Erich Köhler (1949)
Auf dem ersten Bild sind zwei deutsche Michel mit den typischen Zipfelmützen zu sehen.
Erläutere die Prognose, die die Karikatur enthält. Lag der Zeichner damit richtig?

„Staatsgründung auf Raten" – Zäsuren der (deutschen) Geschichte nach 1945

Die Jahre 1948/49 und 1989/90 markieren nicht nur den zeitlichen Rahmen für die deutsche Teilung. Die Geschehnisse, Entscheidungen und Ereignissen in diesen Jahren verdeutlichen auch, dass die deutsche Geschichte maßgeblich von weltpolitischen Konstellationen und Entscheidungen geprägt wurde.

Nach dem militärischen, politischen und moralischen Zusammenbruch 1945 lag das Schicksal Deutschlands in der Hand der alliierten Siegermächte USA, Großbritannien, Sowjetunion und Frankreich. Diese hatten die Aufteilung Deutschlands in Besatzungszonen beschlossen und den östlichen Teil des deutschen Staatsgebietes einer polnischen Verwaltung unterstellt. Die „deutsche Frage", nämlich in welchen Grenzen es „einen deutschen Nationalstaat" gibt, gilt erst seit 1990 als gelöst. Bis zur Wiedervereinigung hatten Bundesrepublik und DDR kein völliges Selbstbestimmungsrecht. Die vier Alliierten hatten bis dahin die Entscheidungsbefugnis für „Deutschland als Ganzes".

Die „doppelte Staatsgründung" 1948/49

Bereits im Jahr 1948 waren die Gegensätze zwischen den vier Siegermächten unüberbrückbar geworden. Am 3. April 1948 unterzeichnete der amerikanische Präsident Harry S. Truman den sogenannten „Marshall-Plan"[1]. Die USA halfen damit nicht nur beim wirtschaftlichen Wiederaufbau westlich des „Eisernen Vorhanges", sondern verlangten auch von denjenigen Regierungen und Verwaltungen, die Förderungen in Anspruch nahmen, eine Zusammenarbeit untereinander. Stalin untersagte den Ländern im sowjetischen Einflussbereich, an diesem Förderprogramm teilzunehmen, was die Kluft zwischen Ost und West weiter vertiefte.

Die USA, Großbritannien und Frankreich kamen überein, einen westdeutschen Staat zu bilden. Sie forderten die Ministerpräsidenten der westdeutschen Länder auf, eine verfassunggebende Versammlung einzuberufen. Die in den Westzonen im Juni 1948 durchgeführte Währungsreform markierte einen wirtschaftlichen Neuanfang auf der Grundlage marktwirtschaftlicher Prinzipien.

Diese Weichenstellungen des Jahres 1948 verhalfen der Bundesrepublik, die im Jahr 1949 aus der Taufe gehoben wurde, zu günstigen Startbedingungen. Der Preis dafür war die Teilung Deutschlands: Die Sowjetunion beantwortete die Währungsreform im Westen mit der Blockade Berlins und der Einführung einer eigenen ostdeutschen Währung. Zugleich trieb die östliche Besatzungsmacht die Gründung eines ostdeutschen Teilstaates unter Führung der SED voran. Die DDR, die sich knapp ein halbes Jahr nach der Bundesrepublik konstituierte, wurde Teil des Ostblocks und nahm bis 1989/90 am sozialistischen Experiment teil.

[1] Siehe S. 154, 156 und 236 f.

1968/69: Neuorientierung

Seit Mitte der 1960er-Jahre gingen junge Menschen in den USA und Europa auf die Straßen, um gegen die politischen Verhältnisse und Einstellungen in ihren Ländern zu protestieren.[2] Der Ruf nach Veränderung beschränkte sich nicht auf den Westen: So gab es auch in der Tschechoslowakei eine breite Anhängerschaft für eine Reform des kommunistischen Systems („Prager Frühling"[3]).

Auch die Bundesrepublik erlebte einen Wandel der politischen Kultur sowie von Ordnungs- und Wertevorstellungen. Mit der zunehmenden Akzeptanz der Demokratie wurde auch der Ruf nach kritischer Auseinandersetzung mit der eigenen jüngsten Vergangenheit lauter. Viele junge Menschen in Deutschland beklagten, dass politische Kultur und private Lebenswelt noch immer von traditionellen, oft auch autoritären Denk- und Verhaltensmustern geprägt wären und dass die entstandene Wohlstandsgesellschaft selbstgefällig und bequem geworden sei. Diese Ablehnung der ihrer Meinung nach überholten Verhältnisse teilten sie über die Grenzen hinweg mit einer ganzen Generation in der westlichen Welt. Die Vorlagen für die Ausdrucksformen des Protestes, Musik, Kleidung und ein neuer Lebensstil, kamen dabei zunächst vor allem aus den USA. Der Bewusstseins- und Wertewandel führte auch zu einem politischen Machtwechsel in Bonn: Mit der Bundestagswahl 1969 kam die sozialliberale Koalition an die Regierung, die mit dem Motto „Mehr Demokratie wagen" warb und in der Außenpolitik weniger auf Abgrenzung gegen als vielmehr auf Dialog mit dem Ostblock und vor allem der DDR setzte.

Ein Glücksfall der Geschichte? Die „Wende" 1989/90

Nach der „doppelten Staatsgründung" des Jahres 1949 hatte sich die Spaltung Deutschlands rasch verfestigt. Die Bundesrepublik und die DDR wurden in die militärischen und wirtschaftlichen Bündnisse aufgenommen und trugen auch untereinander den politischen und ideologischen Gegensatz zwischen den beiden Blöcken aus. Deutsche in Ost und West lebten sich immer mehr auseinander. Auch als sich Mitte der 1960er-Jahre das deutsch-deutsche Verhältnis entspannte und sich beide Staaten 1972 im Grundlagenvertrag[4] als gleichberechtigt anerkannten und zu einer Normalisierung ihrer Beziehungen gelangten, verbanden die wenigsten Menschen damit konkrete Hoffnungen auf eine Wiedervereinigung.

In den Jahren 1989/90 gab es wie in den Jahren nach 1945 eine Umwälzung, die nicht nur die Machtverhältnisse in der Weltpolitik grundlegend veränderte. Sie war noch Anfang 1989 nicht absehbar. Dennoch war sie die Folge zahlreicher Entwicklungen und Entscheidungen seit Mitte der 80er-Jahre: Regierungskritiker und Oppositionelle in Staaten des Ostblocks hatten, ermutigt durch Gorbatschows Reformpolitik und die Erfolge der Opposition in Polen, Mut gefasst und übten immer häufiger offenen Protest. Die DDR und andere sozialistische Staaten waren politisch erstarrt und wirtschaftlich am Ende. Sie verweigerten Reformen, obwohl sie nicht mehr, wie in der Vergangenheit, auf militärische und politische Unterstützung der Sowjetunion zählen konnten. Massenflucht und meist friedliche Massenproteste beschleunigten das Ende der kommunistischen Regierungen.

Auch in der DDR ging es in der friedlichen Revolution zunächst vor allem um ein Ende von Unterdrückung, echte Mitbestimmung und eine offenere Gesellschaft. Immer mehr drängten jedoch Forderungen nach einer Vereinigung mit der Bundesrepublik in den Vordergrund. Nach der Zustimmung der vier alliierten Siegermächte trat am 3. Oktober 1990 die DDR der Bundesrepublik nach Artikel 23 des Grundgesetzes bei. Für Deutschland bedeutete der Beitritt zweierlei: den endgültigen Abschluss der Nachkriegszeit und die Vollendung der Staatsgründung von 1949.

[2] Siehe S. 182 f.
[3] Siehe S. 244-247.
[4] Siehe S. 208 f.

1. *Fasse zusammen, warum die Jahre 1948/49, 1968/69 und 1989/90 zentrale historische Daten sind.*
2. *Bewerte, ob es bei den drei Zäsuren eine Reihenfolge bei der historischen Bedeutung gibt.*
3. *Recherchiere in deiner Familie oder deinem Heimatort, welche Erinnerungen Zeitzeugen der älteren Generation an die ersten vier Jahrzehnte der Bundesrepublik haben.*
4. *Bewerte, ob für den Zeitraum zwischen 1949 und 1990 aus deutscher, europäischer oder weltpolitischer Sicht noch weitere Epochenjahre hinzugefügt werden sollten.*

M 2 Das Woodstock Musikfestival

Szene aus dem Dokumentarfilm „Three days of peace and music“, 1969

An drei Tagen im August 1969 versammelten sich in der amerikanischen Kleinstadt nahe der Ostküste über 400 000 meist junge Menschen unter freiem Himmel, um Musik zu hören und friedlich miteinander zu feiern. Die vielleicht auffälligsten Veränderungen des Lebensstils der jungen Generation gingen von der Musik aus. Amerikanische und britische Bands gehörten zu den Trendsettern für Musik, Haartracht und Kleidung. In ihren Songtexten fanden auch deutsche Jugendliche ihren Wunsch nach mehr Freiheit, politischem Wandel und einem offenen Umgang mit Sexualität zum Ausdruck gebracht.

M 3 Grundlagen und Weichenstellungen

Dierk Hoffmann fasst den Zäsurcharakter des Jahres 1948 so zusammen:

1948 endete nicht nur die Zusammenarbeit der vier Siegermächte im Alliierten Kontrollrat; es begann auch die erste Berlin-Krise mit der Blockade der Zugangswege zu den drei Westsektoren der Stadt. Es kann festgehalten werden, dass auf dem Weg zur Zweistaatlichkeit am Zäsurcharakter des Jahres 1948 in der Forschung nicht grundsätzlich gezweifelt wird. Während im Westen Deutschlands mit der Übergabe der Frankfurter Dokumente und der Einberufung des Parlamentarischen Rates wichtige Grundlagen für die spätere Bonner Republik gelegt wurden, vollzogen sich im Ostteil grundlegende Weichenstellungen zum Aufbau eines eindeutig SED-zentrierten Herrschaftssystems. Für die SBZ besaß dieses Jahr eine Art „Scharnierfunktion“ innerhalb eines längerfristigen Staatsbildungsprozesses. Die Festigung der diktatorischen Herrschaft der SED legte die Voraussetzungen für die Grundlage des ostdeutschen Teilstaates am 7. Oktober 1949.

Dierk Hoffmann, Nachkriegszeit. Deutschland 1945-1949 (Kontroversen um die Geschichte), Darmstadt 2011, S. 20 f. (leicht gekürzt und vereinfacht)

M 4 Was sich aus „1968“ herleitet

Anselm Doering-Manteuffel schreibt 1989 zur neuen Jugendkultur und zum Wertewandel am Ende der sechziger Jahre:

Von „1968“ leitet sich folglich zweierlei her: Zum einen ist das die große gesellschaftliche Emanzipationsbewegung, die politisch keineswegs folgenlos blieb, sondern die Demokratisierung der bundesdeutschen Gesellschaft und die Herausbildung eines echten Pluralismus gefördert hat. Die Fähigkeit zum Meinungsstreit, zur konstruktiven Kontroverse ohne Frageverbot und Tabuisierung ist gewachsen […]. Das ist ein großer Zugewinn für eine in dieser Hinsicht traditionell unterentwickelte Gesellschaft. Die Bürgerinitiativen wuchsen aus diesen Einflüssen hervor, und die mühsame, von der Frauenrechtsbewegung erkämpfte Angleichung im Rollenverhalten der Geschlechter wäre ohne „1968“ nicht denkbar.

Zum anderen leitete sich von dort aus das allmähliche Hinübergleiten politischer Protestformen in faktische Gewaltanwendung her.

Die Studentenbewegung hatte ihre Opfer: Benno Ohnesorg, der als Teilnehmer einer Demonstration gegen den Schah von Persien am 2. Juni 1967 […] erschossen wurde; Rudi Dutschke, der am 11. April 1968 das Opfer [eines] Attentats […] wurde, an dessen Spätfolgen er elf Jahre später starb. Das waren die Anlässe, aus denen die Protestbewegung die Rechtfertigung zog, hinfort in ihren Aktionen das staatliche Gewaltmonopol und überhaupt die Rechtsstaatlichkeit absichtlich zu missachten, was sich weiterentwickelt hat bis zur gezielten Gewaltanwendung der Autonomen gegen Menschen und Sachen bei Demonstrationen und Straßenschlachten.

Anselm Doering-Manteuffel und Friedrich P. Kahlenberg (Hrsg.), Vierzig Jahre Bundesrepublik Deutschland, Koblenz 1989, S. 227 (gekürzt und leicht vereinfacht)

M5 Im Gedenken an die „Achtundsechziger"
Am 30. April 2008 wurde in Berlin ein Teil der Kochstraße in Rudi-Dutschke-Straße umbenannt. Dutschke, einer der Wortführer der Studentenbewegung, wurde 1968 bei einem Attentat schwer veletzt und starb elf Jahre später an den Folgen des Anschlages.

M7 „9. 11. 1989"
Karikatur von Walter Hanel. Sie zeigt zwei deutsche Michel mit der typischen Zipfelmütze.

M6 Wandel der deutschen Demokratie

Edgar Wolfrum bilanziert 2006 die Geschichte der Bundesrepublik Deutschland:

Wer bestehen will, darf sich dem Wandel nicht verschließen, Tradition ohne Reform verkommt schnell zu einem verwalteten Irrtum. Die deutsche Demokratie hat sich seit 1949 immer gewandelt, mal allmählich und still, mal rasch und ungestüm. Bei ihrer Gründung 1949 war nicht klar, wie sich dieses Provisorium Bundesrepublik entwickeln würde, ob es überhaupt eine Lebenschance hatte. In den 60er-Jahren hielten manche die Bundesrepublik bereits für hyperstabil und starr [...]. In den 70er-Jahren war es die breite Debatte um den deutschen „Identitätsverlust" und die Bedrohungen durch Terrorismus und Weltwirtschaftskrisen, welche die Republik verunsicherten. In den 80er-Jahren tauchte das Menetekel[1] der atomaren Vernichtung und der globalen Umweltkatastrophen auf und führte den Deutschen die „Risikogesellschaft" grell vor Augen. [...] Innerhalb eines Jahrhunderts sind vier deutsche Staaten untergegangen: das Kaiserreich, die Weimarer Republik, das Dritte Reich und die DDR. Nur die Bundesrepublik hat, wenn auch verändert, bis heute überdauert.

Edgar Wolfrum, Die geglückte Demokratie. Geschichte der Bundesrepublik Deutschland von ihren Anfängen bis zur Gegenwart, Stuttgart 2006, S. 505 f. (gekürzt und vereinfacht)

[1] Menetekel: Unheilvolles (Vor-)Zeichen, Warnzeichen vor Gefahren

1. *Arbeite aus dem Verfassertext und M3 diejenigen Ereignisse und Entscheidungen heraus, die es erlauben, das Jahr 1948 als eine Zäsur der deutschen Geschichte zu bezeichnen.*
2. *Das Urteil des Historikers Anselm Doering-Manteuffel zur „68er"-Protestbewegung ist zwiespältig (M4): Fasse in eigenen Worten zusammen, welches Verdienst er den „68ern" zuspricht und welche Herausforderung für den Rechtsstaat er in ihrem Handeln sieht.*
3. *Informiere dich über die Diskussionen um die Straßenumbenennung (M5). Begründe, weshalb man die Ortswahl für eine „Rudi-Dutschke-Straße" auch als „Ironie der Geschichte" bezeichnen kann.*
4. *Nimm Stellung zu Edgar Wolfrums Bilanz zur Geschichte der Bundesrepublik nach 1949 (M6): Teilst du die Auffassung des Historikers, dass es sich um eine „geglückte Demokratie" handelt?*

Vereinigt, aber doch getrennt?

M1 „Die wiedervereinigten Deutschen"
Titelbild der Ausgabe des „Spiegel" vom 2. Oktober 2000

Erkläre den Begriff „Die Mauer im Kopf".

Enttäuschung

Deutschlandfahnen, Begeisterung, Verbrüderungen und große Zukunftserwartungen prägten das Jahr 1990 in Deutschland. Kanzler Kohl versprach den Menschen im Osten während des Wahlkampfes zur Bundestagswahl im Dezember 1990, dass ihre Heimat bald „blühende Landschaften" sein würden. Den Menschen im Westen versicherten die Politiker der Regierungskoalition aus CDU/CSU und FDP, dass die Einheit kaum Kosten verursachen würde.
Die Opposition von SPD und Grünen warnte dagegen vor Massenarbeitslosigkeit im Osten und großen finanziellen Belastungen für den Westen. Die Mehrheit der Wähler aber bestätigte die Regierung im Amt.

Massenentlassungen und Missmut

Die von der CDU geführten Regierungen in Ost- und Westdeutschland (die Regierungen der Bundesrepublik und der DDR und Regierungen der Bundesländer) wollten die massive Abwanderung in den Westen bremsen und führten daher am schon am 1. Juli 1990 die westdeutsche D-Mark in der noch existierenden DDR ein. Die Folge war, dass viele Betriebe im Osten durch die westliche Konkurrenz vom Markt verdrängt, billig aufgekauft und schließlich geschlossen wurden.
Innerhalb eines Jahres verlor mehr als eine Million Menschen ihren Arbeitsplatz. Sie waren nun gezwungen, zu Hause herumzusitzen. Zudem wurden die in der Marktwirtschaft unerfahrenen Menschen im Osten oft zu privaten Kredit-, Versicherungs- und Immobiliengeschäften verlockt, die für sie nicht vorteilhaft waren. Die umfangreichen Sozialleistungen (u. a. Pensionen und Renten, Sozialhilfe) waren da nur ein schwacher Trost. Viele fühlten sich nun nutz- und wertlos. Bis heute ist das Problem der hohen Arbeitslosigkeit in den neuen Bundesländern nicht gelöst.

Kosten und Hoffnungen

Die Kosten der Einheit bedeuteten auch für den Westen einen erheblichen Kraftakt. Bis heute wurden für den Aufbau von Wirtschaft und Infrastruktur, für Renten und Sozialleistungen fast 2 000 Milliarden Euro aufgebracht – finanziert zu einem erheblichen Teil über Schulden. Diese enormen Kosten für den „Aufbau Ost" führten zu andauerndem Unmut im Westen.
Aber die neuen und alten Bundesländer wachsen langsam zusammen. Arbeit, Studium, Urlaub oder auch die Liebe haben Menschen aus den verschiedenen Teilen Deutschlands zusammengeführt.

1. *Recherchiere eines der Themen aus der Spiegel-Ausgabe (siehe Mediencode 31054-89). und präsentiere der Klasse deine Ergebnisse.*
2. *Erkläre die Unzufriedenheit vieler Menschen in den neuen Bundesländern.*
3. *Freiheit oder wirtschaftliche Absicherung wie in der DDR? Erörtere, was für das eine, was für das andere spricht.*
4. *Weit verbreitet war das Argument, dass die Menschen in den alten Bundesländern durch die hohen Investitionen in die neuen Bundesländer und durch die Sozialleistungen ihre Solidarität ausreichend gezeigt hätten. Nimm Stellung dazu.*

M2 Perspektiven der ostdeutschen Wirtschaft 1990

Am 21. Juni 1990 gibt es eine kontroverse Debatte im Bundestag zur Einführung der westdeutschen Währung in der DDR.

a) Die Vizepräsidentin des Bundestages Antje Vollmer (Bündnis 90/Die Grünen) sagt:

Niemand bestreitet heute mehr, dass dieses brutale Zusammenklatschen zweier so unterschiedlicher Systeme und zweier so unterschiedlicher Gesellschaften zu Massenarbeitslosigkeit führen wird.
(*Zwischenruf des Abgeordneten Hornung [CDU/CSU]: Sie ignorieren den Willen der Menschen!*)
Selbst die vorsichtigsten Schätzungen – und ich bin nicht für das Schüren von Panik – gehen von mindestens 2 Millionen Arbeitslosen in der DDR aus. […] Die Hauptbetroffenen dabei sind, wie immer, die Frauen. Aber das große Kapital [Investitionen von westlichen Unternehmen] will […] partout den Fuß nicht über die innerdeutsche Grenze setzen. Warum sollte es denn auch, wenn es sehr gut möglich ist, dass wir die Konsumbedürfnisse der DDR-Bevölkerung mit unseren Produktionskapazitäten befriedigen?
Nur, das heißt bei uns Wirtschaftswachstum und bei denen Massenarbeitslosigkeit, und das ist praktische Spaltung.

b) Darauf antwortet der Bundesminister der Finanzen Dr. Theo Waigel (CSU):

Meine Damen und Herren, unbestreitbar wird es […] angesichts der Strukturschwäche und der mangelnden Produktivität in den Betrieben in der DDR zunächst Arbeitslosigkeit gegeben. Anders ist die Umstellung und Anpassung von Produktionsstrukturen, die bisher menschliche Arbeitskraft und Kapital in erheblichem Umfang verschwendet haben, überhaupt nicht vorstellbar. Aber ebenso rasch, wie Betriebe aufgeben müssen und Arbeitsplätze entfallen, werden neue Unternehmen gegründet und neue Arbeitsplätze geschaffen. […] Wir brauchen, meine lieben Kolleginnen und Kollegen, in der DDR und ebenso in der Bundesrepublik noch mehr Vertrauen in die Kräfte der Marktwirtschaft; sonst kommen wir nicht vom Fleck. Die Volkswirtschaft der DDR muss jetzt in den Wettbewerb eintreten, sich erneuern und sich bewähren. Wenn dann bestimmte Schwachpunkte erkennbar werden, stehen genügend wirtschaftspolitische Instrumente zur Verfügung, um zu helfen. Aber wir können die Spätfolgen des Sozialismus nicht pauschal als Argument für Strukturschwäche akzeptieren.

Stenographische Protokolle des deutschen Bundestages, S. 17176 und 17195 - 96

M3 „Die falsche Adresse“
Karikatur von Fritz Behrendt, 1992
Links im Bild Helmut Kohl.

Internettipp:
Zum Thema 60 Jahre Bundesrepublik Deutschland und 20 Jahre friedliche Revolution und deutsche Einheit siehe Mediencode 31054-90

Das weiß ich – das kann ich!

Am Anfang dieses Kapitels stehen die Leitfragen:
Warum gab es 40 Jahre lang zwei deutsche Staaten? Und warum gibt es heute nur noch ein Deutschland?
Mit den Arbeitsfragen zu den fünf Kategorien auf S. 144f. kannst du sie nun beantworten.

Gesellschaft

In der DDR war Solidarität zur Bewältigung von Mangel und staatlichen Repressionen wichtig. Zugleich war aber Misstrauen verbreitet, da das Ministerium für Staatssicherheit Informanten in allen Lebensbereichen hatte. Frauen waren in der DDR vollwertige Teile des Arbeitsmarkts und wurden vom Staat entlastet. In der Bundesrepublik herrschte lange das Modell des männlichen Alleinverdieners. Die Benachteiligung der Frau wurde in der „68er-Bewegung" thematisiert und ließ seitdem eine Frauenbewegung wachsen. Sie forderte die Emanzipation der Frau von Rollenklischees und ihre volle Gleichberechtigung.

Weltdeutung und Religion

Viele Menschen in der frühen Bundesrepublik wollten nur Wohlstand erringen und die Vergangenheit vergessen. Erst eine Nachkriegsgeneration fragte die Eltern nach deren Rolle in der NS-Zeit. Sie stellte das kapitalistische System infrage und spielte mit sozialistischen Gedanken. Die „68er-Bewegung" bahnte den Weg für neue Lebensformen, Emanzipations- und Ökologiebewegungen. Sie trug zur Öffnung der Gesellschaft bei, aus ihren radikalsten Teilen entwickelte sich aber auch Terrorismus.

Begegnung

Die ersten, CDU-geführten Regierungen der Bundesrepublik setzten auf die Westintegration. Die Aussöhnung mit Frankreich war ein Anlagen der Politiker Konrad Adenauer und Charles de Gaulle. Die Montanunion brachte die Kohle- und Stahlindustrie Westeuropas zusammen. Sie erwies sich als erster Schritt hin zur europäischen Integration, bei der die Nationalstaaten zugunsten der Staatengemeinschaft auf Hoheitsrechte verzichten.
Die Grenze durch Deutschland verhinderte die Begegnung aller Deutschen. Eine SPD-geführte Bundesregierung unter Willy Brandt ging auf Sowjetunion und DDR zu. Sie wollte durch eine Neue Ostpolitik einen Wandel erreichen. Handels- und Passierabkommen machten die deutsch-deutsche Grenze etwas durchlässiger. Als Ende der 1980er-Jahre die DDR vor dem Kollaps stand, forderten friedliche Demonstranten Freiheit und Einheit. Dem Mauerfall 1989 folgte 1990 die Wiedervereinigung.

Herrschaft

Nach dem Zweiten Weltkrieg erlaubten die drei westlichen Mächte in ihren Besatzungszonen bald Parteien und freie Wahlen. In der sowjetischen Zone wurden dagegen 1946 SPD und KPD zur SED zwangsvereinigt. Diese kommunistische Partei war die einzige politische Kraft. 1949 wurde durch Verkündigung des Grundgesetzes die Bundesrepublik Deutschland als demokratischer Rechtsstaat gegründet. 1949 gründete sich auch die DDR als sozialistischer Einheitsstaat. Beide deutschen Teilstaaten wurden in verschiedene Bündnissysteme integriert.
Die Bundesrepublik erlebte mit US-Hilfe ein „Wirtschaftswunder". Die DDR blieb ökonomisch zurück. Unzufriedenheit mit Zwang und Mangel führte zur Massenflucht nach Westen. Dies veranlasste die DDR unter Walter Ulbricht 1961, das Schlupfloch Berlin durch die Berliner Mauer zu stopfen. Jede Opposition wurde durch die DDR-Geheimpolizei, das Ministerium für Staatssicherheit, unterdrückt.

Wirtschaft und Umwelt

Die USA und ihre Verbündeten reichten den Deutschen die Hand zur Versöhnung. Dies geschah auch unter dem Eindruck des immer schärfer werdenden Konfliktes zwischen kapitalistischer und kommunistischer Welt. Mit dem Marshall-Plan kurbelten die USA auch in Deutschland die Wirtschaft an und stärkten die Integration in das westliche Lager. In der Bundesrepublik erwies sich das Modell der Sozialen Marktwirtschaft als geeignet für Wachstum und Wohlstand. Die Sowjetunion setzte dem Marshall-Plan den Rat für Gegenseitige Wirtschaftshilfe (RGW) entgegen, ein Instrument zur internationalen Steuerung der Planwirtschaft.
Schwere Umweltprobleme gab es in beiden Systemen. Im Westen entstand eine Umweltbewegung, die ökologische Belange durchsetzen konnte. In der DDR wurden Probleme vertuscht und ökologische Initiativen verfolgt.

1. *Erzählt einander die deutsch-deutsche Geschichte von 1945 bis heute anhand der Materialien M1-M5.*
2. *Mit anderen Materialien könntet ihr auch eine „andere" deutsch-deutsche Geschichte erzählen. Sucht solche Bilder und Texte und erzählt mit ihrer Hilfe die Geschichte.*

Kompetenz-Test
Einen Fragebogen, mit dem du überprüfen kannst, was du schon kannst und was du noch üben solltest, findest du unter 31054-91

M 1 Politische Plakate der 1950er-Jahre
1: Plakat der KPD zu den Stalin-Noten, 1952
2: Plakat der CDU zur Bundestagswahl am 19. September 1953

M 2 „Gewiss nicht komfortabel, aber statt des Seils doch immerhin schon ein Brett“
Aus den „Stuttgarter Nachrichten“, 11. November 1971
Egon Bahr, der die Ostpolitik der SPD maßgeblich mitgestaltet hat, zeigt dem „deutschen Michel“ den Weg.

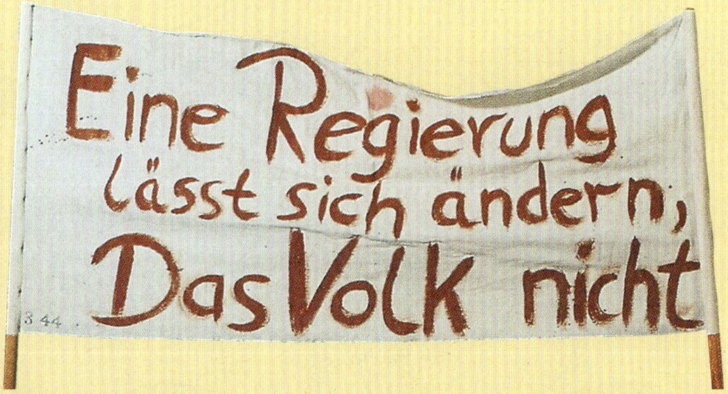

M 3 Transparent von der Ost-Berliner Großdemonstration vom 4. November 1989

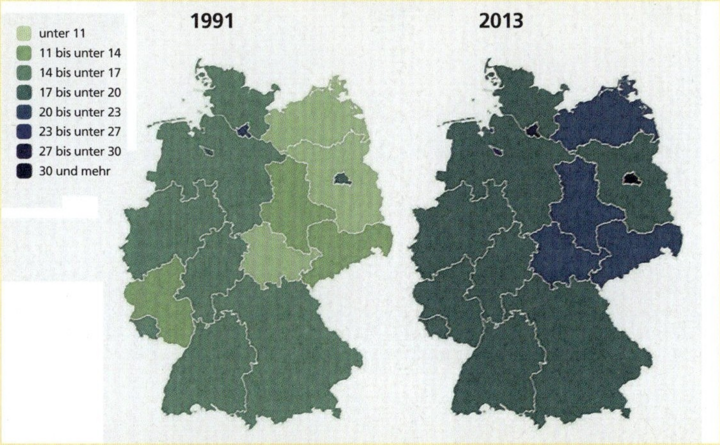

M 4 Wie leben die Menschen in West und Ost?
Datengrundlage: Statistisches Bundesamt
Die Karte zeigt den Anteil der Alleinlebenden in Prozent der Bevölkerung für die Jahre 1991 und 2013.

M 5 „Jeder zweite Abgeordnete ist eine Frau“
Plakat von Klaus Staeck von 1976

6 Die Welt nach dem Zweiten Weltkrieg

Mit dem Sieg über Deutschland und Japan brach das Bündnis zwischen den USA und der UdSSR auseinander. Die Gegensätze zwischen beiden Staaten wurden wieder offensichtlich, und an die Stelle der Zusammenarbeit trat ein politischer, wirtschaftlicher und militärischer Konkurrenzkampf. Der Konflikt zwischen den beiden dominierenden Großmächten, die um die Vorherrschaft rangen, bestimmte die weltweiten Entwicklungen ab 1945/46. Er endete erst 1990.

M „Is this tomorrow"
Titelbild eines US-Comicbuchs, 1947
Sowjetische Kommunisten unterwandern die USA, führen Krisen herbei und übernehmen schließlich die Macht. Das verbreitete Buch bezeugt die tiefe Kluft zwischen West und Ost nach dem Zweiten Weltkrieg – und verbreitete antikommunistische Gesinnung unter Millionen von Lesern.
Vergleiche Ziele und Mittel dieses Comics mit Walt Disneys Trickfilm „Der Fuehrer's Face" (S. 70 f.).

Fragen an ... die Welt nach dem Zweiten Weltkrieg

1945 lag Europa in Trümmern. Die bisherigen Machtverhältnisse in Europa und in der Welt hatten sich durch den Zweiten Weltkrieg endgültig aufgelöst. Ehemalige Großmächte wie Großbritannien und Frankreich waren politisch und wirtschaftlich geschwächt und entließen nach und nach fast alle ihre Kolonien in die Unabhängigkeit. Die Vereinigten Staaten von Amerika und die Sowjetunion hatten sich im Krieg als neue Weltmächte durchgesetzt. Sie rangen nun um den Einfluss in Europa und in der übrigen Welt.
Beide Staaten waren von ihrem politischen und wirtschaftlichen System überzeugt und lehnten die gegensetzlichen Vorstellungen der anderen Seite ab. Mit politischen, wirtschaftlichen, aber auch militärischen Mitteln versuchten sie, ihren Einfluss zu sichern und auszuweiten oder den jeweiligen Gegner zumindest daran zu hindern, seine Macht auszubauen.
Der Konkurrenzkampf zwischen den beiden von den Supermächten USA und UdSSR dominierten Blöcken zwischen 1945 und 1990 wird als „Kalter Krieg" bezeichnet. Er war geprägt von gegenseitigem Misstrauen, einseitigen Schuldzuweisungen und Propaganda. Er war ein Krieg zweier hochgerüsteter Gegner, die sich auf vielen Schauplätzen gegenüberstanden.
In diesem Kapitel erfährst du, warum es zum Kalten Krieg kam, in welchen Phasen er verlief, mit welchen Mitteln er ausgetragen wurde und aus welchen Gründen er endete.

Leitfrage

Wie wirkte sich der Kalte Krieg auf die Staatenwelt und die Entwicklung der Gesellschaften nach 1945 aus?

Nikita Chruschtschow war 1958-1964 Regierungschef der UdSSR. Foto, 1964

Die USA halfen mit Milliardensummen beim Wiederaufbau Europas. Plakat, 1949

Herrschaft

Die USA und die Sowjetunion kämpften um die Vorherrschaft in der Welt.
Wodurch sahen die Verantwortlichen ihr Handeln gerechtfertigt?
Welche Mittel setzten sie ein, um ihre Macht zu sichern und auszubauen? …

Wirtschaft und Umwelt

Der Kalte Krieg war auch eine Auseinandersetzung um die richtige Wirtschaftsordnung und um den Einfluss, den der Staat auf die Wirtschaft nehmen darf.
Inwieweit konnten die Weltmächte ihre Wirtschaftsmacht für ihre Zwecke nutzen?
Welche Folgen hatte diese Konkurrenz? …

1939-1945: Zweiter Weltkrieg
1945-1990: Kalter Krieg zwischen Westmächten und Ostblock
1940 1950 1960 1970

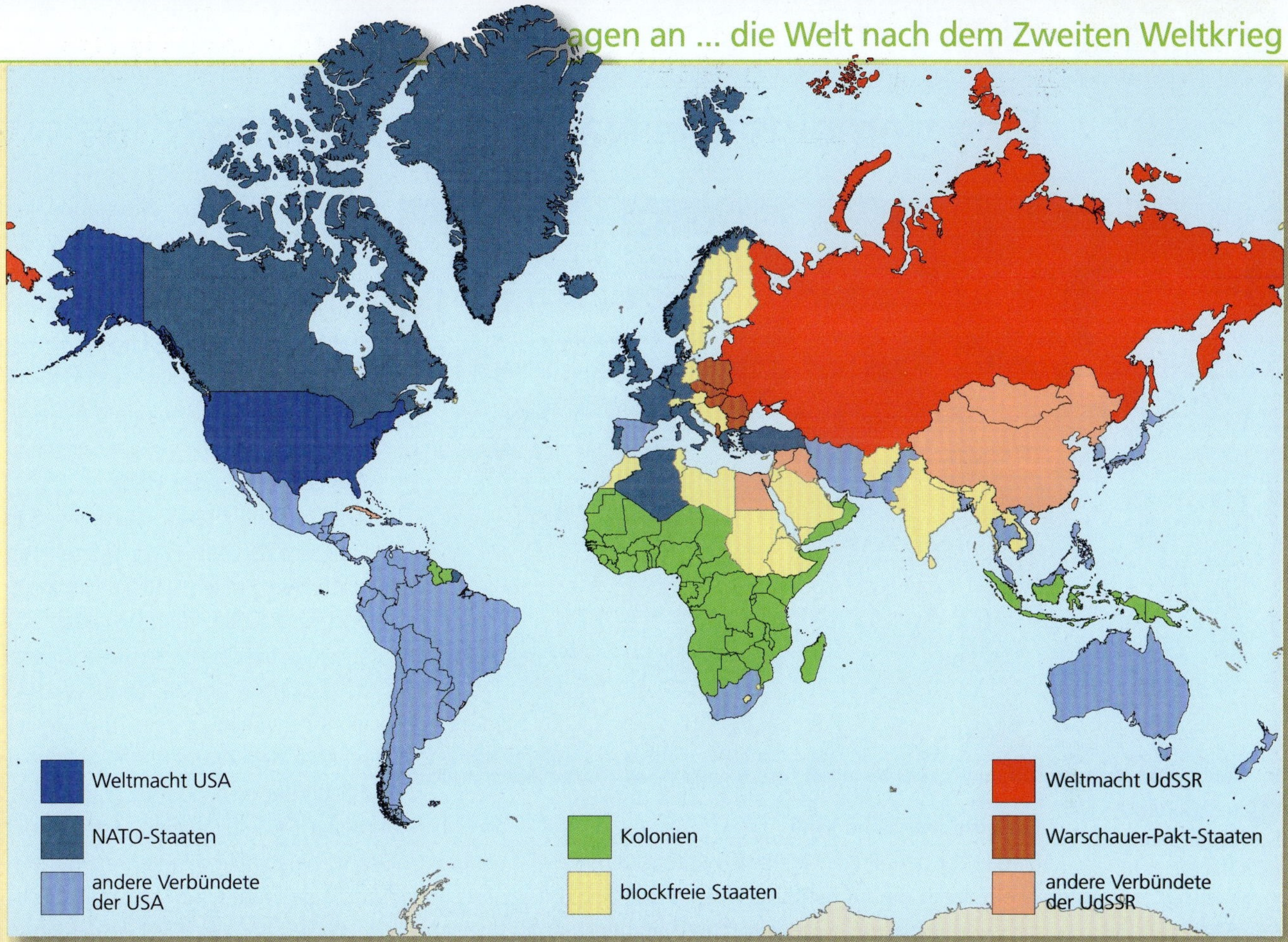

M **Die Welt in den 1950er-Jahren**

„Washingtons Friedenstaube". Sowjetische Karikatur, 1953

Friedensdemonstration gegen den Vietnam-Krieg. Washington 1973

Generalsekretär Michail S. Gorbatschow trifft US-Präsident Ronald Reagan. Genf 1985

Weltdeutung / Religion

Der Kalte Krieg war ein Krieg der Worte und der Propaganda.

Wie wurden der ideologische Gegner und seine Vorstellungen dargestellt? Welche Mittel wurden eingesetzt, um seine eigene Weltanschauung zu verbreiten? …

Gesellschaft

Der Konflikt zwischen Ost und West hatte weltweit Auswirkungen auf Menschen.

Welchen Stellenwert besaß das Individuum im jeweiligen politischen und wirtschaftlichen System?

Wie veränderte der Kalte Krieg das gesellschaftliche Klima? …

Begegnung

Auf mehreren Kriegskonferenzen hatten die Alliierten Ziele für eine Nachkriegsordnung festgelegt.

Kam es trotz zunehmender Differenzen zu Kontakten der Regierungen?

Gab es Berührungen zwischen den Menschen unterschiedlicher Systeme? …

1989/90: Zerfall der Sowjetunion, Auflösung des Ostblocks

1980 | 1990 | 2000 | 2010

Eine gemeinsame Nachkriegsordnung?

M 1 „Non Violence“
Die Skulptur steht vor dem Hauptquartier der Vereinten Nationen in New York. Sie wurde 1988 vom schwedischen Künstler Carl Fredrik Reuterswaerd geschaffen.
Erläutere anhand der Skulptur die Zielsetzung der Vereinten Nationen.

Für eine friedliche Welt

Bereits vor dem Ersten Weltkrieg hatten sich mehrere Staaten darum bemüht, verbindliche Reglungen zu vereinbaren, um zukünftige zwischenstaatliche Konflikte friedlich zu lösen und somit dauerhaft den Frieden zu sichern.
Nach dem Ende des Ersten Weltkrieges setzten sich die Mitgliedstaaten des 1920 gegründeten Völkerbundes zum Ziel, gemeinsam den Weltfrieden zu sichern. Diese Zielsetzung litt allerdings darunter, dass die USA nie sowie die UdSSR erst seit 1934 Mitglied waren und dass viele Mitgliedstaaten häufig Einzelinteressen vertraten. Auch der von zahlreichen Staaten unterzeichnete Briand-Kellogg-Pakt (1928), der Krieg als Mittel der Politik ächtete, erwies sich als unwirksam, einen weiteren Weltkrieg zu verhindern.

Die Atlantik-Charta

Nach dem Überfall des Deutschen Reiches auf die Sowjetunion und noch vor dem Eintritt der USA in den Zweiten Weltkrieg einigten sich der amerikanische Präsident Franklin D. Roosevelt und der britische Premierminister Winston S. Churchill darauf, eine neue Weltorganisation zu schaffen, um den Weltfrieden in der Zukunft zu wahren. Die am 14. August 1941 verkündete Atlantik-Charta legte die Grundzüge einer internationalen Nachkriegsordnung fest. Auf dieser Basis schlossen sich 26 Staaten, darunter die Sowjetunion, am 1. Januar 1942 einer Deklaration der Vereinten Nationen an. Bis zum März 1945 folgten weitere 19 Staaten.

Die Gründung der UNO

Am 25. Juni 1945 wurde in San Francisco die Satzung der **Vereinten Nationen** (United Nations Organization, kurz: UNO) von 50 Staaten einstimmig beschlossen. Diese Charta der UNO trat am 24. Oktober 1945 in Kraft, nachdem die fünf Siegermächte des Zweiten Weltkrieges – Großbritannien, China, Frankreich, die UdSSR und die USA – sowie eine Mehrheit der übrigen Unterzeichnerstaaten den Vertrag in nationales Recht umgesetzt hatten.

Aufbau und Ziele der UNO

Die Hauptverantwortung für die Wahrung des Weltfriedens wurde dem UN-Sicherheitsrat übertragen. Zu seinen Aufgaben gehört es bis heute, Maßnahmen gegen Friedensstörer zu ergreifen. Ständige Mitglieder des Sicherheitsrates sind die USA, die Sowjetunion (seit 1990 Russland), Großbritannien, Frankreich und die Republik China (seit 1971 die Volksrepublik China). Hinzu kommen zehn weitere, für jeweils zwei Jahre gewählte Staaten. Die ständigen Mitglieder des Sicherheitsrates besitzen ein Veto-Recht, das heißt, sie können Entscheidungen jederzeit mit ihrer Nein-Stimme verhindern.
Zum ersten Generalsekretär der UNO wurde der Norweger Trygve Lie gewählt. In seine Amtszeit (1946-1952) fällt die Verabschiedung der Allgemeinen Erklärung der Menschenrechte (10. Dezember 1948), die neben der UN-Charta eine wesentliche Grundlage des Handelns der UNO darstellt.

M 2 Aus der Charta der UNO

Die Charta (Grundgesetz) tritt am 24. Oktober 1945 in Kraft, nachdem die fünf Großmächte China, Frankreich, Großbritannien, UdSSR und USA sowie die Mehrheit der übrigen Unterzeichnerstaaten die Vertragsurkunden bei der US-Regierung hinterlegt haben.

Artikel 1

Die Vereinten Nationen setzen sich folgende Ziele:

1. den Weltfrieden und die internationale Sicherheit zu wahren und zu diesem Zweck wirksame Kollektivmaßnahmen[1] zu treffen, um Bedrohungen des Friedens zu verhüten und zu beseitigen, Angriffshandlungen und andere Friedensbrüche zu unterdrücken und internationale Streitigkeiten oder Situationen, die zu einem Friedensbruch führen könnten, durch friedliche Mittel nach den Grundsätzen der Gerechtigkeit und des Völkerrechts zu bereinigen oder beizulegen;
2. freundschaftliche, auf der Achtung vor dem Grundsatz der Gleichberechtigung und Selbstbestimmung der Völker beruhende Beziehungen zwischen den Nationen zu entwickeln und andere geeignete Maßnahmen zur Festigung des Weltfriedens zu treffen;
3. eine internationale Zusammenarbeit herbeizuführen, um internationale Probleme wirtschaftlicher, sozialer, kultureller und humanitärer Art zu lösen und die Achtung vor den Menschenrechten und Grundfreiheiten für alle ohne Unterschied der Rasse, des Geschlechts, der Sprache oder der Religion zu fördern und zu festigen.

Artikel 2

[...] 3. Alle Mitglieder legen ihre internationalen Streitigkeiten durch friedliche Mittel so bei, dass der Weltfriede, die internationale Sicherheit und die Gerechtigkeit nicht gefährdet werden. [...]

7. Aus dieser Charta kann eine Befugnis der Vereinten Nationen zum Eingreifen in Angelegenheiten, die ihrem Wesen nach zur inneren Zuständigkeit eines Staates gehören, [...] nicht abgeleitet werden [...].

Artikel 41

Der Sicherheitsrat kann [...] die vollständige oder teilweise Unterbrechung der Wirtschaftsbeziehungen [...] und den Abbruch der diplomatischen Beziehungen beschließen.

Artikel 42

Ist der Sicherheitsrat der Auffassung, dass die in Artikel 41 vorgesehenen Maßnahmen unzulänglich sein würden oder sich als unzulänglich erwiesen haben, so kann er mit Luft-, See- oder Landstreitkräften die zur Wahrung oder Wiederherstellung des Weltfriedens und der internationalen Sicherheit erforderlichen Maßnahmen durchführen. Sie können Demonstrationen, Blockaden und sonstige Einsätze der Luft-, See- oder Landstreitkräfte von Mitgliedern der Vereinten Nationen einschließen.

Peter J. Opitz und Volker Rittberger (Hrsg.), Forum der Welt. 40 Jahre Vereinte Nationen, Bonn 1986, S. 318 ff.

M 3 Unterzeichnung der „Charta der Vereinten Nationen"
Foto aus San Francisco vom 26. Juni 1945

Internettipp:
Vom Völkerbund zur UNO: Informationen unter Mediencode 31054-92

[1] Kollektivmaßnahme: gemeinsame Maßnahme von UN-Staaten

1. *Erkläre anhand des Fotos M3 den Grundsatz „One state – one vote".*
2. *Die UN-Charta wurde beeinflusst von der Entstehung und dem Verlauf des Zweiten Weltkrieges. Arbeite die Bestimmungen heraus, die dies deutlich machen.*
3. *Erörtert, welche Probleme sich aus Artikel 2 für die Wirksamkeit der UNO ergeben können (M2).*
4. *Verfasse, ausgehend von den Materialien M2 und M3, einen Zeitungskommentar zur Unterzeichnung der Charta der Vereinten Nationen.*

Der Kalte Krieg beginnt

Die russischen Pläne zur Errichtung von Satellitenstaaten[1] stellen eine Bedrohung für die Welt und für uns dar. Wenn die Sowjetunion erst einmal die Kontrolle über ihre Nachbarregionen erlangt hat, wird sie versuchen, die nächsten angrenzenden Länder zu durchdringen.

M1 Warnungen vor dem sowjetischen Einfluss
Diese Sätze stehen in einer Denkschrift, die der US-Botschafter in Moskau im April 1945 nach Washington schickte.
Ordne das Zitat in die Endphase des Zweiten Weltkrieges ein.

USA und UdSSR zwischen den Kriegen

Bereits während des Ersten Weltkrieges waren die USA zur weltweit führenden wirtschaftlichen Großmacht aufgestiegen. Durch eine isolationistische Außenpolitik in der Zwischenkriegszeit hatten sie allerdings lange Zeit wenig politischen Einfluss auf die weltweiten Entwicklungen genommen.
Die Sowjetunion hatte seit der Oktoberrevolution und der Stabilisierung der kommunistischen Herrschaft in den Zwanziger Jahren einen eher indirekten politischen und ideologischen Einfluss ausgeübt. Außenpolitisch war sie jedoch bis in die späten Dreißiger Jahre weitgehend isoliert.

Aufstieg zu Weltmächten

Für den Ausgang des Zweiten Weltkrieges waren maßgeblich die wirtschaftlichen und personellen Ressourcen der USA und der UdSSR entscheidend. Beide Staaten gingen aus dem Krieg als neue Weltmächte hervor. Durch die Größe ihrer Staatsgebiete und ihre Einwohnerzahlen sowie vor allem durch ihre militärische Stärke waren sie anderen Staaten deutlich überlegen. Als kriegsentscheidende Mächte versuchten die USA und die Sowjetunion, ihren Einfluss auf Europa und die übrige Welt zu sichern und dadurch ihre politischen und wirtschaftlichen Ziele durchzusetzen. Die tief greifenden weltanschaulichen Gegensätze zwischen den USA und der Sowjetunion traten nun offen zutage.

Politische/wirtschaftliche Ordnung der USA ...

Die Vereinigten Staaten vertraten eine freiheitliche, demokratische Ordnung, in deren Mittelpunkt das Individuum stand. Die Freiheit des Einzelnen wird dabei u. a. durch Grundrechte und Gewaltenteilung mit gegenseitiger Kontrolle garantiert. Eine freie Presse ermöglicht Meinungsvielfalt und eine politische Meinungsbildung. In diesem System ist politische Macht zeitlich begrenzt und kann nur in freien Wahlen erlangt werden. Die Grundlagen der Wirtschaftsordnung, der **freien Marktwirtschaft**, bildet ein von staatlichen Eingriffen freier privater Wettbewerb.

... und der Sowjetunion

Diesem System stand die kommunistische Gesellschafts- und Wirtschaftsordnung entgegen.
Von übergeordneter Bedeutung war das Interesse der Gesellschaft, dem sich das Individuum nicht nur politisch, sondern auch wirtschaftlich unterzuordnen hatte. Die politische Macht stand nur der Kommunistischen Partei – in der Sowjetunion der KPdSU – zu, die abweichende Meinungsäußerungen und politisch Andersdenkende verfolgte. Produktionsmittel befanden sich im staatlichen Besitz. Der Staat und nicht die Marktteilnehmer legte in dieser **Planwirtschaft** fest, was in welchen Mengen produziert wurde. Individuelle Bedürfnisse spielten eine untergeordnete Rolle.

Ein Kalter Krieg beginnt

Die gegensätzlichen politischen und wirtschaftlichen Vorstellungen führten bereits im Verlauf des Jahres 1945 zu einem sich verstärkenden **Ost-West-Konflikt**. Die Zusammenarbeit im Krieg wich einem stetig wachsenden Misstrauen zwischen den beiden Großmächten.
Zum Ausbruch eines neuen Weltkrieges kam es nicht. Aber die Sicherheitslage der Welt war angespannt, da sich zwei ideologisch unvereinbare Blöcke hoch gerüstet gegenüberstanden. Zeitgenossen empfanden diesen Frieden als **Kalten Krieg**.

Stelle die beiden politischen und wirtschaftlichen Systeme in einer Tabelle einander gegenüber.

[1] Satellitenstaat: ein der Form nach unabhängiger, tatsächlich aber unter dem Einfluss einer Großmacht stehender Staat

freie Marktwirtschaft Planwirtschaft Ost-West-Konflikt Kalter Krieg

M2 „Time to bridge the gulch"
Karikatur von Bruce Russel für die „Los Angeles Times", 30. November 1945

M3 Der „Kalte Krieg"

Am 19.10.1945 setzt sich der englische Schriftsteller George Orwell mit den Folgen der Blockbildung auseinander. Der Essay „You and the Atomic Bomb" enthält erstmals den Begriff „cold war":

Aus verschiedenen Zeichen kann man schließen, dass die Russen die Atombombe noch nicht haben. Doch es scheint allgemeine Ansicht zu sein, dass sie sie in wenigen Jahren besitzen werden. Vor uns liegt die Aussicht auf zwei oder drei ungeheure Superstaaten im Besitz einer Waffe, die Millionen Menschen in Sekunden auslöschen kann, und die die Welt unter sich aufteilen.
Die Erde wird immer offensichtlicher in drei große Reiche aufgeteilt, jedes eigenständig und abgeschottet von der Außenwelt, jedes in der einen oder anderen Maske beherrscht von einer selbsternannten Führungsschicht. Das Schachern um ihre Grenzen hält noch an [...], und der dritte dieser Superstaaten – Ostasien unter Chinas Herrschaft – ist noch eher theoretisch als wirklich. Aber die allgemeine Tendenz ist unverkennbar, und jede neuere wissenschaftliche Entdeckung beschleunigt sie. [...]
Nur wenige haben bisher die Konsequenzen eines Staates bedacht, der unbesiegbar ist und zugleich in einem dauernden „Kalten Krieg" mit seinen Nachbarn liegt.
Wäre die Atombombe so billig und leicht herzustellen wie ein Fahrrad oder ein Wecker, sie hätte uns durchaus in die Barbarei zurückstoßen können. [...] Wenn sie aber, was der Fall zu sein scheint, teuer und schwierig zu produzieren ist wie ein Schlachtschiff, dann ist es wahrscheinlicher, dass sie den großangelegten Kriegen ein Ende setzt, auf Kosten der unbestimmten Verlängerung eines „Friedens, der kein Friede ist".

George Orwell, You and the Atomic Bomb, in: Tribune, 19. Oktober 1945 (vereinfacht übersetzt von M. Sanke)

M4 Ein „Eiserner Vorhang" teilt Europa

Der frühere britische Premierminister Winston Churchill sagt am 5.3.1946 in Fulton (USA):

Ein Schatten ist auf die Erde gefallen, die erst vor Kurzem durch den Sieg der Alliierten hell erleuchtet worden ist. [...] Von Stettin an der Ostsee bis hinunter nach Triest an der Adria ist ein „Eiserner Vorhang" über den Kontinent gezogen. [...] Die kommunistischen Parteien, die in diesen Staaten bisher sehr klein waren, sind überall großgezogen worden, sie sind zu unverhältnismäßig hoher Macht gelangt und suchen jetzt überall die totalitäre Kontrolle an sich zu reißen. [...] Ich glaube nicht, dass Sowjetrussland den Krieg will. Was es will, das sind die Früchte des Krieges und die unbeschränkte Ausdehnung seiner Macht und die Verbreitung seiner Doktrin. Was wir aber heute, solange noch Zeit vorhanden ist, erwägen müssen, das sind die Mittel zur dauernden Verhütung des Krieges und zur Schaffung von Freiheit und Demokratie in allen Ländern.

Jürgen Weber (Hrsg.), 30 Jahre Bundesrepublik Deutschland, Bd. 2: Entscheidungsjahr 1948, München 1979, S. 34 ff.

Internettipp:
Ein Erklärvideo zum „Kalten Krieg" kannst du hier ansehen:
31054-93

1. *Analysiere, wie in M2 das Verhältnis UdSSR-USA dargestellt wird.*
2. *Erkläre in eigenen Worten die Begriffe „Kalter Krieg" (M3) und „Eiserner Vorhang" (M4).*
3. *Arbeite die Folgen des Kalten Krieges für die Menschen in Europa heraus (M3, M4).*
4. *Beurteile auf der Grundlage der Materialien M2-M4, inwieweit die USA und ihre Verbündeten eine Mitschuld am Kalten Krieg tragen.*

Die politische Teilung der Welt

M 1 Ehrenmal für die sowjetischen Soldaten, Berlin (Tiergarten)
Das Ehrenmal wurde am 11. November 1945 eingeweiht. Die Bronzestatue eines Rotarmisten stammt von Lew Kerbel und ist 8 m hoch.
Beurteile, welche Wirkung die Statue auf einen Betrachter im Berlin der Nachkriegszeit hatte.

Moskaus Einfluss wächst ...

Die Sowjetunion war Hauptleidtragende des Zweiten Weltkrieges. Durch Ausdehnung ihres Einflussbereichs auf Ostmitteleuropa wollte sie sich vor einer zukünftigen militärischen Auseinandersetzung schützen. Die USA und Großbritannien respektierten dieses Sicherheitsinteresse. Dafür erwarteten sie, dass die betreffenden Nationen in freien Wahlen über ihr zukünftiges politisches System und ihre Wirtschaftsordnung bestimmen konnten. Denn die UdSSR hatte sich als UN-Mitglied zum „Selbstbestimmungsrecht der Völker" bekannt.

... und teilt die Welt

Die Realität sah anders aus: Im sowjetischen Einflussbereich entstanden sog. „Volksdemokratien", die sich der Sowjetunion unterordnen mussten. Die Moskauer Partei- und Staatsführung beeinflusste die Zusammensetzung ihrer Regierungen, die immer stärker von Kommunisten dominiert wurden. Die politische und wirtschaftliche Ordnung wurde nach sowjetischem Vorbild umgestaltet: Die Staaten entwickelten sich zu Ein-Parteien-Diktaturen mit zentral gelenkter Planwirtschaft.

Die USA reagieren

Der sowjetische Einfluss beschränkte sich nicht auf die im Zweiten Weltkrieg von der Roten Armee befreiten Staaten. Die UdSSR bemühte sich auch, in den Bürgerkriegsstaaten Türkei und Griechenland an Einfluss zu gewinnen.

US-Präsident Harry S. Truman stellte im März 1947 die Teilung der Welt in zwei unvereinbare Wirtschafts- und Gesellschaftssysteme fest und formulierte neue Leitlinien der amerikanischen Außenpolitik: Die USA werden jede Nation unterstützen, die sich für eine demokratische Lebensweise entscheide. Durch diese sog. Truman-Doktrin hoffte er, den sowjetischen Einfluss eindämmen zu können.

Die Blöcke verfestigen sich

Das Verhältnis der beiden Blöcke war geprägt von Misstrauen und Propaganda. Um dem Gegner ebenbürtig zu sein, rüsteten beide Seiten auf. Die USA besaßen seit 1945, die Sowjetunion ab 1949 Atomwaffen.

Gleichzeitig vertiefte sich die politische Blockbildung durch militärische Zusammenschlüsse: Im April 1949 gründeten zehn westeuropäische Staaten sowie die USA und Kanada das nordatlantische Verteidigungsbündnis **NATO**. 1954 wurde mit der SEATO ein südostasiatisches Pendant zur NATO gegründet. Als Reaktion darauf entstand im Mai 1955 die Warschauer Vertragsorganisation (WVO, im Westen **Warschauer Pakt** genannt), ein militärisch-politischer Zusammenschluss der Staaten des Ostblocks unter Führung der Sowjetunion.

Die USA zeigen Stärke

Unter Präsident Dwight D. Eisenhower entwickelte sich die außenpolitische Haltung der USA weiter. Dem sowjetischen Machtanspruch und der Gefahr, dass ein Staat kommunistisch werden könnte und dadurch andere Staaten der Region folgen könnten (Domino-Theorie), begegneten die USA nun mit einer „Politik der Stärke". Sie rüsteten den ehemaligen Kriegsgegner Japan auf und bauten die eigene militärische Präsenz aus. Unter anderem wurden 1959 in den NATO-Staaten Italien und Türkei atomare Mittelstreckenraketen stationiert.

NATO Warschauer Pakt

M2 Die Truman-Doktrin

In einer Rede vor dem Kongress fordert US-Präsident Truman am 12. März 1947 die Bereitstellung von 400 Millionen Dollar zur Unterstützung Griechenlands und der Türkei. Dadurch will er verhindern, dass kommunistische Kräfte im griechischen Bürgerkrieg die Macht an sich reißen. Die Begründung dieser Forderung wird heute als theoretische Grundlage der amerikanischen Eindämmungspolitik bezeichnet.

Im gegenwärtigen Abschnitt der Weltgeschichte muss fast jede Nation ihre Wahl in Bezug auf ihre Lebensweise treffen. Nur allzu oft ist es keine freie Wahl. Die eine Lebensweise gründet sich auf den Willen der Mehrheit und zeichnet sich durch freie Einrichtungen, freie Wahlen, Garantie der individuellen Freiheit, Rede- und Religionsfreiheit und Freiheit vor politischer Unterdrückung aus. Die zweite Lebensweise gründet sich auf den Willen einer Minderheit, der der Mehrheit aufgezwungen wird. Terror und Unterdrückung, kontrollierte Presse und Rundfunk, fingierte Wahlen und Unterdrückung der persönlichen Freiheiten sind ihre Kennzeichen.

Ich bin der Ansicht, dass es die Politik der Vereinigten Staaten sein muss, die freien Völker zu unterstützen, die sich der Unterwerfung durch bewaffnete Minderheiten oder durch Druck von außen widersetzen. Ich glaube, dass wir den freien Völkern helfen müssen, sich ihr eigenes Geschick nach ihrer eigenen Art zu gestalten. […]

Die Saat der totalitären Regime gedeiht in Elend und Mangel. Sie verbreitet sich und wächst in dem schlechten Boden von Armut und Kampf. Sie wächst sich vollends aus, wenn in einem Volk die Hoffnung auf ein besseres Leben ganz erstirbt. Wir müssen diese Hoffnung am Leben erhalten. Die freien Völker der Erde blicken auf uns und erwarten, dass wir sie in der Erhaltung der Freiheit unterstützen.

Zit. nach: Herbert Michaelis u. a. (Hrsg.), Ursachen und Folgen. Vom deutschen Zusammenbruch 1918 und 1945 bis zur staatlichen Neuordnung in der Gegenwart, Bd. 25, Berlin o. J., S. 148 ff. (übers. von Ernst Schraepler)

M3 Ausdehnung des sowjetischen Herrschaftsbereiches in Europa

M4 Die „zwei Lager"

Die Aufgabe des im September 1947 auf Initiative Stalins gegründeten Kommunistischen Informationsbüros soll die Anleitung der kommunistischen Bewegung unter Führung der KPdSU sein. Auf der Gründungstagung erklärt die Kominform zur internationalen Entwicklung:

Die Meinungsverschiedenheiten in der Zielsetzung des Krieges und der Aufgaben der Nachkriegsgestaltung haben sich in der Nachkriegszeit vertieft. Es bildeten sich zwei einander entgegengesetzte politische Richtungen heraus: auf dem einen Pol die Politik der UdSSR und der demokratischen Länder, die auf Überwindung des Imperialismus und Festigung der Demokratie gerichtet ist, auf dem anderen die Politik der USA und Großbritanniens, die auf Stärkung des Imperialismus und Drosselung der Demokratie abzielt. […] Auf diese Weise entstanden zwei Lager.

Nach: Archiv der Gegenwart, XVI./XVII. Jg. (1946/47), S. 1207 f. (überarbeitet)

Internettipp:
Zur Blockbildung siehe Mediencode 31054-94

1. *Beschreibe mithilfe der Karte M3 die Ausdehnung des sowjetischen Einflusses seit 1939 und erkläre den Ausdruck „Eiserner Vorhang".*
2. *Erläutere die Ziele der Truman-Doktrin (M2) und der Kominform (M4).*
3. *Nimm Stellung zur Beurteilung der politischen Lage durch die beiden Autoren (M2 und M4).*
4. *Beschreibe die Lage der europäischen Staaten und besonders Deutschlands innerhalb der Blöcke (M3).*

Wiederaufbau und wirtschaftliche Teilung

M1 „Amerikaner nach Amerika!“ Plakat, Frankreich, 1950
Text auf der Landkarte: „Nein! Frankreich wird keine Kolonie sein!“ Das Plakat wurde von der Kommunistischen Partei Frankreichs herausgegeben.
Charakterisiere die Darstellung der USA.

Wiederaufbauhilfe für Europa

Nach dem Weltkrieg lag Europa in Trümmern. Die USA befürchteten, dass schlechte Lebensbedingungen und Unzufriedenheit der Bevölkerung den Kommunismus befördern könnten. Darauf reagierte die amerikanische Regierung. Im Juni 1947 kündigte der amerikanische Außenminister George C. Marshall das „European Recovery Program“ an: Alle unter Kriegsfolgen leidenden Staaten Europas sollten amerikanische Finanzhilfen erhalten. Dies sollte ihnen ermöglichen, ihre Wirtschaft wiederaufzubauen. Das rasch unter dem Namen **Marshall-Plan** populäre Programm sollte zugleich neue Absatzmärkte für die US-Wirtschaft erschließen, die unter Überproduktion litt. Auch zielte es darauf ab, Schranken und Hemmnisse im internationalen Handel dauerhaft abzubauen.

Beteiligung am Marshall-Plan

Die an einer finanziellen Unterstützung interessierten europäischen Staaten sollten in die Umsetzung des Marshall-Plans eingebunden werden und den Wiederaufbau und die Zusammenarbeit Europas koordinieren. 16 westeuropäische Staaten schlossen sich im April 1948 zum Europäischen Wirtschaftsrat zusammen („Organization for European Economic Cooperation“ OEEC, heute OECD).
Zwischen 1948 und 1952 flossen rund 14 Milliarden Dollar, überwiegend in Form von Zuschüssen, an die beteiligten europäische Staaten. Diese Summe entspricht heute rund 130 Milliarden Dollar. Hauptnutznießer der amerikanischen Hilfe waren Großbritannien (3,44 Milliarden Dollar) und Frankreich (2,81 Milliarden Dollar). Dahinter folgten bereits die drei von den Westalliierten besetzten Zonen Deutschlands bzw. die spätere Bundesrepublik (1,52 Milliarden Dollar).

Stalin verbietet die Teilnahme

Ausdrücklich erstreckte sich das Angebot des ERP auch auf Osteuropa. Stalin befürchtete jedoch eine politische und wirtschaftliche Einmischung der USA und lehnte den Marshall-Plan für die Sowjetunion ab. Ebenfalls zwang er die unter seinem Einfluss stehenden Staaten, das amerikanische Angebot abzulehnen.
Als einziger kommunistischer Staat erhielt die Volksrepublik Jugoslawien ab 1950 Mittel aus dem Marshall-Plan (159 Millionen Dollar). 1948 hatte sich das Land vom Einfluss der Sowjetunion lösen können.

Der Osten geht eigene Wege

Auf den Marshall-Plan und die vertiefte wirtschaftliche Zusammenarbeit Westeuropas und der USA reagierten osteuropäischen Staaten Anfang 1949. Die Sowjetunion schloss sich mit Bulgarien, Ungarn, Polen, Rumänien und der Tschechoslowakei zum **Rat für Gegenseitige Wirtschaftshilfe (RGW)** zusammen, um enger wirtschaftlich zusammenzuarbeiten. Die Mitglieder sollten sich gegenseitig technische Hilfe gewähren sowie Rohstoffe, Nahrungsmittel und Maschinen untereinander austauschen.
Formal waren alle Mitglieder gleichberechtigt, allerdings konnte die Sowjetunion über den Rat massiv Einfluss auf die wirtschaftliche Entwicklung der osteuropäischen Staaten nehmen.

M2 Der Marshall-Plan

In einer Rede am 5. Juni 1947 vor Studenten der Harvard Universität begründet der amerikanische Außenminister George Marshall die amerikanische Hilfe für europäische Staaten:

In Wahrheit liegt die Sache so, dass Europas Bedarf an ausländischen Nahrungsmitteln und anderen wichtigen Gütern – hauptsächlich aus Amerika – während der nächsten drei oder vier Jahre um so viel höher liegt als seine gegenwärtige Zahlungsfähigkeit, dass beträchtliche zusätzliche Hilfsleistungen notwendig sind, wenn es nicht in einen wirtschaftlichen, sozialen und politischen Verfall sehr ernster Art geraten soll. [...] Abgesehen von der demoralisierenden Wirkung auf die ganze Welt und von der Möglichkeit, dass aus der Verzweiflung der betroffenen Völker sich Unruheherde ergeben können, dürfte es auch offensichtlich sein, welche Folgen dieser Zustand auf die Wirtschaft der Vereinigten Staaten haben muss. Es ist nur logisch, dass die Vereinigten Staaten alles tun, was in ihrer Macht steht, um die Wiederherstellung gesunder wirtschaftlicher Verhältnisse in der Welt zu fördern, ohne die es keine politische Stabilität und keinen sicheren Frieden geben kann. Unsere Politik richtet sich nicht gegen irgendein Land oder irgendeine Doktrin, sondern gegen Hunger, Armut, Verzweiflung und Chaos. Ihr Zweck ist die Wiederbelebung einer funktionierenden Weltwirtschaft, damit die Entstehung politischer und sozialer Bedingungen ermöglicht wird, unter denen freie Institutionen existieren können. [...]

Jeder Regierung, die bereit ist, beim Wiederaufbau zu helfen, wird die volle Unterstützung der Regierung der Vereinigten Staaten gewährt werden, dessen bin ich sicher. Aber eine Regierung, die durch Machenschaften versucht, die Gesundung der anderen Länder zu hemmen, kann von uns keine Hilfe erwarten. Darüber hinaus werden alle Regierungen, politische Parteien oder Gruppen, die es darauf abgesehen haben, das menschliche Elend zu einem Dauerzustand zu machen, um in politischer oder anderer Hinsicht Nutzen daraus zu ziehen, auf den Widerstand der Vereinigten Staaten stoßen.

Europa-Archiv, 2. Jg. 1947, S. 821

M3 „ERP-Beitrag im Marshall-Plan ... und Deine Produktion – für ein unabhängiges Österreich"
Plakat, Österreich, 1949

Internettipp:
Eine kritische Bewertung des Marshall-Plans bietet das Video unter 31054-95

M4 Marshall-Plan und wirtschaftliche Erholung

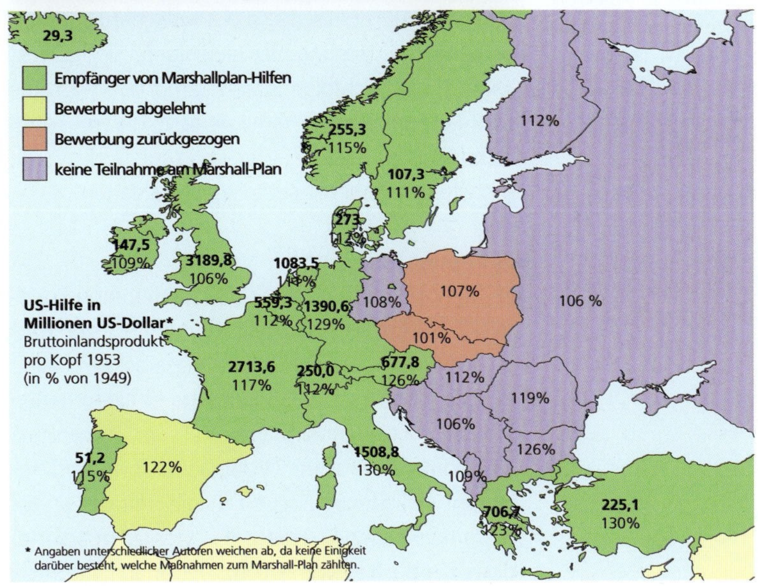

1. *Fasse die Argumente zusammen, mit denen Marshall die Notwendigkeit der amerikanischen Hilfe begründet (M2).*
2. *Vergleiche die Wirtschaftsentwicklung der europäischen Staaten nach 1945 (M4). Bewerte den Einfluss der Hilfen aus dem Marshall-Plan.*
3. *Vergleiche die beiden Plakate M1 und M3.*
4. *Entwickelt auf Grundlage der Materialien zunächst Argumente für und gegen die Annahme des Marshall-Plans. Führt anschließend ein Streitgespräch.*

„Tauwetter“ und „friedliche Koexistenz“?

M1 Überführung der Leiche Stalins zum Roten Platz
Foto vom Trauerzug in Moskau, 9. März 1953
An den Trauerfeierlichkeiten sollen rund 1,5 Millionen Menschen teilgenommen haben. Zahlreiche Personen starben, als es auf dem Roten Platz zu einem Gedränge kam.
Verfasse einen Tagebucheintrag. Beschreibe darin mögliche Hoffnungen und Befürchtungen eines Sowjetbürgers bei der Nachricht von Stalins Tod.

Stalins Tod

Am 5. März 1953 starb Stalin nach über 30 Jahren Herrschaft. Viele Menschen in der Sowjetunion und in den Ostblockstaaten hofften auf eine Abkehr vom stalinistischen Herrschaftssystem. In der DDR demonstrierten zahlreiche Menschen am 17. Juni 1953 für politische sowie wirtschaftliche Verbesserungen. Doch weder diejenigen, die in Moskau um die Nachfolge Stalins kämpften, noch die DDR-Führung hatten ein Interesse daran, Zugeständnisse zu machen. Der Volksaufstand wurde mithilfe der Roten Armee niedergeschlagen.

Ein neuer Kurs?

Im Kampf um die Macht in der Sowjetunion konnte sich **Nikita S. Chruschtschow** durchsetzen. Unter seiner Führung wurde eine Phase der Entstalinisierung eingeleitet. 1956 kündigte er einen neuen innen- und außenpolitischen Kurs an. Angesichts des atomaren Patts der Großmächte formulierte er eine neue außenpolitische Leitlinie, mit der er auf die amerikanische „Politik der Stärke“ reagierte: die **„friedliche Koexistenz“**. Danach konnten Staaten mit unterschiedlichen Weltanschauungen sowie Gesellschafts- und Wirtschaftsordnungen nebeneinander bestehen, ohne sich gegenseitig zu bedrohen.

Aufstände in Polen und in Ungarn

Chruschtschows Politik ermutigte viele Menschen in Polen und Ungarn dazu, die Einparteienherrschaft in ihren Ländern und wirtschaftliche Missstände offen zu kritisieren. Streikende und Demonstranten erzwangen erste politische Reformen, eine langsame Loslösung von Moskau begann. Die Sowjetunion befürchtete den Zerfall des kommunistischen Herrschaftssystems in Osteuropa.

Sowjetische Truppen marschierten in Polen und Ungarn ein, es kam zu Aufständen, die gewaltsam niedergeschlagen wurden. Auf ungarischer Seite starben dabei über 2 500 Menschen, etwa 20 000 wurden in Gefängnisse, mehrere Tausend in sowjetische Arbeitslager gesteckt, rund 200 000 Menschen flohen aus ihrer Heimat. Die neu eingesetzten prosowjetischen Regierungen in Warschau und Budapest verstärkten die Überwachung der eigenen Bevölkerung, versuchten aber gleichzeitig, die materiellen Lebensbedingungen der Menschen zu verbessern.

Der Westen schweigt – und rüstet auf

Der Westen griff nicht zugunsten der Demonstranten in Osteuropa ein. Er akzeptierte das sowjetische Vorgehen und erkannte den sowjetischen Einflussbereich an. Gründe dafür waren die Uneinigkeit im westlichen Verteidigungsbündnis, vor allem aber die Furcht vor einer atomaren Auseinandersetzung mit der Sowjetunion.

1956 hatte sich die internationale Lage parallel zu den Entwicklungen in Polen und Ungarn zugespitzt: Frankreich und Großbritannien planten zusammen mit Israel einen Militärschlag gegen Ägypten. Die Regierung in Kairo hatte kurz zuvor den Suez-Kanal verstaatlicht und somit die Kontrolle über den wichtigen Schifffahrtsweg erlangt, der von zentraler Bedeutung für die Ölversorgung der westlichen Industriestaaten ist. Erst als Chruschtschow damit drohte, Atomwaffen gegen französische, britische und israelische Städte einzusetzen, zogen die beteiligten Staaten ihre Soldaten aus Ägypten ab. Zudem kritisierten die USA das Vorgehen ihrer NATO-Partner.

Als Konsequenz trieben Frankreich und Israel ihre eigene atomare Rüstung voran, um politisch unabhängiger von den Atommächten USA und Großbritannien handeln zu können.

M2 Abrechnung mit Stalin

Der erste Parteitag nach Stalins Tod findet im Februar 1956 im Kreml in Moskau mit 1430 Delegierten sowie Abordnungen kommunistischer Parteien aus 55 Ländern und weiteren Gästen statt. Am letzten Tag hält Chruschtschow in einer geschlossenen Sitzung eine vierstündige Rede, in der er Stalin verantwortlich macht für Versäumnisse, Fehlentwicklungen und Verbrechen. Die Rede bleibt nicht geheim. Sie wird am 5. Juni 1957 erstmals in der „New York Times" veröffentlicht und dann weltweit verbreitet. In der sowjetischen Presse wird sie erst 1989 vollständig gedruckt.

Nach dem Tode Stalins begann das ZK, der Partei [...] nachzuweisen, dass es unzulässig und dem Geist des Marxismus-Leninismus fremd ist, eine einzelne Person herauszuheben und sie in eine Art Übermensch mit übernatürlichen, gottähnlichen Eigenschaften zu verwandeln. Dieser Mensch weiß angeblich alles, sieht alles, denkt für alle, vermag alles zu tun, ist unfehlbar in seinem Handeln. Eine solche Vorstellung über einen Menschen, konkret gesagt über Stalin, war bei uns viele Jahre lang verbreitet. [...]

Stalin handelte nicht mit den Mitteln der Überzeugung, der Erklärung, der geduldigen Arbeit mit den Menschen, sondern durch das Aufzwingen seiner Konzeptionen, indem er die absolute Unterordnung unter seine Meinung forderte. [...] Im Besitz einer unbeschränkten Macht tolerierte er grausame Willkür, erdrückte er die Menschen moralisch und physisch. [...]

Die Sowjetunion wird zu Recht als Muster eines multinationalen Staates[1] angesehen, denn bei uns wurden in der Praxis Gleichheit und Freundschaft aller Völker gewährleistet, die unsere große Heimat bewohnen. Umso ungeheuerlicher sind die Aktionen, deren Initiator Stalin war. [...] Die Rede ist von der Massenumsiedlung ganzer Völker aus ihren heimatlichen Orten [...].

Nikita S. Chruschtschow, Der Personenkult und seine Folgen, in: Ost-Probleme, 8. Jg., Nr. 25/26, 1956, S. 328-343

M3 Über die „friedliche Koexistenz"

Während des XX. Parteitages verkündet Chruschtschow 1956 auch seine Leitlinien für die internationale Politik:

Wenn [...] eine Gefahr für die friedliche Koexistenz von Ländern mit verschiedenen sozialen und politischen Systemen besteht, so geht sie keineswegs von der Sowjetunion, keineswegs vom sozialistischen Lager aus. [...] Es gibt zwei, tatsächlich nur zwei Wege: entweder die friedliche Koexistenz oder den furchtbarsten Vernichtungskrieg der Geschichte. Einen dritten Weg gibt es nicht. Wir sind der Ansicht, dass Länder mit verschiedenen sozialen Systemen nicht nur einfach nebeneinander bestehen können, sondern darüber hinaus eine Verbesserung der Beziehungen, eine Festigung des Vertrauens und eine Zusammenarbeit anstreben müssen.

ebd., S. 333f.

Internettipp:
Chruschtschow läutet die „Tauwetterperiode" ein. Erklärungen im Video unter 31054-96

M4 Stalin-Denkmal in Budapest
Foto vom 23. Oktober 1956

1. *Gib in eigenen Worten wieder, was Chruschtschow Stalin vorwirft (M2).*
2. *Analysiere, aus welchen Gründen die Rede M2 geheim bleiben sollte.*
3. *Überprüfe, inwieweit das Konzept der „friedlichen Koexistenz" eine Abkehr von der Zwei-Lager-Theorie darstellt (M4, S. 235).*
4. *Erläutere den Zusammenhang zwischen M4 und M2-M3.*

[1] multinationaler Staat: Staat, dessen Bevölkerung aus verschiedenen Völkern besteht.

Die Welt am Rand eines Atomkrieges

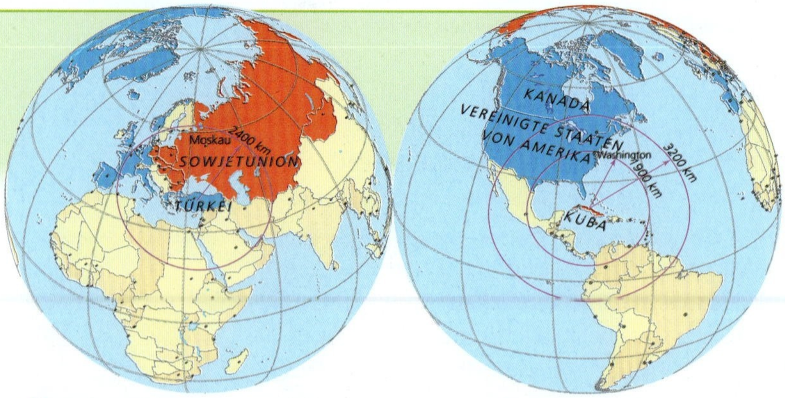

M1 Reichweite der amerikanischen und sowjetischen Atomraketen
blau: NATO
rot: Warschauer Pakt
Im April 1962 hatten die USA atomare Mittelstreckenraketen in der Türkei stationiert. Im Juli begann in Kuba streng geheim der Bau von Abschussrampen für sowjetische Atomraketen.
Beschreibe die strategische Bedeutung der Türkei und Kubas für den jeweiligen Partner.

Internettipp:
Dokumente und ein Erklärvideo zur Kuba-Krise findest du unter Mediencode **31054-97**

Von Stärke zu Schwäche

Im Oktober 1962 hielt die Weltöffentlichkeit den Atem an: Es drohte eine atomare Auseinandersetzung zwischen den beiden Weltmächten USA und Sowjetunion. Wie konnte es so weit kommen?
Ende der 1950er-Jahre war Eisenhowers „Politik der Stärke" fragwürdig geworden: Außenpolitisch hatten die USA, u. a. durch die Suez-Krise sowie die Niederschlagung der Aufstände in Polen und Ungarn, ihre Grenzen aufgezeigt bekommen. Zudem zeigte sich, dass die Sowjetunion den USA militärisch und wissenschaftlich ebenbürtig war.

Kuba wird kommunistisch

Eine neue Gefährdung für die USA entstand, als 1959 auf der Karibikinsel Kuba eine von den USA unterstützte Militärdiktatur durch eine kommunistische Revolution gestürzt wurde. Der neue Regierungschef **Fidel Castro** ließ alle amerikanischen Betriebe enteignen. Sein Revolutionsgefährte Ernesto „Che" Guevara führte eine Bodenreform durch und ließ die Armee „säubern". Die USA befürchteten, dass weitere Staaten in Süd- und Mittelamerika dem kubanischen Vorbild folgen könnten. 1960 verboten sie US-Bürgern jeden Handel mit Kuba (Handelsembargo). **John F. Kennedy**, der 1960 zum Präsidenten gewählt worden war, unterstützte zudem den Versuch von Exilkubanern, Castro durch eine Invasion zu stürzen und den US-amerikanischen Einfluss wiederherzustellen.
Der Versuch scheiterte kläglich und band Castro noch enger an die UdSSR. Chruschtschow sah die Chance, ein Gegengewicht zu den US-Atomwaffen in der Türkei herzustellen. Er überredete Castro, auf Kuba sowjetische Atomraketen zu stationieren.

Die Welt hält den Atem an …

Am 15. Oktober 1962 entdeckten amerikanische Aufklärungsflugzeuge den Bau von Abschussvorrichtungen sowie bereits gelieferte Mittelstreckenraketen auf Kuba. Innerhalb der amerikanischen Regierung sprach sich daraufhin eine Mehrheit gegen Luftangriffe und für die Errichtung einer Seeblockade aus, um eine Stationierung weiterer Raketen und Sprengköpfe zu verhindern.
In einer Fernsehansprache wandte sich Kennedy am 22. Oktober an die Weltöffentlichkeit. Er forderte den bedingungslosen Abbau der Raketen und kündigte die Seeblockade an.
Zwei Tage später drohte die Sowjetunion mit dem Aufbrechen der Blockade, sollten sowjetische Schiffe an der Weiterfahrt nach Kuba gehindert werden. Die bereits äußerst angespannte Lage spitzte sich dramatisch zu, als am 27. Oktober ein amerikanisches Flugzeug über Kuba abgeschossen wurde. Kennedy mobilisierte die Streitkräfte und Castro forderte die Sowjetunion zum atomaren Erstschlag gegen die USA auf.

… und atmet erleichtert auf

Einen Tag später ordnete Chruschtschow überraschend den Abbau der Raketen an. Die Welt war nur knapp einer atomaren Auseinandersetzung entgangen.
Sowohl der amerikanische Präsident als auch der sowjetische Staatschef hatten sich während der **Kuba-Krise** kompromissbereit gezeigt. Im Gegenzug zum Abzug der sowjetischen Raketen versprachen die USA den Abbau ihrer – veralteten – Raketenstellungen in der Türkei. Zudem garantierte Kennedy, zukünftig auf Gewalt gegen Kuba zu verzichten. Mit diesen gegenseitigen Zugeständnissen konnten beide Seiten ihr Gesicht wahren.
Um eine zweite Kuba-Krise zu verhindern und die Gefahr eines Atomkrieges zukünftig zu minimieren, wurde im Juni 1963 ein „heißer Draht" eingerichtet, eine direkte Fernschreibverbindung zwischen dem Kreml und dem Weißen Haus.

Fidel Castro John F. Kennedy Kuba-Krise

M 2 „Wir schrecken nicht zurück"

Kennedy erklärt am 22. Oktober 1962 in einer Fernsehansprache:

Diese eilige Verwandlung Kubas in einen bedeutenden strategischen Stützpunkt – durch das Vorhandensein dieser großen, weitreichenden und eindeutig offensiven Waffen für die schlagartige Massenvernichtung – stellt einwandfrei eine Bedrohung des Friedens und der Sicherheit ganz Amerikas [...] dar. [...]

Wir werden nicht verfrüht oder unnötigerweise einen weltweiten Kernwaffenkrieg riskieren, bei dem selbst die Früchte des Sieges in unserem Munde zu Asche würden. Aber wir werden vor diesem Risiko auch nicht zurückschrecken, wenn wir ihm gegenüberstehen.

Klaus Schoenthal (Hrsg.), Der neue Kurs. Amerikas Außenpolitik unter Kennedy, München 1964, S. 231 und 234

M 3 Ein Briefwechsel

Während der Krise kommt es zu einem Briefwechsel zwischen Washington und Moskau. Auf die Vorschläge Chruschtschows vom 26. Oktober antwortet Kennedy einen Tag später:

Wie ich aus Ihrem Schreiben entnehme, sind die Kernpunkte Ihrer Vorschläge, die – so wie ich sie verstehe – im Allgemeinen annehmbar erscheinen, die Folgenden:

1. Sie würden der Beseitigung dieser Waffensysteme auf Kuba unter angemessener Beobachtung und Überwachung der Vereinten Nationen zustimmen und sich unter geeigneten Garantien verpflichten, die weitere Einfuhr solcher Waffen nach Kuba zu stoppen.

2. Wir würden unsererseits nach Ausarbeitung entsprechender Vereinbarungen [...] zustimmen:
a) sofort die jetzt bestehenden Sperrmaßnahmen aufzuheben und
b) Garantien gegen eine Invasion Kubas zu geben.

Chruschtschow schreibt Kennedy am 28. Oktober:

Um den gefährlichen Konflikt schneller zu beseitigen, hat die sowjetische Regierung zur Einstellung der weiteren Arbeiten an den Waffenbaustellen eine neue Anordnung zum Abbau der Waffen und zur Rückführung in die Sowjetunion erlassen. [...] Ich betrachte mit Achtung und Vertrauen Ihre Erklärung, dass kein Angriff auf Kuba unternommen wird, dass keine Invasion stattfinden wird, nicht nur vonseiten der USA, sondern auch vonseiten anderer Länder der westlichen Welthälfte. [...] In Anbetracht dessen sind die Motive, die uns veranlassten, Kuba Hilfe dieser Natur zu gewähren, nicht länger wirksam.

Archiv der Gegenwart 32 (1962), S. 10200f.

M 4 „Einverstanden, Herr Präsident, wir reden miteinander"

Karikatur aus der britischen Zeitung „Daily Mail" von 1962; Wiederabdruck: „Der Spiegel", 7. November 1962

Der sowjetische Regierungschef Nikita Chruschtschow und der US-Präsident John F. Kennedy.
Hinweis: „H" ist das Zeichen für Wasserstoff.

1. *Erläutere die Aussage der Karikatur M4.*
2. *Arbeite aus Kennedys Fernsehansprache M2 heraus, an wen er sie richtet und welche Ziele er damit verfolgt.*
3. *Arbeite aus dem Darstellungstext und den Materialien M1-M4 heraus: Die Bedeutung der Kuba-Krise für*
   - *Kubas Sicherheit,*
   - *die UdSSR als Weltmacht,*
   - *die USA und die internationale Politik.*
4. *Analysiere den Briefwechsel zwischen Kennedy und Chruschtschow (M3). Berücksichtige hierbei auch Passagen, die Kompromissbereitschaft und Entspannung andeuten.*
5. *Das Handelsembargo der USA gegen Kuba von 1960 trug zu einer erheblichen wirtschaftlichen Schwächung des Landes und zur Verarmung der Bevölkerung bei. Erst 2016 hoben die Vereinigten Staaten zahlreiche Wirtschaftssanktionen gegen Kuba wieder auf. Beurteile aus heutiger Sicht, ob und inwieweit das politische und wirtschaftliche Vorgehen der USA seit 1960 gerechtfertigt war.*

Vietnam – Albtraum einer Großmacht

Rund um die Erde, von Berlin bis Thailand, leben Völker, deren Wohlergehen zum Teil auf dem Glauben beruht, dass sie auf uns zählen können, auch wenn sie angegriffen würden. Vietnam seinem Schicksal zu überlassen, würde das Vertrauen dieser Völker in den Wert von Amerikas Wort erschüttern. Die wichtigste Lehre unserer Zeit ist, dass der Appetit der Aggression niemals befriedigt ist. Rückzug von einem Schlachtfeld bedeutet nur Vorbereitung des nächsten.

M 1 Amerikas Wort
In einer Rede an der Johns Hopkins University Baltimore verteidigt US-Präsident Lyndon B. Johnson am 7. April 1965 den amerikanischen Truppeneinsatz in Vietnam.
Gib in eigenen Worten wieder, wie Johnson den Einsatz der USA in Vietnam begründet.

Internettipp:
Zur Geschichte des Vietnamkriegs und der Wende von 1968 informiert dieses Video: 31054-98

Der Wunsch nach Unabhängigkeit wächst

Der Zweite Weltkrieg, die Atlantik-Charta und das 1945 verkündete Selbstbestimmungsrecht der Völker hatte in vielen Kolonien den Wunsch nach Unabhängigkeit verstärkt und zur Gründung neuer Staaten in Afrika und Südostasien geführt. Sie gerieten, wie das Beispiel der zunächst französischen, seit 1941 japanischen Kolonie Vietnam zeigt, schnell in den Sog des Ost-West-Konfliktes.

Vietnam: ein zerrissenes Land

Während des Zweiten Weltkrieges hatte, angeführt von Ho Chi Minh, die „Front für die Unabhängigkeit Vietnams" (Viet Minh) gegen die japanische Fremdherrschaft gekämpft. Nach der Kapitulation Japans rief Ho Chi Minh am 2. September 1945 die „Demokratische Republik Vietnam" aus, doch das Land blieb innerlich zerstritten. Der Versuch Frankreichs, seine ehemalige Kolonie zurückgewinnen, führte zum ersten Indochina-Krieg (1946 - 1954) zwischen den Viet Minh und deren politischen Gegnern, auf deren Seite Frankreich kämpfte.
Nach der militärischen Niederlage Frankreichs wurde Vietnam geteilt: Der kommunistische Norden wurde von der UdSSR und der Volksrepublik China unterstützt. Im Süden, gestützt von den USA, herrschte Präsident Ngo Dinh Diem diktatorisch.

Der kommunistische Einfluss wächst

Seit 1957 litt Südvietnam unter Angriffen des kommunistischen Nordens und Aufständen der „Nationalen Front zur Befreiung Südvietnams" (Vietcong). Das Land versank im Bürgerkrieg. US-Präsident Kennedy verstärkte 1961 die Unterstützung für Südvietnam. Im November 1963 wurde Diem durch einen Staatsstreich gestürzt. Damals standen 16 000 amerikanische „Militärberater" im Land.

Die USA versinken im Sumpf

Unter Kennedys Nachfolger Lyndon B. Johnson griffen die USA ab März 1965 schließlich mit Bodentruppen in das Kriegsgeschehen ein. Aufgrund ihrer militärischen Überlegenheit gingen die USA von einem schnellen Sieg aus. Doch trotz Verstärkung der Truppen auf 550 000 Soldaten und massiver Bombardierungen konnten die USA den Dschungel- und Partisanenkrieg nicht gewinnen.
Ende Januar 1968 begann der Vietcong die „Tet-Offensive". Sie führte der westlichen Öffentlichkeit die Aussichtslosigkeit der Lage vor Augen. Proteste gegen die Fortführung des Krieges nahmen zu.
Im Mai 1968 wurden in Paris Friedensverhandlungen aufgenommen. Johnsons Nachfolger, Richard M. Nixon, kündigte die „Vietnamisierung" des Vietnam-Krieges an. Bis März 1973 zogen sich die US-Truppen aus Vietnam zurück. Zugleich wurde die südvietnamesische Regierung mit modernsten Waffen ausgerüstet. Der Krieg dauerte bis 1975 fort.

Am Ende gibt es nur Verlierer

Am 30. April 1975 wurde die südvietnamesische Hauptstadt Saigon (1976 in Ho-Chi-Minh-Stadt umbenannt) von kommunistischen Truppen erobert. 1976 wurden Nord- und Südvietnam zur „Sozialistischen Republik" vereinigt. Die Angst vor einem Domino-Effekt bestätigte sich: Die ehemaligen französischen Kolonien Laos und Kambodscha wurden 1975/76 ebenfalls kommunistisch.
Der **Vietnam-Krieg** spaltete die Gesellschaft der USA in Kriegsbefürworter und -gegner. Zahlreiche Soldaten kehrten verletzt und traumatisiert in ihre Heimat zurück. Im Krieg starben nach amerikanischen Angaben über 1,1 Millionen Soldaten, darunter 58 000 Amerikaner. Die Opfer unter der Zivilbevölkerung lagen noch höher, sie werden in Nord- und in Südvietnam auf 1,5 bis drei Millionen Menschen geschätzt. Umwelt und wirtschaftliche Infrastruktur des Landes wurden nachhaltig zerstört. Die Weltmächte USA und UdSSR hatten einander nicht direkt angegriffen. Aber auf fremdem Territorium hatten sie einen verlustreichen **Stellvertreterkrieg** geführt.

M2 Ho Chi Minh fordert

Ho Chi Minh, der Präsident des kommunistischen Nordvietnam (Demokratische Republik Vietnam), antwortet am 13. Februar 1967 auf einen Friedensappell des Papstes:

Sie [die Amerikaner] haben die furchtbarsten Waffen wie Napalm, chemische Produkte und toxische[1] Gase benutzt, um unsere Landsleute zu töten und unsere Dörfer, Pagoden[2], Kirchen, Krankenhäuser und Schulen niederzubrennen. [...]

Um seine Unabhängigkeit und seinen Frieden zu verteidigen, kämpft das vietnamesische Volk entschlossen gegen die Aggressoren. Es vertraut darauf, dass die Gerechtigkeit triumphieren wird. Die US-Imperialisten müssen ihre Aggression gegen Vietnam beenden, bedingungslos und endgültig der Bombardierung und allen anderen Kriegshandlungen gegen die Demokratische Republik von Vietnam ein Ende setzen, von Südvietnam alle [...] Truppen zurückziehen, die Nationale Front zur Befreiung Südvietnams anerkennen und das vietnamesische Volk seine Angelegenheiten selbst bestimmen lassen. Nur unter solchen Bedingungen kann der Friede in Vietnam wiederhergestellt werden.

Helmut Krause und Karlheinz Reif (Bearb.), Die Welt seit 1945. Geschichte in Quellen, München 1980, S. 602

[1] toxisch: giftig
[2] Pagode: buddhistischer Tempel

M4 Das Massaker von My Lai, 16. März 1968

Foto des US-Armeereporters Ronald Haeberle

Am 5. Dezember 1969 erschien im LIFE Magazine unter der Überschrift „The order was to destroy Mylai and everything in it" eine Reportage über das Massaker, bei dem 504 wehrlose Zivilisten von amerikanischen Soldaten ermordet wurden. Etwa 20 Mädchen und Frauen waren zuvor brutal vergewaltigt worden. – Das Foto trägt im Original die Unterschrift: „Haeberle found the bodies above on a road leading to the village, ‚Most were women and babies. It looked as if they tried to get away.'"

M3 „Execution ..."

Foto von Eddie Adams vom 1. Februar 1968

Die Aufnahme wurde am 2. Februar 1968 erstmals in der „New York Times" mit folgender Bildunterschrift veröffentlicht: „Execution: Brig. Gen. Nguyen Ngoc Loan, South Vietnam's national police chief, kills the prisoner with a single round from his revolver. The prisoner's face shows the impact of the bullet. He had been turned over to General Loan after his capture."

1. *Fasse Ho Chi Minhs Vorwürfe gegenüber den USA zusammen (M2).*
2. *Vergleicht die Wirkung der beiden Fotos M3 und M4 auf den Betrachter. Berücksichtigt dabei auch die Bildlegenden.*
3. *Ordne die Materialien M1 - M4 in den Verlauf des Vietnam-Krieges ein.*
4. *Erörtert auf der Grundlage der Materialien M1 - M4 mögliche Auswirkungen des Vietnam-Krieges auf die amerikanische Außenpolitik, die US-Gesellschaft und die Kriegsberichterstattung.*

Eine neue Eiszeit?

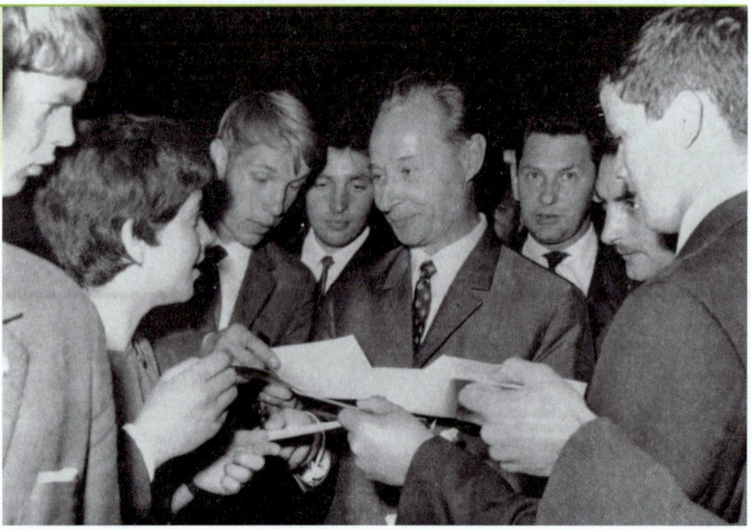

M 1 Alexander Dubček im Gespräch mit Studenten
Foto aus Prag vom Frühling 1968
Der tschechische KP- und Regierungschef hörte auf die Wünsche des Volkes und leitete eine Politik der Öffnung und Liberalisierung in der ČSSR ein. Im Frühling 1968 diskutierten die Tschechen offen darüber, wie sie sich ihre Gesellschaft vorstellen.
Diskutiert die Möglichkeiten und Grenzen einer Demokratisierung der Tschechoslowakei.

Der Warschauer Pakt zeigt Stärke

In der Nacht auf den 21. August 1968 marschierten 300 000 Soldaten des Warschauer Paktes in die Tschechoslowakei ein und besetzten in vielen Städten strategisch wichtige Punkte. Das militärische Eingreifen des Warschauer Paktes beendete eine kurze Phase der Reformen und Hoffnungen auf einen Wandel in der Tschechoslowakei, die als **„Prager Frühling"** bezeichnet wird.

„Sozialismus mit menschlichem Antlitz"

Die Tschechoslowakei litt seit Beginn der 1960er-Jahre unter schweren wirtschaftlichen Problemen. Zugleich fand eine Aufarbeitung der stalinistischen Vergangenheit im eigenen Land nicht statt. Beides verstärkte den Wunsch nach Veränderungen. Unter dem zunehmenden öffentlichen Druck wurde Anfang Januar 1968 der Slowake Alexander Dubček zum neuen KP- und Regierungschef gewählt.

Dubček befürwortete eine Trennung von Partei und Regierung und verzichtete auf die Führungsrolle der kommunistischen Partei. Die bestehenden Zensurbestimmungen wurden gelockert und Dubček verkündete ein Recht auf Auslandsreisen. Während über eine weitere Demokratisierung des Landes diskutiert wurde, rückte der Staat behutsam von der Planwirtschaft ab. Zudem wurde eine Öffnung gegenüber dem Westen ausgelotet.

Panzer rollen gegen Reformen

Die Entwicklungen in der Tschechoslowakei beunruhigten den sowjetischen Staats- und Parteichef Leonid I. Breschnew. Nach dem Sturz seines Vorgängers Chruschtschow im Oktober 1964 war er zu stalinistischen Methoden zurückgekehrt. Bereits am 15. Juli 1968 formulierte er in einem gemeinsamen Brief mit anderen osteuropäischen Parteiführern Kritik am tschechoslowakischen Reformkurs. Eine Loslösung der Tschechoslowakei von der „sozialistischen Gemeinschaft" war für ihn nicht akzeptabel. Diese später noch präzisierte „Breschnew-Doktrin" war der tatsächliche Grund für das militärische Eingreifen des Warschauer Paktes. Offiziell wurde der Einmarsch mit einem anonymen Hilferuf aus der Tschechoslowakei begründet. Auf ähnliche Weise hatte man bereits 1956 das Eingreifen in Polen und Ungarn gerechtfertigt.

Rückschritte statt Fortschritte

Bis auf wenige Ausnahmen stießen die Truppen des Warschauer Paktes auf gewaltlosen Widerstand. So war die Sowjetunion gezwungen, mit den verhafteten, verschleppten und misshandelten Reformern in Prag zu verhandeln. Unter dem neuen KP-Chef Gustáv Husák schloss man allerdings alle Reformpolitiker aus der Partei aus. Dubčeks Reformen wurden zurückgenommen, die Opposition konnte nur im Untergrund weiterarbeiten. Viele Tschechen und Slowaken verließen ihre Heimat und gingen ins Exil.

Außen- und innenpolitische Folgen

Der Westen, vor allem die USA, die sich immer mehr in den Vietnam-Krieg verstrickt hatten, schwiegen offiziell zu den Vorgängen, zumal Breschnew die begonnene Entspannungspolitik fortsetzte. Gleichwohl stiegen die sowjetischen Rüstungsausgaben weiter. Innenpolitische Kritiker wurden nun wieder vermehrt gesellschaftlich ausgegrenzt, kamen ins Gefängnis oder wurden verbannt. Andere brachte man zum Schweigen, indem man sie in psychiatrische Kliniken einwies oder, wie den Literaturnobelpreisträger Alexander I. Solschenizyn, ausbürgerte.

M 2 „Manifest der zweitausend Worte“

Im Juni 1968 erscheint auf Anregung von Wissenschaftlern ein Aufruf, der sich „an die Arbeiter, Bauern, Angestellten, Künstler, Wissenschaftler, Techniker und an alle“ richtet. Er beeinflusst die Diskussion um die Demokratisierung der ČSSR maßgeblich.

Die Kommunistische Partei, die nach dem Krieg das große Vertrauen der Menschen genoss, tauschte dieses Vertrauen allmählich gegen Ämter ein. [...] Die Tätigkeit des Staates und der Wirtschaftsorganisationen unterlagen keiner Kritik. Das Parlament verlernte zu beraten, die Regierung zu regieren und die Direktoren zu leiten. Die Wahlen hatten keine Bedeutung; die Gesetze verloren ihr Gewicht. [...] Die persönliche und die gemeinsame Ehre verfiel. Ehrlich währte nicht am längsten, und von irgendeiner Bewertung nach Fähigkeiten konnte nicht die Rede sein. Darum verloren die meisten Leute das Interesse für öffentliche Dinge und kümmerten sich nur um sich selbst und ums Geld [...]. Für den heutigen Zustand sind wir alle verantwortlich; mehr jedoch die Kommunisten unter uns. Die Hauptverantwortung aber tragen jene, die Teilhaber oder Instrument der unkontrollierten Macht waren. Es war dies die Macht einer starrsinnigen Gruppe, die ihren Einfluss mithilfe des Parteiapparates von Prag aus bis in jeden Bezirk und in jede Gemeinde ausdehnte. [...] Der große Betrug dieser Herrschsüchtigen war es, dass sie ihre Willkür für den Willen der Arbeiterschaft ausgaben.

Otfried Pustejovsky, In Prag kein Fenstersturz, München 1968, S. 128 ff.

M 3 Die „Breschnew-Doktrin“

Am 12. November 1968 rechtfertigt Breschnew in einer Rede auf dem Parteitag der Polnischen Vereinigten Arbeiterpartei die Niederschlagung des „Prager Frühlings“:

Die KPdSU ist stets dafür eingetreten, dass jedes sozialistische Land die konkreten Formen seiner Entwicklung auf dem Wege des Sozialismus unter Berücksichtigung der Besonderheiten seiner nationalen Bedingungen bestimmt. Genossen, bekanntlich bestehen aber auch allgemeine Gesetzmäßigkeiten des sozialistischen Aufbaus. Ein Abweichen von ihnen könnte zu einer Abkehr vom Sozialismus selbst führen. Und wenn die inneren und äußeren, dem Sozialismus feindlichen Kräfte die Entwicklung irgendeines sozialistischen Landes auf die Restauration der kapitalistischen Ordnung zu lenken versuchen, wenn eine Gefahr für den Sozialismus in diesem Land, eine Gefahr für die Sicherheit der gesamten sozialistischen Staatengemeinschaft entsteht, ist das nicht nur ein Problem des Volkes des betreffenden Landes, sondern ein allgemeines Problem, um das sich alle sozialistischen Staaten kümmern müssen.

Bundesministerium für innerdeutsche Beziehungen (Hrsg.), Dokumente zur Deutschlandpolitik, Reihe V, Bd. 2, 1968, S. 1475 ff.

M 4 „Verdammt! Es muss doch jemand in Prag zu finden sein, der uns zur Hilfe gerufen hat!“
Karikatur von Hans Geisen aus der Baseler Nationalzeitung, 1968

1. *Gib die Missstände wieder, die im Aufruf M2 kritisiert werden.*
2. *Ordne die Karikatur M4 in den historischen Kontext des „Prager Frühlings“ ein.*
3. *Analysiere, inwiefern die Breschnew-Doktrin einen neuen Abschnitt im Verhältnis der Sowjetunion zu ihren „Satellitenstaaten“ einleitete (M3).*
4. *Nimm aus der Sicht eines Tschechen, der 1968 in den Westen emigrierte, Stellung zur Haltung des Westens. Verfasse hierzu einen offenen Brief.*

Vom Objektiv zum Foto

„Was die Kamera festhält, das ist wahr." – Dies stimmt leider überhaupt nicht! Jeder Fotograf wählt seinen Standort, seinen Blickwinkel, seinen Moment. Zwar hält er mit der Kamera fest, was „wirklich" geschah. Vor allem aber erzeugt er, wenn er den Auslöser drückt, eine persönliche Deutung des Geschehens. Daher müssen wir Fotos, die uns über historische Ereignisse „aufklären" wollen, in jedem Fall kritisch auf ihren Wert für die erzählte Geschichte überprüfen.

Ein Foto bewerten? Gehe in diesen Schritten vor:

1. Schritt: Beschreibe das Foto

- Wann und wo wurde das Foto aufgenommen?
- Wer ist der Fotograf?
- Was ist auf dem Bild zu sehen?
- Welche Personen sind abgebildet, was tun sie?
- Welche Gegenstände/Symbole siehst du?
- Welchen Blickwinkel nimmt der Fotograf ein?
- Wo wurde das Bild veröffentlicht/verwendet?
- Wie werden die Personen gezeigt (Vorder-/Hintergrund, groß/klein, aktiv/passiv)?

2. Schritt: Ordne das Foto in seine Zeit ein

- Was muss ich über die Geschichte wissen, um das Bild verstehen zu können (Kontext)?
- Was bedeuten die gezeigten Symbole?
- An wen richtet sich das Bild?
- Wer wählte es warum zur Veröffentlichung aus?

3. Schritt: Interpretiere das Foto historisch

- Was erwartete der Fotograf von der Situation?
- Was wollte der Fotograf dem Betrachter zeigen?
- Was wird im Bild nicht gezeigt? Warum?
- Durch welche Mittel wird der Betrachter nicht objektiv informiert oder sogar manipuliert?

Zur historischen Fotoanalyse nüzliche Sätze:

Das Foto wurde am ... von ... aufgenommen. – Es wurde in ... veröffentlicht. – Dargestellt ist ... – Zu dieser Zeit ging es um ... – Das Foto benutzt als bildliche Mittel ..., ... – Dem Betrachter wird dadurch vermittelt, ... – Der Fotograf hat zum abgebildeten Ereignis eine ... Einstellung, was sich durch ... belegen lässt. – Das Bild manipuliert den Betrachter (nicht/insofern/durch) ... – Der Quellenwert des Fotos für ... ist ...

Kontext-Informationen zu den Fotos M1-M3:

1968 will die kommunistische Partei der Tschechoslowakei den Bürgern mehr Freiheiten gewähren. Das Volk fordert lautstark Reformen: Begrenzung der Planwirtschaft, Abbau von Bürokratie, freie Meinungsäußerung, Abschaffung der Zensur, Reisefreiheit, Wahl der Entscheidungsträger und ein Ende der sowjetischen Bevormundung. Diese Phase freier politischer Diskussion in der ČSSR wird im Westen „Prager Frühling" genannt.

Die Sowjetunion befürchtet jedoch, dass die tschechoslowakischen Kommunisten sogar bereit sind, ihr Machtmonopol aufzugeben. Am 21. August 1968 überschreiten sowjetische Truppen mit polnischen, ungarischen und bulgarischen Soldaten die Grenze zur verbündeten Tschechoslowakei. Die UdSSR beruft sich auf einen Brief, in dem KP-Politiker um Hilfe vor einer drohenden Konterrevolution bitten. In wenigen Stunden werden alle strategisch wichtigen Orte besetzt. Trotzdem gibt es Widerstand: 100 Bürger der ČSSR und 50 Invasionssoldaten kommen ums Leben.

Die reformfreudige KP-Führung wird durch moskautreue Kommunisten ersetzt, die den Reformkurs beenden und zum harten Kurs zurückkehren. Nach der DDR (1953) und Ungarn (1956) ist dies der dritte Militärschlag der UdSSR gegen einen „sozialistischen Bruderstaat".

So könnte deine Bildinterpretation von M1 aussehen:

1. Beschreibung

Das Foto wurde im August 1968 von Bill Ray für das US-Magazin „LIFE" aufgenommen. Es zeigt eine Straße in Prag aus der Vogelperspektive. Von links hinten nähert sich ein sowjetischer Panzer einer Menschenmenge, die sich hastig auflöst. Einige Menschen stehen auf der Straße und schwenken eine tschechische Flagge, die die Bildmitte einnimmt. Rauch deutet auf Angriffe mit Brandsätzen hin.

2. Einordnung

Das Foto illustriert die Niederschlagung des „Prager Frühlings" 1968. Der Reformwille von KP und Bevölkerung ging der Sowjetunion zu weit. Sie schlug die Freiheitsbewegung durch einen militärischen Einmarsch nieder. Das Bild wurde in den USA veröffentlicht, dem Hauptgegner des kommunistischen Lagers im Kalten Krieg.

3. Interpretation

Der Fotograf will den Betrachter überzeugen, dass die Sowjetunion mit Gewalt gegen friedliche Menschen im eigenen Lager vorgeht. Die Veröffentlichung im Westen soll Stimmung gegen den Ostblock und für die freie Welt machen.

Das Foto ist insofern manipulativ, als die gezeigte Szene nur für einen Moment aus Perspektive des Fotografen sichtbar war, nicht jedoch für die handelnden Personen. Auch die Komposition mit der Bildachse, der bewegten Masse und dem kleinen, aber bedrohlichen Panzer verrät die Haltung des Fotografen. An den Tatsachen, Gewalt und Widerstand, kann dennoch nicht gezweifelt werden.

M 1 Niederschlagung des „Prager Frühlings"
Foto aus Prag von Bill Ray, 21. August 1968
Veröffentlicht in der US-Zeitschrift „LIFE" am 30. 8. 1968.

Jetzt bist du dran: Fotos beurteilen

1. *Schreibe eine historische Beurteilung des Fotos M2 oder des Fotos M3. Orientiere dich an den Schritten links.*
2. *M2 wird oft nur in den markierten Ausschnitten veröffentlicht. Beurteile, wie solche Beschneidungen die Aussage des Bildes verändern. Ist dies „Geschichtsfälschung"?*

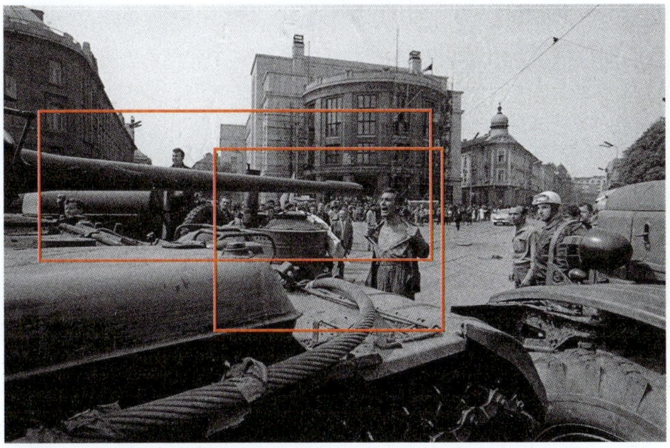

M 2 Opposition gegen den sowjetischen Einmarsch
Foto aus Bratislava von Ladislav Bielik, 21. August 1968
Das Bild wurde am 22. 8. in der slowakischen Tageszeitung „Smetana" veröffentlicht, anschließend auch in Westdeutschland und den USA.

M 3 Alles in bester Ordnung
Foto aus Prag, unbekannter Fotograf, nach August 1968
Die Männer tragen Uniformen der sowjetischen Armee. Dieses Foto und ähnliche Bilder wurden seit Ende August 1968 in sowjetischen und DDR-Zeitungen veröffentlicht.

Dialog und Wettrüsten

M1 Rüstungswettlauf
Karikatur von Horst Haitzinger, Bundesrepublik Deutschland 1981
Erkläre die Aussage der Karikatur.

Man redet miteinander

Unter dem Eindruck der Kuba-Krise hatten sich die Atommächte USA, UdSSR und Großbritannien im August 1963 auf eine teilweise Einstellung von Atomwaffenversuchen geeinigt. Der 1968 von den drei Staaten unterzeichnete Atomwaffensperrvertrag verbot zudem die Verbreitung von Kernwaffen, erlaubte aber die friedliche Nutzung der Kernenergie. Die Volksrepublik China und Frankreich, die ebenfalls über Kernwaffen verfügten, unterzeichneten den Vertrag erst 1992.

Mit dem Amtsantritt von US-Präsident Nixon 1969 setzte eine Phase des Dialogs zwischen den beiden Weltmächten ein. So wurde erstmals über die Beschränkung strategischer Nuklearwaffen verhandelt. Der erste Vertrag, „SALT I" von 1972, beschränkte die Zahl atomarer Langstreckenwaffen.

Hoffnung auf Annäherung

Einen weiteren Schritt zur Entspannung zwischen den Blöcken war die Konferenz über Sicherheit und Zusammenarbeit in Europa (**KSZE**): Auf einer Reihe von Konferenzen trafen sich neben den Mitgliedern des Warschauer Paktes und der NATO auch fast alle blockfreien Staaten Europas. Am 1. August 1975 unterschrieben 35 Staats- und Regierungschefs in Helsinki die KSZE-Schlussakte, in der zehn Prinzipien für das friedliche Zusammenleben der Völker formuliert wurden.

Internettipp:
Wettrüsten durch Waffentechnik und durch Sport. Informationen unter Mediencode 31054-99

Folgen des KSZE-Prozesses für Osteuropa

Die Schlussakte war kein völkerrechtlich verbindlicher Vertrag. Dennoch besaß sie großen Einfluss auf die weiteren Entwicklungen in Osteuropa. Vor allem Künstler und Intellektuelle schlossen sich zu Bürgerrechtsgruppen zusammen und forderten politische und gesellschaftliche Veränderungen. Die tschechoslowakische Bürgerrechtsgruppe „Charta 77" kritisierte öffentlich die Verletzung der Menschenrechte und rief zur Einhaltung der KSZE-Prinzipien auf. In Polen verlangte die 1980 gegründete Gewerkschaft Solidarność (Solidarität) Reformen.

Die Staatsführungen der kommunistischen Länder reagierten zunächst in gewohnter Weise: Kritiker wurden öffentlich verleumdet, erhielten Berufsverbote, wurden verhaftet oder aus dem Land gewiesen bzw. ausgebürgert. In Polen verhängte die Regierung 1981 das Kriegsrecht und verbot die Solidarność. Es gelang ihr aber nicht, die Opposition mundtot zu machen, weil sie von der in Polen stark verankerten katholischen Kirche unterstützt wurde und die Sowjetunion, anders als 1956 in Ungarn und 1968 in der Tschechoslowakei, ein Eingreifen ablehnte.

Das Wettrüsten geht weiter

Trotz vertiefter internationaler Zusammenarbeit rüstete die Sowjetunion weiter auf und modernisierte ihre Waffen. Neue Raketen konnten selbst vom asiatischen Teil der Sowjetunion Ziele in allen europäischen Staaten erreichen. Sie waren nicht Gegenstand des SALT I-Vertrages. So drohte eine militärische Überlegenheit der UdSSR in Europa.

Auf diese Bedrohung reagierte die NATO im Dezember 1979 mit dem **NATO-Doppelbeschluss**: Gegen großen Widerstand der Bevölkerung und trotz des Protestes der Sowjetunion wurden neue nukleare Mittelstreckenraketen in Westeuropa stationiert. Die laufenden Verhandlungen zwischen den USA und der UdSSR wurden abgebrochen.

Unter Ronald Reagan, der seit 1981 US-Präsident war, wurden die amerikanischen Rüstungsausgaben massiv erhöht. Er leitete damit ein neues Wettrüsten ein, das die Haushalte aller vom Kalten Krieg betroffenen Staaten erheblich belastete.

M 2 Die zehn KSZE-Prinzipien

Die zehn Prinzipien für das friedliche Zusammenleben der Staaten gelten als eine Art „Grundgesetz“. Alle Prinzipien sind von grundlegender Bedeutung, keines darf ohne die anderen ausgelegt werden:

I. Souveräne Gleichheit […].
II. Enthaltung von der Androhung oder Anwendung von Gewalt […].
III. Unverletzlichkeit der Grenzen […].
IV. Territoriale Integrität der Staaten […].
V. Friedliche Regelung von Streitfällen […].
VI. Nichteinmischung in die inneren Angelegenheiten […].
VII. Achtung der Menschenrechte und Grundfreiheiten, einschließlich der Gedanken-, Gewissens-, Religions- oder Überzeugungsfreiheit […].
VIII. Gleichberechtigung und Selbstbestimmungsrecht der Völker […].
IX. Zusammenarbeit zwischen den Staaten […].
X. Erfüllung völkerrechtlicher Verpflichtungen nach Treu und Glauben […].

Europa-Archiv, 30. Jg. (1975), S. D 438ff.

M 3 Die Forderungen von Danzig

Am Anfang der Entwicklung in Polen stehen die 21 Forderungen des Danziger „Überbetrieblichen Streikkomitees“ vom August 1980:

1. Akzeptierung von der Partei und den Arbeitgebern unabhängiger freier Gewerkschaften […].
2. Garantie des Rechts auf Streik […].
3. Einhaltung der von der Verfassung der Volksrepublik Polen garantierten Freiheit des Worts, des Drucks und der Publikation, somit auch Duldung unabhängiger Zeitschriften und Zugang für Vertreter aller Glaubensbekenntnisse zu den Massenmedien. […]

12. Einstellung von Führungskräften nach dem Prinzip der Qualifikation und nicht nach Parteizugehörigkeit sowie Abschaffung von Privilegien für Polizei, Sicherheitsdienst und Parteiapparat […].

Osteuropa-Archiv, 31. Jg. (1981), S. 1f.

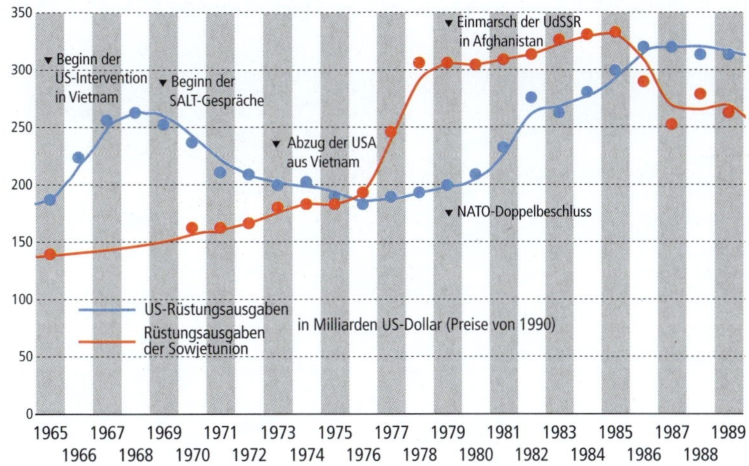

M 4 Kosten des Wettrüstens
Verteidigungsausgaben der Supermächte, 1965 - 1989

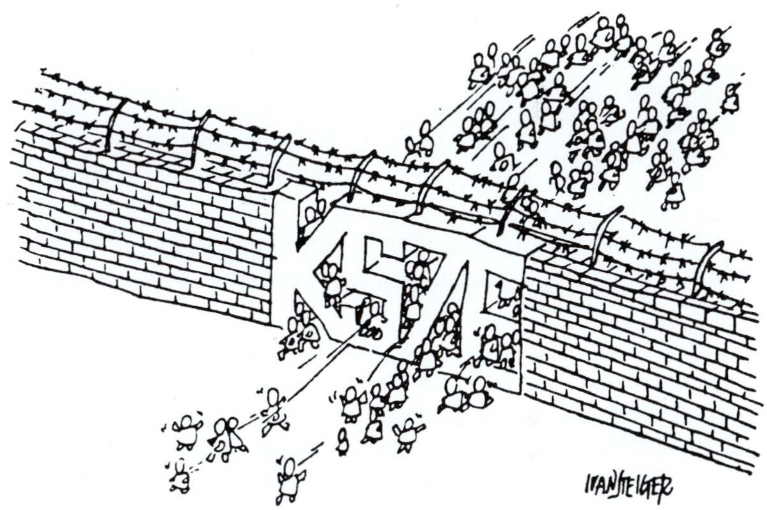

M 5 „Helsinki und die Folgen“
Karikatur von Ivar Steiger, „Deutsches Allgemeines Sonntagsblatt“ vom 19. Oktober 1975

1. *Arbeite aus der KSZE-Schlussakte (M2) heraus, welche Bestimmungen eher im Interesse des Westens und welche eher im Interesse des Ostens lagen.*
2. *Erläutere den Zusammenhang zwischen der KSZE-Schlussakte (M2) und den Danziger Forderungen (M3).*
3. *Beschreibe die Entwicklung der Rüstungsausgaben (M4).*
4. *Erörtere mögliche gesellschaftliche und politische Folgen des KSZE-Prozesses und des Wettrüstens für die Sowjetunion.*
5. *Interpretiere die Karikatur M5.*

Afghanistan – ein Krieg mit Folgen bis heute

M 1 David gegen Goliath
Foto von 1982
Mit oftmals einfachen Waffen fügten afghanische Widerstandkämpfer der sowjetischen Armee immer wieder empfindliche Verluste zu.
Diskutiert, warum die hochgerüstete Sowjetunion in den 1980er-Jahren einen Krieg gegen das schwach entwickelte Gebirgsland Afghanistan nicht gewinnen konnte. Berücksichtigt die Erfahrungen der USA in Vietnam.

Internettipp:
Informationen zum Afghanistankrieg bietet der Mediencode 31054-100

Ost-West-Konflikt „über Bande"

Nach der Kuba-Krise 1962 vermieden die USA und die Sowjetunion das Risiko einer direkten militärischen Konfrontation. Ihre ideologische Auseinandersetzung fand weiterhin in der sogenannten „Dritten Welt" statt. Dort, wo die beiden Großmächte ihren politischen Einfluss gefährdet sahen und ein Erstarken des anderen politischen Lagers befürchteten, unterstützten sie deren innenpolitische Gegner. Nach den Erfahrungen des Vietnam-Krieges verzichteten die USA allerdings auf die Entsendung eigener Kampfverbände. Beide Seiten setzten vor allem auf diplomatische Mittel, finanzielle Unterstützung und Militärhilfe sowie Operationen ihrer Auslandsgeheimdienste, um ihre politischen Ziele durchzusetzen.

Afghanistan: ein sowjetisches Vietnam?

In den 1970er-Jahren versuchte die Sowjetunion, ihren Einfluss vor allem in Afrika sowie im Fernen und Nahen Osten auszubauen. Auch als Reaktion auf den NATO-Doppelbeschluss marschierte die Rote Armee Ende Dezember 1979 mit ca. 40 000 Soldaten in Afghanistan ein, um die Macht einer pro-sowjetischen Führungsgruppe sicherzustellen. Bei ihrem Einmarsch berief sich die sowjetische Führung auf einen „Vertrag über gegenseitige Hilfeleistung und Freundschaft", den beide Länder 1978 abgeschlossen hatten.

Widerstand gegen die Invasion leisteten vor allem die Mudschahedin – islamische Kämpfer, die massiv mit Geld und Waffen von den USA und ihrer Verbündeten unterstützt wurden.
Trotz ihrer militärischen Überlegenheit und einer Erhöhung der Truppenstärke auf schließlich rund 115 000 Soldaten gelang es der Sowjetunion nicht, den **Afghanistan-Krieg** gegen einen vermeintlich schwächeren Gegner für sich zu entscheiden. Als Antwort auf die Guerilla-Taktik der Gotteskrieger weitete die Sowjetunion ihre Luftangriffe massiv aus. Diese forderten zahlreiche zivile Opfer, führten aber zu keinem militärischen Erfolg.

Bilanz des Krieges

1989 zogen die letzten Soldaten der Roten Armee sieglos aus Afghanistan ab.
Zwischen einer und eineinhalb Millionen Afghanen hatten durch den Krieg ihr Leben verloren, rund fünf Millionen Menschen waren aus dem Land geflohen. Nach Abzug der Sowjet-Truppen war Afghanistan militärisch und politisch weiterhin instabil. Der Bürgerkrieg um die Macht setzte sich fort. 1996 gewannen die radikal-islamischen **Taliban** die Oberhand. Sie hatten das Ziel, einen islamischen Gottesstaat zu errichten, und beriefen sich dabei auf eine extrem einseitige, rückwärtsgewandte Auslegung des Koran. Die Taliban verübten zahlreiche Massaker an Zivilisten, finanzierten sich durch Menschen- und Drogenhandel und unterdrückten gewaltsam alle Rechte der Frauen. Ihre Terrorherrschaft wurde erst 2001 durch den Einmarsch alliierter Truppen unter Führung der USA beendet.
Auf sowjetischer Seite starben während des Afghanistan-Krieges mehr als 15 000 Menschen, viele weitere kehrten körperlich verletzt oder traumatisiert in ihre Heimat zurück. Insgesamt beschleunigten der Verlauf des Afghanistan-Krieges und die enormen Militärausgaben den sozialen, wirtschaftlichen und ökologischen Niedergang der Sowjetunion.

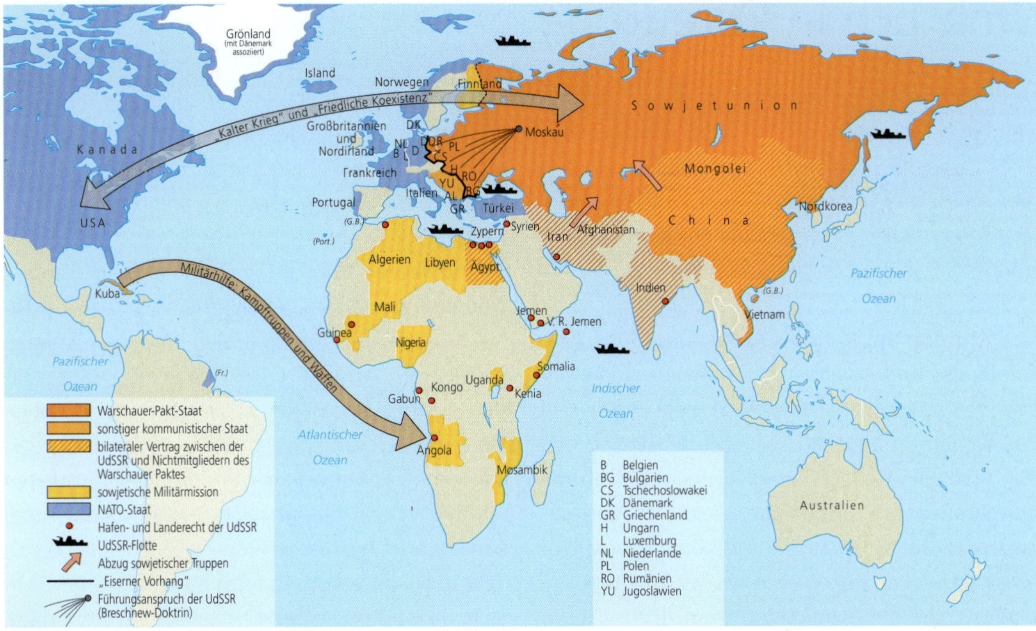

M 2 Die sowjetische Außenpolitik der 1960er- und 1970er-Jahre

M 3 „Es gab keine sowjetische Intervention"

In einem Interview mit der Parteizeitung „Prawda" erklärt der sowjetische Staats- und Parteichef Leonid Breschnew am 12. Januar 1980:

Im April 1978 erfolgte in Afghanistan eine Revolution. Wie stets in der Geschichte zogen die Kräfte der Vergangenheit gegen die Revolution zu Felde. Tausende Rebellen, die im Ausland bewaffnet und ausgebildet wurden, ja ganze bewaffnete Formationen wurden auf das Territorium Afghanistans entsandt. Der Imperialismus [begann] einen nichterklärten Krieg gegen das revolutionäre Afghanistan. Angesichts der Aggression von außen ersuchte die afghanische Führung die Sowjetunion wiederholt um Hilfe. Die bewaffnete Intervention und das Komplott der auswärtigen reaktionären Kräfte haben die Gefahr geschaffen, dass Afghanistan seine Unabhängigkeit einbüßt und in einen imperialistischen Kriegsaufmarschraum an der Südgrenze unseres Landes verwandelt wird. Es gab und es gibt keine sowjetische „Intervention" oder „Aggression". Es gibt etwas anderes: Wir helfen dem neuen Afghanistan, die nationale Unabhängigkeit, Freiheit und Ehre seines Landes gegen bewaffnete Aggressionsakte zu schützen.

Nach: Sowjetunion heute, 25. Jg. Nr. 2 (1980), S. 4-8 (gekürzt)

M 4 US-Waffenhilfe
Zeichnung von E. Milutki, erschienen in der sowjetischen Satire-Zeitschrift „Krokodil" im August 1986
Die Übersetzung der Bildunterschrift lautet: „Fangt! Ich muss schnell weiter nach Angola!"

1. *Beschreibe die Schwerpunkte der sowjetischen Außenpolitik in eigenen Worten (M2).*
2. *Fasse Breschnews Rechtfertigung für den Einmarsch der Sowjetunion in Afghanistan (M3) zusammen.*
3. *Vergleiche Breschnews Ausführungen (M3) mit Johnsons Begründung für den Einsatz in Vietnam (M1, S. 242).*
4. *Erläutere die Karikatur M4 (Darstellungstext, M2).*
5. *Nimm Stellung, inwieweit Afghanistan als „sowjetisches Vietnam" bezeichnet werden kann.*

Umbruch in Osteuropa

Die gesellschaftliche und politische Ordnung hat sich in diesem oder jenem Lande in der Vergangenheit verändert und kann sich auch in Zukunft ändern. Dies ist jedoch ausschließlich Sache dieser Völker selbst. Jegliche Einmischung in die inneren Angelegenheiten, jegliche Versuche, die Souveränität der Völker einzuschränken – sowohl der Freunde und Verbündeten als auch von sonst jemandem – sind unzulässig.

M1 Die „Souveränität der Völker"
Dies erklärt der sowjetische Staats- und Parteichef Michail Gorbatschow am 7. Juli 1989 vor dem Europarat in Straßburg.
Vergleiche die Ausführungen Gorbatschows mit der Breschnew-Doktrin (S. 245, M3).

Sowjetunion am Rande des Zusammenbruchs

Anfang der 1980er-Jahre litt die Sowjetunion unter schweren politischen, wirtschaftlichen und gesellschaftlichen Problemen. Das Wettrüsten mit den USA und der Afghanistan-Krieg verschärften die schlechte wirtschaftliche Lage. Viele Menschen resignierten. Die Arbeitsunlust stieg und ließ die Produktivität weiter sinken. Menschen flüchteten in Alkoholismus, die Kriminalität nahm zu.

Das planwirtschaftliche System führte zur Verschwendung von Rohstoffen und Energie, belastete die Umwelt und gefährdete Leben und Gesundheit der Menschen.[1] Staatliche Investitionen in die soziale und wirtschaftliche Infrastruktur blieben aus, Krankenhäuser, Straßen und Betriebe zerfielen. Die Unzufriedenheit der Menschen nahm zu, der Wunsch nach Veränderungen wuchs.

Glasnost und Perestroika geben Hoffnung ...

Angesichts der katastrophalen wirtschaftlichen und gesellschaftlichen Situation reagierte auch die KPdSU. Um 1983 wurden die Zensurbestimmungen deutlich gelockert. **Michail S. Gorbatschow**, der 1985 zum Generalsekretär der Partei bestimmt worden war, setzte diese Politik unter dem Schlagwort „**Glasnost**" (Offenheit, Transparenz) fort. Medien konnten nun offener über Missstände berichten und sogar Kritik an der Staatsführung üben.

Gleichzeitig versuchte Gorbatschow mit einer Politik der „**Perestroika**" (Umbau), das politische und wirtschaftliche System der Sowjetunion zu modernisieren. Damit geriet er zwischen die gesellschaftlichen Fronten. Reformern gingen die geplanten Veränderungen nicht weit genug, sie forderten eine grundsätzliche Abkehr von der Planwirtschaft. Auf der anderen Seite fürchteten „Apparatschiks" – Parteifunktionäre und Bürokraten – um ihren Einfluss in Wirtschaft, Partei und Staat.

Die Reformbemühungen kamen nicht voran, die Produktion sank weiter. Die Versorgungslage verschlechterte sich, die Unzufriedenheit wuchs. Streiks und Demonstrationen waren die Folge.

... und setzen Wandel in Osteuropa in Gang

Gorbatschows Politik veränderte auch das Verhältnis zwischen der Sowjetunion und den Staaten Osteuropas nachhaltig. 1987 gab er die Vormachtstellung der UdSSR im Lager der sozialistischen Staaten auf. Anders als 1953, 1956 und 1968 konnten sich Machthaber in den Satellitenstaaten nun nicht mehr darauf verlassen, dass sie von der Sowjetunion gestützt werden würden. Dies beflügelte die Opposition, der Ruf nach Reformen wurde immer lauter. Neue Parteien wurden gegründet, die Medien konnten zunehmend freier berichten.

Im Juni 1989 fanden in Polen freie, unabhängige Wahlen statt. Auch in anderen Ländern wurde die führende Rolle der kommunistischen Parteien aus den Verfassungen gestrichen. Fast überall verlief der Übergang zur Demokratie gewaltlos.[2] Die Revolution hatte friedlich gesiegt.

Der Kalte Krieg endet

Parallel zu den Veränderungen in der Sowjetunion und im Ostblock näherten sich die USA und die Sowjetunion wieder an. Unter Gorbatschow wurden die Verhandlungen über den Abbau strategischer Rüstungssysteme (START) zwischen den Großmächten fortgeführt. Ziel war es, den vor allem für die Sowjetunion ruinösen Rüstungswettlauf zu beenden. Im Dezember 1987 unterschrieben Gorbatschow und US-Präsident Reagan einen Vertrag, in dem die beiden Staaten erstmals eine Abrüstung nuklearer Waffensysteme vereinbarten.

Anfang Dezember 1989 erklärten Gorbatschow und Reagans Nachfolger George H. W. Bush den Kalten Krieg zwischen beiden Mächten für beendet. 1991 wurden schließlich der Rat für Gegenseitige Wirtschaftshilfe sowie der Warschauer Pakt aufgelöst.

Im Wettstreit der beiden politisch-wirtschaftlichen Systeme hatten sich Demokratie und Kapitalismus endgültig durchgesetzt.

---

[1] Die Reaktorkatastrophe von Tschernobyl (1986) hast du im Kapitel „Energienutzung" im letzten Schuljahr kennengelernt.

[2] Nur in Rumänien klammerte sich der Machthaber Nicolae Ceaușescu an seine Geheimpolizei und wurde nach blutigen Kämpfen gestürzt und Ende 1989 hingerichtet.

M2 Die Perestroika

Gorbatschow fasst am 2. August 1986 die Perestroika so zusammen:

Weder die Arbeiterklasse noch die Bauern noch die technische und die schöpferische Intelligenz – keiner will länger auf die alte Art und Weise leben, will sich mit dem abfinden, was unsere Bewegung bremst, unsere Wirklichkeit, unser Leben und unsere sozialistische Ordnung überschattet [...]. Die derzeitige Umgestaltung umfasst nicht nur die Wirtschaft, sondern auch alle anderen Seiten des gesellschaftlichen Lebens: die sozialen Beziehungen, das politische System, den geistig-ideologischen Bereich sowie Arbeitsstil und -methoden der Partei und all unserer Kader[1].

Perestroika ist ein umfassendes Wort. Ich würde zwischen den Wörtern Perestroika und Revolution das Gleichheitszeichen setzen.

Nach: Blätter für deutsche und internationale Politik, 31. Jg. (1986), S. 1148f.

M4 Osteuropäischer Geleitzug im Winter 1988/89
Karikatur von Schoenfeld, erschienen in „Der Tagesspiegel", Berlin, 29. Dezember 1988

M3 „Unser trauriges Erbe ..."

Am 29. Dezember 1989 wird der Bürgerrechtler Václav Havel zum ersten nichtkommunistischen Staatspräsidenten der Tschechoslowakei seit 1948 gewählt. Er gehört mit zu den Erstunterzeichnern der „Charta 77" (vgl. S. 248) und ist noch im Februar 1989 von den alten Machthabern wegen „Rowdytum" zu einer Haftstrafe verurteilt worden. Drei Tage nach seiner Wahl sagt er in einer Neujahrsansprache:

Alle haben wir uns [...] an das totalitäre System gewöhnt und es als unveränderliche Tatsache hingenommen und es dadurch eigentlich erhalten. Mit anderen Worten: Alle sind wir – begreiflicherweise jeder in einem anderen Ausmaß – für den Lauf der totalitären Maschinerie verantwortlich, niemand von uns ist nur deren Opfer, sondern alle sind wir gleichzeitig auch deren Schöpfer. Weshalb spreche ich davon: Es wäre äußerst unvernünftig, das traurige Erbe der letzten 40 Jahre nur als etwas Fremdes zu betrachten, das uns irgendein ferner Verwandter hinterlassen hat. Wir müssen diese Erbschaft im Gegenteil als etwas annehmen, was wir uns selbst angetan haben. Wenn wir es so auffassen, dann begreifen wir, dass es nur von uns allen abhängt, was wir damit machen werden.

Europa-Archiv, 45. Jg. (1990), S. D 171ff.

[1] Kader: Gruppe leitender Mitarbeiter in Partei, Staat und Wirtschaft

1. *Gorbatschow verwendet für seine Politik den Begriff „Revolution" (M2). Entwickelt gemeinsam Kriterien, was eine Revolution ausmacht.*
2. *Überprüft auf der Grundlage eurer Kriterien, inwieweit Gorbatschows Vorhaben tatsächlich „revolutionär" war (M2).*
3. *Analysiere die Bedeutung der Perestroika für die Entwicklung der osteuropäischen Staaten (M4).*
4. *Fasse Havels zentrale Aussagen zusammen (M3).*

Das Ende der Sowjetunion

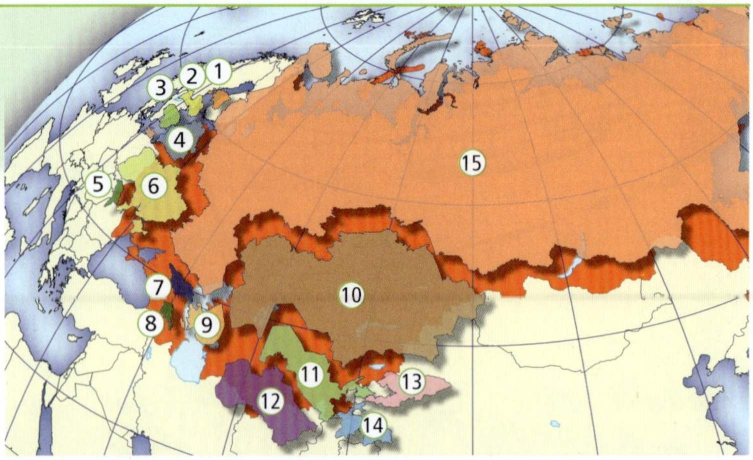

M 1 Der Zerfall der Sowjetunion

Diskutiert Gründe für die Selbstständigkeit der Territorien und solche für den Erhalt der Union.

Unionsrepubliken und die Dauer ihrer Zugehörigkeit zur UdSSR:

① Estland 1940-90
② Lettland 1940-90
③ Litauen 1940-90
④ Weißrussland 1922-91
⑤ Moldau 1940-91
⑥ Ukraine 1922-91
⑦ Georgien 1922-91
⑧ Armenien 1922-90
⑨ Aserbaidschan 1922-91
⑩ Kasachstan 1925-91
⑪ Usbekistan 1925-91
⑫ Turkmenistan 1925-91
⑬ Kirgisistan 1926-91
⑭ Tadschikistan 1929-91
⑮ Russland 1922-91

Die Sowjetunion – ein Bund freier Völker?

1990 bestand die UdSSR aus 15 Unionsrepubliken, in denen Menschen aus 130 Völkern lebten. Einige Republiken wie Russland, die Ukraine und Weißrussland gehörten der Sowjetunion seit ihrer Gründung 1922 an. Andere wie die baltischen Staaten Estland, Lettland und Litauen waren im Zweiten Weltkrieg zwangsweise Teil der UdSSR geworden. Die Unzufriedenheit mit der wirtschaftlichen Situation sowie Gorbatschows Reformen förderten den Wunsch vieler Republiken und Völker nach Selbstständigkeit oder nationaler Unabhängigkeit.

Der Wunsch nach Unabhängigkeit wächst

Ab Mitte der 1980er-Jahre kam es vermehrt zu Auseinandersetzungen zwischen dem sowjetischen Zentralstaat und einzelnen Republiken, aber auch zu gewaltsamen Nationalitätenkonflikten. Als erste Republiken der Sowjetunion erklärten im Frühjahr 1990 die drei baltischen Staaten ihre Unabhängigkeit. Ihrem Beispiel folgten weitere Republiken und Völker. Gorbatschow befürchtete ein Auseinanderbrechen der Sowjetunion. Er versuchte, die Unabhängigkeitsbestrebungen zu stoppen. So verhängte er gegen Litauen ein Embargo und unterstützte einen Putsch moskautreuer Militärs gegen die Regierung in Vilnius im Januar 1991. Der scheiterte aber am Widerstand der Bevölkerung, durch Unterstützung anderer Republiken und weil der Westen anders als früher protestierte und die wirtschaftliche Unterstützung der Sowjetunion vorläufig einstellte.

Die Union unter Druck

Im März 1991 sprach sich eine Mehrheit der Sowjetbürger für eine „erneuerte Föderation gleichberechtigter souveräner Republiken" aus. Doch die drei baltischen Republiken sowie Georgien, Armenien und Moldawien hatten an der Abstimmung über einen neu ausgehandelten, veränderten Unionsvertrag nicht teilgenommen und forderten ein, was Gorbatschow auch den Staaten Osteuropas zugestanden hatte: Unabhängigkeit.

Die Auflösungstendenzen und Reformen, die zur Marktwirtschaft führen sollten, missfielen zudem den alten sowjetischen Eliten. Am 18. August 1991 versuchten Teile von Regierung, Partei, Militär und Geheimdienst einen Putsch. Mit dem Ziel, die Sowjetunion und die kommunistische Gesellschaftsordnung zu retten, stellten die Putschisten Gorbatschow unter Hausarrest, ließen in mehreren Städten Panzer aufrollen, übernahmen die Kontrolle über die Medien und verboten Demonstrationen. Aber Hunderttausende gingen für Freiheit und Demokratie auf die Straßen. An ihre Spitze stellte sich Boris Jelzin, Präsident der Sowjetrepublik Russland. Aus dem Putsch, der schon nach drei Tagen am öffentlichen Widerstand scheiterte, ging Jelzin als Gewinner hervor. Am 23. August musste Gorbatschow sein Amt als Generalsekretär der KPdSU aufgeben. Er blieb Staatspräsident der UdSSR, konnte jedoch die weiteren Vorgänge kaum noch beeinflussen und die rapide Auflösung der Sowjetunion nicht verhindern.

Die Sowjetunion zerfällt

Nach dem gescheiterten Putsch erklärten weitere Unionsrepubliken ihre Unabhängigkeit. Damit war das Ende der Sowjetunion faktisch besiegelt. Am 8. Dezember vereinbarten die Staatschefs Russlands, Weißrusslands und der Ukraine den Zusammenschluss zu einer „Gemeinschaft Unabhängiger Staaten" (GUS). Acht weitere ehemalige Sowjetrepubliken traten kurz danach bei.

Die Rechtsnachfolge der zum 31. Dezember 1991 aufgelösten Sowjetunion und damit auch die Verantwortung über die sowjetischen Nuklearwaffen übernahm Russland.

M 2 „Wir stehen am Abgrund"

Der russische Schriftsteller Alexander Solschenizyn ist 1974 aus seiner Heimat ausgewiesen und ausgebürgert worden. Aus seinem Exil in den USA mischt er sich in die Debatte um die Zukunft des Landes ein. Seine Erklärung wird im Juli 1990 als Zeitungsbeilage 20 Millionen Mal verbreitet:

Siebzig Jahre lang folgten wir der blind geborenen, missratenen marxistisch-leninistischen Utopie, verloren ein Drittel unserer Bevölkerung, sei es im Schlund eines stümperhaft und selbstzerstörerisch geführten „Vaterländischen Krieges", sei es auf dem Richtblock. Wir verschleuderten unseren einstigen Überfluss, vernichteten die Bauernklasse und ihre Dörfer. Wir wussten nicht mehr, was es heißt, Brot zu geben, gewöhnten der Erde ab, Frucht hervorzubringen, verwandelten sie in künstliche Meere und Sümpfe. Wir verpesteten Flüsse, Seen und Fische mit Industrieabfällen. Wir verdarben das letzte Wasser, die Luft, den Boden mit den Dreingaben des Atomtodes, holzten räuberisch unsere Wälder ab, zerstörten ihre unvergleichlichen Schätze – das nicht wiederherzustellende Eigentum unserer Enkel. Gnadenlos haben wir es ins Ausland verkauft. Wir haben unsere Frauen durch körperliche Schwerstarbeit erschöpft, haben sie ihren Kindern entrissen, die Kinder der Barbarei, der Krankheit und einer falschen Erziehung ausgesetzt. [...] Millionen Menschen sind obdachlos, eine völlige Rechtlosigkeit hat das Land ganz und gar überflutet, und wir klammern uns nur an eins: Man soll uns nicht auch noch das ständige Besäufnis nehmen. Doch der Mensch ist so beschaffen, dass er all diese Unsinnigkeit, all dieses Unheil ein Leben lang erträgt. Aber wehe, jemand wagt es, unsere Nation zu beleidigen! Dann hält uns nichts in unserer althergebrachten Demut. In kühnem Zorn ergreifen wir Steine, Stöcke, Lanzen, Gewehre und stürzen uns auf die Nachbarn, um ihre Häuser anzuzünden und sie selber totzuschlagen. So ist der Mensch! Nichts kann uns davon überzeugen, dass unser Hunger, unsere Armut, unser frühes Sterben, unsere missgebildeten Kinder – dass diese Nöte Vorrang haben vor unserem Nationalstolz!

Alexander Solschenizyn, Russlands Weg aus der Krise. Ein Manifest, München 1990, S. 7 f.

M 3 Umjubelter Soldat auf einem Panzer nach dem gescheiterten Putsch
Foto von Jo Schwartz, Moskau, 22. August 1991

M 4 Nachspiel in der Duma
Foto von Peter Turnley, Moskau, 23. August 1991
Michail Gorbatschow, am Rednerpult des sowjetischen Parlaments, wird von Boris Jelzin gewungen, ein Protokoll seines Kabinetts vom ersten Putschtag zu verlesen.

1. *Vergleiche das Foto M3 mit dem Foto aus Bratislava (S. 247, M1).*
2. *Analysiere die symbolische Bedeutung der beiden Fotos M3 und M4 für die weitere Entwicklung der Sowjetunion.*
3. *Fasse zusammen, welche Gründe Solschenizyn für die Lage Russlands nennt (M2).*
4. *Erörtert, ob und inwieweit sich Solschenizyns Befürchtungen in den letzten gut 25 Jahren bewahrheitet haben.*
5. *Du bist Mitglied eines Gremiums, das ein Denkmal für Gorbatschow errichten möchte. Erarbeite einen Vorschlag zum Aufstellungsort, zur Größe und zu den enthaltenen Aspekten des Denkmals.*

Unionsrepubliken erklären sich für selbstständig (M1):
Jan. 1991: Putschversuch pro-sowjetischer Militärs in Litauen
März: neuer Unionsvertrag scheitert
18.-21. Aug.: pro-sowjetischer Putschversuch in Moskau scheitert
23. Aug.: Rücktritt Gorbatschows
8.Dez.: Gründung der GUS
31.Dez.: Auflösung der UdSSR

Das weiß ich – das kann ich!

Am Anfang dieses Kapitels steht die Leitfrage:
Wie wirkte sich der Kalte Krieg auf die Staatenwelt und die Entwicklung der Gesellschaften nach 1945 aus?
Mit den Arbeitsfragen zu den fünf Kategorien auf S. 228f. kannst du sie nun beantworten:

Herrschaft

Herrschaft wird in westlichen Staaten in regelmäßigen Wahlen durch das Volk legitimiert und ist somit zeitlich begrenzt. US-Präsidenten sind zudem durch die in der Verfassung festgelegte Gewaltenteilung und die Kontrolle der Öffentlichkeit in ihrem Handeln eingeschränkt. In den sog. Volksdemokratien wurde die Politik von der jeweiligen kommunistischen Partei bestimmt, die Opposition gewaltsam unterdrückt und verfolgt. Der Vorherrschaft der UdSSR hatten sich gemäß der Breschnew-Doktrin alle Staaten des Ostblocks unterzuordnen.

Weltdeutung und Religion

Ideologische Gegensätze bestimmten das Verhältnis der USA und der UdSSR. Die USA versuchten, im Rahmen der Truman-Doktrin ihre Weltanschauung zu verbreiten und mit einer „Politik der Stärke" die Ausbreitung des Kommunismus in einem Domino-Effekt zu verhindern. Sie leisteten auch Diktatoren militärische Hilfe oder rüsteten in Afghanistan die islamischen Mudschahedin und die späteren Taliban auf, da diese gegen den Kommunismus kämpften. Die Sowjetunion unterstützte u. a. den Aufbau eines kommunistischen Staates auf Kuba und die kommunistischen Viet Minh im Vietnam-Krieg.

Gesellschaft

Im demokratischen Westen besitzt das Individuum große politische und wirtschaftliche Freiheiten. Der hohe Wert der Meinungsfreiheit führte u. a. auch dazu, dass der Vietnam-Krieg die amerikanische Gesellschaft stark spaltete. Das Individuum im kommunistischen Osten hatte hinter die Interessen der Gesellschaft zurückzutreten. Der Wunsch nach individueller Freiheit, wie er sich z. B. im „Prager Frühling" äußerte, wurde unterdrückt. Erst mit der KSZE-Schlussakte fassten Menschen in Osteuropa Mut, organisierten sich und gründeten z. B. „Charta 77" oder „Solidarność". In der UdSSR leiteten ab 1986 Glasnost und Perestroika den Wandel zu einer freien Gesellschaft ein. Zahlreiche Menschen verloren durch das direkte militärische Eingreifen der Großmächte oder ihre Unterstützung von Stellvertreterkriegen Leben oder Gesundheit.
Der Wunsch der Unionsrepubliken nach Selbstbestimmung und Freiheit führte 1991 zur Auflösung der Sowjetunion.

Wirtschaft und Umwelt

Die USA unterstützten den Wiederaufbau Europas mit dem Marshall-Plan und versuchten, Staaten durch finanzielle Unterstützung und das Bekenntnis zu einer freien Marktwirtschaft an sich zu binden.
Die Sowjetunion errichtete in ihrem Einflussbereich Planwirtschaften, in denen die Bedürfnisse des Individuums keine Rolle spielten. Grund und Boden sowie die Industrie wurden verstaatlicht, der Staat lenkte und kontrollierte die Produktion. Dieses System führte zu Misswirtschaft, technische Innovationen blieben aus. Durch den RGW übte die Sowjetunion großen wirtschaftlichen Einfluss auf die Staaten Osteuropas aus.
Das Wettrüsten steigerte die Staatsverschuldung auf beiden Seiten enorm. Vor allem im Osten schränkte sie die Handlungsfähigkeit des Staates immer mehr ein. Zu großen finanziellen Belastungen für beide Weltmächte wurden der Vietnam-Krieg und der Afghanistan-Krieg. Der NATO-Doppelbeschluss zwang die Sowjetunion auch aus wirtschaftlichen Gründen zu weitreichender atomarer Abrüstung.

Begegnung

Mit der Gründung der Vereinten Nationen verband sich 1945 die Hoffnung auf weitere Zusammenarbeit zwischen den USA und der UdSSR. Angesichts des zunehmenden Ost-West-Konfliktes kam es jedoch zu einem Kalten Krieg zwischen den Weltmächten, der von einem Klima des Misstrauens bestimmt war. Der „Eiserne Vorhang" verhinderte lange, dass Menschen aus unterschiedlichen Systemen in engeren persönlichen Kontakt treten konnten. Sie nahmen sich oft nur über die Propaganda des eigenen Lagers wahr. Als führende Mächte der verfeindeten Militärbündnisse NATO und Warschauer Pakt standen sich zwei hochgerüstete „Supermächte" gegenüber. Trotz Chruschtschows Konzepts der „friedlichen Koexistenz" drohte während der Kuba-Krise eine atomare Auseinandersetzung. In Abrüstungsgesprächen und im Rahmen der KSZE arbeiteten die Regierungen der USA und der UdSSR wieder zusammen. 1989 verkündeten Michail Gorbatschow und George H. W. Bush das Ende des Kalten Krieges.

Kompetenz-Test
Einen Fragebogen, mit dem du überprüfen kannst, was du schon kannst und was du noch üben solltest, findest du unter 31054-101

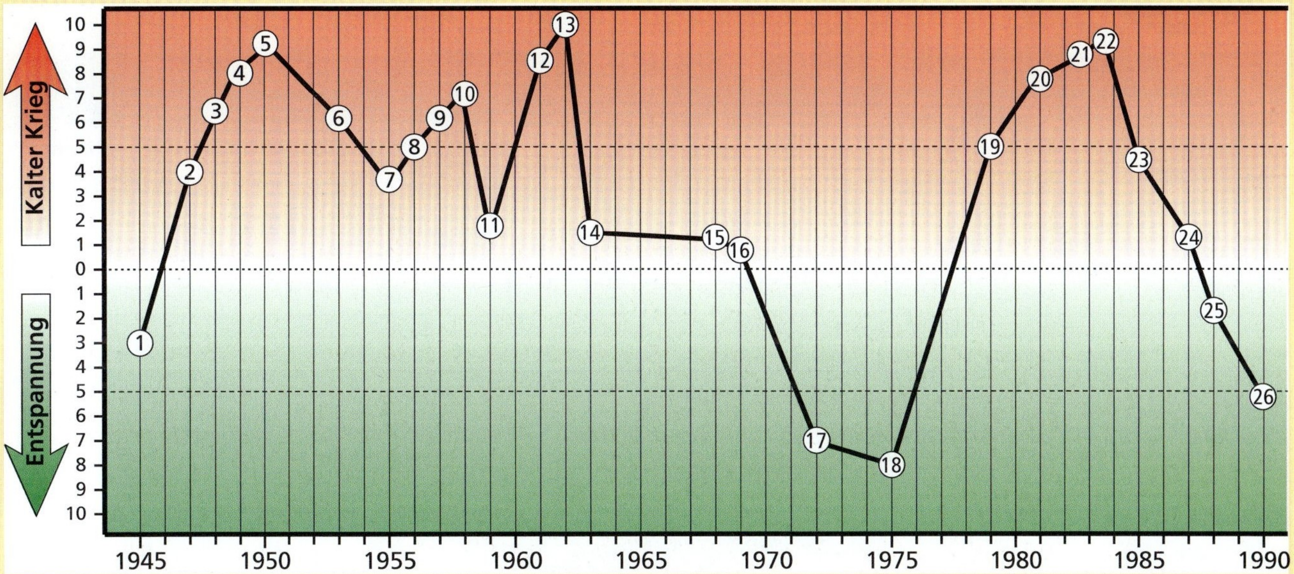

M1 „Fieberkurve“

Der Politikwissenschaftler Karl Dietrich Bracher bewertete schon 1976 die Schärfe des Konflikts zwischen den Supermächten und den Grad der Entspannung mit Zahlen zwischen -10 und +10. Diese Grafik wurde bis 1990 fortgeführt.

(1) - (2) -Doktrin; ...-Plan; ...-Theorie – (3) CˇSSR: ..., Berlin: ... – (4) Gründung der ...; kommunistische Staatsgründungen: ..., ... – (5) Ausbruch des Korea-Krieges – (6) Tod ...; DDR: ...; Waffenstillstand in Korea – (7) Bundesrepublik wird ...-Mitglied; Gründung des ... – (8) Polen und Ungarn: ... – (9) „Sputnik“-Erfolg der Sowjetunion – (10) sowjetisches Berlin-Ultimatum – (11) US-Präsident Nixon reist in die UdSSR; der sowjetische Staatschef ... besucht die USA – (12) Bau der ... – (13) ... ... – (14) Vertrag über ...; „Heißer Draht“ – (15) Kernwaffensperrvertrag; Prag: ... (16) Mondlandung der Amerikaner – (17) ... begrenzt die Zahl der nuklearen Waffen (Laufzeit 5 Jahre). – (18) Helsinki: ... unterzeichnet – (19) Die NATO beschließt: ...; Die Sowjetunion: ... – (20) Kriegsrecht in Polen verhängt – (21) Abbruch aller Rüstungskontrollverhandlungen – (22) Sowjetische Satellitenüberwachung meldet US-Atomangriff. Ein Offizier stuft diese Meldung korrekt als Fehlalarm ein und verhindert womöglich einen Atomkrieg. – (23) ... wird Generalsekretär der ... – (24) Erich ... besucht als erster ... die ...; USA und UdSSR vereinbaren den vollständigen Abbau aller nuklearen Mittelstreckenwaffen – (25) UdSSR beginnt mit dem Rückzug aus ... – (26) ...

M2 Neuer Kalter Krieg in Europa?

Ein Artikel im „Handelsblatt“ im Juli 2016:

Die NATO schickt tausende Soldaten nach Polen und ins Baltikum. Russland verstärkt seine Truppen im Westen des Riesenreiches massiv. Beide Seiten präsentieren bei Großmanövern ihre Waffen – und werfen sich gegenseitig Aggression vor. Die nukleare Abrüstung ist ins Stocken geraten, die Beschaffung von Panzern und Raketen hat dagegen wieder Hochkonjunktur. Säbelrasseln scheint die bevorzugte Kommunikationsform zwischen der NATO und Russland zu sein. Geredet wird hauptsächlich übereinander, kaum noch miteinander.

Die NATO will am 8. und 9. Juli auf einem Gipfel in Warschau beschließen, ab dem kommenden Jahr zusätzlich 4 000 Soldaten in die baltischen Staaten und nach Polen zu verlegen – zur Abschreckung Russlands. Die Regierung in Moskau hatte der NATO deswegen vorgeworfen, eine antirussische Hysterie zu schüren. Die russische Annexion [= Einnahme] der Krim vor zwei Jahren hat die nach dem Fall des Eisernen Vorhangs etablierte europäische Friedensordnung ins Wanken gebracht. Steht Europa nun ein neuer Kalter Krieg bevor? Oder stecken wir vielleicht schon mittendrin?

www.handelsblatt.com/politik/international/nato-gipfel-neuer-kalter-krieg-in-europa/13816536.html (15. 07. 2017)

1. *Manche Punkte auf der „Fieberkurve“ M1 haben eine unvollständige Beschriftung. Benenne diese Ereignisse mit Hilfe der Kapitel 5 und 6.*
2. *Beurteile die Aussage: „In der Geschichte der beiden deutschen Staaten spiegelte sich wie in einem Brennglas die Weltgeschichte.“*
3. *Nach dem Zusammenbruch des sowjetischen Lagers sprachen manche Wissenschaftler vom „Ende der Geschichte“. Nimm dazu Stellung.*
4. *Fasse den Text M2 zusammen und ergänze ihn um weitere aktuelle Konflikte. Beurteile anschließend, ob ein neuer „Kalter Krieg“ droht.*

Arbeitsanweisung in der Aufgabe	Was ist genau zu tun?	Was dir zusätzlich helfen kann
analysieren	Du wertest Materialien (Texte, Bilder, Karten, Schaubilder usw.) nach bestimmten Gesichtspunkten aus und stellst das Ergebnis übersichtlich in einer sinnvollen Reihenfolge dar.	In der „Methodenbox" der Methodenseiten in diesem Buch findest du hilfreiche Arbeitsschritte.
beschreiben	Du nennst in eigenen Worten wesentliche Teile oder Kennzeichen eines Materials. Dein Ziel ist eine sachliche, gegliederte Information, keine Stellungnahme. Fachbegriffe sind erwünscht.	Formulierungen, die du verwenden kannst: *Hier ist abgebildet … – Hier sehe ich … – Hier wird gesagt, dass …*
beurteilen	Du prüfst Material, ob es in sich stimmig und logisch ist und nimmst dann wertend und begründet Stellung.	Formulierungen, die du verwenden kannst: *Ich halte die Aussage für überzeugend, weil … – Weniger/nicht überzeugend ist, dass …*
charakterisieren	Du beschreibst etwas in seinen besonderen Merkmalen und hebst das, was auffällig ist, hervor.	Formulierungen, die du verwenden kannst: *Auffällig ist … – Der Autor benutzt für … die Worte …*
einordnen	Du stellst etwas in einen meist vorgegebenen Zusammenhang.	Achte darauf, auch zu erklären, *warum* das eine zum anderen passt. Als Vorarbeit kann es wichtig sein, zunächst zu beschreiben, *was* ein- oder zugeordnet werden soll.
entwickeln	Du prüfst einen Sachverhalt, erläuterst Probleme und mögliche Lösungen oder Alternativen.	Achte darauf, dass sich dein Lösungsansatz *mit Gründen oder Belegen* aus den vorgegebenen Materialien *untermauern* lässt.
erklären	Du stellst einen Sachverhalt so dar, dass seine Voraussetzungen Ursachen und Folgen verständlich werden.	Hier sollst du die Gründe für etwas oder die Zusammenhänge von etwas aufzeigen. So kannst du eine Antwort auf die Frage geben, *warum etwas so ist oder war.* Formulierungen, die du verwenden kannst: *weil …; deshalb …; daher …; dadurch …*
erläutern	Du zeigst Sachverhalte in ihrem Zusammenhang und nennst dabei Beispiele oder Belege.	Die hier besonders wichtigen Beispiele und Belege sollen deine Erklärung veranschaulichen, also verständlich machen, warum etwas so ist. Formulierungen, die du verwenden kannst: *Dies zeigt sich daran, dass …. – Dies wird belegt durch …*
erörtern	Du stellst Vor- und Nachteile eines Problems abwägend gegenüber, also wie auf einer zweischaligen Waage, und begründest abschließend deine Haltung.	Formulierungen, die du verwenden kannst: *Dafür spricht … – Dagegen spricht … – Insgesamt komme ich zu der Einschätzung, dass …*
gliedern	Du ordnest einen Raum, eine Zeit, oder einen Sachverhalt systematisierend nach selbst gewählten oder vorgegebenen Kriterien.	Hier kann eine Aufzählung sinnvoll sein.

Arbeitsanweisung in der Aufgabe	Was ist genau zu tun?	Was dir zusätzlich helfen kann
herausarbeiten	Du hebst aus einem Material die wichtigsten Inhalte hervor, meist anhand eines bestimmten Gesichtspunktes.	Achte auf die in der Aufgabenstellung genannten Gesichtspunkte und vermeide eine reine Inhaltswiedergabe. Gib bei Texten die Zeilen an, auf die du dich bei deiner Herausarbeitung beziehst.
in Beziehung setzen / vergleichen	Du stellst Inhalte von Materialien nebeneinander und erläuterst Gemeinsamkeiten und Unterschiede.	Hier kann eine dreispaltige Tabelle hilfreich sein: Spalte 1: Merkmal, das du vergleichen möchtest – Spalte 2: Material 1 – Spalte 3: Material 2. Achte darauf, dass auch die Nennung von Unterschieden zu einem Vergleich gehört.
interpretieren	Du findest aus Materialien wichtige Aussagen heraus und deutest sie im Hinblick auf dahinter stehende Motive oder Gründe.	Achte auf den Unterschied zum Auftrag, etwas zu analysieren. Mögliche Formulierungen: *Die Aussage könnte darauf hinweisen, dass … – Aus dem Material ist aus folgendem Grund herauszulesen, dass …*
nachweisen	Du untersuchst Materialien nach bestimmten Gesichtspunkten und belegst deine Aussagen.	Du kannst deine Aussagen entweder mit konkreten Belegen aus dem Text / Material oder historischen Fakten aus anderen Zusammenhängen belegen.
Stellung nehmen	Du findest zu einem Sachverhalt eine gut überlegte Meinung und formulierst sie begründet.	Der Auftrag geht über eine Begründung hinaus; gefordert ist hier deine eigene reflektierte Meinung, die du dir auf der Grundlage deiner bereits erworbenen Kenntnisse bildest.
überprüfen	Du prüfst Inhalte, Sachverhalte oder Vermutungen anhand deiner Kenntnisse oder zusätzlicher Materialien auf ihre Richtigkeit und Überzeugungskraft.	Auch hier hilft das Bild der Waage (s. o.: „erörtern")
wiedergeben	Du stellst Inhalte in eigenen Worten sachlich ohne Wertung geordnet dar.	Arbeite dafür zunächst die zentralen Informationen aus dem Material heraus und erzähle sie in einer selbst gewählten, aber sinnvollen Reihenfolge nach.
zusammenfassen	Du gibst die wichtigsten Aussagen in eigenen Worten unkommentiert wieder.	Folgende Fragen helfen dir: *Was ist das Wichtigste? – Welche Erkenntnis habe ich gewonnen? – Wie lässt sich das kurz und bündig als „Konzentrat" formulieren?*

Methodenkarten

Wir haben alle Methodenkarten aus den Bänden 1 bis 4 von „Das waren Zeiten" für Dich zu einem Heft zusammengestellt. Du kannst Sie unter dem Mediencode **31054-102** herunterladen.

Mit dieser Methodensammlung kannst Du die fachgerechte Bearbeitung von historischen Quellen aller Art üben – Kompetenzen, die du auch später immer wieder benötigst!

Hilfestellungen: Gewusst wie!

Kapitel 1: Die Herrschaft des Sowjetkommunismus

S. 17, A3 Lies im Darstellungstext nach, welche Organisationen in dieser Zeit die Macht hatten, Veränderungen durchzusetzen.

S. 19, A3 Die „Hauptbitte" der Arbeiter steht am Ende der Petition M4. Um die Forderungen zu bewerten kannst du dich fragen, ob sie zu dieser Zeit in anderen Staaten Europas verwirklicht ist. Du kannst die Forderungen auch mit denjenigen der Bolschewiki (S. 16) vergleichen.

S. 21, A4 Die Überschrift könnte den Konflikt zwischen beiden Rednern knapp zusammenfassen. Du könntest also schreiben: „[Forderung Martovs] oder [Forderung Trotzkis] ?". Die drei Sätze der Meldung sollten dann näher ins Detail gehen: „Der Menschewik Julij Martov forderte in seiner vom Tumult unterbrochenen Rede, dass … ." – „Leo Trotzki erwiderte für die Bolschewiki … " – Der dritte Satz könnte deine eigene Position begründen.

S. 23, A3 Erstes Ziel: Zeile 1-18. Zweites Ziel: Zeile 19-28. Lenin selbst nennt Konsequenzen für den Fall, dass die Kommunisten mit der NEP scheitern (Zeile 16f., Zeile 40-42). Vergleiche das Motiv von M2 mit der Situation zur Zeit der staatlichen Lebensmittelverteilung.

S. 25, A2 Die Zahlen besagen z. B.: „Im Jahr 1921 betrug die Produktion von Konsumgütern 33 Prozent des Wertes von 1913." Du kannst ermitteln, wann bei Produktions- und Konsumgütern der Vorkriegsstand wieder erreicht wurde. Du kannst auch feststellen, seit wann die beiden Wirtschaftsbereiche sich sehr stark auseinander entwickelten. – Für die Auswirkungen auf das Leben der Menschen kannst Du als Beispiel für Produktionsgüter einen Hochofen, als Beispiel für Konsumgüter einen Herrenanzug nennen.

S. 27, A2 Berücksichtige, was ein Fotograf bei der Aufnahme eines Bildes entscheidet.

S. 29, A3 Benutze die Begriffe „Legitimation" und „Rechtfertigung". – Setze das Bild vom „Gärtner Stalin" in Beziehung zu M5.

Kapitel 2: Weimarer Republik: Chancen und Belastungen

S. 37, A3 Beachte Kleidung und Frisur Eberts. Berücksichtige, für welche Positionen die Arbeiter und der General stehen. Was sagt dies über die Haltung des Zeichners zu Ebert aus?

S. 39, A3 Winkler schildert, was Deutschland nach dem Versailler Vertrag noch war. Du kannst seine Aussagen umformen in Sätze wie: „Die Alliierten hätten auch …". – In deine Stellungnahme kannst du einbeziehen, ob eine „nüchterne Einsicht" (Z. 18) den Deutschen nach 1919 leicht oder schwer fiel.

S. 41, A4 Für a.) frage dich, was sich die Planer der Massenumsiedlungen unter dem Eindruck des Weltkriegs von ihrer Maßnahme erhofften. Für b.) frage dich, ob ein Staat, der die Bedingungen von Z. 8f. erfüllt, möglich oder wünschenswert ist.

S. 43, A3 Folgende Organe sollte die Diagramm berücksichtigen: Reichstag, Reichspräsident, Reichswehr, Reichsrat, Volk. Mit beschrifteten Linien kannst Du die Beziehungen der Organe zueinander angeben.

S. 45, A1 Statt auf einzelne Parteien einzugehen kannst du drei Blöcke, nämlich Republikfeinde von links, Republikfeinde von rechts sowie republiktragende Parteien, betrachten.

S. 47, A2 Rosa Luxemburg würde sicher die diffamierende Darstellung des Revolutionärs erwähnen. Sie könnte auch versuchen, den Plakattext mit Hinweis auf die bolschewistische Oktoberrevolution zu entkräften.

S. 49, A3 Charakterisiere den Angriff der roten Gestalt und berücksichtige die Einzelheiten. Hinweis: die „Ballonmütze" wurde von Arbeitern getragen und steht für Sozialismus. – Frage dich, inwieweit die Aussage der Zeichnung den Deutschen half, das Trauma des verlorenen Krieges zu bewältigen und inwieweit sie Stimmung gegen die Republik machte.

S. 51, A3 Hinweis: Der Text soll Jiddisch sein, ein von Juden in Europa seit dem Mittelalter gesprochener Dialekt. Er lautet „Gott der Gerechte! Schon wieder ein neuer Komet!"

S. 53, A3 Frage dich, welches Gewicht eine deutsch-sowjetische Partnerschaft unter den übrigen europäischen Staaten haben konnte.

S. 55, A1 Berücksichtigt z. B. Freizeitgestaltung, Hobbies, Vereinsleben, Vorbilder, politisches Engagement, Vielfalt der Möglichkeiten usw.

S. 57, A1 Du kannst mit den Situationen beginnen, in denen die Frauen auf den Bildquellen dargestellt sind. Welche gesellschaftlichen Forderungen sind für Frauen heute wichtig?

S. 59, A1 Beide Texte, M2 a und M2 b, schildern einen Gegensatz unterschiedlicher Kulturen.

S. 61, A1 Berücksichtige den Darstellungstext, zweiter und dritter Abschnitt, sowie M2, Zeile 18.

S. 65, A4 Frage dich, welche Möglichkeiten der deutsche Wähler nach Papens Vorstellungen hat, seinen politischen Willen durchzusetzen. Frage auch, ob die Eigenschaften der Z. 2-4 in Papens Regierung tatsächlich erfüllt war – siehe Adressaten von M5.

Kapitel 3: Nationalsozialismus: Ideologie und Alltagsleben

S. 75, A2 Hinweis: Die Karikatur benutzt die gleichen Mittel wie M5 auf S. 37.

S. 77, A1 Du kannst schreiben: „Das Bild M... veranschaulicht die Ideologie des ..., indem es ... ."

S. 79, A2 Hinweis: Beantworte dir mit den Ergebnissen von Aufgabe 1 die Frage, welche Bedeutung der Ort Potsdam und die Personen Friedrich der Große und Paul von Hindenburg für das deutsche Bürgertum hatten.

S. 81, A3 Berücksichtige die Wirkung der Inszenierung M1 auf die Zuschauer. Berücksichtige, was an den Feiertagen M5 „gefeiert" wurde.

S. 83, A4 Erste Informationen bietet die Webseite
www.dhm.de/lemo/biografie/joseph-goebbels

S. 85, A3 Du kannst für jedes Gesetz so formulieren: „Nach dem Gesetz ... wurden ... eingeschränkt / verboten /... . Das bedeutet z. B., dass es keine ... mehr gab / man nicht mehr ... durfte / ... ."

S. 87, A5 Werke, die in der Ausstellung „Entartete Kunst" gezeigt wurden:
www.n-tv.de/ Wie-die-Nazis-die-Moderne-begruben-article6701941.html
Werke, die von Nationalsozialisten ausgezeichnet wurden:
www.hausderdeutschenkunst.de/kuenstler/malerei-im-nationalsozialismus.html
www.hausderdeutschenkunst.de/kuenstler/plastik-im-nationalsozialismus.html

S. 89, A3	Frage dich, welchen Sinn schulische Erziehung eigentlich haben soll und was sie im Nationalsozialismus erreichen wollte. Was hat Bildung mit „Freiheit" zu tun?
S. 91, A1	Besonders ergiebige Quellen zu den Jungen: M2, M5; zu den Mädchen: M1, M3
S. 93, A2	Arbeite aus M2 bis M5 jeweils konkret heraus, was die genannten/gezeigten Jugendlichen taten und wie sie sich damit gegen den nationalsozialistischen Staat richteten.
S. 95, A2	Aus der Suchanzeige M5 kannst Du weibliche Eigenschaften herausarbeiten, die möglicherweise „gefragt" waren. Die Eigenschaften des gesuchten Mannes kannst Du aus dem Darstellungstext und aus M1-2 ableiten.
S. 97, A3	Im zweiten Abschnitt des Darstellungstextes (S. 96) kannst Du die Ziele nachlesen, die die NS-Führung mit den Spielen verfolgte. Berücksichtige auch, wie die getroffenen Maßnahmen dazu beitrugen. – Zur Beurteilung des Charakters der Veranstaltung kannst du die sportlichen und die politischen Fakten zu „Olympia 1936" in zwei Listen erfassen.
S. 101, A2	Du kannst z. B. folgende Bereiche untersuchen: Kontaktmöglichkeiten zwischen Nichtjuden und Juden – Einschränkung jüdischer Möglichketen – Existenzbedingungen der Juden – amtlich vertretenes Bild von den Juden.
S. 103, A1	Berücksichtige die Angaben zu M1. Beziehe auch M3 ein und frage dich, was wohl mit den genannten Familien, ihren Firmen und ihrem verwüsteten Wohnraum geschah.
S. 107, A3	Die Darstellung nennt Auswirkungen aus den Feldern Arbeitsleben, Sozialpolitik, Lohn und Gehalt, Landwirtschaft und Versorgung. Aus M3 kann abgeleitet werden, welche Wirtschaftsbereiche im Nationalsozialismus gefördert, welche vernachlässigt wurden.

Kapitel 4: Zweiter Weltkrieg und Holocaust

S. 115, A1	Berücksichtige die Maßnahmen, die Hitler seit der Machtübernahme ergriffen hat. Beziehe dabei z.B. auch die Hitlerjugend ein.
S. 117, A2	Untersuche die sprachliche Gestaltung der Rede: Welche Provokationen formuliert Goebbels, wie war die Bevölkerung darüber hinaus bereits beeinflusst worden, welche Informationen waren allgemein zugänglich?
S. 119, A3	Wilsons „14 Punkte" von 1918: de.wikipedia.org/wiki/14-Punkte-Programm Roosevelts „Vier Freiheiten" von 1941: de.wikipedia.org/wiki/Four_Freedoms
S. 123, A2	Hier kannst du Informationen sammeln: *de.wikipedia.org/wiki/Massaker_von_Oradour* *de.wikipedia.org/wiki/Lidice* *de.wikipedia.org/wiki/Kalavryta*
S. 125, A4	Die dargestellten Emigranten kannst Du mit diesem Link identifizieren: *docupedia.de/zg/Exilforschung#Bildlegende*
S. 129, A1	Berücksichtige die Umstände, die zum Ausbruch des Zweiten Weltkrieges geführt haben. Warum wird den Juden die Schuld zugeschoben? Welche Wirkung hat das auf die Bevölkerung?
S. 135, A2	Vorschläge für Personen des Widerstands: Herbert Baum, Dietrich Bonhoeffer, Clemens August Graf von Galen, Wilhelm Leuschner, Bernhard Lichtenberg, Joseph Roth, Bartholomäus Schink, Peter Graf Yorck von Wartenburg.
S. 139, A3	Berücksichtige, wie stark die beiden Mächte zuvor in den Krieg involviert waren. Beziehe auch Deine Kenntnis darüber ein, wie sich die Deutschen in den jeweiligen Ländern verhalten haben.

Kapitel 5: Deutschland nach 1945

S. 147, A1 Berücksichtige die wirtschaftliche Leistungsfähigkeit der USA und der UdSSR. Zu letzterem kannst Du auf S. 24 nachlesen, wie es vor dem Zweiten Weltkrieg um die Versorgungslage der Menschen in der Sowjetunion bestellt war.

S. 149, A3 Lies noch einmal den Abschnitt „Entnazifizierung" auf S. 149.

S. 150, A4 M5 nennt in Z. 4 einen Auftrag, den Schulbücher nach Auffassung der Alliierten erfüllen sollen. Rufe dir dazu die Ergebnisse der Diskussion zu S. 149, Aufgabe 4 in Erinnerung.

S. 151, A1 Arbeite heraus, welche Volksgruppen unter Flucht vor und Vertreibung durch Deutsche gelitten haben. Stelle dann zusammen, welche Volksgruppen unter Flucht vor und Vertreibung durch die Sowjetarmee gelitten hatten. Kannst Du ein gemeinsames Motiv erkennen?

S. 152, A3 Hier stellt sich das „Zentrum gegen Vertreibungen" selbst vor: www.z-g-v.de
Hier erfährst Du mehr über die Kontroverse um das Zentrum:
www.lwl.org/LWL/Kultur/Aufbau_West/debatten/erinnerung/stiftung/

S. 154, A3 Frage Dich, warum die USA ein Interesse an einer schnellen Stärkung der westlichen Besatzungszonen hatten. Ein Hinweis steht im letzten Abschnitt von S. 154, aber andere Motive sind ebenfalls denkbar.

S. 155, A2 Ulbricht nennt verschiedene Ämter, die er unbedingt mit Kommunisten besetzt sehen will. Überlege, was diese Ämter bewirken können und warum sie für die Umsetzung der Pläne so wichtig waren. – Berücksichtige abschließend den Satz in Z. 16f.

S. 156, A2 Arbeite heraus, was in den drei Westzonen gleich oder ähnlich war und sich deutlich von der Ostzone unterschied.

S. 157, A3 Gehe aus von den gelieferten Waren. Schildere dann, wie die kriegszerstörten Volkswirtschaften Europas diese Lieferungen trotz ihrer Lage bezahlen konnten.

S. 159, A3 Hier kannst Du Informationen einholen:
www.bpb.de/geschichte/deutsche-geschichte/grundgesetz-und-parlamentarischer-rat/39014/warum-keine-verfassung

S. 161, A3 Bewertung aus Sicht der Bundesrepublik: Überprüfe die Aussagen Adenauers einzeln am Darstellungstext dieses Kapitels.
Bewertung aus Sicht der entstehenden DDR: Frage dich, welche Argumente ein Kommunist den Aussagen Adenauers entgegenstellen könnte. So könntest du argumentieren: Du hältst die Teilung für notwendig, weil… . Du bestreitest, dass es im Osten keinen Schutz der Persönlichkeit gibt, denn hier… . Du bestreitest die Abkehr des westlichen Deutschland vom Nationalsozialismus, denn dort … .

S. 163, A3 Informiere dich hier:
www.bpb.de/politik/grundfragen/24-deutschland/40426/grundrechte

S. 165, A7 Das Wort „Willkür" bedeutet im Recht ein staatliches Handeln, für das es keinen sachlichen Grund gibt. „Willkürakte" werden aus anderen als den angegebenen Gründen vorgenommen. Auf derartige Handlungen solltest Du das Verhalten der russischen Behörden gegenüber dem Vater von Joachim Gauck überprüfen.

S. 167, A4 Beachte, in welchen Worten der Text die Aufständischen, ihre Handlungen und Motive beschreibt. Vergleiche mit der Wortwahl bei den Staatsorganen.

S. 168, A2 Kennzeichen eines „Wunders": Unerwartet, unerklärlich, den Gesetzen der Erfahrung widersprechend, meist positiv.

S. 169, A4 Lies die Erklärungen „Marktwirtschaft", „soziale Marktwirtschaft" und „freie Marktwirtschaft" im Lexikon zur Geschichte.

S. 172, A2 Ihr könnt so formulieren: „Die Annahme der Vorschläge Stalins hätte für Deutschland den Vorteil, dass … . Ein Deutschland unter diesen Bedingungen hätte jedoch … ."

S. 173, A3 Berücksichtige die Flaggen, die die Staumauer bilden, und die Farbe der Flutwellen.

S. 175, A2 Zwei der abgebildeten Personen findest Du auch auf S. 79, M3. Den Franzosen kennst Du aus dem vergangenen Schuljahr.

S. 177, A1 Winston Churchill war im Juli 1945 abgewählt worden. Zur Zeit der „Züricher Rede" war er also nicht in Regierungsverantwortung, sondern Oppositionsführer. Als solcher konnte er zu Themen sprechen, die nicht von der aktuellen Tagespolitik bestimmt waren. Außerdem begann Churchill an seinem „Nachruhm" als Staatsmann zu arbeiten.

S. 178, A4 Welche über diplomatischen Protest hinausgehenden Maßnahmen der Westmächte/der Bundesrepublik wären denkbar? Welche Konsequenzen hätten sie möglicherweise gehabt? Hätten Sie eine Rücknahme der Berliner Mauer bewirken können?

S. 179, A1 Frage dich, welche Folgen die Sperrmauer durch Berlin über die angesprochenen Probleme (Z. 11-15; Z. 18-20; Z. 23-26; Z. 27-30) hinaus noch hatte. Denke z. B. Beispiel an Familien, Gütertransport, … . Welchen rechtlichen Status hatte Berlin damals?

S. 184, A1 Du kannst Forderungen der „68er" zu folgenden Themen zusammenstellen: Bürgerrechte – Frieden – Lebensstil – Vergangenheitsbewältigung – politische Teilhabe – Energiepolitik – Umweltschutz.

S. 185, A5 Überlege ganz konkret: Gibt es in deiner Schule, deinem Heimatort, deinem Verein Verhältnisse, gegen die du protestieren würdest? Und wenn ja: Mit welchen Mitteln würdest du deinen Protest ausdrücken?

S. 187, A3 Hinweise: Der Begriff „Sommermärchen" für die Fußball-WM 2006 wurde wegen des vierwöchigen Sommerwetters und der großartigen Stimmung in den Stadien und beim „public viewing" geprägt. Deutschlands Rolle als Gastgeber wurde international gelobt. In einigen Staaten führte die WM sogar zu einer Verbesserung des Deutschland-Bildes.

S. 189, A2 Welche Folgen könnten massive Einschränkungen der Versorgung mit Konsumgütern in der DDR haben. Berücksichtige, warum die DDR 1961 die Berliner Mauer errichten ließ.

S. 191, A5 Zur Bewertung der Handlungen stelle gegenüber, was die Jugendlichen getan haben und welche Maßnahmen und welchen Aufwand das MfS unternahm. Beurteile, ob die Jugendlichen nach Deinem Gerechtigkeitsempfinden etwas Strafbares getan haben. Bewerte die Gegenüberstellung dann unter dem Aspekt der Verhältnismäßigkeit.

S. 193, A1 Bilde Sätze wie „Wenn die … (hoch/niedrig) ist, dann ist die … …, weil …". Du kannst die drei Faktoren auch auf ein Blatt schreiben und mit beschrifteten Pfeilen verbinden.

S. 195, A4 Über die Versorgungslage in der DDR informieren Bilder, Texte und ein Video auf *www.planet-schule.de/wissenspool/alltag-in-der-ddr/inhalt/hintergrund/versorgung.html*

S. 197, A2 Forderungen der Frauen stehen besonders in den Abschnitten „Unerfüllte Forderungen" sowie „Eine neue Frauenbewegung entsteht". Über einige Umsetzungen erfährst du im Abschnitt „Erste Reformen".

S. 198, A6 Tipp: Sieh nach unter *www.boeckler.de/53509.htm*

S. 200, A4 Einen Hinweis gibt der Titel des Buches, das allen Jugendlichen bei der Jugendweihe überreicht wurde (siehe M2).

S. 206, A2 Betrachte den Text M6 im Lichte des Satzes M9, Z. 13 f.

S. 208, A3 Frage dich, was die Deutschen in der DDR vom neuen Kanzler der Bundesrepublik Deutschland erwartet haben.

S. 209, A2 Lies noch einmal auf S. 149 den Abschnitt „Streit um Land", betrachte die Karte S. 150 M3 und lies S. 151. Beantworte dann die Frage, was die polnische Westgrenze mit der deutsch-deutschen Geschichte zu tun hat.

S. 211, A2 Prominenter Besucher der 40-Jahr-Feier der DDR war der sowjetische Staats- und Parteichef Michail Gorbatschow. Wenn Du auf S. 252 vorblätterst, kannst du etwas über dessen Politik nachlesen. Schätze dann ab, ob die DDR im Falle eines bewaffneten Konflikts auf die Hilfe der UdSSR bauen konnte, wie etwa 1953.

S. 215, A2 Zum Status Deutschlands seit dem Ende des Zweiten Weltkriegs lies nach auf S. 149. Da es inzwischen keinen Friedensvertrag gab, galten diese Regelungen auch 1989 noch.

S. 217, A1 M4 zeigt die Stimmung, die damals sehr verbreitet war. M5 zeigt eine abweichende Auffassung. Betrachte die Urheber von M5 und ermittle mit M6 deren Anteil an den Volkskammerwahlen. Hinweis: Die Haltung der CDU war am ehesten vergleichbar mit M4.

S. 219, A1 Um den Wandel zu beschreiben, der mit diesen drei Daten verbunden ist, kannst du so formulieren: „Vor 1948/49 (1968/69, 1989/90) gab es in Deutschland … . Die wesentlichen Ereignisse dieser Zeit waren … . Danach war vieles anders, denn … ."

S. 221, A4 Wolfrum betont die Wandlungen im Verlauf der Geschichte der Bundesrepublik. Anders als die Beispiele in Z. 20f. hat dieser Staat die Zeiten überdauert. Wofür ist dies ein Anzeichen? Was hat das mit der Frage nach der „geglückten Demokratie" zu tun?

S. 222, A4 Argumente liefern die Stichworte „Aufbau Ost" und „Kosten der deutschen Einheit".

Kapitel 6: Die Welt nach dem Zweiten Weltkrieg

S. 231, A3 Vergleiche Artikel 1, Satz 1 mit Artikel 2, Satz 7. Welche Möglichkeiten zur Durchsetzung der Ziele hat die UNO demnach?

S. 233, A3 Benutze die Begriffe „Freiheit" und „Sicherheit" und konkretisiere Sie mit den Quellen.

S. 235, A3 Als Einstiegsfrage kannst du untersuchen, ob beide Quellen die Teilung in zwei gegensätzliche Blöcke feststellen oder nur eine. Welche Kriterien für die Zugehörigkeit zu einem Block (Lebensweise, Lager) werden genannt? Welche Einschätzung gibt die politische Lage der Zeit nach deinem Kenntnisstand besser wieder?

S. 237, A2 Untersuche das durchschnittliche Wirtschaftswachstum der Länder mit und ohne Marschall-Plan-Hilfe. Untersuche aber auch, ob ein Zusammenhang zwischen der Höhe der Hilfen und dem Wachstum besteht.

S. 241, A3 Frage dich: Was waren Kubas Sicherheitsinteressen? Was waren die Interessen der UdSSR als Weltmacht? Was wollten die USA erreichen?

S. 243, A2 Du kannst nach dem Schema der Methodenseiten 246f. vorgehen.

S. 245, A3 Breschnew hebt den Satz Z. 1-5 in der Folge wieder auf: Wenn bestimmte Ereignisse eintreten, dann gelten ganz andere Bedingungen. Arbeite diese Argumentation heraus. Was darf demnach in einem „Satellitenstaat" nicht geschehen?

S. 249, A2 Arbeite heraus, inwieweit sich die Forderungen in M3 auf M2, Satz VII (Z. 9-11) stützen können. Auch die Volksrepublik Polen hat die KSZE-Schlussakte unterzeichnet.

S. 251, A3 Worin liegen die Parallelen zwischen der Aussage Johnsons von 1965 und der Breschnews von 1980? Kann eine der Haltungen moralisch gerecht, die andere ungerecht sein? Woran lässt sich das beurteilen?

S. 253, A3 Die sowjetische „Perestroika" (Lexikon zur Geschichte, Stichwort „Glasnost und Perestroika") wird als Eisbrecher dargestellt, der in einem zugefrorenen Meer einen Fahrweg freibricht. Das Schiff Polen bewegt sich bereits vorwärts, Ungarn ist kurz davor, befreit zu werden. Festgefroren und vereist liegen die Schiffe Rumänien, DDR und CSSR abseits.

S. 255, A4 Eine Befürchtung für die Zukunft enthalten besonders die Z. 29-38. Informiere dich über das Stichwort „russischer Nationalismus", z.B. hier:
www.theeuropean.de/leonid-luks/8721-der-neue-russische-nationalismus

Lexikon zur Geschichte: Begriffe

In allen Darstellungstexten sind wichtige Begriffe ***hervorgehoben*** *und auf der jeweiligen Seite unten wiederholt. Erklärungen für diese Worte gibt dir unser „Lexikon zur Geschichte". Wenn wir bei der Erklärung eines Wortes einen anderen Eintrag in das Lexikon verwenden, machen wir dies mit dem ▸Pfeilsymbol deutlich. Dies kannst du dir beim Nachschlagen zunutze machen: Folge einfach den Pfeilen, dann erschließt du ein ganzes zusammenhängendes Themenfeld. Probier es einmal aus, zum Beispiel mit dem Begriff „Nationalsozialismus".*

„68er-Bewegung": Angeregt durch die amerikanische Bürgerrechtsbewegung protestierten in der Bundesrepublik Deutschland seit Mitte der 1960er-Jahre Schüler und Studenten gegen die politischen und wirtschaftlichen Verhältnisse, gegen überlieferte Vorstellungen in Elternhaus, Schule und Universität sowie gegen den ▸Vietnam-Krieg. Viele wollten die „kapitalistischen" Verhältnisse durch „sozialistische" ersetzen. Die „68er" stärkten das politische Interesse der Bevölkerung, förderten Bürgerbewegungen, änderten Erziehungsstile und probierten neue Formen des Zusammenlebens aus.

Achsenmächte: im Zweiten Weltkrieg das Deutsche Reich und seine Verbündeten, besonders Italien und Japan. Die A. beherrschten um 1941 große Teile Europas und Ostasiens.

Afghanistan-Krieg: Nach einem kommunistischen ▸Putsch in Afghanistan 1978 brach ein Volksaufstand aus. 1979 reagierte die ▸Sowjetunion mit einem Einmarsch, besetzte das Land und installierte ein neues kommunistisches Regime (▸Kommunismus). Dagegen erhoben sich verschiedene Widerstandsgruppen, besonders die islamischen Mudschahedin, und verwickelten die UdSSR in einem langen, verlustreichen Guerillakrieg. Erst 1989 zogen die sowjetischen Truppen ab, hinterließen jedoch ein Land im Bürgerkrieg.

Antisemitismus: wörtlich „Semitenfeindschaft" (Semiten: Angehörige einer verwandten Gruppe von Völkern in Vorderasien und Nordafrika); der Begriff bezieht sich aber nur auf Juden. Die um 1880 in Deutschland entstandene Bezeichnung meint die seit dem 1. Jh. n. Chr. bestehende Ablehnung oder Bekämpfung von Juden aus religiösen oder sozialen Gründen sowie die in der 2. Hälfte des 19. Jh. beginnende rassisch (biologisch) begründete Judenfeindschaft (▸Rassenideologie). Der ▸Nationalsozialismus stellte den Antisemitismus ins Zentrum seiner Weltanschauung und Politik. Seine Anhänger rechtfertigten damit die ▸„Nürnberger Gesetze" und die ▸„Arisierung" jüdischen Eigentums ebenso wie die systematische Vernichtung der Juden (▸Holocaust/Shoa).

Appeasement (engl. Beschwichtigung): Politik der britischen Führung gegenüber ▸Hitler und dem nationalsozialistischen Deutschland (▸Nationalsozialismus). Sie tolerierte die aggressive Annexionspolitik Hitlers bis 1938 in der Hoffnung, damit einen Krieg in Europa abzuwenden.

„Arisierung": Begriff der nationalsozialistischen ▸Propaganda (▸Nationalsozialismus) für die Verdrängung von Juden aus dem deutschen Wirtschaftsleben nach den ▸„Nürnberger Gesetzen". Ihre Mittel waren erzwungene Verkäufe und staatlich angeordnete Enteignungen. Vielfach profitierten deutsche Nichtjuden von der Übernahme von Geschäften und Posten.

Aufrüstung: Vergrößerung des militärischen Potenzials eines Staates durch Vergrößerung der Streitkräfte sowie Vermehrung und Modernisierung des Waffenarsenals. Phasen intensiver Aufrüstung waren die Zeit vor beiden Weltkriegen sowie die Epoche des ▸Kalten Krieges. Der ▸NATO-Doppelbeschluss von 1979 kombinierte A. und Abrüstungsverhandlungen.

Auschwitz: Ort im heutigen Polen, dessen Name für einen Lagerkomplex zur Zeit des ▸Nationalsozialismus steht. Es handelt sich um das ▸Konzentrationslager Auschwitz I, das ▸Vernichtungslager Birkenau (A. II) und das Konzentrations- und Arbeitslager Monowitz (A. III). Auschwitz war die wichtigste Tötungsanstalt im Holocaust (▸Holocaust/Shoa). Dem ▸Völkermord durch Giftgas in Auschwitz fielen mindestens 1,1 Millionen Menschen zum Opfer, darunter etwa 960 000 Juden.

Bauhaus: Kunstschule, 1919 gegründet in Weimar, 1925 umgezogen nach Dessau. Das B. entwickelte sich in der Weimarer Republik zu einem einflussreichen Zentrum der modernen Kunst, besonders auf den Gebieten Architektur und Design. 1932 erzwangen die Nationalsozialisten (▸Nationalsozialismus) die Schließung des Bauhauses, an dem auch jüdische und kommunistische Künstler (▸Kommunismus) lehrten.

Bedingungslose Kapitulation (engl. unconditional surrender): Forderung der Anti-Hitler-Koalition von 1943 gegenüber Deutschland, Italien und Japan. Die für den Zweiten Weltkrieg verantwortlichen Staaten sollten sich ohne Verhandlungen und Forderungen ergeben und anschließend von den Siegermächten politisch neu geordnet werden, ohne dafür Bedingungen stellen zu dürfen.

Berliner Mauer: Um die Abwanderung ihrer Bürger in die Bundesrepublik Deutschland zu beenden, ließ die Regierung der DDR nach Absprache mit der ▸Sowjetunion ab dem 13. August 1961 eine 43,7 km lange Mauer quer durch das Stadtgebiet Berlins und rund um West-Berlin errichten. An der militärisch gesicherten Sperranlage starben zwischen 1961 und 1989 mehr als 130 Menschen. Die Öffnung der Mauer am 9. November 1989 war der Anfang vom Ende der DDR (Mauerfall).

„Blitzkrieg": beschönigender Begriff der Nationalsozialisten (▸Nationalsozialismus) für die schnellen Erfolge der Wehrmacht beim Feldzug gegen Polen (1.9. – 6.10.1939) und gegen Frankreich (10.5. – 25.6.1940).

Bolschewiki: Die Bezeichnung geht zurück auf die Spaltung der Sozialdemokratischen Arbeiterpartei Russlands in Menschewiki (dt. Minderheitler) und Bolschewiki (dt. Mehrheitler). Tatsächlich hatten die Bolschewiki keine Mehrheit in der Sozialdemokratischen Arbeiterpartei. Unter ▸Lenins Führung wollten sie die Macht mit einer kleinen Gruppe von Berufsrevolutionären gewaltsam übernehmen. Nach der ▸Oktoberrevolution von 1917 errichteten sie eine ▸„Diktatur des Proletariats", um eine angeblich klassenlose Gesellschaft zunächst in Russland und dann auf der ganzen Welt zu verwirklichen. Die Begriffe „Bolschewismus" und ▸„Kommunismus" wurden später oft bedeutungsgleich benutzt.

Bücherverbrennung: öffentliche, demonstrative Vernichtung unliebsamer Schriften durch Feuer. Nach Vorläufern in Antike und Mittelalter waren B.en in der Reformation auf beiden Seiten häufige Mittel der Auseinandersetzung. Die B. am 10. Mai 1933 war eine vom NS-Staat (▸Nationalsozialismus) zentral geplante Aktion, bei der an über 20 Orten Schriften sozialistischer, republikanischer, pazifistischer und jüdischer Autoren öffentlich verbrannt wurden. Ihr ging eine systematische Entfernung nicht NS-konformer Bücher aus öffentlichen Bibliotheken in ganz Deutschland voraus.

Bund Deutscher Mädel (BDM): von der ▸NSDAP 1930 zur Mädchenorganisation neben der ▸Hitler-Jugend (HJ) gegründet. In ihr sollte die weibliche Jugend im Sinne der NS-Ideologie (▸Nationalsozialismus) und zu Tugenden wie Gehorsam, Pflichterfüllung, Disziplin, Opferbereitschaft und Körperbeherrschung erzogen werden. 1936 wurde die Mitgliedschaft verpflichtend. Der BDM war untergliedert in den Jungmädelbund (JM) der 10- bis 13-jährigen, den Bund Deutscher Mädel der 14- bis 17-jährigen und ab 1938 in das Werk „Glaube und Schönheit" für die 17- bis 21-jährigen Mädchen.

Bundesstaat: Zusammenschluss mehrerer Staaten zu einem Gesamtstaat mit einer Bundesregierung.

Bündische Jugend: aus den „Wandervogel"-Gruppen der Kaiserzeit hervorgegangene Jugendbewegung in der Weimarer Republik. Ideale der Jugendlichen waren ein einfaches, naturverbundenes Leben und eine Abkehr von den Angeboten der städtischen Moderne. Die B.J. suchte gemeinsame Erlebnisse auf großer Fahrt, orientierte sich an einem romantischen Mittelalterbild und schloss „Bünde" fürs Leben. Neben unpolitischen Bünden gab es auch sozialistische und völkische Gruppierungen. Von den Nationalsozialisten (▸Nationalsozialismus) im Sommer 1933 aufgelöst und verboten, da ▸Hitler-Jugend und ▸Bund Deutscher Mädel die einzigen Jugendorganisationen sein sollten.

D-Day: allg.: engl. Name für den Stichtag militärischer Operationen (vgl. „Tag X"); spez.: Bezeichnung für die Landung US-amerikanischer, britischer und kanadischer Truppen in der Normandie am 8. Mai 1944. Mit 170000 eingesetzten Soldaten war dies die bislang umfangreichste Landeoperation der Weltgeschichte.

Deportation (lat. deportare: fortschaffen): staatliche Verbringung von Menschen in andere Gebiete. In der ▸Sowjetunion wurden Hunderttausende Menschen zu ▸Zwangsarbeit in Arbeitslager deportiert, auch wurden ganze Völker aus ihren Heimatgebieten umgesiedelt. Der ▸Nationalsozialismus verfolgte aus ▸Antisemitismus die D. von Juden in ▸Konzentrations- und ▸Vernichtungslager. Menschen wurden aus den von Deutschland besetzten Gebieten in Zwangsarbeitslager deportiert. Nach der Potsdamer Konferenz begann die erzwungene Umsiedlung (Vertreibung) von Deutschen aus den von der Sowjetunion und ihren Satellitenstaaten beanspruchten deutschen Gebieten.

„Diktatur des Proletariats": Konzept des ▸Kommunismus: Die Arbeiterklasse übernimmt bei einem gewissen Entwicklungsstand einer industrialisierten Gesellschaft die Macht im Staat und enteignet die bisherige Ausbeuterklasse, die Kapitalisten. Die D.d.P. ist demnach die erste Stufe auf dem Weg in die sozialistische, klassenlose Gesellschaft ohne Staat und Privateigentum.

DDP (Deutsche Demokratische Partei): linksliberale bürgerliche Partei, gehörte von 1919 bis 1930 fast allen Reichsregierungen an.

DNVP (Deutschnationale Volkspartei): nationalistische Partei mit konservativ-restaurativer Gesinnung. Die DNVP war gegen die Weimarer Verfassung eingestellt und förderte die Machtübernahme der ▸NSDAP.

„Dolchstoßlegende": nach 1918 von rechtsradikalen Zeitungen verbreitete und seit 1919 von ▸Hindenburg vertretene Behauptung, die deutsche Armee sei im Ersten Weltkrieg nicht an der Front besiegt, sondern durch fehlende Unterstützung aus der Heimat „von hinten erdolcht" und zur Kapitulation gezwungen worden. Diese Geschichtsfälschung verschweigt, dass führende Militärs bereits Ende September 1918 die Niederlage gegen die übermächtige Allianz der Gegner eingestanden hatten.

DVP (Deutsche Volkspartei): bürgerliche, rechtsliberale Partei. Sie strebte nach nationaler Selbstbestimmung und stand anfangs dem parlamentarischen System der Weimarer Republik ablehnend gegenüber.

Emanzipation (wörtlich: Befreiung): Heute versteht man darunter die rechtliche und soziale Gleichstellung der Frauen mit Männern.

Emigration (lat. e-: hinaus; migrare: wandern): freiwilliges oder erzwungenes Verlassen der Heimat. Auswanderungsdruck erzeugen Armut, Arbeitslosigkeit, Krieg, Diktatur, Unfreiheit und Verfolgung („Push-Faktoren"). Ein Einwanderungsland wird bevorzugt durch Verdienst- und Karrieremöglichkeiten, Toleranz, Frieden, Rechtssicherheit, Meinungsfreiheit („Pull-Faktoren"). Vgl. ▸Deportation.

„Endlösung": Tarnausdruck der Nationalsozialisten (▸Nationalsozialismus) zur Verschleierung der Tatsache des ▸Völkermords an den Juden in Europa. Am 31. Juli 1941 erteilte Hermann Göring dem Chef der Sicherheitspolizei der ▸SS den Auftrag, einen Gesamtplan zur „Endlösung der Judenfrage" zu erarbeiten. Im September 1941 wurden in ▸Auschwitz erstmals Menschen in Gaskammern umgebracht. Auf einer Konferenz am Berliner Wannsee am 20. Januar 1942 wurden die beteiligten NS-Behörden in die Planungen zum Völkermord eingeweiht.

„Entartete Kunst": NS-Begriff (▸Nationalsozialismus) für die Kunst der Moderne, die darin mit Begriffen der ▸Rassenideologie diffamiert wird. Als „artgerechte" deutsche Kunst galten Realismus, Klassizismus, Monumentalität sowie die Darstellung deutscher Heldentaten und idealer Menschentypen. Als „nicht artgemäß", „entartet" galten dagegen Expressionismus, Neue Sachlichkeit, Surrealismus oder Kubismus, die Darstellung von Not und Schrecken sowie alle Werke jüdischer Künstler.

„Ermächtigungsgesetz": vom Reichstag am 23. März 1933 beschlossenes Gesetz, das der Koalitionsregierung unter Adolf ▸Hitler erlaubte, Gesetze ohne den Reichstag zu beschließen. Gegen das zunächst befristete Gesetz, das die ▸„Gleichschaltung" und die nationalsozialistische Diktatur (▸Nationalsozialismus) förderte, stimmten nur die Abgeordneten der ▸SPD, die kommunistischen Abgeordneten (▸Kommunismus, ▸KPD) waren bereits verhaftet worden oder ins Exil gegangen.

Europäische Integration: Am Anfang des Einigungsprozesses nach dem Zweiten Weltkrieg stand die Zusammenarbeit der westeuropäischen Staaten im 1949 gegründeten Europarat und in der 1951 entstandenen „Europäischen Gemeinschaft für Kohle und Stahl" (EGKS, ▸Montanunion). Der Erfolg führte 1957 zur Gründung der Europäischen Wirtschaftsgemeinschaft (EWG) und der „Europäischen Atomgemeinschaft" (EURATOM). EGKS, EURATOM und EWG wurden 1967 zur „Europäischen Gemeinschaft" (EG) zusammengefasst. Sie erhielten gemeinsame Organe (Kommission, Ministerrat, Parlament und Gerichtshof). Ihre Mitglieder vereinbarten eine intensive wirtschaftliche, außenpolitische, soziale, ökologische und kulturelle Zusammenarbeit. Der Vertrag von Maastricht erweiterte 1992 die Zuständigkeit der Europäischen Gemeinschaft. Er machte den Weg für die Wirtschafts- und Währungsunion frei und erklärte das Staatenbündnis zur „Europäischen Union" (EU). Die wichtigsten Veränderungen waren die engere Zusammenarbeit in der Außen- und Wirtschaftspolitik und die gemeinsame Währung „Euro" (1999/2002). Nach der Auflösung des sowjetischen Machtbereiches nahm die EU zwölf weitere Mitglieder auf, davon zehn ehemalige Ostblockstaaten. Seit 2013 zählt die EU 28 Mitgliedstaaten.

„Euthanasie" (abgeleitet von griech. „guter" oder „leichter Tod"): Mit diesem Begriff wurde während des „Dritten Reiches" (▸Nationalsozialismus) die Ermordung an behinderten, unheilbar erkrankten sowie altersschwachen Menschen verschleiert.

Freie Marktwirtschaft: ▸Marktwirtschaft, die vollständig auf staatliche Eingriffe in die Wirtschaft verzichtet und ganz auf den freien Wettbewerb der Erzeuger setzt, anders als die ▸Soziale Marktwirtschaft.

„Friedliche Koexistenz": Begriff aus einer Rede Nikita ▸Chruschtschows von 1955. Anders als im ▸Stalinismus, der den Kampf für Sozialismus und Weltrevolution zum Prinzip erhob, gab die ▸Sowjetunion nach ▸Stalins Tod vor, ohne Anwendung von Krieg neben der kapitalistischen Welt bestehen und den Sieg in einem friedlichen Wettbewerb der Systeme erringen zu wollen.

Führermythos: Glaube, dass ein von Gott oder dem Schicksal auserwählter „Führer" unfehlbar richtige Entscheidungen trifft und daher uneingeschränkten Gehorsam verlangen kann. Besonders angewandt wird dieser Begriff auf die Herrschaftsideologie des ▸Nationalsozialismus unter Adolf ▸Hitler. Der F. äußert sich in einem ausgeprägten ▸Personenkult. Vgl. ▸Stalinismus

Führerprinzip: Regel der nationalsozialistischen Gesellschaft (▸Nationalsozialismus), nach der ein Vorgesetzter von seinen Untergebenen unbedingten Gehorsam erwarten darf. Diskussionen oder Kritik wie in der Demokratie sind nicht vorgesehen. Zugleich ist jeder gegenüber den über ihm stehenden Instanzen verantwortlich. Demnach wurden alle gesellschaftlichen Gruppen (z.B. Vereine, Verwaltungen, Gerichte) nach militärischem Vorbild in Hierarchiestufen unterteilt. Oberster Führer war nach dem ▸Führermythos Adolf ▸Hitler.

Geheime Staatspolizei: politische ▸Geheimpolizei in Deutschland 1933-1945. Aufgabe der „Gestapo" war die Bekämpfung der politischen und ideologischen Gegner des nationalsozialistischen Regimes (▸Nationalsozialismus). Sie war Teil des Unterdrückungsapparates im ▸totalitären Staat.

Geheimpolizei: staatliche Polizeibehörde mit weitreichenden Befugnissen, die einer rechtsstaatlichen Kontrolle entzogen ist und daher ungesetzlich handeln kann. G. dienen ▸totalitären Staaten zur Erhaltung der Macht und Beseitigung von Opposition. Beispiele sind die G. der ▸Sowjetunion (Tscheka-GPU-KGB) sowie des nationalsozialistischen Deutschland (▸Geheime Staatspolizei).

Generalstreik: Streik der gesamten Arbeiterschaft in allen Bereichen einer Region oder eines Landes. Er kann zum einen als Mittel dienen, um auf eine Verwaltung oder eine Regierung Druck auszuüben. Das Lahmlegen des öffentlichen Lebens kann aber auch regierungsfeindliche Kräfte in ihrem Vorhaben behindern, die Macht an sich zu reißen. Ein Beispiel dafür ist der gescheiterte Kapp-Lüttwitz-Putsch 1923 (▸Putsch).

Genozid ▸Völkermord

Ghetto: Bezeichnung für ein von anderen Stadtteilen abgetrenntes Wohngebiet für Juden. Judenviertel gab es bereits in der Spätantike. Anfang des 13. Jh. beschloss die Kirche die räumliche Trennung von Juden und Christen. Sie wurde zunächst kaum befolgt. Das erste Ghetto im Heiligen Römischen Reich Deutscher Nation entstand 1462 in Frankfurt am Main. Die Bezeichnung stammt aus Venedig, wo die Juden seit 1516 im Stadtteil „Ghetto Nuovo" wohnen mussten. Nach dem Einmarsch deutscher Truppen im Jahre 1939 in Polen und 1941 in die ▸Sowjetunion wurden zahlreiche Ghettos errichtet. Das größte Ghetto entstand in Warschau. Darin wurde die enteignete jüdische Bevölkerung gefangen gehalten und zur Arbeit für die Besatzer gezwungen (▸Zwangsarbeit). Viele Ghettobewohner starben an Hunger und Krankheit. Die Überlebenden wurden ab 1941 in die ▸Konzentrations- und ▸Vernichtungslager deportiert (▸Deportation) und damit Opfer des Holocaust (▸Holocaust/Shoa).

Glasnost und Perestroika: Die Begriffe „Glasnost" (dt. Offenheit, Durchsichtigkeit) und „Perestroika" (dt. Umbau, Umgestaltung) stehen für Michail ▸Gorbatschows Reformpolitik in der ▸Sowjetunion von 1985 bis 1991. Sie sollte die kommunistische Herrschaft (▸Kommunismus) in der Sowjetunion und den Ostblockstaaten sichern, erreichte aber das Gegenteil.

„Gleichschaltung": So nannten die Nationalsozialisten (▸Nationalsozialismus) ihre Maßnahmen, Staat, Gesellschaft und Kultur mit ihrer Partei (▸NSDAP) personell und ideologisch zu durchdringen und damit zu beherrschen. Nach der Ernennung Adolf ▸Hitlers zum ▸Reichskanzler am 30. Januar 1933 (▸„Machtergreifung") begann die ▸„Gleichschaltung" mit dem ▸„Ermächtigungsgesetz" vom 23. März 1933. Sie beendete die demokratische Gewaltenteilung (▸Republik). Die Nationalsozialisten nahmen den Ländern ihre Eigenständigkeit, führten eine Einparteienherrschaft ein, kontrollierten die Medien, lösten alle Verbände und Einrichtungen auf und integrierten sie in ihre Organisationen.

Großdeutsches Reich: Nach dem „Anschluss" Österreichs 1938 führte das Deutsche Reich zeitweilig offiziell die Bezeichnung „G. R.". Dies sollte auch an die 1848 nicht zustande gekommene „großdeutsche Lösung" der deutschen Einigung erinnern. Zugleich sollte der Name die aggressive Ausdehnung des Reiches in alle von Deutschen bewohnten Gebiete signalisieren.

Grundgesetz: die vom Parlamentarischen Rat 1948/49 ausgearbeitete und nach Annahme durch die Länderparlamente am 23. Mai 1949 in Kraft getretene Verfassung der Bundesrepublik Deutschland. Im Gegensatz zur Weimarer Verfassung sind die Grundrechte nicht nur politische Leitlinien, sondern von jedem Bürger vor Gericht einklagbare Rechte.

Hitler-Jugend (HJ): von der ▸NSDAP 1926 gegründete NS-Jugendorganisation (▸Nationalsozialismus). Die HJ erreichte nach dem Verbot anderer Jugendorganisationen ab 1933 großen Einfluss. Ende 1936 wurde die Mitgliedschaft in der HJ für alle Kinder und Jugendlichen zwischen zehn und 18 Jahren gesetzliche Pflicht.

Hitler-Stalin-Pakt, offiziell „Deutsch-sowjetischer Nichtangriffspakt": Am 24. August 1939 unterzeichneten die Außenminister der ▸Sowjetunion und Deutschlands überraschend diesen Vertrag, der für zehn Jahre militärische Angriffe ausschloss und dem Deutschen Reich die Neutralität der Sowjetunion im Falle eines Krieges mit den Westmächten garantierte. In einem geheimen Zusatzprotokoll verabredeten ▸Stalin und ▸Hitler ihre „Interessensphären" in Osteuropa. Auf dieser Basis wurde im September 1939 Polen überfallen und aufgeteilt. 1941 brach Hitler den Pakt.

Holocaust/Shoa: Der griechische Begriff holókaustos (dt. „völlig verbrannt" bzw. „Brandopfer") bedeutet im Englischen „Inferno" und „Zerstörung". Er wird heute für die systematische Vernichtung von etwa sechs Millionen europäischer Juden und anderer Opfergruppen während des „Dritten Reiches" verwendet. Im Hebräischen wird für das Leiden der Juden während dieser Zeit der Begriff Shoa („Großes Unheil", „Katastrophe") gebraucht. 1996 wurde der 27. Januar in Deutschland zum „Holocaust-Gedenktag" erklärt. Das Datum erinnert an die Befreiung des ▸Konzentrations- und ▸Vernichtungslagers ▸Auschwitz. Seit 2006 gilt auf Beschluss der ▸Vereinten Nationen der „Tag des Gedenkens an die Opfer des Holocaust" weltweit.

Hyperinflation (lat. inflatio: Anschwellen): anhaltende rasante Geldentwertung durch Ansteigen aller Preise. Opfer der Inflation sind vor allem Menschen, die von Ersparnissen leben. Zu den Ursachen zählte die enorme Staatsverschuldung wegen hoher Rüstungsausgaben vor und während der Kriege. Bei einer monatlichen Inflationsrate von 20 Prozent spricht man von einer galoppierenden Inflation. Steigen die Preise noch schneller und verliert das Geld noch rascher an Wert, so spricht man ab einer monatlichen Inflationsrate von 50 Prozent von Hyperinflation. Zu besonders starken Inflationen kam es nach dem Ersten Weltkrieg in fast allen kriegführenden Staaten und nach dem Zweiten Weltkrieg.

Kalter Krieg: Bezeichnung für den seit 1945/46 herrschenden politischen, wirtschaftlichen und militärischen Konkurrenzkampf zwischen den Großmächten USA und UdSSR und ihren Bündnissystemen (▸NATO und ▸Warschauer Pakt). Erstes Zeichen des Kalten Krieges war die Truman-Doktrin von 1947. Frühe Höhepunkte waren die Blockade West-Berlins von 1948 und der Korea-Krieg (1950-1953). Die amerikanische „Politik der Stärke und des Dialoges" und die Reformen Michail ▸Gorbatschows in der ▸Sowjetunion (▸Glasnost und Perestroika) beendeten 1989/90 den Kalten Krieg. Die USA wurden einzige Weltmacht.

Kommunismus (lat. communis: allgemein, allen gemeinsam): eine politische, soziale und wirtschaftliche Weltanschauung, die von einem gemeinsamen Eigentum an den Produktionsmitteln wie Boden, Kapital, Fabriken und Maschinen ausgeht, in der es keine Ausbeutung der Arbeiter mehr gibt und Frieden und Gerechtigkeit herrschen. Gegenteil des Kommunismus ist der Kapitalismus. Nach Karl Marx und Friedrich Engels ist der Kommunismus das anzustrebende Endstadium der gesellschaftlichen Entwicklung (Marxismus). Seit der ▸Oktoberrevolution betrachteten es Sowjetrussland bzw. die UdSSR als ihre Aufgabe, den Kommunismus weltweit durchzusetzen.

Konzentrationslager: Massenlager, die zunächst dazu dienten, politische Gegner gefangen zu halten und gefügig zu machen. Später wurden sie im Sinne der NS-Rassenpolitik (▸Nationalsozialismus, ▸Rassenideologie) dazu benutzt, angeblich minderwertige Volksgruppen durch Arbeit auszubeuten (▸Zwangsarbeit). In der Sprache der Zeit wurden die Lager anders als heute als KL abgekürzt. Insgesamt gab es 24 sogenannte Stammlager und weit über 1 000 Außenlager. Ab 1942 wurden reine ▸Vernichtungslager aufgebaut, die nur noch der massenhaften Tötung angeblich minderwertiger Menschen dienten.

KPD (Kommunistische Partei Deutschlands): politische Partei, die sich aus dem Spartakusbund und anderen linken Gruppierungen bildete. Die Mitglieder der KPD strebten eine ▸„Diktatur des Proletariats" nach sowjetrussischem Vorbild an. Nach der Vereinigung mit der ▸USPD wurde die KPD zu einer Massenpartei in der Weimarer Republik.

KPdSU (Kommunistische Partei der ▸Sowjetunion): seit 1925 Name der Partei der ▸Bolschewiki.

KSZE (Konferenz über Sicherheit und Zusammenarbeit in Europa): Die erste KSZE-Konferenz wurde 1973 eröffnet. Es nahmen die Regierungschefs von 35 Staaten (Mitglieder der ▸NATO, des ▸Warschauer Paktes sowie neutrale und ungebundene europäische Staaten) teil. Sie verpflichteten ihre Länder am Konferenzende 1975 in der „Schlussakte von Helsinki" zu Gewaltverzicht, zur Unverletzlichkeit der bestehenden Staatsgrenzen, zur Wahrung der Menschen- und Bürgerrechte und zum ständigen Dialog. Mit dem Ende des ▸Kalten Krieges und der Auflösung des Warschauer Paktes änderten sich die Aufgaben der Konferenz. Seit 1995 heißt sie „Organisation für Sicherheit und Zusammenarbeit in Europa". Sie hat 57 Teilnehmer- und elf Partnerstaaten (Stand: 2015) und ihren Sitz in Wien.

Kuba-Krise: Nach Entdeckung sowjetischer Atomwaffen auf Kuba durch die USA im Oktober 1962 forderte Präsident ▸Kennedy deren Abzug. Die ▸Sowjetunion unter Nikita ▸Chruschtschow verweigerte dies und ließ weitere Waffen nach Kuba schaffen. Erst die Drohung, notfalls Atomwaffen einzusetzen, ließ die Sowjetunion einlenken. Die K. war die bislang gefährlichste Konfrontation der Weltmächte im ▸Kalten Krieg. Anschließend wurden Kommunikationsmittel geschaffen, um solche Risiken künftig zu vermeiden.

Lebensraumideologie: Grundelement der nationalsozialistischen Weltanschauung (▸Nationalsozialismus). Demnach habe das deutsche Volk (aus Gründen der ▸Rassenideologie) das Recht, weitere Gebiete zu erobern und sich anzueignen. Aus der L. erwuchsen Pläne, Osteuropa bis zum Ural zu „germanisieren", also zu deutschem Siedlungsland zu machen.

„Machtergreifung": Begriff der NS-▸Propaganda für die Übertragung des Reichskanzleramtes an Adolf ▸Hitler am 30. Januar 1933 (▸Nationalsozialismus, ▸Reichskanzler). Sie war eigenlich eine Machtübertragung im Rahmen der ausgehöhlten Weimarer Demokratie (▸Präsidialregierung). Erst die Maßnahmen der folgenden Monate (▸„Ermächtigungsgesetz") setzten die Demokratie schrittweise außer Kraft und etablierten den ▸totalitären Staat.

Marktwirtschaft: Wirtschaftssystem, das in einem Ausgleich von Angebot und Nachfrage auf dem Markt das beste Modell zur Selbstregelung der Wirtschaft sieht. Die M. fördert das freie Unternehmertum. Zwei Varianten der M. sind die ▸freie M. und die ▸Soziale M. Im Gegensatz zur M. steht die ▸Planwirtschaft, in der staatliche Stellen über Art und Zahl der produzierten Güter entscheiden.

Marshall-Plan: US-Außenminister George C. Marshall kündigte am 5. Juni 1947 ein „Europäisches Wiederaufbauprogramm" (ERP: European Recovery Program) für alle europäischen Staaten an. An den Verhandlungen über das Programm und an der Gründung der für die Verteilung der Mittel vorgesehenen „Organisation für Europäische Wirtschaftliche Zusammenarbeit" (OEEC) beteiligten sich aber 1948 nur westeuropäische Staaten. Die Hilfe sollte den Wiederaufbau fördern und zur politischen Stabilisierung des Westens im ▸Kalten Krieg beitragen. Von den rund 14 Mrd. US-Dollar erhielten die Westzonen bzw. die Bundesrepublik 1,4 Mrd. als Kredit, davon zahlte sie etwa 1 Mrd. zurück.

Marxismus-Leninismus: durch Thesen von ▸Lenin erweiterter Marxismus. In der Phase des Sozialismus sollte nach Lenin zunächst die Spitze der Kommunistischen Partei die Politik bestimmen. Innerparteiliche Demokratie ließ Lenin nur in engen Grenzen zu. Erst wenn die Gesellschaft sich genügend weit zum ▸Kommunismus entwickelt habe, könne die Parteiführung ihre Macht wieder abgeben.

Ministerium für Staatssicherheit (MfS): Das MfS wurde 1950 auf Beschluss der DDR-Volkskammer gegründet. Es unterstand der SED-Führung (▸SED) und unterlag keiner parlamentarischen Kontrolle. Die „Stasi" kontrollierte, überwachte und schikanierte die Bevölkerung und verstieß massiv gegen die Menschen- und Bürgerrechte.

Montanunion: die 1951 gegründete „Europäische Gemeinschaft für Kohle und Stahl" (EGKS). Sie förderte die Zusammenarbeit in der Montanindustrie (montan: Bergbau und Hüttenwesen betreffend). Ihr Erfolg leitete die Gründung der Europäischen Wirtschaftsgemeinschaft (EWG) ein.

Mutterkult: Bestandteil der NS-Ideologie (▸Nationalsozialismus), durch den die Rolle der Mutter vor allen anderen Rollenmodellen von Frauen bevorzugt wird. Der M. wird mit dem Wachstum des deutschen Volkes und dem Nachwuchs an Soldaten begründet. Der Mutterkult spielte eine wichtige Rolle in der NS-▸Propaganda. Während des Zweiten Weltkrieges akzeptierten die Nationalsozialisten dennoch arbeitende Frauen, da die Männer im Feld waren.

Nationalsozialismus: Von 1933 bis 1945 herrschte die demokratiefeindliche und antisemitische ▸NSDAP in Deutschland (▸Antisemitismus). Nach der ▸„Machtergreifung" führten das ▸„Ermächtigungsgesetz" und die ▸„Gleichschaltung" zum Ende der parlamentarisch-demokratischen ▸Republik und des Rechtsstaates. Die nationalsozialistische Politik war verantwortlich für den Zweiten Weltkrieg und den ▸Völkermord an den Juden (▸Holocaust/Shoa), Sinti und Roma.

NATO (North Atlantic Treaty Organization): ein im ▸Kalten Krieg gegründetes Militärbündnis mit Sitz in Brüssel. Die NATO wurde 1949 zur gemeinsamen Verteidigung und zur Sicherung von

Frieden und Freiheit von zehn westeuropäischen Staaten, den USA und Kanada gegründet. Die Bundesrepublik Deutschland trat ihr 1955 bei. Nach dem Zerfall des ▸Warschauer Paktes 1991 schlossen sich gegen den Willen Russlands einige ost- und mitteleuropäische Staaten der NATO an. Seit 2009 gehören der NATO 28 Staaten an.

NATO-Doppelbeschluss: Beschluss der ▸NATO von 1979. Er sah die Aufstellung moderner atomarer Mittelstreckenraketen in Westeuropa vor. Zugleich sollten Abrüstungsverhandlungen über die Begrenzung dieser Waffen mit dem ▸Warschauer Pakt bzw. der ▸Sowjetunion aufgenommen werden. Der N. mobilisierte in der westlichen Welt die Friedensbewegung, die diesen Schritt der ▸Aufrüstung massiv ablehnte.

„Neue Ökonomische Politik": Konzept, mit dem ▸Lenin und Trotzki 1921 die enormen wirtschaftlichen Probleme der ▸Sowjetunion lösen wollten. Entgegen der Lehre des ▸Kommunismus wurde während der NÖP eine beschränkte ▸Marktwirtschaft in Handwerk und Landwirtschaft zugelassen. Dadurch konnte die Versorgungslage der Bevölkerung verbessert werden, was die Macht der ▸Bolschewiki festigte.

Neue Ostpolitik: die von der SPD/FDP-Koalition unter Bundeskanzler ▸Brandt (▸SPD) ab 1969 praktizierte Entspannungspolitik. Sie führte zu Verträgen mit der Sowjetunion, Polen, der Tschechoslowakei und zum 1973 in Kraft getretenen Grundlagenvertrag mit der DDR.

Notverordnung: Recht des ▸Reichspräsidenten nach Art. 48 der Weimarer Verfassung, im Falle einer Gefährdung der öffentlichen Sicherheit und Ordnung selbst Gesetze und Verordnungen zu erlassen und sogar verfassungsmäßig garantierte Grundrechte aufzuheben. N.en konnten vom Parlament aufgehoben werden. Zur Zeit der ▸Präsidialregierungen nutzte Reichspräsident ▸Hindenburg seine N.-Vollmacht schließlich zur Auflösung des Reichstages selbst, sodass keine Instanz bestand, die seine N.en aufheben konnte.

Novemberpogrome: vom NS-Staat zentral gesteuerter Ausbruch antisemitischer Gewalttaten gegen Synagogen und jüdische Personen am 9./10. November 1938 (▸Antisemitismus). Die ▸Propaganda bezeichnete die Taten wahrheitswidrig als „spontanen Volkszorn". Bei den N.n wurden etwa 400 Menschen getötet, etwa 1400 Synagogen wurden in Brand gesetzt. Anschließend wurden Tausende Personen in ▸Konzentrationslager deportiert (▸Deportation).

NSDAP (Nationalsozialistische Deutsche Arbeiterpartei): 1920 gegründete demokratiefeindliche, extrem nationalistische und antisemitische (▸Antisemitismus) Partei, an deren Spitze seit 1921 Adolf ▸Hitler stand. Nach der ▸Weltwirtschaftskrise entwickelte sich die NSDAP zur Massenpartei. Seit 1932 stellte sie die stärkste Fraktion im Reichstag. Nach der Ernennung Hitlers zum ▸Reichskanzler am 30. Januar 1933 trugen das ▸„Ermächtigungsgesetz" und die ▸„Gleichschaltung" zum Ende der parlamentarischen Demokratie und des Rechtsstaates sowie zum Aufbau eines ▸totalitären Staates bei. Die nationalsozialistische Politik (▸Nationalsozialismus) von 1933 bis 1945 war verantwortlich für die Verfolgung und Misshandlung politischer Gegner, den Zweiten Weltkrieg, für die ▸Zwangsarbeit in den ▸Konzentrations- und ▸Vernichtungslagern sowie für den ▸Völkermord (Genozid) an den Juden (▸Holocaust/Shoa), Sinti und Roma.

„Nürnberger Gesetze": auf dem Reichsparteitag 1935 in Nürnberg beschlossene, antisemitische Gesetze (▸Antisemitismus) zur umfassenden Diskriminierung und Entrechtung von Juden in Deutschland. Durch die N. G. unterlagen Juden Ehe- und Berufsverboten, ihnen wurde das Wahlrecht und die deutsche Staatsbürgerschaft entzogen.

Oktoberrevolution: Sturz der Provisorischen Regierung in Russland am 7./8. November (25./26. Oktober nach russischem Kalender) 1917 und gewaltsamer Aufbau einer kommunistischen Gesellschafts- und Wirtschaftsordnung (▸Kommunismus, ▸Rätedemokratie, ▸Revolution).

Ost-West-Konflikt: Konflikt zwischen den USA und ihren Verbündeten („westliche Welt") und der ▸Sowjetunion und ihren Verbündeten („kommunistisches Lager") zur Zeit des ▸Kalten Krieges. Der O. wurde auf allen gesellschaftlichen Gebieten ausgetragen. Nur militärisch kam es nicht zur direkten Auseinandersetzung, sondern lediglich zu ▸Stellvertreterkriegen.

Partisanen: bewaffnete Kämpfer, die nicht zu den regulären Streitkräften eines Staates gehören. Im Zweiten Weltkrieg traf die deutsche Wehrmacht auf sowjetischem Gebiet auf P., die hinter der Front u. a. Angriffe auf Nachschubwege unternahmen. Unter dem Vorwand der Bekämpfung echter oder angeblicher P. verübten Wehrmacht und ▸SS zahlreiche Massaker an der Zivilbevölkerung (▸Vernichtungskrieg).

Pearl Harbor: US-Militärhafen auf Hawaii. Der erfolgreiche japanische Angriff auf die hier vor Anker liegende Pazifikflotte der USA am 7. Dezember 1941 gilt als Auslöser für den Kriegseintritt der USA in den Zweiten Weltkrieg.

Personenkult: übermäßige Verehrung einer Person als politischer Führer und gesellschaftliches Vorbild. P. geht mit der übersteigerten Darstellung von Eigenschaften und Fähigkeiten der betreffenden Person in der ▸Propaganda einher. Er dient in ▸totalitären Staaten zur Begründung der Macht, zum Ersticken von Kritik und zur Disziplinierung der Bevölkerung.

Planwirtschaft: Wirtschaftsordnung, in der die Produktion von Gütern sowie deren Verteilung anders als in einer ▸Marktwirtschaft nach staatlich festgelegten Plänen (z. B. Fünfjahrespläne) vorgenommen wird. Sie kennzeichnete die Wirtschaftspolitik der ▸Sowjetunion und der von ihr abhängigen Staaten wie der DDR.

„Prager Frühling": Bezeichnung für die kurze Zeit der Reformen durch die herrschende kommunistische Partei (▸Kommunismus) unter Alexander Dubček in der Tschechoslowakei. Durch Truppen des ▸Warschauer Paktes unter Führung der ▸Sowjetunion wurde sie gewaltsam beendet.

Präsidialregierung: Von 1930 bis 1933 hatten die Regierungen in Deutschland keine Mehrheit im Reichstag; sie waren auf das Vertrauen des ▸Reichspräsidenten Paul von ▸Hindenburg angewiesen, der nach der Weimarer Verfassung ohne parlamentarische Zustimmung Verordnungen mit Gesetzeskraft (▸Notverordnungen) erlassen durfte, wenn „die öffentliche Sicherheit und Ordnung erheblich gestört oder gefährdet" war (Artikel 48).

Propaganda: eine besondere Form von politischer Werbung, mit der politische Gruppen absichtlich und systematisch mithilfe massiver Kampagnen versuchen, die Ansichten und Einstellung der Bevölkerung für die eigenen Ziele zu beeinflussen.

Putsch: der illegale, in der Regel überraschende, oft mit Gewalt verbundene Versuch, die Regierung zu stürzen und selbst die Macht im Staat zu übernehmen.

Rassenideologie: Rasse ist ein Begriff der Biologie (Zoologie) und bezeichnet eine größere Gruppe von Einzelwesen mit einheitlichen Erbmerkmalen. Erst im 19. Jh. wurde der Begriff auf Menschen angewandt und zur weltanschaulichen Frage (▸Rassismus). Die Rassenlehre ist der pseudo-wissenschaftliche, biologistische Versuch, Rassismus theoretisch zu begründen. Der nationalsozialistische ▸Antisemitismus (▸Nationalsozialismus) war eine Rassenlehre, die die Grundlage für den Holocaust (▸Holocaust / Shoa) bildete.

Rassismus: Rassistisches Denken geht davon aus, dass die eigene Rasse einer fremden überlegen ist (Sozialdarwinismus). Kennzeichen von Rassismus sind: Benachteiligung, Ausgrenzung und Unterdrückung von Menschen wegen ihrer Herkunft, Hautfarbe oder Religion. Rassismus fand immer dort Anhänger, wo andere Bevölkerungsgruppen unterdrückt und entrechtet wurden, um eigene Machtpositionen zu behaupten oder zu erlangen.

Rätedemokratie: Herrschaftsform der direkten Demokratie von unten nach oben. Räte – spontan gewählte Ausschüsse von Arbeitern in Betrieben und von Soldaten in Truppenteilen – haben gesetzgebende, ausführende und rechtsprechende Gewalt auf allen Ebenen.

Rat für Gegenseitige Wirtschaftshilfe (RGW): Der RGW war ein Zusammenschluss der Ostblockstaaten zur gegenseitigen Abstimmung und Hilfe innerhalb der sozialistischen Wirtschaftssysteme. Er gilt als Antwort auf den ▸Marshall-Plan der USA. Die DDR wurde 1950 Mitglied des RGW.

Reichsarbeitsdienst (RAD): 1935 gegründete Organisation im nationalsozialistischen Deutschland (▸Nationalsozialismus). Ein halbjähriger, kaum bezahlter Arbeitsdienst im RAD war für 18- bis 25-jährige Männer verpflichtend, für Frauen freiwillig. Der R. diente den Nationalsozialisten zur Beschönigung der Arbeitslosenstatistik, zur Disziplinierung und NS-Erziehung junger Männer sowie zur kostengünstigen Erledigung staatlicher Aufgaben.

Reichskanzler: Regierungschef des Deutschen Reiches von 1871 bis 1945. Im Deutschen Kaiserreich (1871-1918) wurde der R. vom Kaiser ernannt und hatte gegenüber dem Reichstag eine starke Stellung. In der Weimarer Republik (1919-1933) wurde der R. mitsamt seiner Regierung vom ▸Reichspräsidenten ernannt. Der R. bestimmte die Richtlinien der Politik und hatte diese gegenüber dem Reichstag und dem Reichspräsidenten zu vertreten. Für seine Pläne musste sich ein R. Mehrheiten im Reichstag sichern. Adolf ▸Hitler als R. schaltete die Opposition und das Parlament aus und regierte im Rahmen des ▸Führerprinzips als uneingeschränkter Diktator (1933-1945).

Reichspräsident: Staatsoberhaupt des Deutschen Reiches von 1919 bis 1934. Der R. wurde vom Volk für sieben Jahre gewählt. Nach der Weimarer Verfassung kommt ihm eine starke Stellung zu: Er ernannte und entließ den ▸Reichskanzler und die Reichsregierung und hatte das Recht, ▸Notverordnungen zu erlassen und damit die Verfassung zeitweilig außer Kraft zu setzen. Adolf ▸Hitler vereinigte 1934, nach dem Tod des R. Paul von ▸Hindenburg, die Ämter des Reichskanzlers und des R. zum Amt des „Führers und Reichskanzlers" (vgl. ▸Führermythos).

Reparationen: Wiedergutmachungsleistungen der Kriegsverlierer an die Sieger für Kriegsschäden. Bei der Festlegung von Reparationen geht es – wie der ▸Versailler Vertrag nach dem Ersten Weltkrieg belegt – nicht nur um Wiedergutmachung, sondern auch um die künftige wirtschaftliche und militärische Schwächung eines bisherigen Gegners. So verlangte das Deutsche Reich bereits im Frieden von Frankfurt 1871 hohe Reparationszahlungen von Frankreich. Auch nach dem Zweiten Weltkrieg verlangten die Siegermächte zunächst Reparationen.

Republik: Staatsform, bei der das Staatsoberhaupt vom Volk bestimmt wird und nicht (wie in einer Monarchie) durch Abstammung aus einer Herrscherfamilie. Beispiele für Republiken: Weimarer Republik, Bundesrepublik Deutschland. In der Deutschen Demokratischen Republik war der „Staatsrat der DDR" das (kollektive) Staatsoberhaupt. Es wurde zwar von der Volkskammer gewählt, die selbst jedoch nicht aus freien und gleichen Wahlen hervorging.

Revolution (lat. revolutio: Umwälzung): grundlegende und tief greifende Veränderungen. In der Politik wird von Revolutionen gesprochen, wenn der Zugang zur Macht in einem Staat in kurzer Zeit grundlegend verändert wird (z. B. während der Französischen Revolution 1789 und der ▸Oktoberrevolution). Revolutionen sind in der Regel mit kulturellen, sozialen, wirtschaftlichen und rechtlichen Veränderungen und der Anwendung von Gewalt verbunden.

Russischer Bürgerkrieg: Die ▸Bolschewiki kontrollierten nach der ▸Oktoberrevolution nur einen kleinen Teil Russlands. Die Rote Armee wurde von Gegnern der ▸Revolution (Anhänger des Zarentums, Demokraten, gemäßigte Sozialisten, nichtrussische Minderheiten) bekämpft („Weiße Armee"). Unter der Führung von Leo Trotzki besiegte die Rote Armee bis 1922 alle Kräfte der Weißen. Ende 1922 wurde die ▸Sowjetunion gegründet. Der r. B. wurde von beiden Seiten mit erbitterter Grausamkeit geführt. Er führte zu Hungerkatastrophen und Seuchen und kostete etwa 10 Millionen Menschenleben.

SA (Sturmabteilung): Diese uniformierte und bewaffnete Kampforganisation diente der ▸NSDAP bei Auseinandersetzungen mit politischen Gegnern, bei Propagandaveranstaltungen (▸Propaganda) und zur Einschüchterung der Bevölkerung. Sie trug entscheidend zum Aufstieg der NSDAP bei. Nach der ▸„Machtergreifung" der Nationalsozialisten (▸Nationalsozialismus) 1933 wurde sie teilweise als Hilfspolizei eingesetzt. 1934 wurde sie weitgehend entmachtet. Gleichzeitig gewann die Schutzstaffel (▸SS) großen Einfluss.

SS (Schutzstaffel): Sie wurde 1925 als Wachabteilung zum Schutz Adolf ▸Hitlers gegründet und war zunächst ein Teil der Sturmabteilung (▸SA). Sie entwickelte sich zu einem elitären Verband, der Hitler und der NS-Ideologie besonders treu anhing. 1934 wurde die SS ein unabhängiger Teil der ▸NSDAP. Sie errichtete die ▸Geheime Staatspolizei und die ▸Konzentrationslager. Der Anführer der SS Heinrich ▸Himmler war zugleich oberster Dienstherr der gesamten Polizei im nationalsozialistischen Deutschland (▸Nationalsozialismus).

SED (Sozialistische Einheitspartei Deutschlands): Diese marxistisch-leninistische Partei (▸Marxismus-Leninismus) ist 1946 in der sowjetischen Besatzungszone Deutschlands auf Druck der ▸Sowjetunion aus einer überwiegend zwangsweisen Vereinigung von ▸KPD und ▸SPD hervorgegangen. In der späteren DDR übte die SED bis 1989 eine Parteidiktatur aus.

Separatismus: die Forderung, eine Region von einem bestehenden Staat abzuspalten und einen unabhängigen, eigenen Staates zu gründen. Der S. kann sich politischer, im radikalen Fall auch militärischer Mittel bedienen.

Sowjets: ursprünglich die russische Bezeichnung für die demokratischen Arbeiter- und Soldatenräte, die während der russischen ▸Revolutionen von 1905 und 1917 (▸Oktoberrevolution) gewählt wurden (▸Rätedemokratie). Später bezeichnete der Begriff in der ▸Sowjetunion allgemein Verwaltungsbehörden oder -organe.

Sowjetunion (Abk. UdSSR, Union der sozialistischen Sowjetrepubliken): In der Revolutionszeit hatten Arbeiter und Soldaten an vielen Orten Versammlungen von Vertretern gewählt, die als ▸Sowjet (Rat) bezeichnet wurden (▸Rätedemokratie). Als die ▸Bolschewiki 1922 den neuen Staat gründeten, wurde dieser aus „Bundesländern" zusammengesetzt, die man in Anlehnung an die Revolutionszeit Sowjetrepubliken nannte.

Soziale Marktwirtschaft: eine Wirtschaftsordnung, in der anders als in der ▸Planwirtschaft der Wettbewerb auf dem freien Markt die Produktion und Verteilung von Gütern regelt. Angebot und Nachfrage regulieren weitgehend die Preise. Der Staat garantiert die Vertragsfreiheit, den Wettbewerb und ein funktionierendes Geldwesen. Die S. M. bemüht sich im Vergleich zur ▸freien Marktwirtschaft durch gesetzliche Rahmenbedingungen um einen gerechten Ausgleich zwischen wirtschaftlich stärkeren und schwächeren Gruppen der Gesellschaft.

SPD (Sozialdemokratische Partei Deutschlands): Arbeiterpartei, seit 1912 stärkste Fraktion im Reichstag. Im Gegensatz zu kommunistischen Parteien wie z. B. der ▸KPD (▸Kommunismus) tritt sie für eine parlamentarische Demokratie ein, um auf diesem Weg die Interessen der Arbeiterinnen und Arbeiter zu vertreten und eine gerechtere Gesellschaft zu schaffen.

Stalinismus: Bezeichnung für die Merkmale der Herrschaft Josef ▸Stalins in der ▸Sowjetunion. Der S. ist geprägt von totaler Machtkonzentration in der Hand einer Person, ▸Personenkult, systematischem Terror als Mittel zum Machterhalt, Zwangskollektivierung in der Landwirtschaft und erzwungener Industrialisierung. Auch andere kommunistische Regime (▸Kommunismus) wurden als stalinistisch bezeichnet, etwa in China, Korea, Albanien oder auch die Herrschaft ▸Ho Chi Minhs in Vietnam.

Stellvertreterkrieg: Krieg zur Zeit des ▸Ost-West-Konfliktes, der nicht zwischen den Weltmächten direkt ausgetragen wurde, sondern „stellvertretend" von anderen Kriegsparteien. Beispiele sind der ▸Vietnam-Krieg, in dem der Süden im westlichen, der Norden im kommunistischen Lager (▸Kommunismus) stand, oder der ▸Afghanistan-Krieg.

Taliban: Das nach dem ▸Afghanistan-Krieg völlig zerrüttete Land war in Gebiete zersplittert, die von unterschiedlichen anti-sowjetischen Milizen gehalten wurden. Im Süden bildete sich eine radikal-islamische, sunnitische Armee, die die machtlose Zentralregierung in Kabul bekämpfte und 1996 die Macht übernahm. Die T. errichteten einen Gottesstaat nach islamischem Recht. In ihm wurden Frauen unterdrückt, Angehörige anderer Gruppen massenweise ermordet und nichtislamische Kulturdenkmäler zerstört. Die T. finanzierten ihren Staat durch Menschen- und Drogenhandel. Heute sind die Taliban eine von mehreren Terrorgruppen des militanten Islamismus.

„Totaler Krieg": ein Krieg, der die verfügbaren Ressourcen (Güter) eines Staates in höchstem Maße militärisch nutzt. Das beinhaltet die Mobilisierung aller Männer für die Front (Frauen übernehmen deren zivile Arbeit), größtmögliche Umstellung der Industrie auf Kriegsgüter, Einsparung kriegswichtiger Rohstoffe durch die Bevölkerung und Einsatz von ▸Propaganda zur Kriegsmotivation. Joseph ▸Goebbels ließ sich am 18. Februar 1943 in Berlin von Anhängern den Willen zum t. K. bestätigen. Ein t. K. kann ein ▸Vernichtungskrieg sein.

Totalitärer Staat (lat. totus: ganz, völlig): undemokratische und diktatorische Staatsform, in der keine Freiheit herrscht, keine freien Wahlen erlaubt sind und in der die Menschen mit allem, was sie sind, in den Dienst des Systems gestellt werden. Der ▸Stalinismus in der ▸Sowjetunion und den von ihr abhängigen Staaten, der Faschismus in Italien und die Herrschaft der Nationalsozialisten (▸NSDAP, ▸Nationalsozialismus) sind Beispiele totalitärer Herrschaft.

USPD (Unabhängige Sozialdemokratische Partei Deutschlands): Diese Arbeiterpartei gründete sich 1917, nachdem zuvor zahlreiche Mitglieder die ▸SPD verlassen hatten, aus Protest gegen deren Zustimmung zu weiteren Kriegskrediten im Reichstag während des Ersten Weltkrieges. Die Partei löste sich bald auf. Die linke Mehrheit vereinigte sich 1920 mit der ▸KPD. Die Restpartei kehrte 1922 zur SPD zurück.

Vereinte Nationen (Abk. UNO, United Nations Organization): Die Weltorganisation mit Sitz in New York wurde 1945 als Nachfolgerin des ▸Völkerbundes gegründet. Ihr gehören inzwischen fast alle Staaten der Erde an. Die Hauptziele der UNO sind die Erhaltung des Friedens, Abrüstung und Garantie der Menschenrechte. 2001 erhielt die Organisation den Friedensnobelpreis.

Verhältniswahlrecht: Wahlsystem, bei dem das zu besetzende Gremium (etwa Parlament) möglichst genau die Stimmenanteile der zu wählenden Gruppierungen (etwa Parteien) widerspiegeln soll. Gegensatz: Mehrheitswahlrecht, hier reicht die relative Mehrheit für die Erlangung aller Sitze.

Vernichtungskrieg: Krieg, der die Versklavung und Ausrottung des Gegners zum Ziel hat. Als Beispiel gilt der Krieg Deutschlands gegen die ▸Sowjetunion 1941-1945, der nach Aussagen ▸Hitlers die Vernichtung der bolschewistischen Eliten (▸Bolschewiki) und der Juden, die Eroberung von Lebensraum (▸Lebensraumideologie) sowie die Dezimierung der slawischen Bevölkerung zum Ziel hatte.

Vernichtungslager: ein ▸Konzentrationslager, das ausschließlich oder überwiegend zur Tötung der hierher deportierten Menschen diente (▸Deportation). Im Holocaust (▸Holocaust/Shoa) wurden in den V. über drei Millionen Menschen in Gaskammern umgebracht. Ein Beispiel ist das V. ▸Auschwitz II (Birkenau).

Versailler Vertrag: Ergebnis der Pariser Friedenskonferenz von 1919, an der Deutschland und Sowjetrussland nicht teilnehmen durften. Der Vertrag wurde am 28. Juni 1919 im Schloss von Versailles unterzeichnet, trat am 10. Januar 1920 in Kraft, beendete mit weiteren Verträgen den Ersten Weltkrieg und war Grundlage für den ▸Völkerbund. Der Vertrag machte Deutschland und seine Verbündeten für den Kriegsausbruch verantwortlich (Art. 231) und legte umfangreiche Gebietsabtretungen sowie ▸Reparationen fest. Die Siegermächte bestanden auf einer vorbehaltlosen Anerkennung des Vertrages. Das „Versailler Diktat" führte vor und nach der Unterzeichnung zu innenpolitischen Auseinandersetzungen in der nach der ▸Revolution von 1918 entstandenen Weimarer Republik.

Verstaatlichung (auch Sozialisierung): Beseitigung des Privateigentums an Betrieben oder Grund und Boden durch den Staat, der das enteignete Gut als Staatsbesitz weiter nutzt.

Vertrag von Locarno: Sammlung von völkerrechtlichen Verträgen zwischen dem Deutschen Reich, Italien, Großbritannien, Belgien, Frankreich, Polen und der Tschechoslowakei, die 1925 in Locarno (Schweiz) vereinbart wurden. Deutschland erkannte darin die im ▸Versailler Vertrag festgelegte Westgrenze (nicht aber die Ostgrenze) an und vereinbarte Schiedsgerichte zur Beilegung von Streit mit Polen und der Tschechei. Der Eintritt Deutschlands in den ▸Völkerbund wurde vorbereitet (erfolgte 1926). Für Deutschland brachte der „Geist von Locarno" erste außenpolitische

Anerkennung nach dem Weltkrieg. Die deutsche Rechte bekämpfte den V. erbittert.

Vietnam-Krieg: 1954 war Vietnam in einen kommunistischen Norden (▸Kommunismus) und einen kapitalistischen Süden geteilt worden. Im Süden wollte die kommunistische Untergrundarmee Vietcong seit 1960 den Anschluss an den Norden erzwingen. ▸Ho Chi Minh unterstützte sie von Nordvietnam aus personell und materiell. Er wurde seinerseits von der ▸Sowjetunion und China beliefert. Die USA halfen hingegen Südvietnam. Um Südvietnam nicht in die Hand der Kommunisten gelangen zu lassen, wurden die USA immer tiefer in diesen ▸Stellvertreterkrieg hineingezogen. 1964 erfolgten erste US-Bombenangriffe auf Nordvietnam und Vietcong-Stellungen im Süden, 1965 wurden erstmals Bodentruppen eingesetzt, 1968 stand eine halbe Million US-Soldaten im Land. Trotzdem konnten Nordkoreaner und Vietcong im Februar 1968 in einer dreiwöchigen Offensive beinahe die südvietnamesische Hauptstadt Saigon einnehmen. Daraufhin wurde den Amerikanern deutlich, dass sie diesen Krieg nicht gewinnen können. 1969-1972 wurden alle US-Truppen abgezogen, Südvietnam wurde dem kommunistischen Norden ausgeliefert. 1975 fiel Saigon, der Süden kapitulierte. 1976 wurde das Land unter dem Namen „Sozialistische Republik Vietnam" wiedervereinigt.

Völkerbund: nach dem Ersten Weltkrieg im Zusammenhang mit dem ▸Versailler Vertrag 1920 von 32 Staaten gegründete internationale Organisation zur Wahrung des Friedens und zur Zusammenarbeit aller Völker mit Sitz in Genf. 1926 wurde Deutschland, 1934 auch die ▸Sowjetunion aufgenommen. Unter Adolf ▸Hitler verließ Deutschland 1933 die Organisation, 1939 wurde die Sowjetunion ausgeschlossen. Von Anfang an litt der Völkerbund darunter, dass die USA ihm nicht beitraten. Die 1945 gegründete UNO (▸Vereinte Nationen) ist die Nachfolgerin des Völkerbundes.

Völkermord (Genozid): Auslöschung willkürlich bestimmter Gruppen von Menschen. Beispiele dafür sind die versuchte Ausrottung der Herero durch deutsche Kolonialtruppen 1904 und der Holocaust (▸Holocaust/Shoa). 1948 definierten die ▸Vereinten Nationen Völkermord als eine Handlung, die in der Absicht begangen wird, eine nationale, ethnische, rassische oder religiöse Gruppe als solche ganz oder teilweise zu zerstören.

„Volksgemeinschaft": Ausgangspunkt der NS-Weltanschauung (▸Nationalsozialismus): Politik soll nur den Angehörigen des deutschen Volkes dienen, das als „arische" Rassengemeinschaft (▸Rassenideologie) verstanden wird. In der V. seien alle Klassengegensätze aufgehoben. Die Idee beinhaltet die Zustimmung zum ▸Führerprinzip und zur Rassenideologie, sie leistet der Ausgrenzung, Entrechtung und Vernichtung aller nicht zur V. gehörenden Menschen Vorschub (vgl. ▸Holocaust/Shoa.)

Volksgerichtshof: 1934 als Sondergericht für Hoch- und Landesverrat gegründetes Scheingericht. Vor dem V. wurden Prozesse gegen Gegner des ▸Nationalsozialismus verhandelt (▸Widerstand), aber auch wegen kleiner Vergehen wie Verbreitung von Kritik am Krieg oder am „Führer". Den Angeklagten stand kein Verteidiger und keine Berufung zu, die Urteile standen von vornherein fest. Angeklagt und verurteilt wurden u. a. ▸Hans und ▸Sophie Scholl sowie Mitglieder des Kreises um Claus Schenk Graf von ▸Stauffenberg. Der V. urteilte bis 1945 mehr als 16 000 Menschen ab, in über 5 200 Fällen verhängte er die Todesstrafe.

„Volkssturm": am 18. Oktober 1944 gegründeter militärischer Verband, zu dem alle wehrfähigen deutschen Männer zwischen 16 und 60 Jahren eingezogen werden sollten. Der V. sollte die Wehrmacht in der Endphase des Zweiten Weltkrieges verstärken. Notdürftige Ausrüstung und mangelhafte Ausbildung des V. lassen seine Wirkung auf das Kriegsgeschehen – trotz zahlreicher Einsätze und hoher Verluste – fraglich erscheinen.

Währungsreform: Einführung einer neuen Währung in einem bestimmten Verhältnis zur vorherigen. 1948 ordneten die Siegermächte des Zweiten Weltkrieges das durch die Kriegsfinanzierung zerrüttete deutsche Geldwesen (Inflation, ▸Hyperinflation) neu; in den westlichen Besatzungszonen wurde die „Deutsche Mark", in der Sowjetischen Besatzungszone die „Deutsche Mark der deutschen Notenbank" (später „Mark der DDR") eingeführt. Die unterschiedlichen Währungen vertieften die Teilung Deutschlands. Die Einführung des Euro (1999/2002) war keine Währungsreform, sondern lediglich eine Währungsumstellung.

Warschauer Pakt (auch „Warschauer Vertragsorganisation"): Die 1955 gegründete Organisation fasste unter Führung der ▸Sowjetunion alle militärischen Kräfte Osteuropas einschließlich der DDR zusammen. Der Pakt ergänzte die zwischenstaatlichen Verträge der Sowjetunion mit den von ihr abhängigen Staaten und war das östliche Gegenstück zur 1949 gegründeten ▸NATO. Nach dem Ende des ▸Kalten Krieges und der Sowjetunion zerfiel das Bündnis 1991. Einige ehemalige Mitglieder schlossen sich danach gegen den Willen Russlands der NATO an.

Weimarer Koalition: Koalition aus ▸SPD, ▸Zentrum und ▸DDP. Diese Parteien traten vorbehaltlos für die ▸Republik ein: Eine W.K. regierte im Reich 1919-1921, in Preußen 1919-1921 und 1925-1932.

Weltwirtschaftskrise: allg.: ökonomische Krise, die in vielen oder allen Ländern der Welt Auswirkungen hat; spez.: Krise der Wirtschaft nach Zusammenbruch der New Yorker Börse im Oktober 1929. Ihre Folge war ein weltweiter Rückgang von Produktion und Handel, Zusammenbruch von Banken und Verlust von Sparvermögen, Massenarbeitslosigkeit und Verelendung. In Deutschland machte die W. eine begonnene politische Entspannung und Normalisierung zunichte und stärkte die radikalen Parteien ▸KPD und ▸NSDAP.

Widerstand: allgemein die Bezeichnung für die Opposition gegen Adolf ▸Hitler (▸Nationalsozialismus). Im engeren Sinne war Widerstand das Verhalten von Personen und Gruppen, die das NS-Regime als Ganzes ablehnten und aktiv beseitigen wollten. Höhepunkt des militärischen Widerstandes war das Attentat auf Hitler am 20. Juli 1944 durch Claus Schenk Graf von ▸Stauffenberg. Beispiele des zivilen Widerstandes sind der Attentatsversuch des Tischlers Georg Elser und die Flugblattaktionen der „Weißen Rose" (▸Hans und ▸Sophie Scholl). Beispiele für kirchliche Widerstandskämpfer sind die Theologen Clemens August Graf von Galen und Dietrich Bonhoeffer.

Winterhilfswerk: NS-Organisation (▸Nationalsozialismus), die Sach- und Geldspenden sammelte und damit bedürftigen Deutschen half. Das W. stärkte die Idee der ▸„Volksgemeinschaft" – nur „Volksgenossen" konnten Hilfe bekommen – und entlastete den Staat zugleich von sozialen Leistungen.

Zentrum: auch Zentrumspartei genannt; 1870 gegründet. Im Deutschen Reich, das von der protestantischen Vormacht Preußen dominiert wurde, vertrat das Zentrum die Ziele des politischen Katholizismus. 1933 löste sich die Partei selbst auf.

Zwangsarbeit: unter Androhung von Gewalt oder Strafe erpresste Arbeitsleistung. Z. wird von ▸totalitären Staaten zur Disziplinierung, Bestrafung und Bereicherung eingesetzt. Nach der ▸Oktoberrevolution und im ▸russischen Bürgerkrieg wurden Z.slager errichtet. Unter Josef ▸Stalin und seinen Nachfolgern bestand in der ▸Sowjetunion ein Lagerkomplex (GULag) mit Millionen Zwangsarbeitern. Im ▸Nationalsozialismus wurden Häftlinge der ▸Konzentrationslager zu Zwangsarbeit herangezogen, im Zweiten Weltkrieg zusätzlich Kriegsgefangene zur Rüstungsproduktion. Die Verpflichtung der Deutschen zum ▸Reichsarbeitsdienst kann ebenfalls als Form der Z. angesehen werden. Auch in der DDR gab es Z.slager; Z. wurde besonders zur Disziplinierung von Jugendlichen eingesetzt.

Lexikon zur Geschichte: Personen

Adenauer, Konrad (1876 - 1967): Jurist; 1917 - 1933 Oberbürgermeister von Köln, 1949 - 1963 erster Bundeskanzler der Bundesrepublik Deutschland und 1950 - 1966 Bundesvorsitzender der CDU. Er sorgte für die Westintegration der Bundesrepublik Deutschland, engagierte sich für die deutsch-französische Freundschaft und die ▸Europäische Integration (▸Montanunion) sowie für die Aussöhnung mit Israel.

Brandt, Willy (1913 - 1992): Journalist und SPD-Politiker; 1957 - 1966 Regierender Bürgermeister von West-Berlin, 1964 - 1987 Bundesvorsitzender der ▸SPD. Als Bundesaußenminister (1966 - 1969) und Bundeskanzler (1969 - 1974) war er verantwortlich für die Reformpolitik der sozialliberalen Koalition und die ▸Neue Ostpolitik. 1971 erhielt Brandt für seine Ostpolitik den Friedensnobelpreis.

Briand, Aristide (1862 - 1932): französischer Politiker; mehrmals Außenminister, zuletzt 1925 - 1932. Er bemühte sich nach dem Ersten Weltkrieg mit ▸Stresemann um die deutschfranzösische Aussöhnung zur Sicherung des Friedens in Europa. Beide Staatsmänner erhielten 1926 den Friedensnobelpreis.

Brüning, Heinrich (1885 - 1970): Wirtschaftswissenschaftler und führender Zentrumspolitiker; 1921 - 1930 Geschäftsführer des christlichen Deutschen Gewerkschaftsbundes. Er hatte sich als Steuer- und Finanzexperte einen Namen gemacht. Als Vorsitzender der Reichstagsfraktion des ▸Zentrums wurde er 1930 mit ▸Hindenburgs Hilfe ▸Reichskanzler einer ▸Präsidialregierung. Während der ▸Weltwirtschaftskrise versuchte er, mit ▸Notverordnungen den Staatshaushalt durch strenge Sparpolitik zu sanieren und die Reparationsfrage (▸Reparationen) zu lösen. 1932 entzog ▸Reichspräsident Hindenburg ihm das Vertrauen und entließ ihn.

Castro, Fidel (1926 - 2016): kubanischer Revolutionär und Politiker, führte 1959 den erfolgreichen ▸Putsch gegen Diktator Batista. Er errichtete ein kommunistisches Einparteiensystem (▸Kommunismus) und näherte sich der ▸Sowjetunion an, von deren Wirtschaftshilfe er wegen eines Handelsembargos der USA abhängig blieb. Castro wurde für die sozialen Errungenschaften in Kuba (Alphabetisierung, medizinische Versorgung) verehrt, war jedoch auch verantwortlich für Unterdrückung und Menschenrechtsverletzungen.

Chruschtschow, Nikita S. (1894 - 1971): Der gelernte Maschinenschlosser stand von 1953 bis 1964 an der Spitze der ▸KPdSU, gleichzeitig war er von 1958 bis 1964 Vorsitzender des Ministerrates der ▸Sowjetunion. 1956 kritisierte er den ▸Personenkult um ▸Stalin und dessen Verbrechen. Er setzte sich für eine ▸„friedliche Koexistenz" der unterschiedlichen Gesellschafts- und Wirtschaftsordnungen ein, unterdrückte aber 1956 gewaltsam die Reformen in Ungarn und Polen. Seine eigenmächtige Innen- und Außenpolitik führte im Oktober 1964 zur Entlassung aus seinen Ämtern.

Churchill, Winston (1874 - 1965): britischer Journalist, Offizier und konservativer Politiker; 1940 - 1945 und 1951 - 1955 Premierminister. 1953 erhielt er den Nobelpreis für Literatur, drei Jahre später verlieh ihm die Stadt Aachen den Karlspreis.

Ebert, Friedrich (1871 - 1925): gelernter Sattler; ab 1913 Vorsitzender der ▸SPD. Nach Ausrufung der ▸Republik am 9. November 1918 in Berlin übernahm Ebert als Führer der stärksten Fraktion das Amt des ▸Reichskanzlers. 1919 wurde er erster ▸Reichspräsident der Weimarer Republik.

de Gaulle, Charles (1890 - 1970): französischer General und Staatsmann; 1945 - 1946 Ministerpräsident und vorläufiger Staatspräsident, 1958 - 1969 Staatspräsident. Er förderte mit ▸Adenauer die ▸Europäische Integration.

Goebbels, Paul Joseph (1897 - 1945; Selbstmord): Germanist, Schriftsteller und führender Politiker der ▸NSDAP; von 1933 bis 1945 Reichsminister für Volksaufklärung und ▸Propaganda. Nach der Gründung der Anti-Hitler-Koalition verkündete er 1943 den ▸„totalen Krieg". Ab Juli 1944 war er „Generalbevollmächtigter für den totalen Kriegseinsatz".

Gorbatschow, Michail S. (*1931): Agrarwirt; ab 1985 Generalsekretär des Zentralkomitees der ▸KPdSU und von März 1990 bis Dezember 1991 sowjetischer Staatspräsident. Seine Politik (▸Glasnost und Perestroika) sollte die ▸Sowjetunion reformieren und festigen, trug aber stattdessen zu deren Zerfall bei. Für seinen Beitrag zur Beendigung des ▸Kalten Krieges erhielt er 1990 den Friedensnobelpreis.

Himmler, Heinrich (1900-1945; Selbstmord): diplomierter Landwirt; ab 1923 in der ▸NSDAP aktiv; ab 1929 Reichsführer der Schutzstaffel (▸SS) und ab 1936 Chef der Deutschen Polizei; ab 1939 Reichskommissar für die Festigung des deutschen Volkstums und ab 1943 Reichsinnenminister. Himmler war Herr über die ▸Konzentrationslager. Ende April 1945 schloss ihn ▸Hitler wegen heimlicher Friedensverhandlungen mit dem Feind aus der Partei aus.

Hindenburg, Paul von (1847-1934): 1914-1916 Oberbefehlshaber Ost; 1916-1918 Chef des Generalstabs und Oberbefehlshaber aller deutschen Soldaten im Ersten Weltkrieg. Er vertrat nach dem Krieg die ▸„Dolchstoßlegende", bekannte sich später aber zur Weimarer Verfassung. Von 1925 bis 1934 war er ▸Reichspräsident. Am 30. Januar übertrug er ▸Hitler die Bildung einer Koalitionsregierung.

Hitler, Adolf (1889-1945; Selbstmord): deutscher Politiker österreichischer Herkunft; Kriegsfreiwilliger im Ersten Weltkrieg; seit 1921 Vorsitzender der ▸NSDAP; ab dem 30. Januar 1933 ▸Reichskanzler. 1934 übernahm er auch das Amt des ▸Reichspräsidenten (Titel: „Führer und Reichskanzler"). Sein ▸Antisemitismus, seine ▸Rassenideologie und seine Vorstellung von der Ausdehnung des Deutschen Reiches prägten die totalitäre Politik (▸totalitärer Staat) in der Zeit des ▸Nationalsozialismus, die zum ▸Vernichtungskrieg und zum Holocaust (▸Holocaust/Shoa) führte.

Ho Chi Minh (1890-1969): vietnamesischer Revolutionär und Politiker, gründete 1930 die Kommunistische Partei Indochinas, führte im Zweiten Weltkrieg eine Untergrundarmee gegen die japanischen Besatzer; nach dem Krieg Premierminister und Präsident des unabhängigen Vietnam. Nach der Teilung des Landes in das kommunistische Nordvietnam (▸Kommunismus) und das pro-amerikanische Südvietnam 1954 lenkte Ho den Kampf der kommunistischen Guerilla-Armee Vietcong in Südvietnam. Nach dem Sieg des Nordens im ▸Vietnam-Krieg wurde 1976 Saigon, die frühere Hauptstadt Südvietnams, in Ho-Chi-Minh-Stadt umbenannt.

Honecker, Erich (1912-1994): Der ehemalige Dachdeckergehilfe und KPD-Politiker (▸KPD) wurde nach 1933 verfolgt. Er baute nach 1946 die Jugendorganisation der ▸SED, die „Freie Deutsche Jugend", auf. 1961 organisierte Honecker den Bau der ▸Berliner Mauer. Zehn Jahre später wurde er mit sowjetischer Unterstützung Nachfolger von ▸Ulbricht als SED-Chef. Von 1976 bis 1989 war er auch Staatsratsvorsitzender in der DDR. Infolge der Ausreisewelle aus der DDR und den Massendemonstrationen gegen die SED-Politik zwang ihn das SED-Politbüro am 18. Oktober 1989 zum Rücktritt.

Kemal, Mustafa, gen. Atatürk (1881-1938): türkischer Offizier und Staatsmann. Nach der Zerschlagung des Osmanischen Reiches 1919 betrieb er die Abschaffung des Sultanats und die Gründung der ▸Republik Türkei, deren erster Präsident er wurde. Er setzte sich für die Modernisierung und Säkularisierung der Gesellschaft ein. Seine politischen Ideale sind bis heute maßgeblich für die Türkei („Kemalismus"). 1934 verlieh ihm das Parlament den Namen Atatürk (Vater der Türken).

Kennedy, John F. (1917-1963; ermordet): zunächst Reporter; Politiker der Demokratischen Partei. 1960 wurde Kennedy zum US-Präsidenten gewählt. In seine Amtszeit fallen der Bau der ▸Berliner Mauer (1961), die ▸Kuba-Krise (1962) und die Entscheidung für das amerikanische Engagement im ▸Vietnam-Krieg. Seine Ermordung in Dallas (Texas) schockierte die Welt; die Hintergründe des Attentates sind bis heute nicht geklärt.

Kohl, Helmut (1930-2017): CDU-Politiker, 1969-1976 Ministerpräsident des Landes Rheinland-Pfalz, 1982-1998 Bundeskanzler der Bundesrepublik Deutschland. Er förderte den europäischen Einigungsprozess (▸Europäische Integration) und gestaltete 1989/90 die deutsche Wiedervereinigung wesentlich mit.

Lenin, Wladimir I. (eigentlich Wladimir Iljitsch Uljanow, 1870-1924): bedeutendster kommunistischer Theoretiker (▸Kommunismus); Mitbegründer der bolschewistischen Partei (▸Bolschewiki) und 1917 führender Revolutionär während der ▸Oktoberrevolution. Sein Nachfolger wurde ▸Stalin.

Roosevelt, Franklin Delano (1882-1945): von 1933 bis zu seinem Tod 1945 Präsident der Vereinigten Staaten von Amerika. Nach der Börsenkrise und der folgenden ▸Weltwirtschaftskrise leitete Roosevelt mit dem New Deal eine Serie von Wirtschafts- und Sozialreformen mit stärkerer Wirtschaftslenkung ein.

Schmidt, Helmut (1918-2015): SPD-Politiker, 1969-1972 Bundesverteidigungsminister, danach zwei Jahre Finanzminister; 1974-1982 Bundeskanzler. In seine Regierungszeit fielen die erste große Rezession der Nachkriegszeit, die Höhepunkte des Terrorismus, die Schlussakte von Helsinki 1975 (▸KSZE) und der ▸NATO-Doppelbeschluss (▸NATO) 1979.

Scholl, Hans (1918 - 1943; hingerichtet): Student der Medizin. Er gründete an der Münchener Universität die Widerstandsgruppe „Weiße Rose" (▸Widerstand). Der ▸Volksgerichtshof verurteilte ihn zum Tode.

Scholl, Sophie (1921-1943; hingerichtet): Studentin der Biologie und Philosophie. Sie schloss sich der von ihrem Bruder ▸Hans Scholl gegründeten Widerstandsgruppe „Weiße Rose" an (▸Widerstand) und wurde wie er vom ▸Volksgerichtshof zum Tode verurteilt.

Stalin, Josef W. (eigentlich Jossif Wissarionowitsch Dschugaschwili, 1878-1953): aus Georgien stammender russischer Revolutionär; ab 1922 Generalsekretär der ▸KPdSU. Er errichtete in der ▸Sowjetunion eine totalitäre Herrschaft, die er nach dem Zweiten Weltkrieg auf die von der Sowjetunion abhängigen Staaten ausdehnte und die bis zu seinem Tod dauerte. Er war mitverantwortlich für den ▸Kalten Krieg.

Stauffenberg, Claus Schenk Graf von (1907-1944; hingerichtet): Offizier und Widerstandskämpfer (▸Widerstand). Am 20. Juli 1944 scheiterte sein Attentat auf ▸Hitler. Er wurde noch am Abend des Attentates von regimetreuen Offizieren verhaftet zusammen und mit weiteren Verschwörern erschossen.

Stresemann, Gustav (1878-1929): Wirtschaftsfachmann und Politiker; 1923 Reichskanzler; 1923-1929 Außenminister. Er prägte die Außenpolitik der Weimarer Republik, setzte sich für die Aufnahme Deutschlands in den ▸Völkerbund ein, bemühte sich mit ▸Briand um die Verständigung mit Frankreich und erhielt mit ihm 1926 den Friedensnobelpreis.

Ulbricht, Walter (1893-1973): Der gelernte Tischler war Mitbegründer der ▸KPD in Leipzig, ging 1933 ins Exil und organisierte nach 1945 den Aufbau der KPD und die Gründung der ▸SED. Als Erster Sekretär des Zentralkomitees der SED war er von 1950 bis 1971 verantwortlich für den Aufbau der von Moskau abhängigen DDR. Von 1960 bis 1971 war Ulbricht auch Vorsitzender des DDR-Staatsrates.

Wilson, Thomas Woodrow (1856-1924): Jurist, Historiker und Politiker der Demokratischen Partei; 1913-1921 Präsident der USA. Er war 1917 verantwortlich für den Eintritt der USA in den Ersten Weltkrieg und regte die Bildung des ▸Völkerbundes an.

Sachregister

Die hervorgehobenen Seitenzahlen verweisen auf wichtige Begriffe, die in der Fußzeile des Darstellungstextes genannt und im Glossar erläutert werden.

Personenregister

Die hervorgehobenen Seitenzahlen verweisen auf wichtige Personen, die in der Fußzeile des Darstellungstextes genannt und im Glossar erläutert werden.

Bildnachweis

Akademie der Künste, Berlin // © The Heartfield Community of Heirs / VG Bild-Kunst, Bonn 2017 – S. 65 • akg-images, Berlin – S. 15, 32/33, 51, 67, 87, 117, 119, 200; - / George (Jürgen) Wittenstein – S. 93; - / Hennig Langenheim – S. 128; - / Ladislav Bielik – S. 247; - / TT News Agency / SVT – S. 97; - / Urs Schweitzer – S. 234; - /© Ernst Voller – S. 206; - // © VG Bild-Kunst, Bonn 2017 – S. 3, 9, 12/13, 47, 109, 125 • Alamy Stock Photo / Eddie Gerald, Abingdon – S. 59; - / Paul Springett 09 – S. 33; - / World History Archive – S. 14 • Archiv der deutschen Jugendbewegung Burg Ludwigstein / Sig. AdJb F194/13, Witzenhausen – S. 54; - / Sig. AdJb F296/_37 – S. 55 • Baaske Cartoons / Behrendt, Müllheim – S. 175, 223; - / Schneider – S. 215 • bpk-Bildagentur, Berlin – S. 17, 26, 43, 61, 66, 73, 77, 156; - / Kunstbibliothek SMB / Knud Petersen – S. 58; - / adoc-photos – S. 123, / Bayerische Staatsbibliothek / Archiv Heinrich Hoffmann – S. 27, 135; - / Deutsches Historisches Museum – S. 73; - / Heinrich Hoffmann – S. 83 (2); - / Herbert Hensky – S. 147; - / Jochen Moll – S. 165; - / Kunstbibliothek, SMB / Dietmar Katz – Cover, S. 11; - / Kunstbibliothek SMB / Dietmar Katz // © VG Bild-Kunst, Bonn 2017 – S. 57(u); - / Kurt Bosse – S. 100; - // © VG Bild-Kunst, Bonn 2017 – S. 45 • Bundesarchiv / Sig.: 01l-2012-0221-06 / Fotograf: Thiede, Koblenz – S. 116 • Bundesarchiv / Sig.: 183-KO930-502 / Allg. Deutscher Nachrichtendienst / ZB / Fotograf: o.Ang., Koblenz – S. 76 (u) • Bundesarchiv / Sig.: B145-PO49480 / Fotograf: o.Ang., Koblenz – S. 84 • Bundesarchiv / Sig.: Bild 1011-138-1083-26 / Fotograf: Kessler, Rudolf, Koblenz – S. 123 (or) • Bundesarchiv / Sig.: Bild 101l-031-2436-05A / Fotograf: Koch, Helmut, Koblenz – S. 123 (ur) • Bundesarchiv / Sig.: Bild 183-JO8403 / ADN Zentralarchiv / Fotograf: Scherl, Koblenz – S. 118 • Bundesarchiv / Sig.: Bild 183-R27373 / Fotograf: Scherl Bilderdienst, Koblenz – S. 73 • Bundesarchiv / Sig.: Bild 183-S88796 / Fotograf: Zühlsdorf, Erich, Koblenz – S. 159 • Sammlung Karikaturen & Cartoons, Cartoonmuseum Basel – S. 245 • © Daimler AG, Stuttgart / Archiv-Nr. 198M870 – S. 56 • J. H. Darchinger / Friedrich-Ebert-Stiftung, Bonn – S. 205 • David King / Voller Ernst / FOTOFINDER.COM – S. 17, 27 • Der Bundesbeauftragte für die Unterlagen des Staatssicherheitsdienstes der ehemaligen Deutschen Demokratischen Republik, Berlin – S. 189, 191 • DER SPIEGEL, Hamburg – S. 188, 207, 222 • Der Stern / DPV Deutscher Pressevertrieb GmbH / Gruner + Jahr, Hamburg – S. 197 • Deutsches Filmmuseum, Frankfurt – S. 202 • Deutsches Historisches Museum, Berlin – S. 77, 100, 137, 154, 161 (2), 162, 164, 166, 184, 185, 195, 201 (2), 214, 225; - / L. Orgel-Köhne – S. 88; - / S. Ahlers – S. 97 • DIE GRÜNEN, Bundesgeschäftsstelle, Berlin – S. 185 • © Disney – S. 70/71 • DIZ / Süddeutscher Verlag, Bilderdienst, München – S. 43 (2), 48, 80, 86, 109, 148, 163, 174, 179, 228, 239, 243 • dpa Picture-Alliance, Frankfurt – S. 20 (2), 216; - / akg-images, Frankfurt – S. 14, 21, 22, 61, 90, 109, 113 (2), 114, 134, 138, 171, 177, 220, 231; -- / Erich Lessing – S. 31; -- / Pansegrau – S. 142/143; -- // © VG Bild-Kunst, Bonn 2017 – S. 42; - / AP – S. 113, 144, 179, 187; - / CPA Media – S. 92; - / CPA Media Pictures From History – S. 47; -- / Ronald L. Haeberle – S. 243; - / ddrbildarchiv.de – S. 193, 195; - / Henschel – S. 184; - / Heritage Images – S. 94; -- / Fine Art Images – S. 15;- / Klaus Nowottnick – S. 130; - / Pawel Supernak – S. 141;- / Peter Steffen – S. 131; - / Rauchwettert – S. 203; - / Sportreport – S. 97; - / Stefan Puchner – S. 73; - / tass – S. 138;- / Ulrich Baumgarten – S. 131; - / UP – S. 208; - / WC SCC – S. 186 • EMMA Redaktion, Köln – S. 198 • fotolia / © Syda Productions – S. 110/111 • Getty Images / © Wally McNamee, München – S. 229; - / AFP – S. 27; - / - / Guillermo Legaria – S. 126; - / Bettmann – S. 124; - / Galerie Bilderwelt / Hulton Archive – S. 76; - / Manfred Gottschalk – S. 143; - / Mondadori Portfolio – S. 238; - / Peter Turnley – S. 255; - / PhotoQuest – S. 247; - / Sovfoto / Universal Images Group – S. 29; - / Time & Life Pictures – S. 229; - / Universal Images Group – S. 26 • Thomas Grimm, Erinnerung als Verantwortung, Parthas Verlag, Berlin – S. 180 • Horst Haitzinger, München – S. 210 (2), 248 • Walter Hanel, Bergisch-Gladbach – S. 221 • © Hauptarchiv Bethel, 2/39-187, Bielefeld – S. 105 • Haus der Geschichte der Bundesrepublik Deutschland, Bonn – S. 152, 156; - / Bestand Erna Wagner-Hehmke – S. 158 • Harald Hauswald / OSTKREUZ, Berlin – S. 206 • Historisches Museum / HAZ – Haunschild-Archiv, Hannover – S. 103 • imago / Metodi Popow, Berlin – S. 104 • Institut für Zeitungsforschung, Dortmund – S. 178, 225, 249 • Is this tomorrow? America under Communism. Catechetical Guild Educational Society of St. Paul, Minnesota, 1947 – S. 226/227 • JOSCHWARZ.COM – S. 255 (o) • Jungzug 2. 50 Jungen im Dienst. Text, Fotos und Zeichnungen von Alfred Weidenmann. Loewe Verlag, Stuttgart 1936 – S. 91 (3) • Jürgens Ost- und Europaphoto, Berlin – S. 155 • Keystone Pressedienst, Hamburg – S. 211 • Rainer Knäpper, Linzenz Freie Kunst (http://artlibre.org /licence/lal/de), https://commons.wikimedia.org/wiki/File:Denkmal_Rampe_Bergen_Belsen_IMGP4372_wp.jpg – S. 131 • Konrad-Adenauer-Stiftung e.V., Plakatsammlung, St. Augustin – S. 155 • Kultur- und werbegeschichtlichtliches Archiv, Freiburg – S. 169 • Landesarchiv Baden-Württemberg / Abt. Hauptstaatsarchiv Stuttgart (Nr. 976688-1), Stuttgart – S. 228 • © Peter Leibing, Hamburg – S. 179 (l) • LHA KO, Best. 712, Nr. 3746, Koblenz – S. 121; - / Best. 710, Nr. 9449 – S. 133 • © Mosfilm, Moskau – S. 29 (4) • Perel, Sally, Ich war Hitlerjunge Salomon, erschienen im Heyne Verlag, München, in der Verlagsgruppe Random House GmbH – S. 127 • Presse- und Informationsamt der Bundesregierung / Bundesregierung Bestand B 145, Sig. B145 B-00009315, Foto: Egon Steiner, Berlin – S. 175 • Henry Ries / Berlinische Galerie, Berlin – S. 146 • Robert-Havemann-Gesellschaft / Tom Sello, Berlin – S. 183 • Sammlung Karl Stehle, München – S. 78 • © Karl-Heinz Schoenfeld, Potsdam – S. 253 • Staatsbibliothek, Bamberg – S. 52 • Staatsgalerie, Stuttgart // © VG Bild-Kunst, Bonn 2017 – S. 10, 69 • Stadtarchiv Lörrach, Lörrach – S. 133 • Stadtarchiv Mannheim - Institut für Stadtgeschichte / Plakatsammlung 4895, Mannheim – S. 225 • Stadtgeschichtliches Museum / Inv.-Nr. PLA 88, Leipzig – S. 94 • Klaus Staeck, Heidelberg // © VG Bild-Kunst, Bonn 2017 – S. 225 (ur) • © Steve McCurry / Magnum Photos – S. 250 • Swingarchiv Axel Waldhier – S. 93 • U. S. National Archives – S. 237 • © U. S. Holocaust Memorial Museum, courtesy of Guenther Schwarberg – S. 122 • ullstein-bild, Berlin – S. 22, 31, 75, 77, 101, 105, 107, 113, 129, 167, 244; - / Borgas – S. 105; - / Elizaveta Becker – S. 15; - / Heinrich Hoffmann – S. 106; - / Paul Mai – S. 89; - / phalanx Fotoagentur – S. 230; - / SPUTNIK – Cover, S. 11, 27; - / Stary – S. 44; - / Süddeutsche Zeitung / Scherl – S. 54, 113; - / Sven Simon – S. 207; - / Volker Döring – S. 204; - / Westend61 / Tanja Luther – S. 110/111 • (c) Universitätsbibliothek Heidelberg / http://digi.ub.uni-heidelberg.de/digli/kla1932/0324 – S. 35; - / http://digi.ub.uni-heidelberg.de/diglit/kla1927/0377 – S. 35; - / http://digi.un.uni-heidelberg.de/diglit/kla1924/0603 – S. 34; - / http://digi.ub.uni-heidelberg.de/diglit/kla1919/0481 – S. 34; - / http://digi.ub.uni-heidelberg.de/diglit/wj1931/0056 – S. 74; - / Kladderadatsch / 7.2.1919, S. 285 / CC BY-SA 3.0 – S. 38 • United States Army / Harry S. Truman Library and Museum – S. 149 • US National Archives, Washington D.C. – S. 147 • © VG Bild-Kunst, Bonn 2017 – S. 24 • Heinz Voigt, Jena – S. 167 • VW Kommunikation / Historische Kommunikation, Wolfsburg – S. 192 • wikimedia.org / Konrad-Adenauer-Stiftung e.V. / Plakatsammlung / Sig. 10-001-408 / KAS / ACDP 10-001 411 / CC BY-SA 3.0 DE – S. 225 • © Wilhelm-Busch-Gesellschaft e.V., Hannover – S. 170, 209, 218 • WLB Stuttgart / BFZ2630 / Sig.: 53/9, Stuttgart – S. 173 • www.simplicissimus.info – S. 36, 67; - // © VG Bildkunst, Bonn 2017 – S. 35, 64 • www.wikimedia.org – S. 39, 42, 114, 119, 145, 151, 181; - / © A. Sdobnikov // © VG Bild-Kunst, Bonn 2017 – S. 16; - / © Hajotthu / CC BY-Sa 3.0 – S. 130; - / © Magaret Bourkee-White (USAAT) – S. 139; - / © Paul David Doherty / CC BY-SA 2.5 – S. 221; - / Archiv BKH Kaufbeuren / CC BY-SA 3.0 – S. 105; - / Punch magazine, 26, March, 1919, p. 243 – S. 39; - / Sammlung Superikonoskop / Ferdinand Vitzethum – S. 73

Europa und Deutschland vor 1990